江口沉银历史文献汇编

族谱家乘卷

西充至口当功

主　编　谭继和
分卷主编　陈世松

巴蜀书社

图书在版编目（CIP）数据

江口沉银历史文献汇编·族谱家乘卷/陈世松主编.
—成都：巴蜀书社，2018.11
 ISBN 978-7-5531-1062-2

Ⅰ.①江…　Ⅱ.①陈…　Ⅲ.①古战场—史料—眉山—明代　Ⅳ.①K878

中国版本图书馆 CIP 数据核字（2018）第 231173 号

江口沉银历史文献汇编·族谱家乘卷
JIANGKOU CHENYIN LISHI WENXIAN HUIBIAN ZUPU JIASHENG JUAN

主　　编　谭继和
分卷主编　陈世松

责任编辑	徐庆丰
封面设计	冀帅吉
出　　版	巴蜀书社
	成都市槐树街2号　邮编610031
	总编室电话：(028) 86259397
网　　址	www.bsbook.com
发　　行	巴蜀书社
	发行科电话：(028) 86259422　86259423
经　　销	新华书店
照　　排	成都完美科技有限责任公司
印　　刷	成都东江印务有限公司
版　　次	2019年12月第1版
印　　次	2019年12月第1次印刷
成品尺寸	240mm×170mm
印　　张	28.75
字　　数	350千
书　　号	ISBN 978-7-5531-1062-2
定　　价	200.00元

本书如有印装质量问题，请与发行科调换

《江口沉银历史文献汇编》编委会

主　　任　向宝云
委　　员　罗仲平　　何志勇　　谭继和
　　　　　陈世松　　汪启明　　林　建
主　　编　谭继和
副 主 编　侯安国　　张　彦
分卷主编　曹鹏程（《纪事卷》）
　　　　　张　彦（《史志卷》）
　　　　　汪启明（《野史笔记卷》）
　　　　　陈世松（《族谱家乘卷》）
　　　　　苏东来（《民间文学卷》）
　　　　　邓前程（《学术研究卷》）

《江口沉银历史文献汇编·族谱家乘卷》编委会

主　　编　陈世松
副 主 编　陈伟平
课题组成员　陈世松　　赵永康　　陈廷德　　胡传淮
　　　　　　曾广溯　　林万荣　　舒毕生　　陈大雨
　　　　　　陈伟平　　李　东　　余　伟　　岳精柱
　　　　　　郑启友　　黄川模　　罗险峰

总　序

　　眉山市彭山区江口镇岷江古战场遗址，经国家文物局水下文化遗产保护中心与四川省文物考古研究院联合，采用现代科技与传统考古相结合的围堰勘测的科学手段，于2017年和2018年两次展开大规模水下考古发掘，共出水四万二千余件各类文物。其中包括铭刻有来源地（其地域遍及豫、湖广、川陕、江西诸省诸府）、铸造年号、工匠姓名和"征粮""饷银"等字样的大量银锭，其他珍贵的还有：大西政权在西京（成都）设局铸造的"大顺通宝"钱币，刻有"大西眉州"字样的银锭，"西王赏功"金银币，刻有29字的大西王册封的金册，"永昌大元帅"虎纽金印，明藩王郡主的金宝，藏银锭的"大鞘"（木头夹槽），铁刀、剑矛、箭镞类冷兵器及火铳，各种金银器与生活用具等等，引起海内外广泛热切的关注，被评选为"2017年度全国十大考古新发现"。之后其出水文物又在国家博物馆和四川博物院等处陈列展出，再度引起轰动，兴起了一股对明末清初以来"江口沉银""埋银说"加以新探索和研究的热潮，也引起了民间街头巷尾的广泛关注和热议。这些文物令人耳目一新，具有极高的考古价值、学术价值、文化价值和艺术价值，迫切需要专家对其内涵和底蕴作出新的历史释读和文化解读。这就是我们编纂这套《江口沉银历史文献汇编》的初衷。

　　习近平总书记说："历史研究是一切社会科学的基础。"（《习近平致中国社会科学院中国历史研究院成立的贺信》,新华网,2019-01-03)在今天建设中国特色社会主义的新时代,编纂这样一套汇编有其深刻的彰显时代价值和把握问题导向的意义。"江口沉银"遗址的发现,为研究明清之际中国社会提供了新的契机:1.可以通过文物与博物、历史文献与理论阐释相互支撑的研究方法,对明清历史大变局如何影响到四川的社会、经济、人口、文化、习俗、乡土风物进行探讨,从而发现其演变的基本情况与发展规律;2.可以深入研究这段历史的经验与教训,科学地探索明清之际巴蜀文化的转化,从而发现天府之国独具特色的历史发展轨迹;3.可以勾勒巴蜀文化经历艰难困苦向前发展的曲折路径,从而有助于认识四川人自古以来在应对天灾人祸时所表现出来的坚定信念与乐观精神,挖掘华夏民族面临创伤时展现的自我修复能力与文化再生的创造力;4.可以在文献调研中汲取前人智慧,牢固树立以文化为魂为根的信念,了解巴蜀人精神家园的铸就与传承,坚定本土的文化自信。深入研究这段历史,还有助于今天的治蜀兴川:首先,明清之际的四川面临向商品经济、市民社会演变发展的新局面,城乡社会治理体系与乡邻治理文化遇到了新的历史矛盾和问题。总结这方面的经验教训,可以助推新时代城乡治理体系和社区治理体系的文明建设。其次,在深入挖掘"江口沉银"遗址文化内涵的前提下,合理地利用当地的地理、文化优势,打造文博及旅游热点,让文物"活起来"、用起来,把学问做进人民群众心里,不仅可以扩大当地影响,促进经济发展,对于青少年的爱国主义教育也是有益的补充。同时,就学术价值而言,"江口沉银"遗址的发掘还有助于今天学术研究的思维和范式由单一的索隐式的地理探宝研究,转向高质量的学理性、文化性的科学研究体系,从而转换研究视野。既能适应时代问题导向的需求,又能用历史智慧引领公众科学素质的提高,发挥"资政育人"的新作用。

本汇编以"江口沉银"遗址及其出水的文物为重点,选取自崇祯三年(1630)张献忠米脂十八寨起义,到康熙三年(1664)大顺军余部李来亨失败为止三十余年间各种与张献忠及其大西政权有关，与当时四川的政治军事、社会民生、商品经济、风俗时尚有关的历史资料，以及可供解释历史谜团、廓清历史真相的各种研究成果，以便读者全面了解和研究这一历史阶段。本汇编确定众书定位、编纂思路和撰写体例的过程，是一个考验编者历史学科研究视野和创新能力的过程，同时也是把握时代精神、提高认识能力、学以致用的认识过程。具体来说，可以归纳为以下几个方面：

一是研究范式的转换和研究视野的拓宽。

张献忠转战南北九省，五进四川，明军、清军、摇黄、地方土豪、游匪乡勇，加上后来的吴三桂叛军，在四川走马灯似的拉锯混战，攻城掠地，荼毒生灵，"蜀中之乱独甚而祸独惨"（欧阳直：《蜀警录》）。研究者把研究张献忠农民军的重点，多放在"蜀祸"与屠蜀问题，农民军的军事策略、行军路线、作战方式，大西政权性质与功过是非等问题的研究与争论上，特别是"屠蜀"问题、锦江和江口有无沉银及藏宝地点等问题，成为长时期争论不休的研究热点。需要指出的是，虽然这方面的研究还有发展的余地，还可以进一步以新的视角多渠道、多方面发掘新史料、新论据；但这种研究范式太偏重于具象和个例，研究主题单一，研究视野狭隘，往往脱离了明清之际历史巨变的广阔社会生活背景和历史文化语境，特别是缺乏不同区域的地方社会史与地方特色文化发展史的眼光，致使关于张献忠农民起义军的研究领域越来越狭窄，研究方法越来越僵化。因此，自20世纪90年代以来，关于这一问题的研究沉寂了很多年。今天江口考古大规模、高规格文物的重大发现，带来了新的研究机遇，提出了新的研究问题，再局限于旧有的碎片式、教条式的探讨已不可取，需要转向更广阔的研究领域，包括社会生活史、经济文化史、民间习俗史、社会治理史、农村市场和城市商业发展史，以及明末社会矛盾极端尖锐化的社会问题史，大西农民政权的真实情况和国家机器封建化等等问题的研究和探讨上来。近代学术大师王国维曾经指出，每次学术新观点、新潮流的出现，多由于考古材料的新发现。今天"江口沉银"遗址的许多重大考古新发现，也必将推动对张献忠农民军和明清之际四川社会研究新见解的出现。

二是要用明清时期全局通史的眼光来看待和研究"江口沉银"事件反映出的当时四川乃至全国的社会财富、经济商贸发展和衍变的新状况，作出新的历史文化解读。

明清之际，全国商品性市场网络体系的形成和发展以及商业城镇的大量出现，对于中国传统的自然经济结构具有强大冲击力和解构力。其中，"一条鞭法"实施过程带来的明代赋役货币化、白银化制度与以山西钱庄票号为特征的突破传统的金融制度的出现，对许多省地方经济的影响、渗透和侵袭尤为关键。在这种历史背景下，宋代以来出现的市民社会在明清时代又发生了深刻的变化。具体地说，由宋元交子、会子的发明到后来的滥用，明代宝钞纸币制度的兴起与崩溃，使得当时有可能成为世界性纸币通货制度与普及体系的中国发明（首先是四川发明）中断了。纸币不但得不到推广，反而因噎废食，使原来的银钱、铜钱制度得到了复辟的机会，明代后期支撑赋税缴纳、商品流通与市场交易的不是纸币，而是赋税折银与白银交易。例如，钞关纳钞、商税厘税、民田商屯，皆使用白银为货币；"一条鞭法"下四川使用金银缴纳的"金花银两"，到清代更强化为用银锭铜钱缴纳的"川省京饷"；明代的赋折银（只用白银）到清代演变为银锭与铜线并行，等等。

作为世界上发明和使用纸币的最早地区，这一巨变给四川带来了颠覆性影响。其中，金、银、钞、钱、粮五者比价的高低涨落，海外白银的涌入，全国货币白银化的金融制度、征税制度和钱庄票号制度的落地生根以及变化发展，都值得深入研究。在当时，以收藏银锭、金银宝玩为炫富与藏富标志的社会习俗风靡全国，而此风在四川尤盛。成都是当时四川地方银锭流通和收藏的最大财富凝聚之都，其他大小城镇也纷纷效仿，成为当地财富与商品集散中心。这些变化更能吸引在乡地主进城,演变为城居地主;他们财富的聚集与交易方式,也由乡村粮谷的实物地租,演变为城乡银锭的货币地租。这就更助长了四川城乡从官府到民间家藏财产以窖藏银锭、搜括金银为贵的风气,甚至出现富民乡绅在乱世疯狂埋藏金银财宝的势头,这已为考古发现的家用窖藏所证实。概括起来说,明清之际四川城乡商品经济的发展与实物变金钱的财富积累方式等新变化,是"江口沉银"奇特现象出现的社会基础、物质条件和思想依据:货币"白银化"为张献忠征敛银锭准备了社会基础;白银的大量存储和聚敛成为"沉银"的物质条件;而以银锭为家财的社会时代观念,为张献忠农民军以银为军需、实施"江口沉银、锦江埋银"行为,提供了思想依据。

如果用这样广阔的社会通史眼光来看"江口沉银",显然就不能只把"江口沉银"看成张献忠个人的贪欲或品质问题,它是明清时期经济走向商品化、社会化的时代反映,是明清商品经济的城乡变迁带来的结果。张献忠及其后继的农民军能够有转战陕、晋、川、豫、鄂、湘、皖、赣、桂九省的流寇式作战的广阔舞台,显然更应该从当时全国性的商品网络体系的形成和发展,使四川成为大小城市商品财富聚集发展的生长地的方向来理解,更为恰当。

三是通过对"江口沉银"的研究,可以探讨明清时期全国商品网络体系和动态的城市工商业文化的活跃,与封闭的乡村自然经济结构体系和静态的乡村农桑文化之间的矛盾运动,探讨唯利是图的商业观念的盛行带来的更深层次的文化问题,如传统价值观、道德观的淡化,传统乡村宗族邻里体系与乡绅乡贤文化体系的失序甚至瓦解,等等。

明清时期,城市商品经济并没有发展到完全能够从封建自然经济结构中独立出来的程度,无论在内容还是形式上,前者都还是后者的附庸。但商品经济的流通性、开放性的本性,毕竟在某种程度上,冲破了自然经济封闭性、迟滞性的束缚,形成了动态的工商业文化与活跃自由的充满生机的生活方式,而不同于自然经济的静态的农桑文化与田园诗似的、充满隐居野趣的宁静生活方式。它的特点是好利好功,追求物质享受。正如马克思所说的"伊壁鸠鲁的神存在于世界的空隙"中(《资本论》第三卷,第369页)一样,商品经济在迟滞刻板的生活方式的空隙中,努力争取自己向外开放和交流发展的空间。因此商品经济是城市文化与生活方式衍变与发展的活力与创新力所在。

明代张瀚所著的《松窗梦语》在卷四中曾描绘以北京为中心的全国性商品市场网络体系情况:首先是京师"蓄积为天下饶",蓄积的财富"珍玩盈箱,贵极昆玉、珍珠、滇金、越翠"。接着是各省:"河以西为古雍地,今为陕西……自昔多贾。""河以北为山西……多玩好事末……商贾争趋。"就是远在西南边陲的云南,在其"会城(昆明)之中",也"不待贾而贾恒集"。由他的描绘可知,从京师北京到陕西、山西、河南、山东、湖北、湖南、江苏、浙江、江西、广东、云南等省,都以本省省会为商业中心,形成了"天下南北商贾争赴","估客往来,人获其利"的全国性商品网络市场。不仅经济有如此重大的变化,在思想道德与社会风气方面,也产生了一切向金银看齐的"人趋市利""志于富侈""唯利是图"变化,把道德与诚信抛诸脑后,颠倒了传统的道德义利价值观。反映在明清白话小说上,则出现了由歌颂传统社会"公子落难中状元,小姐花园订终身"的才子佳人模式,演变为歌颂"卖油郎独占花魁"的小市民、小商人抱得佳人的模式。

明清时代的四川,既具有秦汉以来物产丰饶、"陇蜀多贾""以所多易所鲜"的传统商业交易模式的历史优势,又具有明清时期以成都为工商业"会府",东出三峡,西连松茂特产,"利在东南","夫贾人趋厚利者,不西入川则南走粤"的新的现实交易优势,是全国重要的东西部商品交换的集散中心地。而"燕、赵、秦、晋、齐、梁、江淮之货,日夜商贩而南","蛮海、闽广、豫章、南楚、瓯越、新安之货,日夜商贩而北",这种南北向的交换贸易，也以四川为枢纽(李鼎：《李长卿集》卷十九)。正是这种南北与东西的全国性商品市场网络，为张献忠农民军往来九省的流寇式征战提供了现实可能性；也正因四川处于全国性商品市场网络体系中的腹心枢纽位置，才为张献忠五入四川、建立大西农民政权提供了活动舞台和方便条件；也应是张献忠累次战败，但仍不肯离开四川的"稳心汤圆"(四川土话)。

四是可以研究明清之际四川基层社会治理体系与乡村邻里和谐文化的失衡、失序、失范问题。

马克思曾经指出："古代的历史是城市的乡村化。""亚洲的历史是城乡浑然一体的历史。"四川古代农业文明的发展道路正是这种亚洲形态的典型。它具有奠基于"城市乡村化"道路而形成的城乡混交、浑然一体、融合发展的历史传统，城市宛如有城垣的农村，城市环境布局带有强烈的田园风味，城市或乡村居民多有"务农业儒""士农不分"(《温江县志》)、耕读传家的生活方式特色。社会生活的乡村化，贯穿于城市生产、生活和家庭之中，强化了以乡村与城市自然联系纽带为基础的基层城乡社会邻里自治和谐结构，天然地形成了城乡基层村社邻里之间"肯与邻翁相对饮，隔离呼取尽余杯"，"农家农家乐复乐，不比市朝争夺恶"的和谐文化传统。但这种几千年形成的优秀基层社会治理文化传统，实际上自明代嘉靖以来已经失衡失序，到明清易代之际，国家治理与社会治理秩序更受到严重战乱的破坏，盛世乐土变成了人间地狱。分析本书"江口沉银"的各种史料，可以看出地方乡绅富民中"学霸势绅，市棍土豪……猫鼠固结，鱼肉善良"(欧阳直：《蜀警录》)的歪风邪气滋长，亲仁睦邻、脉脉温情的和谐大道文化与乡村伦理秩序被践踏，人性被污染，心灵被腐蚀，这是明清之际四川战乱祸烈倍于他处、家亡村绝倍于他省的内因。

明末清初欧阳直所著《蜀警录》专门分析了这个问题。他认为蜀乱的内因在于世道人心的失衡、失序。"天下未乱蜀先乱，天下既治蜀后治"

的"先民之言"就是欧阳直首先在这本书提出的。他认为这句话"验之今日(指明末清初时),语诚不诬"。他分析蜀之祸乱首先源于蜀人心乱,蜀之后治亦源于人心之难治。他细致分析了明清之际蜀人罹祸于水火刀兵、饥荒瘟疫的内在原因,认为这些"皆由人心不善,孽从自作"。他叙述自己在童年时代,看到的万历时期的四川是一片邻里和谐的"极乐世界":"任恤睦姻,比闾相助……称诗说礼……家惟弦诵……风俗颇淳厚尚气节……陶然于和风甘雨之中,真不啻极乐世界。"但到了崇祯年间,市民社会的商品经济发展起来,阶级矛盾日益尖锐。他看到的社会风气是"人心日险"的迥异局面:穿衣讲究"竞侈罗绮";饮食讲究"宴集丰厚,淡泊是鄙";住房讲究"华堂绣户";田土则"富连阡陌,贫无立锥";交易则"利己损人",营求则"重息撒债(放高利贷)"。"甚至贪官污吏、学霸势绅、市棍土豪、衙蠹宦仆,猫鼠固结,鱼肉善良,倾人之家,破人之产,鬻人之子,骗人之财,坏人之功名,害人之性命。"这样的社会风气横行,岂不把"乐土转为恶域"?美好的基层社会管理体系和治理结构被从文化之根和思想源头上破坏与瓦解,必然造成"锦水巴山满目魍魉魑魅","竟成劫难"的后果。欧阳直由此得出结论:"是知劫难之作,皆由人心不善致之;而蜀中之乱独甚而祸独惨者,又蜀人大不善之心有以自致之也。"人心不善,指的是最根本最深层次的文化支撑力量不是向善,而是向恶,由此必然造成明清之际基层社会治理秩序和乡土伦理亲情文化的大破坏。欧阳直感叹,这是明代前期自洪武以来一百多年乡村社会治理的"乐土",转化为明代后期自嘉靖以来一百多年社会冲突日剧的"恶域"的根本原因。用今天的观念来解读,得出的教训应该是:社会治理,当首重社会心理的向善教化与伦理秩序的培育和建设。

总之,历史上关于四川社会管理结构体系和治理经验的总结,体现了前人的智慧和追求,是我们重新研究明末农民军的性质与历史作用及其局限性的新视角,值得今天珍视。

五是提供了认识和研究明清时期巴蜀文化从传统形态向新形态转换的历史轨迹的历史资源和文化资源。

明末清初时期是巴蜀文化传统形态出现挫折、发生转折的前夜。我们知道,道光二十年(1840)以后,中国历史进入近代史时期,巴蜀文化才开始出现急遽的亘古未有的近现代化形态的质变。但实际上,早在明末清初社会文化转型的前夜,巴蜀地区已经积累了深厚的经济上的资本主义萌芽因素和传统文化上的创造性转化因素,出现了在传统的自然经济结构中新型商品经济因素积累和增长的现象,为巴蜀文化在清代后期的创新性转化奠定了基础,准备了条件。它的主要表现是四川地区以自然经济结构为主的封闭的传统乡村社会,开始向新型城市商品经济活跃的市民社会转化。与此同时,四川传统的乡贤文化、乡绅文化与乡愁文化的渐次变迁与逐步转化,开始成为突出现象。四川人的经济生活与文化生活、生活方式与行为方式、宗族传袭与社区交往、信仰方式与思维定势等等方面都出现了传统文化中新增质变因素的现象。这种新旧交织的变化也体现在有关张献忠与"江口沉银"故事的各种"非物质文化遗产"方面,包括民间文学、歌谣、谚语、竹枝词、长篇说唱评话、花部戏传奇与乾隆时期出现的川剧艺术等等。特别值得一提的是张献忠故事在民间流传的口述史遗产。因为旧的史志不重视或很少记载社会底层民众尤其是农民阶层的历史记忆和祖源记忆。民间口述史是历史学萌芽时期的原生态,又是国际历史学研究的新趋势。它是保护和保存"历史记忆"的新学科,是对旧史志宏大叙事外的"具象社会生活"加以实录的新学科。这类记忆遗产多作为民间传说故事而流传,或者以民间文学、文献的形式被保存下来。搜寻这些史料,会对明末清初社会与张献忠农民军的历史定位和历史作用,提供新的认识和研究方向。

此外,本汇编为研究明末清初四川战祸史、四川灾害史、"湖广填四川"的移民史和明清四川人口、家庭结构变迁史提供了宝贵的资料,为研究明末清初四川生态史,包括四川传统旳仙乡人居特色的建筑环境的再生与重建,财富城市的再生与重建,乡村林盘文化与乡绅文化的再生与重建等方面,都提供了丰富的史料来源。关于美丽四川生态文化与人口文化的研究,本汇编在多卷导言中都有论述,这里就不再重复了。

本汇编按历史进程与逻辑顺序相结合的原则,共分为六卷。各卷主旨如下。

1. 纪事卷。本卷围绕"江口沉银"事件的由来和社会历史背景、事件经过与发展轨迹,编入有关张献忠"沉银""埋银"的历史事迹,作为"江口沉银"第一打捞人的明将杨展与张献忠交战的情况及在江口的打捞情况、后果和影响,有关清代、民国时期的寻宝和打捞情况以及新中国时期发现与发掘情况的相关史料,以便读者了解"江口沉银"事件的本事和全貌。

2. 史志卷。本卷所选内容主要集中于明末崇祯时期到清初雍正时期与"江口沉银"有关、能展示该历史事件背后的社会历史背景,包括军事斗争、政治格局、经济衍变、社会风云、文化激荡、思想心理等方面的历史素材,如四川各种地方志(包括通志、府志、州志、厅志和县志)中与"江口沉银"有关的史料以及官修正史(包括《明史》《清史稿》)中的有关史料。本卷旨在为江口古战场遗址发掘的数万件文物的历史释读和文化解读,提供历史资料的支持和现实思考的空间。

3. 野史笔记卷。本卷所选取的明末清初的野史、笔记、奏章和书信,其内容涵盖了有关江口古战场遗址的确切位置,"江口沉银"事件的由来、背景、举措,所发现文物的价值及社会影响;有关张献忠农民军辗转征战,五次进入四川的发展轨迹及其与南明杨展势力、清军入川势力交锋交战的事迹;有关当时天灾人祸,诸如战乱连绵、饿殍遍野、搜抄掳掠、杀人屠蜀等情况;特别是反映明朝旧的封建国家机器与结构体系的腐朽、溃烂与城乡社会治理结构体系的崩溃,而新建立的张献忠农民政权,其组织结构与治理体系则举措失据、策略无方、矛盾冲突不断、暴虐无绪无端等等情况。

野史笔记是指官书以外的私家著述,主要是指记载个人"三亲"(亲历、亲见、亲闻)的史料,包括"随所见即书,亦未得序时代之先后,名位之崇卑"(梁维枢:《玉剑尊闻·自序》),着笔甚为自由的野史稗乘、风土人情、人物记录、野语村言、实录钞存之类。它的特点是:多为它本身所反映的那个时代的历史记忆与口传遗产,是难得的原社会、原生态史料,足以补史乘之阙失,纠官书之偏评误判。明末清初易代之际的野史笔记包含着复杂、丰富、名实错综、变迁不一的时空内容,有助于总结历史经验和探寻历史未来走向,有助于提升对明清时期大一统主体性历史传统与多元化差异性历史特征相结合的民族国家共同体的认知。尤其是从文化史的视野来研究,更有助于对民族文化心理结构体系和巴蜀地域文化生产力格局的探索。而这方面的价值和作用,往往为过去的"江口沉银"和张献忠研究者所忽视。因此之故,本卷编者从上述指导思路出发,在浩如烟海的史料中,选取了28种代表性史料,分为上、下两册,以供深入的研究和探索。

4. 族谱家乘卷。本卷选录四川族谱年谱、行状传记、家书墓志、文书契约中反映明末清初四川各地所经历的动乱以及劫后余生的四川社会情况的史料,以及反映乱后"湖广填四川"的移民潮兴起的由来及其发展轨迹的史料。

这些文献史料是对谱牒传主或其祖先事迹的实录,具有体现丰富、多彩如万花筒式的"具象社会生活"的特点,有助于明清之际历史的宏大叙事与社会具象相结合的深层次研究。尤其需要注意的是,这类史料反映了四川不同地域和地区战乱的具体情况和复业垦殖情况,显示出明清移民与垦殖在川西、川东、川南、川北各个区域的不同特点,这是其他类型史料所少有的。特别是战乱之际,南明桂王永历十年(清顺治十三年,1656),

南明政权还给川东江津县农民发了《垦状》，在战乱中还注意到了复垦农田的问题，这是其他正史、野史均没有记载的新材料。此外，关于"湖广填四川"时祖先艰苦垦殖创业的行迹和精神，分别形成各自家族或宗族的家教与家训，为今天的家训教育与乡村振兴留下了优良家风的史料，有极高的借鉴意义和现实价值。

5. 民间文学卷。本卷以张献忠农民军和"江口沉银"为主题，收集了有关传说、故事、民谣和地名风习的各种记载。民间文学是大众口头传颂的口述文化，其间包裹着历史事件与历史人物真实记忆的内核；它又是活在大众心里的口述文化，不同地区不同阶层的薪火颂传，往往带着时代变异的特点，带着不同地域文化心理的色彩。以"江口沉银"歌谣为例，有"石牛对石鼓""石门对石鼓""石锣对石鼓""石人对石鼓""石佛对石鼓""石公对石母""石龙对石虎""石刀对石斧"等十余种说法，反映出四川不同地区的人群或族群关于崇拜蜀犀牛、彭人鼓、廪君巴人虎、大佛、土地公土地婆、龙虎以及信仰原始石刀石斧等保存在记忆里的不同的蜀文化信仰传统的心理，是不同地区文化基因记忆与当时歌谣传颂相结合的产物，很值得我们注意与研究。

6. 学术研究卷。本卷将近年来以"江口沉银"为对象的研究成果，包括公开发表的学术论著、论文以及新闻报道选编于此，以便于人们了解有关"江口沉银"的社会历史背景、事件过程、银两来源、社会影响和文物价值等方面的不同研究意见引起的学术研讨和百家争鸣。这些论文对"江口沉银"事件、对张献忠屠蜀问题、对农民军的历史地位与历史作用，都有不同的观点和不同的评价，争论不少，甚至针锋相对，本卷均一并收入，以供研究。对张献忠的新的研究，是从新中国成立以来开始的，直至当今，众多学者都各有其研究取向和不同的价值评判。为了便利于了解新中国成立70年来各阶段研究的不同特色和趋向，本卷还专门收录了各个时段的学术研究观点概述和有关学术讨论会的综述。

《江口沉银历史文献汇编》的编纂启动于 2018 年,是在中共四川省委宣传部直接领导和主持下,由四川省社会科学院四川历史研究院和巴蜀书社具体组织,约请省内著名专家学者与著名编辑大家组成老中青三代相结合的编纂组担任具体编撰工作。二十多位同志尽心尽力,孜孜矻矻,不分彼此,不分门派,秉持把学问做到群众心坎的初心认知,以学术立足、问题导向为指针,以催生精品力作的治学态度,统一思路,确定框架,集体研讨,考文征献,选抉搜采,整理点校,综核名实,释疑辨误,发幽补阙,不断研讨与探索,多次反复修改,历时两年方成此轶。期望本汇编对于"江口沉银"问题的文化解读和深层次阅读研究有所助益。

本书能够顺利编撰出版,得到了省委宣传部领导的直接指导,出版处与传承处的大力组织,省社科院院长向宝云同志的组织策划,巴蜀书社总编辑侯安国同志的倾心投入,在此一并表示衷心感谢。需要说明的是,限于编者水平和视野的局限,自然难免取舍失宜、排比弗当、胜错纰漏之处,敬请广大读者批评谠正。

谭继和
2019 年 10 月初稿,2020 年 2 月定稿

序

本卷是以"江口沉银"为切入点,以族谱文献为对象,旨在反映明末清初四川社会变迁的专题资料集。本卷搜集的文献资料,共计113篇,基本上都是从各姓氏家族的谱牒中辑录出来的,分为两个专题:"蜀难篇"与"填川篇"。

上篇"蜀难篇"重在反映明末清初四川动乱及其残破状况,由"蜀难纪事"与"灰烬之余"两部分内容组成。前者主要反映各相关姓氏家族祖先在明清易代过程中所经历的战事;后者反映的则是四川各地遭遇战争破坏的状况。为了将各姓氏家族谱牒中有关明清易代过程中的重大战事的资料展现出来,我们根据文献体裁,将相关资料分为两类:一类是带有纪年性质的年谱资料;另一类则是行状、传记性质的资料。辑录的年谱资料取自7个家族的族谱:(1)宜宾樊氏家族《紫霞散人年谱》;(2)宜宾李氏家族《开平公行述年谱》;(3)简阳傅氏家族《五马先生自叙纪年》;(4)遂宁张氏家族《烬余录》;(5)泸州曾氏家族《言善堂纪略》;(6)荣昌余氏家族《家传实录》;(7)荣昌喻氏家族《喻思慥宦略年谱》和《喻思恂宦略年谱》。除傅氏《五马先生自叙纪年》①、张氏《烬余录》② 曾公开出版过外，其余五种年谱均是新近发现整理的。归纳这七种文献，有两个共同特点：其一，谱主都是经历过明清易代的人，年谱对其生平事迹、见闻经历的追溯，都从明末一直记述到了清初。其二，谱主生活的地区，主要集中在川南地区及其邻近的川中地区。除年谱文献外，本专题还搜集了记述蜀难经历的 26 篇行状、传记。纵观这些文献，其族谱撰写者的属地也主要集中在川南地区。

川南地区之所以成为明末清初战乱经历族谱资料的集中来源地，绝非偶然。因为从张献忠于明末由川东入川，推翻明王朝在四川的统治，在成都建立大西政权以来，川东、川中、川西均成为大西军的控制范围；川北地区先是张献忠与李自成争夺之地，清军剿灭关陕李自成势力后，这一地区后又成为清军进取四川的基地；唯有川南及其邻近的滇黔，成为了支撑残明势力而与张献忠相抗衡的依托之地。当明末农民起义之势燎原不可遏止，李自成将入北京，张献忠攻破夔门之时，明廷已决定起旧臣巴县人王应熊为川湖云贵总督，宜宾人樊一蘅为川陕总督，敕、印未至，而李自成已据北京。明朝灭亡后，总督之敕至，樊一蘅遂留播州，与王应熊专办蜀事，意在恢复西南半壁河山。

当时分布在四川的残明势力诸将有：杨展由犍为恢复嘉定（今乐山市）、眉州（今眉山市）、邛州（今西昌市）、雅州（今雅安市），贾登联由富顺直达资州（今资中县）、简州（今简阳市），侯天锡、高明佐复泸州（今泸州市），曾英、王祥复渝州（今重庆），李占春、余大海复忠州（今重庆市忠县）、涪州（今重庆市涪陵区）。奉檄听调者，雅州、黎州（今汉源县）则有曹勋、范文光，威州（今汶川县）、茂州（今茂县）则有詹天

---

① 四川人民出版社在 1981 年出版的《五马先生纪年》，以收藏在四川省图书馆的民国稿本为底本进行点校。本次我们依照《傅氏迪吉公五马桥支谱》对其重新进行整理。
② 张烺撰，胡传淮注：《烬余录注》，中国文史出版社，2010 年。

颜、孟绍孔，夔州（今重庆市奉节县）、万州（今重庆市万州区）则有谭文、谭诣。诸军云集，樊一蘅移驻纳溪，居中调度。此后，以成都为据点的大西军，和以川南为据点的残明势力，在川西、川中、川南地区展开了拉锯式的争夺。

甲申之变后，张献忠据成都，号"大顺"，分道略地。据谱牒资料显示，当时"土贼蜂起，眉（山）有铁脚板，丹（棱）有萧永道"。丹棱有彭万昆与表弟张应试，组织乡勇，在丹棱、洪雅、邛崃、名山、雅安一带奋勇阻击大西军，守土保民（《彭氏族谱·赠怀远将军玉吾公家传》）。威远有倪裕素奋起与大西军激战于"内江之三义寺"和"威远之观音桥"（《倪氏族谱·裕素公传》）。另据《徐氏族谱·宗道公传》记："明季献贼据蜀，遂秋三品屠眉。陈登暤招亡命，据城西醴泉河拒之。其时，继之者徐宗道。"载入族谱的这些战事，罕见于正史野史，足可补史之缺。

在南明诸部将中，以杨展部战绩最为显著，各姓氏谱牒对其参与截获张献忠战舰的战事经过，多有所记载。如《罗氏族谱·世和公传》云："嘉阳留守杨展，明进士也，雄据岷江，兵精粮富。阳九后守，设法招徕，卫护畔牧，西南一带人民赖以保全者甚众。"《殷氏族谱·天政公捐业存孤传》云："嘉定杨展与夹江令王合峨眉万年寺僧，募死勇力拒"，使得嘉定、夹江二城得以保全。《紫霞散人年谱》记："杨展一军直抵新津，贼惶惑不知所为，尽屠境内民，并弃辎重于江，焚烧宫室，数日火光烛天，一夕遁去。杨展、马应试合诸路（力）[并]进数百里，复绵州而还。"值得提到的是，与张问陶、李调元并称清代四川"三才子"的丹棱县彭端淑，撰有《赠怀远将军玉吾公家传》一文，文中对江口之战的前因后果进行了详细的记述："献逆之据成都也，悉将楚、蜀所掠金载船数百，欲顺流下嘉阳。明参将杨展起兵，大破贼于眉之江口，焚其船，其金尽没江中，贼逃遁。"这篇文章虽然选自他的私人文集《白鹤堂文录》，但就其对祖先的追溯推断，此文自当刊载在《彭氏家谱》之中，本卷故予收录。

明末清初四川社会变迁与张献忠大西政权的兴亡关系十分密切。随着张献忠的入据四川与"江口沉银"后大西军的迅速败亡，四川社会开启了一个空前的黑暗时代。在上篇第二部分"灰烬之余"专题中，我们分别从川北、川东和川南地区选取了有逃难记录的11篇文献，由这些家族祖先劫后余生的经历中，可以反映明末四川各地的残破社会场景。如李调元在《李氏族谱·李攀旺传》中，记述了"张献忠作乱，人多逃亡"的景象。在川北地区，"杀伤焚掠殆尽，民食无所出，强者杀人而食，弱者幸以身免，则匿迹深山，采树皮草子，为饼充饥"，其祖先在"绝食三日"后，幸获一猫，"烧食之，得不死"；避兵者以瓦片盛人肉而食，场面惨不忍闻。在川南地区，《陈氏族谱·凤春公自撰谱序》记："因饥馑，碗米三钱，颗粒如珠。种种苦楚，不堪尽述，及父子不相见，弟兄妻子离散之日也。自大难平成，族内寥万中存一。"如此等等，足见明末蜀难给四川社会带来的灾难性后果。

　　需要提及的是，辑入本书的年谱文献——泸州曾氏《言善堂纪略》，其作者曾固之不仅是土生土长的川南人，而且还曾经在明清交替之际先后在今四川宜宾筠连、泸州及今贵州仁怀多地出任过南明的地方主官，遍历重庆、遵义、永宁（今叙永、古蔺）、合江、赤水、仁怀、土城（今属贵州习水县）诸地二千余里，以其亲历闻见撰为是书，填补了前代文献对于下川南地区这段历史记载的空白。例如书中记录了至今仍在川南地区流传的一句俗语"贵的盐巴草鞋，贱的婆娘秀才"，这句话就出自那个令人不堪回首的明末清初的蜀难时代。它生动、形象地再现了战乱中川南社会生活的真实场景：最值钱的不是金银财宝，而是逃难生存必需品——盐巴和草鞋；最不值钱的是婆娘和秀才，因为他们是逃难的累赘与负担。又如书中所记张献忠颁行蜀中州县刻石立碑的碑文是"天有万物与人，人无一物与天，鬼神冥冥，自思自量"，而不是"天生万物以与人，人无一物以报天。杀杀杀杀杀杀杀！"。这些记述远比《蜀碧》《蜀乱》诸书更为真实可信。

在追溯造成明末清初蜀乱空前剧烈的原因时，清初新繁诗人费锡璜（1644—？）在一篇文章中曾经写道："当张贼大乱之后，川西、川东、川南尚各据未平，时贼多于兵，兵多于民，武官多于文官，客兵多于土兵，虎豹多于鸡犬。"（费锡璜：《题郝雪海安蜀疏后》，《新繁文征》卷四《序跋》）这次辑录的南明川陕总督樊一蘅的《行状》，则进一步对南明政权"十羊九牧"的管控方式作了总结："［是时］蜀中……一掌之地，十羊九牧，总制则朱镕藩，枢宪则李乾德矣。巡抚则杨乔，然添设巡抚则江尔文矣。彼又各遍置私人，监纪、监军、督、佥、参、游如脱碗矣。某人（蜀）［属］某地，五裂四分，纷纷扰扰，无补危亡。一时杨展之兼并马应试，袁、武之赚杀杨展，其酿祸皆缘于此。"而南溪《张氏家谱·绍一公家传》则从其族人的逃难经历中，揭示了吴三桂叛乱给四川带来的祸害："其时以吴乱，故岁不登。吴卒乏食，辄向民间诛粟以饱军。弗得，则灼肤斫胫，以肆其毒。敲呼之声，达衢路彻，宵旦不绝。民相率匿榛莽，尽日伏不出。吴卒又往往入山搜捉，人民益不堪命。"此前学界在探讨明清易代蜀乱之由时，大多聚焦于张献忠大西军、清军、南明残余势力三方。这条族谱资料证实，在某些地区，吴三桂叛军势力也是加剧蜀难的一个重要推手。

下篇"填川篇"主要围绕明末清初战乱以来四川人口迁移展开，由"遗民复业"与"招徕填川"两部分内容组成。前者以明末遗民返籍复业为主题，后者以清初外省移民迁入为主题。关于"遗民复业"，以往学界往往将其归结为土著返籍。其实这部分人口流动，也属于异地迁徙范畴，应该是填川移民潮的重要内容之一。本卷第一篇在叙述家族乱离经历时，已涉及这部分人口从川黔接合部回迁入蜀的现象。这里我们又专门辑录了7篇文献，记录发生在前朝"遗民"家族中的回籍复业事迹，这些回籍人口主要集中在川南地区。

关于"招徕填川"，本专题共辑录了47篇族谱文献，集中反映了清初政府实行招民实川以来，外省移民迁入四川的过程。由于张献忠建政于川西地区，"江口沉银"事件后，张献忠军队在撤离成都前夕，对川西平原造成的破坏后果极其严重，致使这一地区地荒人稀现象特别突出。所以，清初以来外省移民填川活动主要围绕这一地区展开。清初以来迁入四川的新移民，省籍来源十分广泛，以湖广、江西、广东、福建为多，而留下迁川记忆的，则以闽粤籍家谱最为详尽。如自广东长乐迁入成都的《李氏家谱·相儒公遗嘱》记："至康熙壬寅（1722）、癸卯（1723）之间，天时不顺，饥馑荐臻，四方之来川者，不知几千户矣。"又自福建武平迁入南溪的《钟氏族谱·入川始祖成酉公家传》记："时福建耿精忠反正后四十年，休养生息，户口日增。会乡人有自四川来者，盛言川中土旷而美，气候良适，经流贼蹂躏后，一大县裁数千户，客自楚粤赣闽至者相望也，皆插地为界标，得有其土地权，以故客至日众。"如此等等，不一而足。

在中国社会史研究中，宗族（或家族）是研究明清乡村时绕不开的话题。谱牒是家族历史的载体，家族谱牒是近世中国最为普及的一种乡村文献。从乡村中搜获的族谱，通过叙事方式制造的社会图景，丰富多彩，远比正史、野史的记述更加生动入微，更加贴近生活。谱牒包含的体裁多种多样，除常见的传记、行状、履历、遗嘱、自述、谱序之类的文献外，本卷还收录了13篇带有原始资料性质的文书，如反映插占土地、复业开垦的执照、告帖、照票、家书、阄书、合同、手书等。如邻水《邹氏族谱·家书集》，汇编了雍正至乾隆时期移民在原乡与迁居地之间家书十三封，是18世纪移民时代川粤两省的社会生活状况的真实反映；资中《星聚祠陈氏族谱》收录的《分爨阄书》，反映了福建迁川移民与原乡宗族之间的契约合同关系；江津县《张氏族谱》收录了南明永历十年（1656）、清顺治十八年（1661）由南明王朝和清王朝颁给四川垦民的垦状，是甲申之变后，南明和清廷施行招民复垦政策，促进四川乱后社会经济恢复的直接见证。保存在族谱中的这些第一手史料，不见于原乡，更不见于正史、野史，只保存在四川谱牒之中，这不能不是学术研究的一大幸事。这批资料的公布，为研究明清易代中四川社会变迁提供了重要依据，价值十分珍贵，堪称四川族谱文献的一大亮点。

最后需要指出的是，民间谱牒从本质上说，并不是一种史书，它只是家族成员关于祖先和世系的叙述。族谱并不是专门为历史学家所撰写的，它仅是该家族成员出自于阐明自己祖先来源和本家族的历史这一动机而编纂的"历史"记录。家族成员在叙述祖先历史时，往往会自觉不自觉地将自己的立场和感情带进编纂之中，并用以来表达其与当下的关系。结合本卷族谱资料的编纂，需要强调指出的是，在经过明清易代的时代变迁之后，各姓氏家族成员在编修族谱时，在对于祖先及其后嗣的历史追述和书写的过程中，无不存在一个政治态度的选择和表达的问题，因此理解这些族谱编辑的动机和意义显得十分重要。例如，川南地区族谱修撰的目的，多是为了表达祖先在明清易代中的气节或者对保全当地的作用贡献；而川西地区的新移民，其族谱则是为了通过祖先艰苦创业历史的追溯，以达到教育子孙的目的。基于族谱文献的这种性质和特点，今天我们在阅读和使用这些文献资料时，一方面既要看到族谱文献对于深化历史文化、文物考古研究的史料价值，另一方面也不应为族谱凝固化的历史所止步，而更应该以此为出发点，进一步把握由一系列的编撰者的"现在"所构成的历史。只有这样，才能将族谱资料在区域社会变迁史研究中的价值与意义充分发挥出来。

陈世松于四川省社会科学院
2018 年 3 月 6 日

凡　例

一、本卷是以"江口沉银"为切入点，以族谱文献为对象，旨在反映明末清初四川社会变迁的专题资料集。

二、各篇文献之下，加有"题解"，对所选姓氏、谱牒的版本、内容及其价值作简要说明。

三、各篇文献标题之下，标明撰者，前括号表明撰者的时代，撰者的生平见脚注。

四、原文的抬头、空格及小号字体表示尊卑之格式，皆不予保留。

五、原文的避讳字全部改为本字，不另外说明。

六、底本若有衍、漏、讹字，则相应位置添补或更正。衍字、讹字用（　）标明，补字、正字用［　］标明，在注释处说明理由。原有缺字，则代之以□，不另出校勘记。

七、本书除人名、官名、地名、书名外，不使用异体字。对本书所使用的俗字，亦改为相应的正体字。

八、通假字尽量保留，以体现原文风貌。

九、本书对与内容紧密相关的人名、地名和重要史事皆以脚注形式标注在文下。本书内容有误或需考证之处也以脚注形式标注在文下。

十、文献整理点校人，备列于该文献之后。

目 录

上篇　蜀难篇

蜀难纪事 ……………………………………………………（3）

　　纪年文献 …………………………………………………（3）

　　　（宜宾樊氏）紫霞散人年谱 …………（清）樊泽达　樊泽逖（3）

　　　（宜宾李氏）开平公行述年谱 ………………………（清）李时（54）

　　　（简阳傅氏）五马先生自叙纪年 …………………（清）傅迪吉（77）

　　　（遂宁张氏）烬余录 ………………………………（清）张烺（114）

　　　（泸州曾氏）言善堂纪略 …………………………（明）曾固之（144）

　　　（荣昌余氏）家传实录 ……………………………（清）余一夔（153）

　　　（荣昌喻氏）明贵州巡抚都察院右副都御史喻思慥宦略年谱 ………

　　　　　……………………………………………（明）喻符庆等（160）

　　　（荣昌喻氏）明资政大夫兵部尚书喻思恂宦略年谱 ……………

　　　　　……………………………………………（明）喻奇庆等（164）

　　行状传记 …………………………………………………（168）

　　　（丹棱彭氏）赠怀远将军玉吾公家传 ……………（清）彭端淑（168）

（丹棱张氏）应试公本末 ……………………（清）张光远（171）

（双流刘氏）后庵刘公墓志 …………………（清）刘芬（172）

（眉山徐氏）宗道公传 ………………………（清）万国临（174）

（隆昌徐氏）述川公行略 ……………………（清）徐忠恕（175）

（宜宾李氏）先莹公传 ………………………（清）佚名（176）

（宜宾彭氏）彭际亨传 ………………………（清）李洪霁（178）

（宜宾樊氏）樊公行状 ………………………（清）樊星炜（180）

（宜宾李氏）旦复公行述 ……………………（清）王恕（186）

（宜宾赵氏）赵式九公传 ……………………（清）赵树吉（188）

（永川罗氏）明总戎世安罗公传 ……………（清）罗正元（189）

（资阳罗氏）世和公传 ………………………（清）罗支豫（191）

（威远倪氏）裕素公传 ………………………（清）李荃（193）

（威远陈氏）洪寿公传 ………………………（清）佚名（204）

（威远李氏）侗初祖传 ………………………（清）李士进（205）

（威远李氏）潜公传 …………………………（清）李士进（206）

（威远李氏）现凤公传 ………………………（清）李士阊（207）

（威远董氏）际飞公传 ………………………（清）董崇固（208）

（南溪张氏）绍一公家传 ……………………（清）张相庚（210）

（庆符严氏）克修公传 ………………………（清）严钟炘（212）

（简阳傅氏）元翠公暨子策春辟难略 ………（清）徐树棠（213）

（简阳刘氏）冲霄公传 ………………………（清）易象离（215）

（简阳汪氏）金吉公传 ………………………（清）汪致森（218）

（江津龚氏）笋湄公略述 ……………………（清）龚懋熙（219）

（遂宁李氏）镜庵公纪谱略 …………………（清）李嗣业（224）

（罗江李氏）李攀旺传 ……………………………（清）李调元（228）

灰烬之余 ……………………………………………………………（230）

　（南充韩氏）流离传 ………………………………（清）韩国相（230）

　（安岳周氏）闻见纪略 ……………………………（清）周于仁（232）

　（开县贺氏）全家殉难记 …………………………（清）贺复仁（234）

　（宜宾樊氏）樊氏一门殉难记 ……………………（清）樊曙（235）

　（宜宾陈氏）无端上人避难之黔访依故人监军夷葵陈公叙 …………

　　……………………………………………（明）无端上人（238）

　（宜宾赵氏）式九公家谱序 ………………………（清）赵曈（241）

　（兴文陈氏）先祖书出遗嘱 ………………………（明）陈应吉（243）

　（南溪杨氏）杨氏家谱序略 ………………………（清）佚名（246）

　（南溪何氏）何氏家谱序略 ………………………（清）佚名（247）

　（富顺杨氏）蜀难纪实 ……………………………（清）杨鸿基（248）

　（隆昌张氏）遗事记 ………………………………（清）佚名（256）

下篇　填川篇

遗民复业 …………………………………………………………（261）

　（宜宾彭氏）明德祖遗嘱 …………………………（明）彭明德（261）

　（巴县程氏）程氏、吴氏、张氏三姓还川谱序 …（清）程一宾等（263）

　（威远殷氏）天政公捐业存孤传 …………………（清）殷良弼（265）

　（威远王氏）王氏族谱序 …………………………（清）王瑜等（266）

　（江安陈氏）凤春公自撰谱序 ……………………（清）陈凤春（270）

　（泸州罗氏）重修家谱序 …………………………（清）罗声腾（272）

（隆昌徐氏）靖祖遗嘱 …………………………………（清）徐靖（275）

（荣昌敖氏）帝锡敖公传 ………………………………（清）姜锡嘏（276）

（江津杨氏）慕生公传 …………………………………（清）杨懋璋（279）

（宜宾侯氏）准侯天锡子侯拱贞回原籍部票 ……………………（280）

（威远李氏）康熙三十年荣县（恳）[垦]荒执照 ………………（281）

（泸县聂氏）康熙四十七年四川学政王奕清访求前贤后裔榜文暨聂允恭呈文 ………………………………………………………（282）

（泸县苏氏）康熙十年苏文贵复业恳恩给照禀状 …………………（284）

（江津张氏）南明永历十年江津张学彦、张亿开垦执照暨顺治十八年张学彦释轻诉状 ……………………………………………………（285）

招徕填川 ……………………………………………………（287）

（成都巫氏）巫公讳锡伟老大人家传 …………………（清）杨作舟（287）

（成都万氏）蜀中始祖万公讳安静和立大人行述 …（清）万新成（289）

（成都范氏）对扬公烝尝簿序 …………………………（清）范对扬（291）

（成都陈氏）宁相公家传 ………………………………（清）郭杰樟（293）

（成都戴氏）荣玉公传 …………………………………（清）戴宝琛（295）

（新都温氏）文英公事略 ………………………………（民国）温兴恕（297）

（新都廖氏）太高祖体用公家传 ………………………（清）廖守诚（299）

（金堂陈氏）巨振公传 …………………………………（清）陈钧（303）

（金堂李氏）迁蜀记 ……………………………………（清）李兴瓒（305）

（金堂李氏）五公履历 …………………………………（清）李时华（307）

（广汉张氏）汉州龙井堰世科公来川序 ………………（清）张诗圣（310）

（罗江范氏）诚创谨睦公行述 …………………………（清）范宣高（314）

（罗江魏氏）瑞锦公传 …………………………………（清）佚名（316）

（简阳钟氏）增补公入川履历 …………………………（清）钟世锜（317）

（简阳钟氏）敬录宏予公遗嘱 …………………………（清）陈钟（324）

（简阳黄氏）雪村老人自述 ……（清）黄雪村口述　汪漱芳代撰（328）

（简阳陈氏）宏典公谱序 …………………………………（清）陈一新（330）

（简阳王氏）入川始末序 …………………………………（清）王中羡（332）

（绵竹彭氏）亿璋公由粤迁蜀行述 ………………………（清）彭有亨（336）

（资中陈氏）绣尧公传 ……………………………………（清）陈元隆（340）

（安岳杨氏）入蜀途程 ……………………………………（清）佚名（343）

（威远李氏）相儒公遗嘱 …………………………………（清）李高辉（346）

（威远周氏）周氏粤东迁西蜀七言律 ……………………（清）周朝珍等（349）

（威远夏氏）夏氏始祖一通公行述 ………………………（清）康宣（351）

（内江冯氏）入蜀来历 ……………………………………（民国）冯锡馨（352）

（内江钟氏）伯佑祖房入川序 ……………………………（清）钟炳朝（354）

（蓬溪奚氏）岁贡生方左公传 ……………………………（清）陈殿飏（356）

（荣昌罗氏）汉槐公墓志 …………………………………（清）李国崇（357）

（荣昌李氏）万玑公传 ……………………………………（清）李士薰（359）

（巴县赖氏）遇顺公入川落业原序 ………………………（清）赖遇顺（360）

（巴县赖氏）赖氏族谱序 ……………………（清）赖辛化　赖辛贵（362）

（重庆吕氏）嘉会公传 ………………………（清）吕明杰　吕明俊（363）

（巴县李氏）蜀川渝州官庄始祖敏葵公记 ………………（民国）李嘉猷（364）

（云阳涂氏）功亮公传 ……………………………………（民国）涂凤书（366）

（璧山陈氏）儒玉陈公传 …………………………………（清）常廷旌（367）

（隆昌陈氏）高飞自记 ……………………………………（清）陈高飞（369）

（隆昌董氏）董子能传 ……………………………………（清）秦先明（371）

（宜宾李氏）大定公传 …………………………………（清）李正彩（372）

（宜宾凌氏）永泰公由衡迁蜀叙略 ………（清）凌配祖　凌孚祖（373）

（宜宾唐氏）世系入蜀记 …………………………（清）唐祖让（377）

（宜宾赖氏）程祖妣传 ……………………………（清）赖晓帆（379）

（宜宾张氏）衍祚公入蜀履历 ……………………（清）张泽融（382）

（南溪钟氏）入川始祖成酉公家传 ………………（民国）钟朝煦（386）

（泸县陈氏）上梅公入川履历 ……………………（清）陈文新（388）

（泸州高氏）泸州南门高氏家传 …………………（清）高楷（391）

（长宁黄氏）黄氏宗祠祠序 ……………………（清）黄星垣等（394）

（宜宾郑氏）历年置产记 …………………………（清）佚名（402）

（中江陈氏）康熙四十一年中江陈大贵来川落业照票 …………（403）

（资中陈氏）福建龙岩州移民陈颐珍分爨阄书 …………………（405）

（江津陈氏）陈永茂、陈永盛承领田谷以照抚祖墓贴 …………（407）

（资中陈氏）乾隆十一年陈氏兄弟分单合同 ……………………（408）

（新都钟氏）四川省成都府新都县乾隆二十七年文亮叔祖手书 …………
　　　　　………………………………………………（清）钟文亮（409）

（宜宾温氏）乾隆二十一年温紫彩寄川家书 ………（清）温紫彩（411）

（邻水邹氏）家书集 ………………………………（民国）邹邑士整理（413）

（荣昌陈氏）寄蜀家书 ……………………………（清）陈庆安等（422）

上篇

蜀难篇

蜀难纪事
纪年文献

（宜宾樊氏）紫霞散人年谱

（清）樊泽达　樊泽逖

　　《紫霞散人年谱》一卷，康熙乙丑进士樊泽达与其弟樊泽逖编订，向由宜宾县大塔镇樊氏家族秘藏，现稿本由樊贞杰重抄，分上中下三册。该谱体例精当，尤其是在每年纪事后列有"纪法"，说明"所以书"以及其"书法"，类似"三传"之释《春秋》。但因无关史事之辑存，所以此次点校中删去。谱主樊曙乃明川陕总督樊一蘅嗣孙，因祖父的缘故，对当时四川的政治动荡和社会变乱多所亲历，其事迹大多可以详官书所未详，补官书所未录。

紫霞散人年谱上册

　　公姓樊，讳曙，字旭东，号绳甫。居紫霞沟，自号紫霞散人，斋名五石，世称五石先生。行年七十有三，以寝疾卒于寝。

　　戊辰，崇祯元年（1628）

　　公初孕。樊于宜宾为著姓，先世由楚之麻城迁蜀，至公为十一世。大父职方公讳子璩，字辉之，为诸生，有文名，工楷法，性成孝友，尚义轻财，笃于亲友。刺史公第二子，初嗣司马公，伯兄子瓒殇，归宗，时年十有九。大母尹孺人，聪慧严整，治家有法。方伯公①第三女，时年十有七，是岁孕公。

吉梦呈祥。尹孺人梦大火陨于家，紫衣人覆以瓮，曰："此火缓发。"职方公梦尹孺人抱赤日于怀，遂诞公。公生而聪颖异常，兼饶膂力，奈世际阳九，莫展素志，缓发之谶也。

己巳（1629）

夏闰四月十八日癸酉酉时，公生。生时雨霁风清，天空月皎，生于王城街。

庚午（1630）　公二岁

夏四月试周，有休征，亲友毕贺。公左手取金章，右手持古册，亲友方之曹彬②，交口称贺。

冬十二月，元配阮孺人生。外大父御史公讳振中，字侄一，由庚辰特用巡按广东。外大母郑孺人贞顺，早卒。俱富顺人，生孺人于是月初九日子时。

辛未（1631）　公三岁

公能言。吉康。公体貌丰伟，自孩提至成童，无灾病。

壬申（1632）　公四岁

春三月，女弟生。姑性贞静，生数年，刺史公候升在籍，名曰和贵。

癸酉（1633）　公五岁

公入学，师事宜庠晏先生。先生讳正寅，遗其字，文行兼优，笑言不苟，值贼难，与鱼嘉鹏、李松茂、彭（名）[明]扬③、马冲斗起义作抗，为贼所获。（名）[明]扬以计脱，四人磔死。

秋八月，弟生。叔父讳瞰，字寅东，生于八月三十日。尹孺人梦大蛇入室，遂以杖伤其首。叔生，果疽发于头，陷其顶。

---

① 方伯公，即尹伸，字子求，万历年间进士，官至河南右布政使。
② 曹彬，宋代开国平蜀、平江南的大将。累官至枢密使，加平章事。
③ 嘉庆《宜宾县志》、民国《彭氏族谱》作"彭明扬"，据改，下同。

甲戌（1634）　　公六岁

外大父方伯尹公命公名。方伯公讳伸，字子求，号惺麓，由万历戊戌进士，仕至河南（左）[右]布政使，避魏珰致仕。尹孺人携公归宁，方伯以尹孺人曾有赤日之兆，锡以今名，予以今字。

公通四子书，能属对。伯祖闇生①出对示公曰："挥汗如雨。"公应声对曰："聚蛟为雷。"

乙亥（1635）　　公七岁

公治《毛诗》。从师所习也。

冬十月，张孺人生。外大父儒士公讳扬，字振轩，遂宁人。外大母姓潘氏，华阳人，生孺人于是月二十六日午时。

丁丑（1637）　　公九岁

春，司马公②自秦归省。年六十有二。司马公生于万历丁丑（1577）十一月③初二日□时。由万历壬子（1612）举人、己未（1619）进士，初任安义，次任襄阳。天启甲子（1624），分校楚闱，得士最多。内升礼部，调吏部，四任至稽勋郎[中]，外转历榆林，关南监军诸道。是年归省，后升按察使。怀宗嘉其边才，晋宁夏巡抚，旋闲住，荐起，升川陕总督。

夏，司马公以公入嗣。初，五世祖赠西埜公讳才良，字彦友，生二子。长太守公，公讳恒，字伯丝，号松坪。由嘉[靖]进士，仕常德知府，以清直著，祀名宦、乡贤。次经魁公讳翰，字[西池]④，号竹坪。中嘉靖乙卯（1555）亚元，早卒。松坪公五子：长一苣，字晼滋，由明经，任合州学正；次一荃，字（级）[纫]楚⑤，为邑庠生；次一萡，字君佩，由副榜，[任]盐亭教谕；次司马公，讳一蘅，字君带；次一若，字君贻，曾为刺史。竹坪公早殁，无嗣。尝降灵于箕仙，每降，则封母太宜人必大恸。松坪公泣告曰："弟勿复来，重伤母心。"遂走笔答曰："不复来矣。兄以第四子嗣我，名曰雪尔，吾

---

① 樊一萡之子，名子璨，字闇生。
② 即樊一蘅。
③ 嘉庆《樊氏族谱》作"十二月"。
④ 原文阙，据嘉庆《樊氏族谱》改。
⑤ 据嘉庆《樊氏族谱》改，下同。

去矣。"时松坪公年四十，未有子，又十余年，果生司马公，值大雪，遂以嗣竹坪公。睕滋公一子，讳子玘，字申随。（级）[纫]楚公一子，讳子玠，字锡玄。君佩公一子，讳子璨，字阐生。惟刺史公有二子，长讳子瑎，次职方公讳子瓀，字辉之。司马公先取职方公为嗣，未几，伯祖子瑎公殇，职方公乃归。至是，司马公年六十一，生十男，俱不育，择于诸孙。申随公二子，长讳斗寅，字夏卿，抱病；次讳斗卯，字秋卿。锡玄公一子，讳悼，字含章。阐生公未有子。惟职方公举二子，长即公，体貌不凡；次寅东叔，亦渐长。司马公乃以公入嗣。制文告于祖，为酒食，会族戚，以大宗继小宗。时公甫九龄，既闻命，拜辞大父母，慷慨登车，司马公及王（荣）[恭]人大悦。

戊寅（1638） 公十岁

春二月，司马由陕西按察使升宁夏巡抚。司马公自庚午（1630）由吏部外迁，亲冒矢石，屡著军功。平巨贼八家，降贼党十余万。至是由按察使升金都御史、巡抚宁夏。既到任，首平白莲邪教，所在惠威，不能悉载。

公善事王恭人，恭人大悦。公时十龄，晨昏寝膳无少间，且于本生无顾盼意。

公治《尚书》。改《诗》治《书》，从祖所习也。

己卯（1639） 公十一岁

公侍王恭人赴宁夏。公幼有智识，能约束僮仆，所在山川风土，悉能记忆。

庚辰（1640） 公十二岁

公侍司马公归自宁夏。宁夏衔边，先后两抚俱为其下所戕，独公清简宽仁，能保终始。适以榆林边防，嫁祸宁夏，忌者素愤司马公刚直，欲引重典。怀宗亲改票拟曰："樊一蘅素有边才，着与闲住。"时戴太（叔）[淑人]春秋高，司马得旨，感泣曰："古人不以三公易日，吾何爱节钺为？"表谢即行。

夏四月，戴太淑人大庆。太淑人耄而健，四月十一日，寿九十三大庆也，司马公适抵里，官绅士庶，称祝盈门，子孙曾玄，衣冠楚楚，拜于阶下，多不能辨识云。

辛巳（1641） 公十三岁

春，公文益进，司马公命公就傅府庠樊先生。先生讳星炜，字子景。博学高才，谨厚自律，足不履公庭。司马公器重之，特命公从游于白塔寺，复迁馆刘家园。

司马公置新宅，及刘家园书屋。新宅在祖宅东，工未竟。园，富邑刘来靖所售，在察院西北角，池台花木，甲于叙郡，司马公更新为书屋。

夏五月，戴淑人卒。太淑人亲生三子，荃祖时年七十五，蒫祖时年七十二，司马公时年六十五，卒时悉在左右，人谓太淑人福德无比。

冬，葬太淑人。葬于城西五十里贞溪①之高岗。

壬午（1642）　　公十四岁

公力学。公性不喜嬉游，读书之暇，尝演习弓马。

癸未，崇祯十六年（1643）　　公十五岁

秋八月，太淑人服除。

朝命特起大中丞为兵部侍郎，兼副都御史，总督川陕军务。时贼势益炽，怀宗念司马公平贼功，会廷臣刘湘容保荐，遂有是命。时道路阻梗，朝报不得达，甲申（1644）冬，始亲事于播②。

公赴县、府试。

甲申，崇祯十七年，顺治元年（1644）　　公十六岁

春，公受知于学使王公，附宜庠。王公讳芝瑞，江南名进士，后监蜀军。时叙属全盛，试事维荣。

夏，公复师王先生。

秋七月，得贼警。楚、豫、晋、秦贼氛猖獗，燕京凶信仿佛传来。忽报重庆失守，司马公愀然曰："渝城重地，表里（城）[成]都，无渝则无蜀矣。"于是出呼皇上，入呼祖宗，号泣三日，谓刺史公③曰："骨肉宗族，当以庐墓为依。我则任所之，不可留。兄弟长此离矣。"相持痛哭，遂命尽碎坊额，悉焚屏幛，洞开重门，听市邻分取器物，买舟起行。

公侍司马公播迁。司马公以家累，难于远涉，独携王恭人及公登舟，服役男女，未婚者五六人。家臣中忠义者，惟樊来鹤一人，字闻野，舍父母妻子从行。

---

① 今屏山县真溪镇。
② 播州，今贵州遵义，当时属于四川管辖。
③ 即樊一若，樊一蘅之弟。

冬十一月，贼①陷宜宾，大杀掠。贼大队破叙城，令其余党略乡村。贼闻莲花寺僧兵最强，攻围数月。寺既破，分两道，一走莲塘②，一趋货市③。所至屠杀，横尸如山，间有留者，斩手足，割耳鼻，人无完肤。焚烧遍野，系累空村，贯婴儿于稍头以为戏，遇工朽石，百计摧残，全川罹祸。盖杀运之极惨，今古罕闻也。

公外祖方伯尹公④骂贼，死之，二妾及子长橒⑤赴义。尹方伯公（君）[居]莲塘，贼将至，客劝之遁，答曰："吾岂向草间求活耶！"俄而乡勇溃，山人李心弢跪请曰："公以身殉难足矣，全家累何？"方伯公乃听眷口分逃，自着衣冠，端坐不避。贼至，辄大骂，曰："此必尹乡官。"近前捉之，欲生致去。方伯公骂不绝口，贼不能堪，戕之。二妾夏氏、邵氏，年俱五十余，见公受辱，各持杖奋身击贼，贼怒，（友）[支]解之。季子长橒字山雪，亦投岩救父，贼并杀之。一门子孙，相继殉难者又七人。

公祖母李孺人殉难，庶祖母夏氏殉节。刺史公元配李孺人，云南方伯绍庭公女。绍廷公讳文续，为天下清官第一，坊题曰"清白名臣"。孺人性严正，时年六十余，贼执之，呼为老婆，孺人怒，[骂]不绝口，贼击以刃，骂愈厉，遂遇害。刺史公侧室夏氏亦被执，厉声曰："吾守礼正人樊芳州妾也，头可断，身不可辱。"夺刀自杀。贼怒，系发梁间，射数创，复支解而死。死数日，手犹挽下裳不可释。

公女弟投岩碎身。姑幼习女教，时年十三，知大义，被执，与刺史公同寝处，屡自缢不得死。及贼发子女行，姑与焉。哭拜刺史公前，誓以必死。刺史公遣苍头随去，行至险隘处，姑引马坠岩千尺，人马俱碎。贼杀其持马之人，苍头归报，命收其骸。

公服族赴义死者五人。余族聚处货市，贼猝至，刺史公举家为贼所获，独尹孺人得脱。司马公两兄纫楚公、君佩公，年皆老耄，不受贼侮，以物击贼，贼怒，遇害。纫楚公子锡玄公抱父痛哭，并被杀。随公长子夏卿公坚守母丧，遇贼，不屈而死。夏卿季弟斗杓公起义兵杀贼，败殁。

公服族母及姑赴义死者六人。五曾祖一著公，元配任氏，贼剐其形体死。七曾祖君佩公元配刘氏，不食死。族曾祖一蓬公元配张氏，匿夫所在，贼拷掠焚烧死。族祖子

---

① 贼，对张献忠的蔑称。
② 在今宜宾县隆兴乡林石村境内。
③ 今宜宾县合什镇。
④ 即尹伸。
⑤ 橒，嘉庆《宜宾县志》作"镜"。

[灿]公妻[涂]氏自经死。族伯致灵公①妻徐氏，斩手足死。伯祖闇生公长女适尹门，自刎。

职方公②自贼营奔丧，藁葬李孺人。职方公广交游，旧识某在贼营，为贼信任，遇职方公，惊曰："何为至此？"职方公告以家难，旧识泣曰："缓图之，急则败矣。"旧识因说贼酋曰："豪家宝玉，多藏土中。不如使富贵子措饷赎人口。"贼是其言，职方公与焉。既还乡，见李孺人榇，一恸而绝，密友黄公讳道和，字贞一，多方营救，复苏，遂藁葬李孺人于陈家沟山麓。尹孺人素饶心计，裘马金帛犹有存者，职方公措置毕，托疾，遣能事人赍送饷料、赎眷口。中途又为土寇所劫，赖耆老范君锡谕解得全。饷至，贼大喜，见马益喜，裘四领，兄弟各取其一，愈喜，遂全家安置入城，不令随营。

刺史公完节全身。刺史公遇贼，贼扛以肩舆，见贼（奠）[酋]，问公不跪，答曰："吾足僵，不能跪人。"在贼营，日夜诵《孝经》及《卫生歌》。贼问诵何物，答曰："诵经。"贼遂谓刺史公善人，称呼老乡官，不知其司马公胞弟也。至是，见赎。贼问曰："愿为官乎，愿为民乎？"刺史公曰："吾不为尔官，亦不为尔民，吾只效陶渊明。"贼不解渊明为何人，职方公旧识解之曰："此夸将军语。"贼喜，释放入城，并家口安置。其他姓逾限不到者，无老少悉载过江，及半渡，尽投江中。

次于（潘）[播]，司马公视总督事。司马公由蔺③入（潘）[播]，图南循海上也。旧辅王公，巴县人，讳应熊，字非熊，亦驻（潘）[播]。遗命起王公督师，司马公总督。报至，司马遂留播，料理军务，捐贷招募，丁壮粗集，首陈恢复大计，随檄各路旧兵旧将，期以冬杪会师，明年大举。时司马公左右，惟公及来鹤二人，一切机宜皆得商（确）[榷]。公复自制铁鞭，出入提携，誓必灭贼。

公受知于大学士督师王公。公以通家谊见督师，督师爱公才品精力，器重之，尝拊臂曰："此张家南轩④也，而精敏过之，樊氏有子也。"

乙酉，顺治二年，（洪）[弘]光元年（1645）　　公十七岁

春，职方公至（潘）[播]。职方既脱虎口，知乡村不可久留，欲奔司马公，苦

---

① 即樊斗枢。
② 即樊子琎。
③ 古蔺县。
④ 南宋张栻。

叙在下游，莫由得渡，计无所出，商于从侄秋卿公。秋卿讳斗卯，素有才略，策曰："陈雪滩眷口甚盛，且多男人，不乐居此久矣，可与筹划。"职方公然之。赖尹孺人犹存（徐）[余]赀，星夜买舟，偕秋卿公会陈练伯于莲塘。练伯讳宗，富顺侍郎陈雪滩先生长子。雪滩讳盟，由词林，时官吏部侍郎。因练伯为尹方伯公第七婿，故居莲塘。练伯多智，三家协谋，男妇数百人，难其行。职方公先遣间谍，至贼营说贼断浮桥以止私逃。三家乘除夕夜，过叙城，中流（置）[直]下。达旦，抵纳溪，乃登陆，数十里，至家坎，均任宇资之轿马，径送司马营中，备陈家难。三家之过叙也，每船力士十人，人持长杓代桡橹，各缄其口，声寂而行如飞。

司马公驻节永宁①，誓师征贼。司马至永宁，起旧将甘良臣为总统，副以侯天锡、屠龙。适参将杨展、游击马应试、余朝宗率溃卒至，合之，得兵三万余人。司马公缟素誓师，将士等人人自奋，遂发兵。

三月，恢复叙城。大师陈于叙之南岸，至三月十二日，杨展从雪滩暗渡，破西门，克复叙郡，乘胜攻贼营垒。余朝宗、马应试先登，贼大败，斩贼数千级，获伪都督张化龙印纛，化龙仅以身免。司马公留公居守，亲至江上犒师，更檄王祥、曾英、高明佐等恢复泸、重，期以五路进师，扩清全蜀。

司马公诛伪官陈全及匡之义于门。全，邑宦陈文德子，降贼受职。贼破奔逃，为严戴营乡勇所获，械送军前。司马公请于督师，及伪知府匡之义俱斩于营门，枭示。叙人称快。

义士李合宗、梁为宪抗贼，于锦官被杀。李公合宗，字同原，方伯文（赎）[续]公孙也；梁公为宪，字以谦，知县应奎公子也。同原性耿介，善事继母，以谦性严正。二人俱司马公婿，贼执之以胁司马公。至成都，欲官之，二公义不屈，贼怒，斩于锦官之万里桥。

刺史公携家会于（潘）[播]。先是，职方公至（潘）[播]，日夜啼号，思所以脱刺史公者。家臣中罗凯旋、钟日贵愿效死，职方公请于司马公，密选二人，贾贩贼营。约族戚以破城日，家挂黄旗一帜于门首，人缝黄巾一块于衣领，官兵见黄旗、黄巾，即得保全。又赖参将杨玉良讳展者，先登陷阵，身护樊宅，刺史公遂无恙。至是，族众亲戚会于军。司马、刺史公相持痛哭，至于失声。住二日，送之（潘）[播]。族人戚党，陆续来

---

① 今叙永县。

聚，悉走（潘）[播]，以司马公为依。

南都起用司马公为东南巡抚，兼理军务、屯田事。北都既陷，福王绍位，改号"（洪）[弘]光"。廷臣不知先皇总督之命，遂起用司马公为巡抚。司马公缮奏谢恩并请旨，遂授"兼总督、便宜行事"之衔。司马公因会督师王公于泸之纳溪，商秦、蜀军务。

丙戌，顺治三年，隆武（元）[二]年（1646）　公十八岁

大清收南都，唐王立于闽。

南都授刺史公以剑川州①知州，遂赴官。司马公送刺史公赴播，泣别曰："古人江南江北，以存宗祀。滇云极边，料贼不能到，弟携次孙往。余身老矣，分在勤王，留瑈儿在军，抚育长孙，兼护族戚。"刺史公遂定赴滇之计，及抵（潘）[播]，适南都授剑川州，刺史公携叔父暾赴新任。

刺史公命公字曰旭东。取更始义也。刺史公至（尊）[遵]义，举家复完。哀罢，顿喜曰："祖之灵，吾不意复有今日。"旋赴滇，公拜送，遂命以字。

公侍王恭人及职方公、尹孺人于（潘）[播]。刺史公既赴任，司马公身亲矢石，职方公尚在衰麻，一切家务由公经理，巨细周详。

秋八月，司马公偕督师王公，督诸路官军讨贼，贼大窘。初，献忠入蜀，无能当其锋者。及化龙败，贼乃恚甚。于是遣其渠魁孙可望，率其锐十万，与司马公据江而阵。月余，我师粮尽，全师赴永，驻于古蔺，时出游师以扰之，贼不能支。乙酉（1645）九月，贼败于摩泥②。冬，又败于滴水③。丙戌（1646）春败，每战不利。家秋卿公复纠乡勇，蹑贼空虚，直薄叙城。贼前后失据，遂大溃。我师逐北，斩获万计，擒其伪都督一人，贼大惧。司马乘其破竹之势，分布诸将杨展、马应试，由犍为恢复嘉、眉、邛、雅，贾登联同部下中旗杨维栋、王孝，由富顺直达资、简，侯天锡、高明佐复泸州，曾英、王祥复渝，李占春、余大海复忠、涪。此外之各守其土奉檄听调者，雅、黎④则有

---

① 今云南剑川县。
② 今叙永县摩尼镇。
③ 今叙永县落卜镇滴水岩村。
④ 今汉源县。

曹勋、监军郎中范文光，威①、茂②则有詹天颜、孟绍孔，夔、万则有谭文、谭诣。诸军云集，司马公移驻纳溪，居中调度。杨展一军直抵新津，贼惶惑不知所为，尽屠境内民，并弃辎重于江，焚烧宫室，数日火光烛天，一夕遁去。杨展、马应试合诸路（力）[并]进数百里，复绵州而还。

先是，秋卿公既随职方公以出，母、兄犹在乡，官兵复兵叙，秋卿公往求母兄所在，罗孺人就木，夏卿公抗义遇害。秋卿公正徘徊苫块，贼十万之师忽塞道路，不得已练乡勇于向家坝③，得严、戴二大姓，随檄各乡保守境土。莲塘则有尹君信讳恩，货市则有樊斗杓，大塔④则有樊一蓉，草池⑤则有樊奠寰讳启琳，马家场⑥则有鱼万程讳嘉鹏，义合⑦则有彭际亨讳（名）[明]扬，马湖则有张奇才、张奇心，南溪则有张献富。环叙皆列营伍，贼粮少而兵多，搜乡又无所得，气大（阻）[沮]。秋卿公遂纠合乡勇乘贼空虚，叙城复为我所得。时叙、马⑧之界，商州⑨则有牟之孝，青统⑩则有罗从安者，皆能杀贼保土。

尹恩，方伯公长孙也。斗杓，秋卿公胞弟也。一蓉，司马公从弟也。启琳，司马族侄也。鱼嘉鹏，邑庠生，抗义被磔者也。彭（名）[明]扬，邑武生，以战功授大坝守备，升督标游击也。牟之孝，（史）[吏]部道行公族孙也。罗从安，里中豪也。张奇才、张奇心，马湖巨族，兄弟皆善战也。张献富，南溪勇士，后为督标屯将也。环叙乡兵尚众，此十二家，则能仗义拒贼者。

公奉司马公命，侍王恭人及职方公、尹孺人赴滇。 蜀事未宁，南都复失，司马公书示职方公曰："吾分在死事，家计非所及也。刺史在滇，可往依焉。"公得命，即日奉命由黔赴滇。

病于黔。 时宦黔多蜀人，总制则江安杨公鼎和，巡抚则富顺范公鑛，布政则垫江涂

---

① 今汶川县。
② 今茂县。
③ 在今云南水富县境内。
④ 今宜宾县大塔。
⑤ 今在宜宾县黄伞附近。
⑥ 宜宾县马场，今并入李场镇。
⑦ 宜宾县旧乡名，包括今宜宾县北部孔滩、王场、白花镇等地。
⑧ 即马湖，今屏山县、绥江县等地。
⑨ 今宜宾县商州镇。
⑩ 青统，指宜宾县西青山和统山一带。

公有佑，贵阳知府则庆符①何公源。又，新任按察使则唐公之尧，贵宁道则何公光斗，诸公悉司马公亲知家。至，见留，寓黔经年。公英年伟品，推重于同乡。黔省多瘴，公病疮数旬。

赎贫士米仪之于定番②。米（义）[仪]之，成都世[家]子弟，能文字，中武科第一，流落定番，为夷人略卖。公以金赎，后被营兵所劫，遭公，公以身捍米，只手格斗，营兵数十人奔散，米得全。公又时时推解，携回蜀。

救文士吴予亮于幕银。吴予亮，黔中文士，被掠，鬻于幕银司沙土官家，劳苦不堪。公询其故，悯之，捐金赎还，给以资斧。闻者咸服公义。

拜嘉言于（执）[挚]友。公年十八，膂力异常。职方公故人刘某者，江南人，流寓贵阳。公出见，职方公指公示刘曰："是儿大力。"刘答曰："在德不在力。"公下拜。

却幻术于妖人。贵阳一僧寺，游人所集，一道士自言能缩地，能飞起，亦似有验者。公至，辄以术诱公，公拒，不信。

大清诛逆贼张献忠，余党奔黔。贼为诸将穷追，谋走顺庆，至盐亭，猝遇大清兵，贼狂惑走西充。贼将刘进忠先□命，引清军至金山铺，进忠指黄衣人以示善射者曰："此献忠也。"矢发，中贼额，遂坠马。献忠逃伏积薪下，曳出斩之，碎其身。余党夺路奔重庆。曾英战死，贼遂陷渝入（潘）[播]。王祥失守，贼复夺路走黔。全川望风降于大清。

丁亥（1647）　公十九岁

寓于郎（代）[岱]③。公礼重于土官。贼讯至黔，寓黔士大夫多向滇，余家独后。抵顶店，忽为郎（代）[岱]土官所邀，不知为总督眷口也。既入境，土官诛其下数人，身自谢罪，奉事加谨。职方公欲结土官心，乃命公联盟于其子。土官见公伟丰姿，多膂力，敬礼逾常，约以来春奉送还蜀。土官姓陇，名朝用，后因抗贼，贼怒，攻围数年，父子俱为贼所戕。

公侍三大人还蜀，家于筠连。郎（代）[岱]近滇中，时滇复有沙定州之乱，

---

① 庆符县，后并入高县。
② 今贵州惠水县。
③ 今贵州省六盘水市六枝特区郎岱镇。

道梗不可行，黔境又为贼渠所据。公遵奉三大人从间道还蜀，丁口数百，土官护出境。公与土官父子哭别。

职方公受兵部职方清吏司主事，留参军。职方公既还蜀，过谒督师王公。王公爱职方公才品优长，特题是职，乃留督军中，参赞军务。

戊子，顺治五年，永历（元）［二］年（1648） 公二十岁

大清收闽，桂王立于肇庆，迁于滇黔。

春，公冠。兵戈之际，典礼废弛，司马公特命公行礼，大会宾朋。

迎元配阮孺人于乐祥。孺人端庄静一，幼失怙，依于继母，不见亲爱。孺人执女道惟谨，日用女工悉自给，贤闻中外。时外大父御史公避乱，居于乐木①。司马公备礼成婚，年方十九。

司马公命公号曰绳甫。取绳其祖武也。

司马公奏序有功人员，各进秩有差。赐总督、户兵二部尚书，加宫保，荫一子锦衣，仍与世袭。公遂受金吾职。蜀再经残破，继以虎豹瘟瘟，人民百不遗一。适诸路皆以捷报，赵以燕以泸州降，武大定、呼九思亦自北来归。司马公复驻节江上，吊死扶伤，为廓清整理之策，谓今所重在食，宜开屯招集，分给兵民耕牛、籽种、农器之费。始疏奏连年盗贼、御敌及善后情形，并列诸将功绩，上于行在。加司［马］公太子太傅，户、兵二部尚书，荫一子锦衣卫指挥佥事，仍与世袭。诸将杨展、侯天锡、王祥各赐爵有差。公遂受职。司马公遣罗凯旋赴行在，领诰轴四道，及世袭号纸。公得封怀远将军，阮孺人封恭人。

督师王公题授司马公家臣樊来鹤等职衔，至是命下。题樊来鹤为通判，罗凯旋为总兵官，樊礼为参将，钟自贵、龚应阶为游击。

司马公题升镇雄、乌蒙二土府为参议（通）②。叙南各邑逼近雄、蒙，汉人避乱入境，辄被绑掠。司马公既驻节，大赈难民，父子夫妻团圆者不可胜计，捐金无算。至是下令二府严缉群盗，二府奉令惟谨，保护流民。司马公特题是官，以示旌。

---

① 今筠连县洛木柔镇。
② 明季职官，只有参议而无参议通，"通"字显系衍字。

司马公保叙人男妇千口于江中。北兵猝至，人民南奔，马湖江①仅设一渡，司马公驻马江干，令毕渡男妇，身始登舟，左右累促不听。渡甫毕，敌果至，流矢射及操舟者，司马公神色不变。

己丑（1649）　　公二十一岁

司马公大开屯政，公赞屯田事。开屯于屯乡。屯乡为筼饶土，流民望风来集。司马公命公经理。公纯（任）[仁]宽厚，兵农安集。复以家将樊礼、钟自贵、龚应阶、樊筹等为屯头，每朝又自行检（黔）[点]。屯政大兴。

公保护避难亲友及里人。屯政之设，可以活流民，然有不能耕者，公殚心措置，人人保全。内有胡无及渊、尹关至世琦、李君衍繁、陈尔孝情等，公皆汲引于职方公，起死回生，保护终始。又里人任朝用、邓志高、赵大有、彭成华等十数人，衣食悉仰给于公。公分别安置，靡不得所，至今成家有后，子孙绵延。

秋九月，公生父职方公卒。职方公年方壮，有大志，尝痛家国大仇未复，又与刺史公隔绝千里，每言及，辄泣下，或终夜不能安枕。曾手书示甥李旦复（弘）[洪]雯公②曰："余南望滇云，北惊荒冢，魂一夕而九升，恐岁月之不我绮，贤甥何以策我？"既受职，履亩课屯，与兵卒同甘苦。暇则留心兵法，日无宁晷。收养无依，人人怀德。乡俗，重九荐先，以（犹）[油]脂合糯米蒸成，名曰蒸蒸盏。职方公食毕生哀，寝疾十日而殁。司马公哀极曰："孝顺儿！天岂不欲天下治平，胡为夺我儿！"遂命永罢蒸蒸之荐。公哀毁逾礼，日夜啼号，瘦见筋骨，司马公慰之曰："两祖年老，宗祧重大，伤生为不孝。"适尹孺人欲自经从死，公抑情防护，乃得保全。职方公卒年四十。

冬，藁葬职方公于水口坪③。

公大病，经年始愈。思亲太过，劳疲成病，医药罔效，逾年始安。

庚寅（1650）　　公二十二岁

秋，职方公服阕，公大恸释服。公欲行三年之丧，子景樊先生为之请。司马公曰："有祖在，且嗣我，何得顾私亲。"司马公盖为宗祧重祚，特抑公哀情。公不得已，

---

① 指金沙江自马湖以下一段。
② 据民国抄本宜宾《李氏族谱》改。
③ 今宜宾隆兴乡水口村。

从命释服。

屯大获。兵荒之后，百里无烟。数年来，人饥相食。全川既无稼穑，亦不知耕锄事矣。筠连片壤，司马公寓农于兵，保护劝课，岁终大有，民赖以安。

冬十二月，司马公命娶张孺人。司马公望公生男切，甚欲为公广室，公辞再四。至是，王恭人备礼物，先娶张孺人于家，卜吉，召公纳之。

辛卯（1651） 公二十三岁

司马公抗贼拒敌。时司马公兵柄稍弛，诸将跋扈，各拥地自大，司马公徒以虚名镇之。吴三桂书使北来，孙可望联络南至，司马公坦然自得，不为少屈。答三桂书，意正词严；语可望使，理真气壮。可望于是有杀公之心，然老臣望重，绝不敢动。

置五营，公为提调，以罗凯旋为屯田总兵。五营之设，专为屯政，且战且耕。每屯置一将，每营置一官，营官练战，屯将督耕，禁暴御寇，叙南诸邑粗得尽力于农矣。司马公既置五营，难其任，众推公。公授任提调，以凯旋总其事。

司马公缮疏论纲纪名器，不报。是时蜀中一掌之地，十（年）〔羊〕九牧。制使则朱镕潘，枢宪则李乾德，巡抚则杨春然，添设巡抚则江尔文，武臣则杨展据嘉定，马应试驻泸卫，侯天锡在永宁，王祥制遵义，皆各置私人。监纪监军，督金参游，在在皆是。四分五裂，无补危亡。司马公复上疏曰："国家所重者纪纲，所惜者名器。今名器滥而纪纲弛，无以服天下忠臣义士之心。伏望总揽乾纲，慎重爵赏，庶事权不分，臣得竭犬马力，以图后效。"不报。由是贼党窥朝右无人，请封之说行，局一大变矣。

壬辰（1652） 公二十四岁

朝命不行，司马公忧愤成疾，公朝夕慰解。政出多门，北风益炽。司马公日夜焦劳，虑无死所，遂成疾，呼公谓曰："死或重于泰山，或轻于鸿毛。死不难，处死为难，吾惟求世间一块干净土上死。"公进曰："吾祖一身上系朝廷，下关桑梓，尚为天下爱此身，勿复过忧。"司马公是公言，公自此朝夕慰解，不敢违左右。

秋九月，公祖太傅、司马公卒，遗命薄葬，众不从。公生于丁丑（1577）十一月①初二日□时，卒于壬辰（1652）秋九月重阳日子时，享年七十有六。遗命曰："先皇殉国，敛以柳棺。凡为臣子，疾首痛心。况今大仇未复，大义未伸，万姓疮痍，四海沸

---

① 嘉庆《樊氏族谱》作"十二月"。

腾，吾无以报君父于地下。死之日，慎勿厚葬以增吾罪。"及卒，公欲遵遗命，亲友不从。司马公勋业忠义，别见邑乘及家状。

癸巳（1653） 公二十五岁

公赴行在。司马公既殁，孙可望遂无顾忌，屡思报复，假朝命以召公，公赴召。及至，引见者，可望也。公自谓必死，赖秦人张虎曾受司马公厚恩，又相国文安之与司马公年谊，二公同力救于孙。孙笑骂释公，公遂多方求去。

甲午（1654） 公二十六岁

悉罢屯政。公既脱险，决意归田，又惧屯政启人调发，遂悉罢其务。

秋八月，公祖母王夫人卒。夫人素信佛，蔬食二十年，享五十三寿。公是时茕茕孤立，众（判）〔叛〕亲离，赖通判来鹤、总兵凯旋保内，子景樊先生、贞一黄先生保外，乃安。

公病。公康强善饭，自婴孩至壮，二十六年中病者三：黔中病疟，祖丧病劳，是年病寒热，百药不效，十旬乃痊。方病甚，公梦中祈一人治，人曰："我不能救汝，扬州老母能救汝。"后果于庶祖斋室饮茶数碗，病愈。庶祖母孟氏，乃扬州人也。

乙未（1655） 公二十七岁

葬太傅、总督屯田军务、大司马公及王夫人于宜宾之天池乡。地名天池。西五里，龙冈溪东坡。甲午（1654）春，营葬司马公，迎术士邹开若于仁怀。会王恭人亦卒，术士至，不取司马公自制寿域，卜兆于今所，遂合葬。自筠至宜，水陆三百余里，职方公、李祖姑二榇同行，夫价路费，百倍寻常。公病初愈，拮据竣事。公时不识地理，术士受欺图利，故改卜，实不如长腰山寿域。

葬职方公。邹术士，妄人也，受嘱作弊，希公见用，公为所欺。既葬司马公，将迁杜恭人合葬，开墓，见白气紫腾，乃不复移。术士复以梦欺公曰："庙东石巧穴，大为奇形，可葬尊大人。"达旦觅之，果得穴，试以力，宜下尺许，遂营葬。

省墓。旧州大塔，原公嗣曾祖竹坪公及吴夫人、刘夫人墓也，其前则七世祖母叶太君，其后则本生曾祖母张太君、曹太君。牛口①，则公本生曾祖松坪公墓也。贞溪②，则

---

① 今宜宾喜捷镇牛口坝。

② 见前注。

公曾祖母戴太淑人墓也。草池①，则公曾祖母吴太君人②墓也。福溪③，则公高祖父母西埜公、龚太宜人墓也，其前则公继曾祖母夏淑人。鲤鱼溪，则六世祖母郑太君、七世祖母周太君墓也。鲤鱼溪之阳凤凰山，则五世祖讳倖公之墓也。其后则六世祖讳永明公，又其后则七世祖讳项公之墓也。公祖母杜恭人葬于天池长腰山之麓。公本生母李孺人藁葬于陈家沟。樊氏始祖必才公④、元配蔡氏合葬于大塔樊家冲。二世祖大仁公⑤、元配（贺）氏合葬于大塔牛心山⑥。墓凡十一处。甲申（1644）以后十二年不经拜扫，公至是各处告祭，大会亲族邻里，并嘱其省视。

丙申（1656） 公二十八岁

家还宜宾，居于莲塘。时市城草莽，田舍荒芜，虎豹豺狼，支横道路。家还无可栖宿，惟莲塘一隅子遗数室，方伯尹公林泉在焉。公奉尹孺人，寓于溪南李氏宅。

署马边戎政。抚蜀万公讳任，存住公家。公往谢，万谓公曰："乱离之际，何以自存？君世家子，正闻鸡起舞时也。"强公出，令公自择善地。公本无出意，又孺人多病，不忍远离。马边去叙百里，公遂择此。到任二年，严赏罚，惇信义，边夷农服⑦。公有遗句，刻十又八空壁间。

公次于黄狼以西。滇蜀有路，较建昌、乌撒⑧为最捷，必取道生蛮，生蛮非威可胁。时刘文秀封蜀，以公威信能得边心，檄公开路。公深入不毛，艰辛万状，其地多雨易寒，所食惟蛮精苦荞。黄狼犹逊马边，至利乃磨坡，绝无人理，然尊敬长官，称曰"老皇帝"。公所至，人人畏惧，争持食物趋迎。

秋七月，子泽达生。公梦大蛇入室，化为猿，公将逐之，猿曰："勿伤我，特来相报。"阮孺人果孕。泽达生于七月初八日子时，将生前夕，有龟、蛇入室，占者以为生

---

① 今在宜宾黄伞乡境内。
② 命妇，一品曰夫人，二品曰夫人，三品曰淑人，四品曰恭人，五品曰宜人，六品曰安人，七品曰孺人。无所谓"君人"者。此盖原谱抄本误植，今无从究其品级。
③ 今为南溪区县涪溪。
④ 嘉庆《樊氏族谱》载：必才应是始祖曰迁之子，为二世。
⑤ 嘉庆《樊氏族谱》载：必才生四子：富、贵、宾、宝。宝生三子：大仁、大本、大信。大仁应是四世。
⑥ 嘉庆《樊氏族谱》载：大仁公妣贺氏墓在赵赦溪。
⑦ "农服"不可读，疑有讹。
⑧ 建昌，今西昌市。乌撒，今贵州省威宁县。

男兆。阮孺人许作祈祥会，愿毕即生。

冬，尹孺人丧明。尹孺人自职方公殁，日夜悲号，遂病目，至是病益增，卒不能疗。

丁酉（1657）　公二十九岁

春，公归养母。公闻尹孺人病目，日夜不安，力求归养。囊无余赀，惟携瘿瓢数卮、猎犬数头而也。

迁于董翁溪。有泉有林，有山有石，公耽其僻，遂居之。

戊戌，（1658）　公三十岁

迁于祖庄之香炉山。地去［董］翁溪又三十里，益僻矣，公自是益与城市远矣。

公弟寅东公自滇归省。叔自丙戌（1646）侍刺史公赴云南，至是十三年。大父捐馆，大母丧明，亲戚存亡，身如隔世，兄弟相持，号哭竟日，阖宅男女尽为流涕。

己亥（1659）　公三十一岁

次子生。甚聪慧，生六龄，殇于痘。

大清收全蜀。

公居山，弦歌娱亲。尹孺人既丧明，性颇严急，公承顺尽欢，恭谨逾礼，每于朝暮吹箫鼓弦以歌咏。食门无力，家极贫，必有酒肉。

旧总制洪公经略滇黔军务，使来，不赴。经略洪公承畴，与大司马共事三秦，至是督师过黔。闻司马公已即世，尚有孙，将待公以司道之秩，并及樊来鹤。先是鹤在秦，洪公曾叙其名入塘报，得授县佐。鹤商于公，公曰："国破家亡，分为一死。不敢死者，以老母无依尔。义不可往。且洪公与大司马踪迹异致，方圆枘凿。人情反复，未可料也。"鹤闻言竦立，相与哭于庭，婉辞不赴。

冬十月，刺史公卒于滇。卒于十月初二日卯时。刺史公治剑川，大得民和。时叔父旋蜀，丧无主，冷署萧然，剑川绅士军民段暄、赵文星等捐资殡叙，立祠奉祀。叔至，众请葬，遂葬焉。享年八十有二，乐善好施，详于邑乘。

庚子，顺治十七年，永历十（三）［四］年（1660）　公三十二岁

公弟复去滇，公哭送。尹孺人以刺史公在剑川，促叔行。公哭别，送至百里

而还。

冬十一月，长女生。尹孺人命名奇馈，性和蔼，聘舅氏伯扶阮公次子质原。张孺人出。

十二月，葬司马公侧室庶祖母李于大塔。李母江南人。司马卒，母年未四十，有求婚者至。母大怒，呼公出司马公主，哭拜尽哀，剪发毁容，妄人惭悔。卒时年五十。

紫霞散人年谱中册

自庚子（1660）以前，身经烽燧，尝怀故国禾黍之伤。自辛丑（1661）以后，力课田桑，谨奉兴朝车书之盛。避嫌远祸，育子安亲，诚乐天知命时也。定为中册。

辛丑，顺治十八年（1661）　公三十三岁

大一统。滇、黔尽入版图，兵民休息，天下无事矣。

公迁于祖庄深山。地名紫霞沟，俗名李家沟，北近（斋）[觉]皇寺，南据大屋埆，东抵偏楼，西至香炉山，司马公旧庄也，去旧居又二十里。时为深菁，人迹罕到。

钓于溪。紫霞沟有小溪，溪有鱼，公制钓竿，每饭后奉祖母尹孺人同垂钓，尹孺人得鱼则大喜，公乐。

壬寅，康熙元年（1662）　公三十四岁

构竹室以奉先大祀，自西埜公至于考职方公。自始迁祖顺稽，西埜公为八世，司马公祖也，为公高祖。历代神主，公每迁徙，虽极困，必与诰敕亲负以行。乙未后八载惊旋，主皆藏匿，至是始构竹室，卜上元吉，出主，祀以特豕，旁逮伯、叔，及姑之无后者。

公颜其斋曰五石，自号紫霞散人。旧庄①有五子池，池中五石，在城西十里许。公以名斋，不忘旧也。斋即紫霞沟所居。

---

① 此庄名红豆庄，地在今宜宾城西金沙江畔，为樊一衡所置别墅。

冬，刺史公讣至。前者传闻，俱属疑似。至是接叔父手书，举家痛哭。尹孺人三日不食，公跪进薄粥，始食。

癸卯（1663） 公三十五岁

春正月，子泽迥生。生于初四日子时，九月能言。性端重，为婴孩时，不喜嬉戏。阮（公）[恭]人出。

清丈首粮，遂力耕。户口樊国章，载粮二升四合。康熙二十五年增为五升，康熙三十年直陈东省案内增为五斗。户入宣化乡下支，因现荒，寄（贼）[赋]白沙国章户下，止纳五升。

秋，为两子择配。泽达聘表伯若愚尹公讳惷长女，殇子聘山人仲衍李公讳繁长女。俱尹孺人命也。子景樊先生作合。

抚孤侄及其妹。择婿，得卢之谏。秋卿公讳斗卯，公再从弟也，殁于盗，遗一子一女。殁之夜，公闻鬼哭，心动，晨起，凶问至。秋卿公平时与公最相得，曾有托孤约，公以为己任。伯母文，年少历乱世，服既除，亲友劝之嫁，文以死自誓。公曰："嫂能苦节，是吾家瑞事。"为筑室于祖庄，朝夕寒暑，悉取给于公。至是，子女俱长，公为其子徽伦择配于唐，为其女择配于卢。卢生之谏，中（壬子康熙）[康熙壬子]（1672）举人，生六子。徽伦，生三子。伯母文，年六十卒，邑举人文公之焕女。详邑志。

甲辰（1664） 公三十六岁

春，命子泽达入学。泽达六岁，公已口授四子书，苦无善本，公手录发蒙，至是命从学于陈先生。先生讳恽①，字尔章，从百日而止。

参议张公使至，公入城拜赐。公居深菁，谓斯世无复知者。张使忽至，乡人为导，及于门。张公讳松龄，闽进士，由给事中分守川南。既到任，访遗老，恤世家，遍求公所在。书辞殷恳，兼金一镒，并赍先大司马公诗集以来。公始入城拜谢，留十日，乃还。先司马公诗文若干首，分四册，表伯季旦复讳（弘）[洪]零自军中拾之。兵燹后，零落野人家。张公（构）[购]遗书，小使持以献。张公爱其歌行等篇，以语幕宾宋辉垣先生。宋讳肄樟，康熙丙午（1666）举人，司马公门下士也，遂揭司马平生以对。张公大

---

① 陈恽，字尔章，宜宾宣化乡人，明崇祯举人，选夔州府大宁县教谕，系南明贵州总理监军道、按察司佥事陈衷葵次子。

钦服，询子孙，得公，闻在深山，遣使赍书仪以来，并致手（择）[泽]。公拜谢，绸缪往复，密若故人。

次子殇。六龄之子，温和敦厚，无异成人。及殇，阮恭人哀甚，以此致疾。

乙巳（1665）　　公三十七岁

春正月，公元配阮恭人卒。恭人钟爱子，日夜啼号，竟成笃疾，卒于正月初四日巳时，迥弟生日也。恭人事姑尽孝，逮下极宽，寡言笑，甘淡泊，以礼持身，与公相对如宾友。卒年三十有六。大母尹孺人哀甚，作诗三章以纪。

三月，葬阮恭人于义合乡之三门岩。地在义合下乡，刺史公延术士卜穴，作成石椁。其穴酉入首，扦乾山巽向，正面书台。地名向家湾，土宜松柏。三门岩，其西北岩名也。时公奉尹孺人命，访乡曲，得其址。及开墓，白气上腾者逾时。

尹孺人恸，成疾。尹大母甚念阮恭人，悲伤不已，成疾。公委曲泣慰，以两孙为解，大母少安。

命子泽达就学表伯尹公。尹公讳慭，字若愚，尹孺人胞侄，达妻父。康熙元年（1662）授泸阳①学正，辞归，教授于家。

尹太孺人悼阮恭人不已，哭以诗。诗三章，其一曰："病失双睛已十春，忽缘佳妇倍伤神。争差风雨清明候，不复晨昏定省人。老去饥寒虚井臼，哀来涕泗动乡邻。难忘婉语尝相慰，夜半啼鹃血憾新。"其二曰："端庄静一妇贤哉，痉玉黄泉不再来。只为孙殇自哀毁，却教吾老独徘徊。方云嫩蕊争时好，何事严霜后雪摧。寂寞山田埋孝骨，千秋岩石长深苔。"其三曰："二雏（目）[日]叫夜生惊，慈母高堂惨哭声。九转棘心肠寸断，一双蒿目泪三更。墓门野草萋萋长，山里寒蛩唧唧鸣。贞静芳魂原不朽，长来梦里慰哀情。"大母哀辞尚多，不悉录。

伯扶阮公来吊。舅讳升，字伯扶，更名镤。康熙甲子（1684）选拔，博高才，为诗文名家，阮恭人胞兄也。与公同庚，年六十卒。有三子，时来自筠连。

丙午（1666）　　公三十八岁

命子泽达就傅，从伯致虚公于百里外。致虚公讳斗枢，司马公再从侄孙也，

---

① 即泸州。

为宜庠生。时家于大塔，去公居百余里。初，西埜公胞弟西池公讳才善，生二子，长梅坪公讳卫，次柏坪公讳杲。梅坪公三子，长民正公讳一荪，行二。次带楚公讳一荷，行三。次公讳一著，行五。柏坪公一子，讳一蓉，行九。并松坪公、竹坪公两祖四派，共十房，聚族居凤来坊左右。六祖幼殇，五祖无嗣，惟一荪二子，子叔、子珽。珽无嗣，琡生斗建、斗英。建无嗣。英生泽通、泽遥、泽周。周无嗣。遥方仕，通早卒，生如椿。一荷公生一子，子琮，琮生斗柄、斗枢。柄无嗣，枢生泽遍、泽适。适病废，遍生如梁、如楠、如桂、如梓、如樽。一蓉公生三子①，子瑜、子玮。季侍婢所出，未命名。瑜、玮卒于兵荒，侍婢子家于嘉阳②，亦无嗣。樊（性）[姓]十房支派，附记于此。

公躬耕，义养亲，备尝艰苦。公家破仆逃，捐子（妻）丧妻，年年无善状。初习农事，劳瘁不堪。尝盛暑负担，汗流如雨，侣虎狼，逐鹿（逐）[豕]，生平困（危）[厄]，无逾数年。然公竭力养母，晨昏尽礼，甘旨尽诚。尹孺人素患疾，火背，肩作痛，公每夜跪床前按摩待鼾，鸡鸣即起。天明，进鸡子、薄粥，仍跪按摩，以鼾为度。尹孺人尝夜坐晏起，公精神如一日，未尝少倦，真人所难。

丁未（1667）　公三十九岁

命泽达改师明经樊先生。先生讳时晋，字孟康，子景先生元子也，精制艺。康熙壬子（1672），以明经贡于廷，教授有法，庠士知名者尽出其门，人称松溪夫子。公以泽达年长无良师，迁家就学，五年学成。

迁于宗场③。宗场在叙城北三十里，公溪先生家于此。去紫霞沟八十里，山路崎岖，绝无烟火，公亲负尹孺人，二日始至。

夏五月，亲负刺史公榇于泸阳。刺史公葬于滇，得所矣，叔父□图归，不忍弃祖墓，遂火其棺。既而资竭，不果行。适乡人陈敬正先生讳恪游滇，叔父以榇见托。泸州韩竹庵先生讳士修，妇翁也，家于泸。报至，尹孺人大恸，命公迎榇。家无三尺童，公亲往，自负以行。公性畏险，夏月不肯由舟，自泸至叙三百余里，历十二日还于家。

却金。族孙仕选殁，妻别嫁。乡俗有亲房礼银，公不受，曰：“此不仁不义之财，勿闻于我。”

---

① 嘉庆《樊氏族谱》：生二子。
② 即嘉定，今乐山市。
③ 宗场，今宜宾市翠屏区宗场镇。

戊申（1668）　公四十岁

命子泽达就试。时习策论，临场改复八比，试遂不中。

访世好陇土官于镇雄。土知府陇弘勋，每念司马公题叙旧德，为书招公。公以大母故，不敢远离，至是复来迎。宗场居人稠密，大母方健，促公行，乃奉命去。

己酉（1669）　公四十一岁

公孝事尹太孺人，曲意承顺。尹大母爱孙太过，每疑张孺人少恩于达、迥。公知其德也，不敢辩，遂与张孺人别室，十年不育。逥由侍女素丝，张孺人坦然尽奉养，未尝失礼。大母卒，犹加恩素丝，不与较量。素丝之子各守户，恩礼不懈。张孺人贤矣哉！

殡表兄若愚于莲塘。若愚，尹大母嫡侄也，病风痹五载，家赀荡尽，遗孤五岁。一切葬殡，公力任焉。子衍吉，明经。

命子泽迥入学。迥七岁，聪颖异常。公偶出对示之曰："雪裹高山头早白"，对曰："氈边浅水面先红。"公甚爱之，命就学于樊先生，称奇童。

赴成都，访姨父赤木王公。王公讳鸣珂，字赤木，癸未（1643）进士，方伯尹公婿也。尹孺人思姨母甚，命公往候。

庚戌（1670）　公四十二岁

筑于明山寺①之阳。寺为达、迥读书堂，距寺二里，有阜隆起，公筑焉。横木堆泥，茅茨不翦。筑成，公赋诗。诗曰："明山寺前一茅屋，特立亭亭成小筑。横木堆泥风不入，就中别有乾坤局。我已无居二十年，随山随水随云烟。偶然结此理桑田，河草风湍俱有缘。朝采山，暮饮泉，朝朝暮暮乐无边。可吹箫，可鸣弦，《南华》读罢兴翩翩。茅屋之中可养母，茯苓剧白长松土。茅屋之中可课儿，篝灯焚到五更鸡。噫吁嘻，复何为？升沉理乱，造化无知。彭泽荒芜栽菊经，东陵寂寞种瓜时。但得茅屋安且适，浮生历尽险而夷。铜台金谷俱荒草，石椁玉钩飞野鸟。由来天意有安排，枉用劳劳富机巧。对酒烹茶洗俗尘，莳花种竹对阳春。茅屋茅屋清且新，好开怀抱任吾真。"

子泽达克附宜庠。学使张公讳含辉，由部郎、太守升副宪。科岁并考，以七月初八日试士宜宾，题：小大由之，有所不行，隘与不恭。经题：股肱惟人。泽达取第一。时

---

① 在今宗场镇境内，俗称"上寺"。

泽达学粗就，公以门户计，命赴试。公从此谢世事。张公，莱阳人。

辛亥（1671）　　公四十三岁

春，尹太孺人复悦张孺人，公奉命如初。泽达既采芹，知张孺人之冤。泽迥八龄，性至孝。兄弟同跪大母前，白慈母受诬。适大父生辰，祀事诚洁。大母果大悦，命公复谐如初。

尹孺人疾作，公忧甚，废寝食。尹大母性勤敏，喜操作，十载丧明，不废纺绩。公尝跪泣请止，大母曰："尔不记文伯之母之言乎？我自乐此，不为劳也。"① 是年春，忽于左颐生一瘤，恶之，自用刀针，求速效。公偶出归，谏已晚，遂从破处流血。每流数升，精神减色，瘘黄。公日夜忧，计无所出，求医求仙，彷徨不已，竟至累日不食，辄夜不眠，宿于大母旁，夜必数起，药亲煎，食亲进，经年如初。有僧传佛氏真言可已疾者，公遂跪诵，戒酒荤，洁衣服，晨自五更，夜至三更，竟亦罔效。

公弟寅东公归自云南。叔父自庚子（1660）去滇，至是十二年，奉徐门祖姑及嬬②，并季女，萧条还里。大母喜，为之扶病起。

冬十二月，子泽逵生。生于初七日戌时。大母正六旬，甚喜，因名曰"六寿"，姿清性颖，亦不善病，不意其早（妖）[夭]也。痛哉！

壬子（1672）　　公四十四岁

春，奉命为子泽达纳妇尹氏。时大母抱病，公不离左右，大母呼公曰："我不起矣。早完孙婚，使我瞑目。"公乃命泽达自办婚礼。礼毕，公奉命送泽达赘于尹，二月二十五日也。

公母尹孺人卒。大母聪慧严正，事亲尽孝，驭下有恩。治家勤俭，盛暑严寒，不废纺绩。每夜坐，必述古，则称先人以训子孙。

公哀甚，自莲塘奔丧。公闻讣，一痛几绝。宗场去莲塘百二十里，公步行一日夜，泽达随行。

公至丧次，哀毁逾礼。公以不得送终为恨，擗踊呼号，惊动天地，乡邻为之增

---

① 《国语·鲁语·敬姜论劳逸》："文伯母绩，文伯请止。母谓之曰：'夫民劳则思，思则善心生。逸则淫，淫则忘善，忘善则恶心生。沃土之民不材，淫也。瘠土之民莫不向义，劳也。'"
② 嬬，疑"婶"字，因形近而误。不妄改而存疑于此。

痛，闻者流涕，高停三日而殡。又三日，公始食粥。三月之内，日夜悲号。不作佛事，思遵《文公家礼》①。

三月三日，新妇至，公命即丧次成服。公以大母望孙妇心切，七日内即迎归，尹母雷太君亦体孝德，嘱胞侄尹修吉护送。

弟寅东公析居于大（渣）[塔]。大母百期外，叔请析居，公哭（流）[留]不得。叔请设丈于大（渣）[塔]，公从之。为叔置婢、构屋，办送器物。

癸丑（1673）　公四十五岁

公读《礼》。小祥之外，朝暮哭泣如常仪。

命泽达录《平砂（至）[玉]尺经》②。术士鸿以地理学来干，询其传，则从术士邹。公疑之，只命泽达录其《平砂（至）[玉]尺经》。

冬十二月，滇寇作，公避乱于莲塘。吴三桂久蓄异志，廷议撤三藩，三桂果反。交通闽越，煽动十省。甲寅，僭称周。戊午，僭大号，行同盗贼。为傀儡者七年，人民涂炭。子孙灭绝，宜哉！

甲寅，康熙十三年（1674）　公四十六岁

读《礼》。大祥之外，公犹疏食，枕块寝苫，以大母未葬也。

寓于外大父方伯尹公旧居。时池亭楼阁尚有存者，公为七言律以吊曰："华屋空余一缕烟，伤心长忆好林泉。山茶放艳春堆（经）[径]，陌柳成荫暮接天。节义文章归简册，子孙姻娅守庐田。不堪重过西州曲，（宁）[零]落春山听杜鹃。"旧居堂额"康乐"（三）[二]字，董元宰先生笔也。居里许，为三程蟠龙书院。

迁于货市黄先生宅。贞一黄先生，职方公旧好也，放舟招公，公携家往应。居一载，还莲塘。

乙卯，康熙十四年（1675）　公四十七岁

春，省尹孺人厝所，遂营葬。

夏，复（于迁）[迁于]莲塘。

---

① 《文公家礼》，传朱熹撰。
② 地理风水之书。

始释服。丧至是三十八月矣，始更青衫。然以未葬，终不去素冠，不赴席。

冠书使至，公拒不应。吴逆笼络遗老，有从逆者，辄予大官。伪布政张凤翔，吴戚属也，伯扶舅客其幕，作书招公。公拒不应，曰："亡母未葬。"公盖先料其为乱贼也。

冬十月，长孙女生。生于十月二十日戌时。弥日，公命名曰"黄琮"。

丙辰，康熙十五年（1676）　公四十八岁

访内戚于灌县①，求助不得。有至戚署灌邑令，公以营葬求助，亦欲讽以进退之宜，不合，公辞去。赠以三金。

公复率二子躬耕。公以时事方乱，告贷无门，不复营葬，命子达、迥亲耕，与家僮长庆同作息；复命达舌耕于乡，公朝暮蓑笠课耕。

公称疾。乱经三载，寇势益猖，求官者悉得善地，亲友劝公行，公坚卧不出，有飞语谓公观望。命达、迥曰："我家贫，年未老，与亲友背驰，非儿辈利也。"遂以（日）②疾辞。

却金。王应选者，楚人也，赘于族妇，举族欲攻之。公悯其抚子，且已成事，营救得免。应选赍金谢，公曰："我岂为利耶？"却之。公祖住为某某所据，公过焉，主人疑其有索，具价以请，公婉喻却之。扬道观沙弥，从教家生子也，出家数年，其师闻公乏食，致谷及金。公义之，及询其故，则宪公有言也，却之。

丁巳，康熙十六年（1677）　公四十九岁

公憩于蟠龙书院③。宋三程读书处。兄弟三人：公说、公硕、公（计）[许]。俱登嘉定进士。公（计）[许]累官刑部尚书，宝章阁学士，知隆兴府，有《尘缶》等集行世。时书院就荒，公爱其高朗，屡憩此。因为诗曰："程氏田庐草木荒，尚留书院越溪旁。联镳兄弟流风远，续古文章翰墨香。野径寻幽先开路，残碑索句偶登堂。只今莫问龙图事，山自高兮水自长。"公憩此，经三夏，捐资重修。

泽迥学成。迥性敏好学，于书无不读，为制艺不屑凡径，每课一题，能作数旨，

---

① 今都江堰市。
② "日"字衍。
③ 在今宜宾县观音镇合众村境，始建于宋，是宜宾县著名的书院。

一日可作数题。喜吟咏，语不犹人。亲友燕集，众皆嬉戏豪饮，迥独取架间书，目之辄成诵。初事樊先生，继事达。久之，若有所得，达自知不及也。

命子泽逵入学。逵五岁能诵古诗三首，因播迁旷业，至是，公命学于泽达。

戊午，康熙十七年（1678） 公五十岁

春，侄孙应星固要同居，公去莲塘。应星字国璨，钺之子。时有孙良谟，迎达设文，遂要公寓其家。初，五世祖讳俸，有子四人，以永字为派，长聪、次明，为本支祖。次俊、次杰。聪祖生昊，昊生东山、南山。东山生佐，无嗣。南山生［鹏］，［鹏］生一燕、一（苓）［麟］。燕生子珀，珀生天能，无嗣。（苓）［麟］生［光采］、亮采。［光采生希吉，希吉生铁，铁生应朝、应京。］亮采生希舜、希曾。［希］舜生君达，［君］达生应斗，［应］斗今五子。［希］曾生铁、钺，铁无嗣。钺生应星，［应］星生一子启贤，贤今三子：显谟、承谟、良谟。俊、杰二祖皆有后①。

冬十月，葬刺史公及李孺人。刺史公梓在宅，李孺人寄浅土于荒庄。公言及辄泣下，至是合葬于陈家沟都司坡。

迁于尹孺人厝所。久乱不定，措葬无资。远于厝所，拜扫维艰。公命特迁。

己未，康熙十八年（1679） 公五十一岁

复迁于莲塘。王师西来，逃兵日甚，复迁莲塘。数年头尾，状不堪述。

为子泽迥纳妇尹氏。若愚公次女也，及笄未字。烽火报急，城野震惊，仓促行礼，卜吉于十二月十七日。

冬十二月，孙生。公以其居长，名曰震兆。

庚申，康熙十九年（1680） 公五十二岁

筑于黄泥之坡。地僻林深，可以避乱，在董翁溪南十里。数年皆寓人家，公命筑。居此六年有奇。

亲友聚乐。时同寓者，姑丈李开平，讳（弘）［洪］霁②。李指南先生，讳尔农。胡君无极，讳渊。陈先生尔章，讳恽。二兄文止，讳建伦。阮表兄子昆，讳贞源。尹表弟

---

① 以上据嘉庆《樊氏族谱》校补。
② 据民国抄本《李氏族谱》改，下同。

惟一，讳衍吉。李子溪来，讳在公。胡子非乔，讳显翼。以挟侄，讳如松。并公及达、迥兄弟，合十三人。每会，诗酒歌吹，忘乎其乱世也。独公每会止闲坐，众不知其为大母未葬，或以为迂。

为弟择婿于梁，备礼以嫁。以让，讳为功。长子也名过，今为邑廪生。公念其世裔，又婿形体壮大，特择之。时叔父窘极，一切奁具悉公措置。

辛酉，康熙二十年（1681）　公五十三岁

滇寇平。大师于十九年（1680）恢复全川，驻叙者，总戎龚遇贵。泽达偕胡子世臣请示安抚，乡人悉定。忽报伪将数员率兵南至，提督王、总兵费阿达战死于永宁，叙城大震。公深以为忧，欲徙锦城以避其锋，达、迥力劝乃止。将军冯孝、总兵李芳述督师北来，多方捍御，叙城得完。穷寇由马湖夺路入滇，全川复定。是年，寇保昆明，我师云集，四面合攻，逆贼孙世璠出降，诸将授首，全滇永靖，四海升平。

公病已。世幸平，目即清，公之善世如此。

会葬司马公侧室、庶祖母孟于大（渣）[塔]之牛心山。母以司马公命，养梁公以让讳为功为子，遂相依，至是卒。梁公行三年之丧，公不为主，至是会葬。母奉佛最诚，蔬食终身，卒年八十有七。

冬十一月，子泽遴生。生于十一月十一日午时，公梦壁间有龙，绿色蜿蜒，头角峥嵘，坠公怀中，遂生遴。张孺人年将衰，遴生，孺人几危，乳于迥妇。迥夫妇以公晚子，舍其女，尽心乳叔。公大喜。

壬戌（1682）　公五十四岁

公亲课子泽遴。乱方定，达向奔走于衣食，设教无人，故亲课。每夜焚松膏伴读。

命迥应童子试。

命达赴岁试。

达、迥受知于富顺侯①钱公，公悦。钱公讳绍隆，字仲扶，浙江海盐人，癸丑（1673）进士，以试事来宜，寓宜署。宜侯杨公荐可课生童，钱公阅卷，拔达为诸生

---

① 侯，此指谓县令。以下"宜侯"同。

首,迥为诸童首,并约达、迥来学于富,许以元魁,复分俸以供书价。公自信教子得法。

泽达、泽迥受知于学使冯公,公悦。冯公讳云骧,字讷生,山西代州人,乙未(1655)进士,学博才敏,长于诗文。岁试,拔达一等第一,批达文曰:"才本于学,清(折)[晰]疏宕,大手笔也。"拔迥新进第二,批其文曰:"异才。"赏之金,以示复异。属加奖励,真奇遇也。时家计萧条,俗眼以遭逢为高下,乡里青目,颇异从前。

公著家训,达、迥、逵再拜受教。公以达、迥成立,逵亦渐长,呼立膝前,训曰:"吾家忠孝开基,清白传世,高祖昆季,初振书香。大司马保全宗族于乱离之世。余身受荫庇,亲承教言,兢兢业业,度兹末运,今有儿焉。儿等异日成名,忠勤为本,谦谨为要。不欺曰忠,尽职曰勤,此事君之本。谦以下人,谨以敬事,此入世之要。余闻成立之难如登天,覆坠之易如燎毛。慎之慎之,儿等勉之。"达、迥、逵敬拜受教。

行吊于镇雄。弘勋殁,天成嗣,公曾往吊。至是,天成又殁,天佑署①,公复往吊。天成子联岳尚幼。

癸亥(1683)　　公五十五岁

春正月,子泽迥卒。迥当兵荒之际,与兄奔走于衣食,遇事争先,又饥饱失调,以致顿发固疾。迥幼因哭母有结痞,至是面色痿黄,精神缺少。公远出,乡村无医,泽达入城,误信人言,骤用补剂。迥食毕,增烦,又二日而亡。呜呼!痛哉。迥年二十,卒于正月二十六日亥时。岁在丁巳,曾受知于闽进士郑公应侯。郑时为伪督学,拔迥第一。旧名泽远,壬戌(1682)更今名。受知于冯文宗,试题无众寡,无小大,无取慢。一薛居州,迥文五首,己未(1679)冠题并经艺,以失格取第二,评语则第一也。准入乡闱,未与。伤哉!

泽达以子震兆嗣迥,寻殇。

家大疫。家无老少悉病,病不一状,又无医药,惟泽达及达长女供水薪,煎汤粥,逾月乃免,邻里叹息。

公归自镇雄,大恸。

迁寓。孝溪来旧寓也。时李去草池,公思泽迥不已,见其行止处,辄伤心,迁以避之。公日读《道德》《南华》自解。

---

① 署,署镇雄土司官也。

秋九月，补行辛卯乡试，子泽达中试第一。《四书》题：樊迟问仁，子曰："爱人。"问知，子曰："知人。"言其上下察也。尊亲之至，莫大乎以天下养。《书经》题：野无遗贤，惟圣时宪，惟臣钦若。次三日农用八政，业广惟勤。是年同榜四十一人，副榜八人。主考浙江丁未（1667）进士、官编修方象模，字谓仁；湖广乙未（1655）进士王材任，字子重。

公命泽达以《大司马行述》呈主考。公得泽达中式报，寄书谕曰："祖宗之灵，庇及于尔。勉力率道，立身扬名，不可以一贤书自足。八曾祖一生功业埋没，未彰名，甚伤之。闻两主师皆史学名家，尔可呈进《行述》，求作传，又附姓字于史馆。吾数年教育苦心，为此一日。今录草稿，并尔窗下文字，悉付长庆来。勉之勉之。"

冬，两主考访公于叙城。方、王两大主考，归舟必经叙，以通家谊，皆枉拜公门。公往谢，握手延入，欢洽如故人。知公贤，解衣相赠而去。

亲友毕贺。泽达归，亲友具彩旗轿伞，鼓乐导前，迎于江干。复具对联二幅，颂祖宗功德，及公品行。对联曰："缵先业三十八年之绪，祖德宗功，家声第一，保宗族，恤乡邦，戡兵御寇，至今男室女家食德饮和，洵哉！宜昌厥后；　冠新贤四十二子之军，父慈子孝，国士无双，笃伦常，崇节义，敦诗说礼，从此东壁南宫看花夺锦，允矣！无忝所生。"

甲子（1684）　　公五十六岁

春二月，公率子泽达，致祭于货市祖茔，大会宗族及甥舅。以中式告也。同异姓亲戚悉来贺，公为酒食，大食于墓前。

遂致祭各墓。

拜尹孺人藁葬所，致祭。公大恸。公恸祖母课孙之勤，又伤宅兆未安，故大恸。

公命泽达自祭阮恭人墓。

迁于草池。公居黄泥坡，辄生感，适草池李子溪来招邀，屡次连请公迁。公许。寓于族人仕后之宅。

镇雄遣使来迎，公次于芒部①。署事（庞）[陇]天佑，闻公新喜，思与泽达

---

① 今属云南镇雄。

相见。诸目亦慕公旧德，（谴）[遣] 使来迎。公遂至芒部，盘桓三月甫回。

冬，子泽达赴会试，公泣送，命以格言。

乙丑（1685）　　公五十七岁

春，复归黄泥坡。公因讲《礼》与人龃龉，遂绝之，复还故居。

迎梁先生于大（渚）[塔]，命泽逵受教。梁以让，讳为功，讲礼教，修品行。公特迎之，不独重其文名也。

成王、袁婚。里人王昱，聘袁道士女，女病瘫，将毁婚，袁不安之。公特召昱，语之曰："娶为生育，病亦何伤，我弃之人孰取之？阴骘回天，安知其不愈？"历述古人相劝戒，捐金佐婚，侑以酒食。昱慕公金，又阴骘回天之语，竟不毁。今生二子二女，皆成童，家计亦昌，夫妇和谐。

子泽达中会试。中第一百十三名。总裁四人：刑部尚书张讳士甄，字绣紫，顺天（乙）[己]丑（1649）进士；户部左侍郎王讳（弘）[鸿]绪，字俨斋，松江癸丑（1673）榜眼；户部左侍郎董讳讷，字默庵，平原丁未（1667）探花，掌翰林院学士；兼礼部侍郎孙讳在丰，字屺瞻，德清庚戌（1670）榜眼。另一房同考翰林院检讨潘讳应宾，字雪石，济宁己未（1679）进士。知贡举、礼部侍郎严讳我斯，字存庵，浙江甲辰（1664）状元。

钦定《四书》题：颜渊问仁全节，仲尼祖述全章。

钦定表题：拟上"面谕南省地方大小诸吏，以变易风俗，崇实务本，必使家给人足，以副老安少怀之至意"群臣谢表。

《书经》题："嘉言罔攸"至"咸宁"；"惟皇上帝"至"恒性"；"建官为贤"二句；"自朝至于"至"万民"。

论题：圣人之教，不肃而成。

判题：信牌，盐法，祭享，夜禁，越诉。

策题：一问圣学，二问经史，三问吏治，四问礼乐，五问刑罚。

钦定前十名：陆肯堂、陈元龙、陈迁鹤、王际康、孙勷、许承家、张希良、仇兆鳌、俞长城、顾永年。

十名外：谢陈常、成霈、丁策、宋衡、李登瀛、李子昌、张孟球、黄梦麟、傅光遇、蒋承锡、□国鼎、李殿邦、高曜、宋景琇、梅之珩、刘荣、程珣、王之鹏、田得名、潘大璘、金居敬、邹溶、沈五桌、沈藻、吴之瑜、魏曰祁、吴世杰、魏男、仲以嘉、赵灏、汪薇、沈辰垣、王治、宋如辰、王人隆、景应熊、诸来晟、乔士适、何牧、冯瑞、戎澄、俞北曾、江鼎金、安筼、张伯行、张羽飏、宁尧采、赵宪台、鱼鸾翔、王企清、魏寿期、陈星奎、王德祚、陆筠、孙（氏）[式]徇、吴垣、沈昆、邓文蔚、李懋、宋大业、王允诗、高寿名、傅克生、徐涵、江朝宗、吴楫、吴琪、高于嵋、陈时泰、彭轸、袁乃渭、许荣起、张道源、魏都、章振萼、黄鼎楫、王永春、刘伟、李朝鼎、吴鹗、魏曰都、杨尔皓、魏溥、刘涵、陆澍、徐先弟、张玺、徐履端、胡瑄、谢锡、惠□介、冯瑞、傅宸楹、王之枢、张明先、许贺来、郑崑瑛、王斯年、宁世簪、杨国桢、詹宇、葛长祚、樊泽达、何朝宗、侯封公、郑之宗、姜楠、徐元正、张召华、汪灏、汪煜、张麟生、王培生、解易、章廷表、鲁瑗、王珽、刘仲、张庄、关琇、袁同贤、蔡其德、沈士本、马体乾、钱选、刘隆卿、萧宸翰、江广誉、徐树榖、昂天翱、郑徇、董一薰、曹觉、邓成齐、李和雨、任仕瑞、郭徽祚、刘乔龄、李永治、武令谟。

本科未殿试七人。各省解元六人。

时会试分三卷：江南、浙江、江西、湖广、福建、广东为南卷；北直、山东、山西、河南、陕西、辽东为北卷；四川、云南、广西、贵州、上江□府□州为中卷。

榜发，辽东、贵州不与。

时各省举人中会榜者候殿试，非丁忧、巨病不得回籍。未中（试）[式]者，除福建、广东、广西、四川、云南、贵州、湖南七省一科即行检选，余皆五科不第方许检选。云、贵二省，公车驰驿。

大省中（试）[式]举人，有欲得鼎甲者，旧学字书，泽达欲效此例，乡试大主考方公、会试本房潘公固留不许。

赐泽达同进士出身。第三甲十一名。殿试于太和门外，御制策题：一问吏治，次问天人，三问通商。钦赐一甲三人：陆肯堂、陈元龙、黄梦麟，赐进士及弟。二甲张希良等四十人，赐进士出身。三甲诸来晟等一百二十一名，赐同进士出身。补殿试二十人：张璟、侯溥、纪人龙、杨绿绶、蒋堉、张为锦等。

本科未试殿七人。

钦授泽达为翰林院庶士。习清书①。同选三十五人：张希良、宁世簪、汪灏、

---

① 即满文。

仇兆鳌、魏男、许贺来、沈辰垣、徐元正、宋大业、许承家、宋衡、李殿邦、李懋、陈迁鹤、冯瑞、郑崑瑛、谢陈常、吴之瑜、汪薇、高曜、俞长城、樊泽达、王之枢、吴增垣、梅之珩、安篔、张明先、刘坤、李朝鼎、邓咸齐、鲁瑗、宋如长、刘涵、孙勤、刘伟。

选毕,一甲三人同跪候旨,上遣大学士王熙传旨曰:"士子读书之日,多能好学。每因入官后,功名心切,遂至改操。尔等作京官要慎勤,作外官要清正。特谕。"众悉叩头谢恩。

秋,公手书邮寄,训泽达。训曰:"事上使下、处僚友,当各尽道。言行要万分谨慎,不可过饮,不可学斗牌,不可跑马。"云云。

冬,子泽达请假。

泽遴学成。公课子严,于遴更加督责。尝小失,达以遴生日请,公（爱曰）〔曰:"爱〕之也。"竟不免。至是,经书悉通,文理成就。和平端厚,亲友器重之。公不欲少年得志,故未命赴试。

丙寅（1686）　　公五十八岁

春二月,谒大中丞姚公于锦城。抚蜀姚公讳缔虞,字岱麓,湖广黄陂人,己亥（1659）进士,官金宪。时为泽达殿试读卷官,垂问公家,复遣使赍仪书来候。公往谢,甚蒙礼重,称公盛德。一时司道而下,仪节加隆。

夏四月公寿日,子泽达至自京师。上元日出京,驻真定,由井陉走太原,由平阳至蒲州,渡泰兴间,历同州、蒲城、泾阳、三原,复驻西安。从咸阳、扶风、岐州、凤翔、宝鸡入益门镇,度栈,逾褒及宁羌,再入栈过七盘、阳平、朝天等关,舟向遂宁,遂陆行经富村、柳边,次盐亭、潼川、汉州、新都,又五十里为成都府,时四月初十日也。驻二日,买舟,十五夜抵叙城,十六日谒当事,十七日到家,正夜分,拜公前。公大喜。黎明,祝客至,达先在家,皆以为如从天降,遂极欢而罢。

允副室张孺人继嫡位。泽达敬请曰:"慈母育儿兄弟二十有二年,衣食婚姻,教诲恳勤,无有不至,且与大人历甘苦,更王母大丧,实有功于家。家不可以无母,两弟以不可以无母,大人之于先恭人,恩礼笃矣。慈母宜正嫡位。"跪请再三,公始允。母复辞,重以亲友合辞请。公命卜吉告庙。

闰四月十八日,泽达率两弟,重行上寿礼。公原生于闰四月,是年适闰在巳,泽达彩服称觞,率遴、逖两弟,拜伏堂下,饮三爵。遂延戚友尽欢。

五月，子泽达奉命偕尹氏入城广室，纳程氏。公望孙心切，欲泽达广室，命张孺人示意于尹氏。尹氏曰："大人有命，妇不敢违。妇亦自痛两男不育，事宜速举。"达入城遍访，得程氏女，归禀大人。尹氏复禀于公曰："媳不从，恐事不谐。愿（谐）[偕]夫入城，成其此事。"公大喜曰："孝妇也，惟尔所之。"卜吉行，岳母雷太君同往。人知尹氏亲求，乃得无阻。程公讳世荣，字宾实，富顺户部主事程三省孙也，流寓宜宾。长女年十六，未字。尹氏脱簪珥为礼。赖前辈胡公敏之讳似鲁，亟道尹氏真诚，程公许之。雷太君复命鼓竽轿伞御其家，达不可，母曰："儿女同情，况为祀续计。"人称"尹氏有礼，雷太君盛德"。初三日，程氏来归。

公命全人身家。镇雄逃民宋登荣身死，有子三人，土官具文求发，府道如其请。土司之法，逃民杀其身，分其妻子。将发行，啼号于市。有为之策者，令质身泽达。泽达请于公，公曰："土法果严。"命力为保全。泽达奉命，措金百两为赎，复谒当事，具白其惨，乃得保全。

庐大焚，迁居入城。泽达奉命入城，家僮乏能事者。五月十一夜，火作，公负神主及诰敕，手持两弟一妹，坐视灰尽，衣粮器物，无一存者。泽达闻报，星夜迎公。公挈家放舟入城，即寓程宅。祖田祖宅，悉公亲为经理，人称公孝德一所致。

公复祖宅。基在城东凤来坊左，乱后为营卒所据。适提督吕公讳英字愧能，禁各营占有主田宅，诸营卒见还。败屋散椽，悉偿重价，逾于置买。人谓公伤惠，公曰："得彼，欣然足矣。"遂并族众旧基捐金赎还，分给族众，亦不受偿，人称公盛德。

公复祖田。田在城西者曰廉水溪，据于营卒；田在白沙者曰黄阁铺，据于土豪。至是抛荒，公命具呈垦荒。

秋，公命筑祖宅，垦祖田。

加增田粮，公命倡先报首。康熙二十五年，全省增额，每石倍加。唯遵义不与。

冬，为子泽逵纳妇丁氏。前解元知州丁绍春公孙讳如翼，字宁庵，郡庠生。季女未字，公为逵聘，既聘即迎归。妇奉教，和顺端庄。公及张孺人皆大喜。

丁卯（1687）　公五十九岁

春，室粗成，公入宅。

为弟寅东公置侧室。叔年五十四，未有男，日夜忧。泽达既广室，公（日命）[命曰]："尔年方壮，急于求子。尔叔六旬，宜为置妾。"泽达奉命，访于乡，得罗氏，叔父纳之。

迥妇尹氏，志贞不嫁，嗣以子。迥殁五年，尹氏无他志。公命妯娌问之，尹氏泣曰："幼奉母仪，贞烈是矢。长为前妇，礼义习闻，奈何独以禽兽相待耶？残生薄命，死无二心。"公大悦，为之泣下，随（永）[允]泽达请，取从侄叙伦第三子为嗣，名曰如樟，生于丙辰八月二十二日戌时。先是，尹母雷太君性激烈，在室时，人传贼至，母袖利刃，刎其喉未绝，贼退，营救复苏。中年孀居，有苦毕尝，训女抚子，从无怨尤，年七十二而卒。故尹氏有"幼奉母仪"之语。先公尝训人曰："禽兽无礼，故常一牝配数牡，一雌配两雄。人则知义，男女惧其相渎也，圣人为制礼。"故尹氏有"禽兽相待"之语。

公促泽达赴官。泽达在庶常习清书，清书非给假所能习，公命泽达曰："尸位素餐，不可以事主。吾健在，勿以为忧。今日之复田宅、光戚里，皆主恩也。读书报国，儿其勉之。"

三月，泽达从命携家行，滞于汉阳。泽达启行有日，胡公敏之进说曰："太翁望孙心切，不宜令太史只身行。"梁公以让、舅氏伯扶祖其说，公信焉。泽达奉命携妻妾，行至汉阳，芹资告（谒）[竭]，遂旅于江西义士卢文卿家。明年忧逆乱，遂走江南，稽延三载，始还。

冬，痘疫，子泽逵卒，逵妇丁氏继卒，公大恸。天行大疫也，死者甚众。泽逵卒于十二月初八日戌时，其妇丁氏亦以痘卒于次年正月二十日未时，合葬祖墓旁，后迁茅居山。逵清秀纯笃，事父母晨昏不怠，事兄嫂坐作必恭，妇亦淑慎，公甚怜之。天不福善，相继（妖）[夭]亡。呜呼痛哉！泽达家在汉阳者，亦于冬、春间痘疫，丧是□所生子及女婢三人，程几不免。

子泽达受翰林院检讨职，复请假。十月初五日御试于体仁阁，钦定泽达第九名。又三日，命下，受职。又三日，到任。十一月请假，十二月奉旨给假，束归装，雇骡脚，拮据十日，然后出都到汉阳。

戊辰（1688）　公六十岁

春，泽达受职报至，公手书谕勉。书中不许泽达请假也。书至，泽达已出都，逾年得读。

访总戎卓公于蔺州。卓公闽人，讳策，字彦韬，司马公己未同年，卓迈之孙也。官永宁协镇，兵服民安，好文士，喜宾客，书使迎公。公以泽逵故，家居惨目，赴永拜谒卓公。世谊最笃，绸缪二旬始别。

三月，得泽达准假信。程公宾实自楚归报也。初，泽达携家东下，相随者从兄仲彝讳叙伦、程公宾实讳世荣。及至汉，仲兄由金陵走闽越，谒总督王公，九月抵京。程公获泽达，六月先至。至十月，仲兄、程公同返楚，仲兄留汉，程公归蜀。既归，公得的报，望泽达携家还，心益切。

夏四月，子泽达不至。泽达请假，为祝公六旬大庆也，抵汉阳，无买舟具，雪口李君讳以宁为泽达策，东赴金陵措资以归，遂违拜祝之愿。家累之误人不小矣。

文武诸当事频问起居，公固辞。时太守高公讳缉睿，字镜亭；别驾张公讳官纪，字方山；邑侯平公讳廷鼎，字象九；马湖太守何公讳源浚，字梅庄；游戎陈公讳焰，字日章，每逢节后遣使问起居。公躬门谢，莫不称公盛德。然公修洁持正，绝无干谒，诸当事以此益敬之云。

学使周公来晤，公答之。周公讳灿，字星云，陕西己亥（1659）进士。敬公乡评，造庐请见。公往拜，礼意殷勤。因询泽逵，公以实告，周公大为惋惜。

致祭于大中丞抚军姚公。姚公抚蜀有威惠，军民畏怀，殁祀名宦。时铭旌过叙，公特敬祭。

秋七月，楚兵哗，泽达从间道去金陵。变起仓卒，长江路阻，幸安抚杨公讳素蕴摄两江制务，兵牌逆泽达驻大冶。时大冶令文君有才略，能保境土。泽达因得从间道访浮家所在，由山谷湖堰设法出险，乘便走金陵，寓秦淮河上，已三月复至汉阳。

楚乱定。督臣丁思孔、提臣徐治都会同江南将军、荆州将军剿抚有方，二月而贼渠授首，余党悉平，安抚调湖抚。

冬十月，公至成都，抚、督加礼。求路牌也。泽达既走金陵，去蜀八千里，杳无音耗。公日夜思之，议赴楚访泽达所在，因至成都。署抚李公蒲阳讳辉祖、提军吴公愧能讳英待公尽礼，情文兼备，各送路牌，饯于东郊。

十一月，公至家。

十二月，公赴楚，求泽达家讯。乘流东下，二十日至汉阳。随者杜君含辉讳炜，聂君佐都讳俞臣，释子道悟，家僮二人：己生、天福。

己巳（1689）　公六十一岁

春正月，公至汉阳，遂游广信，谒上清宫而还。公至楚，闻泽达在吴，无恙，即遣家僮长庆东下，促泽达行。公买舟为豫章游，游毕，还汉。泽达自吴先至，候公经月，适为春暮。

附录《楚泽吟原序》：

序曰：汉沔乘流，匪缘思子，实属探幽。三旬甲子尔，放棹鱼凫之里，停桡鹦鹉之洲。儿苦家累，正婆娑桃叶渡头。爰咨下走，游乎江右。发乎沔口，下三黄，过九江，直泛鄱阳，望帝子之楼，饮康王之谷。俯瞰青牛，周览白鹿。闻龙虎山真人在焉，从登其巅，所至无不揽观。及乎上清，天师远行，叩诸道士，罔异常人，乃大悔。信宿而返，还舟汉阳，春水已满，延伫江干，遂优游乎大别晴川。作《楚泽吟》一编。

公阻涨，留楚，作《楚泽吟》。闲倚晴川，远望夏口，忆仙人于黄鹄之馆，怅名士于鹦鹉之（州）〔洲〕。兴会所至，偈尔成吟，得诗百首。

命泽达游闽越，诫以言。行囊萧条，措置无法，只得告贷。时学使冯夫子、梅庄何夫子俱升闽南守巡道，同乡廷尉张公新抚浙，监试人岳，王公则浙、闽制军也。延建①参议黄公讳际泰，曾充补行辛酉提调官，以书招泽达。泽达亦有往候座师方公、业师钱公约，遂作斯行。公戒曰："救人危急，成人功名，客中惟此二事可行。其他为利来者，慎勿开口，但有还家资斧足矣。贫者士之常，勿忘耕田日。"

施棺于汉阳。公寓虽淡泊，刻刻以利物济人为念。适月湖边有尸暴露，公施以棺。遂每月施棺二，施履十。每日储钱十文，买物放生，亦不令人知。

冬，子泽达还寓。

命携贫人还里。叙人李少芳流落汉阳，无生理，将投江死，公使人给以衣食，命泽达携还里，更贷以金，约还家清楚。其续娶妇系扬（洲）〔州〕人。

庚午（1690）　公六十二岁

春正月，上元，公自汉阳携子及妇发舟还里。寓汉仅八月，寓之前后左右洒泪相送约数十人，有送至三四十里者。公之盛德感人如此。

次荆州，谒关圣祠。斋宿，往谒。礼成，吊以诗。见《楚泽吟》。

---

① 延建，清代福建省的延建分巡道。道尹驻延平府（今福建省南平市延平区）。

公舟中咏吟，著《述怀》《训儿》诸作。见《楚泽吟》。公性畏险，每遇沙滩石碛，必登岸步行。其在舟中，每日焚香，读经史，因著诸作。

次万州，得堪舆喻尔修。尔修名成德，彝（凌）[陵]① 人。公急于营葬，遍访名师。兹以程介名讳豫荐，订其来叙，公下拜。

次南溪，访一脉道人。道人不知何许人，尝于贡井石岩下露处数十年，无病疾。公访之，见其卧处壁间有诗，前六句字体模糊，惟尾二句云"荣枯不管花开落，驾鹤乘云上九霄"，以此异之。叩其学，无一语，每日于溪边搬运石投水，见人辄为癫狂鄙倍语，诸肉无不食，人以此厌之。然其语多藏机锋，事后乃验。至是迁于南溪，主乐生讳继孔字斯美家。公特停舟二日，把手大笑，所言荒唐不可解。公闻，有首肯处。泽达索其书，书有别法，特无文理，尾题"一脉道人"四字。

夏四月朔，公率子妇僮仆归自汉阳。

始命泽逊入学。公伤迥、逵之变，不忍督季。至是十龄，始命受教于樊先生。

绅士耆老公举司马公祀乡贤。有中沮者，公命勿问。先大司马公功在秦蜀，公举宜也。适有人因渠兄投流寇受伪都督，为害乡里，大司马公以军法戮之，于是生怨，密阻于署。太守宋公敏学谓泽达厚藏而慢，署事官宋信等遂阻其事。公知之，命泽达曰："太傅立功，方伯死节，贤声自在天壤，不祀何伤？慎勿校。"方伯尹公讳伸，字子求，事迹载前《殉难》下。时二公并举。

冬十二月，孙如林生，公命曰祖慰。生于十七日亥时矣。岁之秋，公梦人遗书二册、笔二枝。及临产，泽达复梦生蛇入跨下，惊寝而子生，程氏出也。公初抱孙，喜慰倍常，命曰祖慰。至是而公心始安也，命免佃人□租，并宥家僮过矣。

辛未（1691）　公六十三岁

复为弟置仆。叔父寅东公居乡，无治生策。公先为置僮，名从耕，病死。至是复置僮，名迁乔，仅供薪水。其每岁日用，悉仰给于公，无缺乏。

春三月，孙如森生，公命曰祖欢。生于初一日未时。未生前一月，泽达梦巨兽蹲于溪石，名曰貔貅，预谶生男，尹氏出也。公望孙心切，祖慰未百日后生男，公大喜，命曰祖欢。盖至是而公心始快也。复大会亲戚，极欢而罢。

---

① 即湖北宜昌。

夏四月，公寿，大筵亲戚。公初举两孙，又逖弟能读书，寿日行酒，亲友尽欢而罢。

卜兆。尔修至，与公一见投合，遂命之卜。卜于货市，卜于陈家沟，卜于福溪，卜于牛口，卜于天池，卜于草池，最后得安边之莲花池。尔修住于家者三年，六处则有穴未用者。

蜀省大加粮，每田一分增五十分。蜀抚噶公尔图于直陈东省案内，奏蜀有欺隐、包占，部限六月查清。地广限迫，粮多不均，盖以道臣王清贤酷戾，无可伸冤。泽达户下增至五十分，坐落白沙、天池、宣化三乡内。

壬申（1692） 公六十四岁

春，命子泽达为弟寅东公归宁长女。叔父长女适滇南总兵王干城，叔归，未携行。至是日夜思念，至于悲号。公亦不忍，乃令泽达为叔图归，并省刺史公旧冢。泽达奉命，由黔赴滇。在黔访旧好，留十日。在滇访谒诸公，皆情文备至，晋接有仪。制军于达有世好，情谊更笃。剑川属鹤庆府，去省尚七八（千）[百]里，秋瘴方炽，道路难行，省墓之举遂止。

公成里民生子。里民徐重义，五十无子，妻妒，不能娶，亦困于财。公使人婉喻其妻，贷以金。徐果娶妾，生一子。

秋八月，次孙女生。生十八日丑时，公命名淑瑗，程氏出也。

公弟长女及婿王干城，携二子于弟生日归自滇。路由霑益、威宁、镇雄、珙县、南广，约二千余里，自昆明至[普]洱又千里。八月二十九日抵家，明日为叔寿辰，父子相见大哭，无一言。叔拜于公，公曰："犹子也，吾归吾女尔，焉用拜。"

冬十月，公弟寅东公讳暾，生子泽遂。时叔父年六十，因名曰六十。

癸酉（1693） 公六十五岁

春二月，纳婿李生岐。生岐字周郎，珙邑廪生。父讳之藻，字方浩，庚子（1660）举人，任合州学正。兄生岱，字东郎，为明经。初，东郎与泽达善，约以弟妹结朱陈。继而李生失怙恃，依于公。公待以犹子，衣食教诲靡不备至，至是各长成。公命卜吉，于二月十六日成礼。伊兄备酒为礼，公收数函，使尽兄弟之情，亲友来贺。

公立子女议婚家法。初，泽达与李生蹊来讳在公为密友，有婚约。继而李生与泽达因仪礼龃龉，几毁婚，公不许。继而蹉来之子病咳血，请婚期，公又不许。婚故久不谐，子果不起。公因命泽达曰："俗人乳定指腹，大违古礼。婚姻巨典，岂可轻率？嗣后男子议婚，女子许字，必年至十五六方行完善。永垂家法。"

命恤僮仆。泽达驭下颇严，公训曰："古有言，此以人子也。尔治《尚书》，岂不记《泰誓》词乎？'抚我则后，虐我则仇。'"达敬受教，公吟二句数复。

得穴于莲花池之北山，公命泽达审视。地名挂壁斗，喻堪舆取为上吉，亥龙入首，扦癸山丁向。

定葬地约。挂壁斗地无主，公特诹其旁居民，立约受价。有以荒山不当求主进者，公曰："葬父母必求心安。"卒取约。

夏，改葬职方公于莲花池之挂壁斗。初，职方公之葬后，公心殊不安，忽一夜梦伟人冠衣揖公曰："我郭先生也，尊翁佳城葬下二尺，特为君移矣。"及拜扫，果于二尺许见两石垒垒，非前所有，以故四十年不迁。及术士喻尔修覆其穴，云有水，公大悔。至是，葬所始定。

合葬尹孺人于职方公墓所。尹大母穴，藁葬二十年，公未尝一日有歌箫，至是合葬。其葬法一遵《文公家礼》。

公始衣帛寝褥。泽达登仕版十年来，每逢帛，公辄藏之，非祭不服，裹衣下裳用极粗布。人以公为俭，达亦谓然。尝请于公，公不答。每夜粗毡毛毯，不肯用褥。达固请，公曰："太软，我不安。"达竟忽之。至是葬毕，公素衣素冠，二十七日释去，始衣帛临寝，曰："可以褥矣。"达乃悟从前二十年公无刻不思亲也。复细忆二十年中，饮未醉，乐不歌，戚戚无喜容，皆缘未葬故。公之于亲，尽礼矣。达之于亲，失察矣。

恕盗葬人文魁。王父母既毕葬，山有余气，喻生扦以葬逵弟夫妇。土棍文魁探知，盗以其父及妻。行贿于邑令，令庇之，模模结案。达将鸣于上官，公曰："盗葬必不祥，受贿必不昌。宽之。"后官、棍果获异报。

改葬泽逵及妇丁氏于茅居山麓。逵弟寄葬祖墓，界水中。公久欲迁，不意其穴为文魁所盗，公不得已，乃葬此。

紫霞散人年谱下册

公自癸酉（1693）以前，身安而心不安者，丧葬未完也；自甲戌

(1694)以后，心逸而神俱逸者，子孙足娱也。盖从衣帛寝褥，而公为子之事始毕。定为下册。

甲戌（1694）　公六十六岁

春，葬泽迥于乾溪之阴。迥殁十二年，屡因经营王父母葬事，未暇安厝。至是卜于乾溪李虎坝北山葬之，去三门岩三十里许。

三孙女生。生于正月二十日寅时。达举两女，未快公心，遂不请名。及长，达名曰兑瑶。

三月，子泽达奉命遣人请咨。

夏四月，公寿，戚友毕祝，藩使至以贶来。藩台高公讳起龙，字霖苍，惠政贤声，蜀人感悦。公自葬事毕，属促泽达赴官，甚有言之过激者。泽达不敢违，请咨以行。藩台遣人送咨文，并致厚贶。遂卜吉。

五月，泽达赴官。

公抱孙为乐，屏外事。非至友密戚不请见。有司到门，一概谢绝，公事乃会。

公课子，及婿与孙。自制时艺。公自十六岁弃举子业，老而益工。所作文，理明法正，有先辈遗风。另刻。

公亲赴合江择孙婿，得董新策。泽达识董生于诸生中，字曰嘉三。时董生病后体瘠，泽达（旋）［疑］其有他疾。公得书，放舟相访，一见大喜，曰："此子神清气静，定非凡品。"遂纳为孙婿，授其父母以馆餐。人皆服公神鉴云。

乙亥（1695）　公六十七岁

春，公废泽达所置木。公尝命泽达曰："先大司马伤先皇之变，遗命薄葬。我屈于亲友，未之能依，至今耿耿。祖母尹木不美，我何心为美？我死，取土杉以葬。"泽达不敢从。甲戌将行，为公及母置木八片，公不悦，至是售人。自置土杉，并为叔父置一椁。

春三月，纳孙婿董新策。董生家贫，无以为礼。学使曾公讳王孙字道扶，器重董生，问履历，得未婚，故聘金一镒，遣屏山令沈公诣公家纳吉。沈公讳士本。

夏，公遥命泽达受教于总河王公。王公讳新命，字纯嘏，潼川人。公手书示泽达曰："清书，尔职业，不可不熟。同乡王公，为清书第一，以时奉教，至于精通，乃有益。王公正直谦光，真足师表江南。训尔言，虽我爱尔不过此，尔当记之心头，书之座右。"

附记王公言。

王公面诲达曰："君以词林为苦耶？侍从清华，真似神仙。从来利害相固，福祸相倚。科道嫌怨之府，外官劳苦之丛。哪能得读书修品，安坐而取卿相？张绣紫、王颛庵循资按序，何尝不至大官。"又曰："人情险，世路难。官场中，不惟言人恶能犯人怒，即言人善，亦犯人嫌。勤上朝，少结客。事三思，口三缄。恭在同乡，相赠以言。"王公乡谊最笃，待人极真，性仁慈，御下无恶言疾声。夫妇偕老，一子七孙。天之报人，原自不求。至其宦绩贤声，则众所共信，不赘。

十二月，为孙如樟纳妇唐氏。富顺明经唐讳琼，字赤城，为达密□，故有婚约。吉期先定，适有季妹丧，公命从吉行礼。如樟赘于唐。

丙子（1696）　　公六十八岁

春正月，为子泽逾纳妇程氏。聘未逾月而娶，娶及期而卒。

夏五月，子泽达试粤东，得士六十（八）[四]人①。秋，门下诸生制屏，预祝七旬寿。开列试差，泽达名次当厕贵州，留差广东，君恩也。水陆六十余日，至南海，锁闱二十朝夕，终场卷五千有奇。旧额中四十三人，副榜十一人，新恩广额十人。解元陈国球。

同差吏部郎中刘曾，字鲁协，陕西己未（1679）进士。

题目第一场："富与贵"二节，"日省月试"二句，"上下与天地同流"二句。

秋八月，长孙婿董新策中乡试。座师张琼，辛未（1691）会元；陆鸣珂，进士。房师卢帝臣，进士。婿习《易经》，时赘于家。

冬十一月，孙婿赴京，公手书教谕泽达。谕曰："迩来快心娱目者，两孙壮健，且能读书。贫不足忧，再得一二力农人，永藉自裕。汝须尽心共职，勿以内顾萦心。我虽老，精神不衰，饮食如故。一切外事，董生能言之。董生，尔佳婿也，老练有识。得相依，我心甚慰。吾志矣倦于应酬，愿得江南一清静地，教子弄孙，以终天年，且为子孙择安居。汝其熟思天福孙学，两妇作何安顿，不可使家有怨女。丙子十一月初十，父手。"

---

① 据后文改。

董生不（弟）[第]，住京一载，与达同归。

丁丑（1697）　公六十九岁

春正月，公命慰、欢两孙入学。两儿渐长，前一年公已为发蒙，至是延从侄如松来家，专督教事。

二月，迎弟寅东公入城同居。僅迁乔又死，叔父病风痹，故特迎之。时五弟妇病笃。

秋七月，覃恩封公为征仕郎、翰林院检讨，赠阮孺人为孺人，封张孺人为孺人。敕命一轴。

奉天承运，皇帝制曰："宣猷服采，中朝抒报最之忱；锡类推恩，休命示酬庸之典。尔樊曙，乃翰林院检讨樊泽达之父，令德践修义方。诗书启后，用彰式穀之风；弓冶传家，克作教忠之则。兹以覃恩，封尔为征仕郎、翰林院检讨。於戏！笃望杞梓之材，功归庭训。丕□焕然之色，荣播天章。"

制曰："壶教凝祥，懋嘉猷于朝宇；国常布惠，扬休命于庭闱。尔翰林院检讨樊泽达母阮氏，勤慎宜家，贤明训后。相扶以顺，含内美于珩璜；鞠子有成，树良材于桢干。兹以覃恩，赠尔为孺人。於戏！昭兹含善之声，荣施勿替；□尔劬劳之报，遗范长垂。"

制曰："鞠育恩深，母道无殊先后；劬劳念切，子心并重瞻依。尔翰林院检讨樊泽达继母张氏，毓自民族，聘于德门。婉女为仪，克继承筐之媺；贤明示训，尤彰式穀之贤。兹以覃恩，封尔为孺人。於戏！传雅咏于鳲鸠，均平著范；慰私情于□鸟，宠渥丕承。"

康熙三十六年（1697）七月十九日，敕命之宝。

覃恩授泽达为征仕郎，妇氏尹封孺人。敕命一轴。

奉天承运，皇帝制曰："丹地储材，妙简金闺之彦；木天奉职，凤推至罢之英。尔翰林院检讨樊泽达，学通载籍，品著圭璋。珥笔西清，曾预窥乎四库；分藜东观，雅擅誉乎三长。兹以覃恩，授尔为征仕郎，锡之敕命。於戏！掞藻称论思之选，疏荣及清切之班。渥泽宜承，素修加励。"

制曰："丕绩著于中朝，端赖闲家之助；庞章颁乎庆典，宜分齐体之荣。尔翰林院检讨樊泽达妻尹氏，早习女仪，克修妇职。鸡鸣交儆，既砥节于素丝；蚕绩方劳，用邀恩于紫练。兹以覃恩，封尔为孺人。於戏！巾帼彰和顺之风，鸾书诞贲；廷陛焕褒嘉之命，象服茂膺。"

康熙三十六年（1697）七月十九日，敕命之宝。

冬十月，总宪张公访公于叙城，见二孙。张公讳鹏翮，字运清，遂宁人。庚戌庶常，由礼、刑二部出守苏州。内艰，起补兖州。升运使，晋京堂，巡抚浙江，督学江南，升兵部左侍郎。时为左都御史，告祭江渎。舟过叙，枉驾登堂，敬礼有加。并呼如林、如森两儿出见，馈赐果物。

旧例，正卿无出使礼，上以张公为亲久，特与是差，便道省亲。张公简从轻装，杜绝馈遗，吏治为之一新。文武大僚，趋跄恐后。桑梓衣冠之士，刺投辄得见，读书立德之外，并无别语。士气为之一振，比予司马谕蜀，十倍尊荣。

子泽达复请假。泽达欲请终养，宗伯张公英字敦复，掌院事，语泽达曰："终养，非尊人所乐也。"适中秋后病咳血，遂蒙准假，旬日即出都。

戊寅（1698） 公七十岁

春正月，上元，子泽达归至家。由豫至楚，登舟行，不复他往。准假后，又以封印迟速，家报不得至，公悬望切矣。上元日归，拜于堂前，奉上覃恩，并献粤东试录条约及五十七人祝寿文。公大悦，因训泽达曰："主恩深重，勉图报答。"达敬受教。

谢恩。恭设香案，望阙谢恩。泽达奉上朝服顶带，公愀然曰："吾何忍先尔王父母受荣。"达敬进曰："礼有所限，欲施封，不可得。"公复辞以轴未到，复敬进曰："以颁诏之日为始。"亲友劝进，公着衣顶，行礼于堂。张孺人率达妇尹氏，跪谢于帘内。亲友贺毕，称公孝德谦光，尽欢而罢。

命解衣于亲友，帛布有差。公命泽达曰："翰林院清贫，得一差可结小果。亲友相望十余年，无使觖望。自叔父以下至疏亲，外及朋友，下逮奴婢，各是厚薄，分给衣冠。"泽达敬奉命，于是帛布器物，各有所分，家人给赏。异日亲友来谢。公大悦。

夏四月，公大庆，文武官弁，绅士商耆，登堂拜祝，制锦成文，大会十日。公七旬，大庆也，文武诸公制一轴，绅士商耆制一轴，至亲密友制一轴，悉登堂称兕，笙歌侑觞，公进反酬，未尝失礼于一人。演戏娱宾，旬余始毕。

为子泽遴纳继室程氏。自遴前妇（妖）[夭]，张孺人痛不已，程公第八女尚在室，孺人亲纳吉于四月二十日，泽达旋，肃将礼典，公及张孺人大悦，贺客如初。

祖业全复。初，祖基东隅有营卒陈姓，诡言孤老，求居宇下，公怜而许之。又数年，卒缮屋，公亦不问。至是，其子欲居乡，索价还业。公欣然出十余金给之，业乃全复。

劝侄孙如桢成义举。族子如桢，聘义士饶良载之女。未婚，桢大病，不可行。人道饶女久在室，公怜之，置酒呼桢，劝至泪下。公复捐金佐饶，桢如命。女适梅生。

冬十二月，大享于先，告祧。斋戒沐浴，告于先灵，泽达朝服朝冠，肃敬政题，祧六世、七世二祖考妣，藏于匣。自西埜公以下，书公名祀奉。告祧之仪，悉遵《文公家礼》。

始为戏局会以娱老。公命泽达曰："《礼》：七十曰老而传。吾老矣，一切家事，悉尔之任。泽遨幼弱，责以读书足矣。吾平生祭葬大事无缺，惟陈家沟曾祖父母未安尔。又以两子两孙举于葬后为言，当延名师斟酌审视，承先启后，尔何辞乎？吾惟与二三志友，谈笑以终余年。"泽达敬听命，于是约为雅会，亲友至，诗酒之外，叶子为戏。约曰："一不谈家事，一不谈时事，一不谈人情，一不谈俗情。去来不送迎，供给随丰约。"其会约引曰："播弄十贯索钱，聊消永日；推敲平上去入，共度余生。"

己卯（1699）　　公七十一岁

春，有志于寻仙。公素闻龙虎、武当、大茅、南岳诸山，神仙往来其间，尝欲遍游。因至上清，无佳趣。泽达又陈南岳、少室之无奇，公游兴益衰。至是，有言武当灵异者，公颇有志于游。

登东山，望南溪之南。东山有浮图，完缮如故，其旁精舍圮，僧大悟募修。大悟，行僧也，无俗状。公登山访之，请留题，公题其亭曰"东山胜概"。及归，指叙南诸峰示达曰："此间有佳城。钳记曰南溪之南。"云云。遂极目远望，拽杖徘徊者久之。

夏，孙女归，公送及门。女以四月十一日庙见董氏先人，封名讳益字囗，质直好义，留宿斋中。公住二日而行，东下渝。

郡伯以下留祝不得。公钟爱长孙女，必欲亲送，亦缘寿日不耐劳，借此避嚣，府县诸公留之不得。

次于渝，公寿日雅集。旅于太平门外古庙，王君再少讳晋之、余子子龙讳德中各上祝言，公酬以近体诗，雅集竟日。公悦。

次于夔，遂旅于荆，旅于沙市。渝、夔犹乡土也，次于荆，则远甚。以此为达罪，故书曰罪。

圣驾南巡，臣泽达奉父恭迎，塘报不确。远行未定，适有驾将幸楚，泽达遂决意东下，奉父迎叩。自渝开舟，三日抵彝陵，计程千五百余里。全楚人民恭候行幸，有报从浦口回銮，公遂留沙市。

游武当，不果行。哗传途中多盗，公亦细访武当风景，甚无味，仙客高人皆虚妄，乃不果行。日以训课弟逖为事，时与再少王君倡和为娱。

公寓卷雪楼，眺望闲吟。卷雪楼，中朗先生故园也，今为大王庙。庙中杂遝，适旅往来。公爱其高爽，每日凭眺。江山千里，触景成吟，得诗若干首。庙有僧，善弹琴，公时呼之尽技。

公手书示泽逖以诗。泽逖性笃实淳厚，特因视学久迟，文艺未就。适有进逖以捷径之说，甚拂公意，为诗以示曰："贵贱曾无定，立名惟自新。膏粱毁至性，困厄作贤人。彩凤非夸羽，灵龙岂重鳞。尽心上学业，便足慰双亲。"特手书付逖。

秋，命泽达赴武昌。公闻楚制郭公讳绣，清望直声，命泽达曰："世有贤人，不可不近，汝宜往谒。"泽达从命，往谒郭公，相见有加礼。枉顾旅邸，久坐深谈，极欢而别。一将僚属，顿加恭谨，人情之可笑如此。经鄂，三日还。

迁于老人邓氏宅。公以大王庙太闹，恶之，闻八十老人邓霖苍父子俱雅致，遂主其宅。老人有孙琦字次韩，及刘生济盛字灵斯，皆能文字，请业泽达门下。公命勿辞。

冬，子泽达奉命如京。公以泽达病愈，不当久在林泉，促之再四，至是命曰："速赴京，余归。"起咨，泽达拜辞曰："待儿春仲不旋，然后归。"

为六人会。刘生、朱生、邓老人，及子三、再少，及公为六人，年皆六十以上，每朝昏聚谈公寓，约如前会。

十二月，公病，泽逖侍左右。

庚辰（1700） 公七十二岁

春正月，监利令郭君来候。郭讳徽祚，直隶人，（乙丑）戊辰进士。治监有声，盗息民安，累遣使候公。至是亲来，并致仪物，公如礼答拜。

刘生遣子来候。刘讳存惕，字乾若，监利贡生，为泽达门下士。其子敏中，有声于庠，屡来候公，公答如礼。

公览于龙山、章台及诸胜，各为截句纪游。诗载别编。

二月，子泽达自京还至沙头。

公命刻《心相》编。

三月，舟发荆关。风顺水平，无牵挽之劳，无波涛之险，公大悦。

还于峡州①，访喻生，助以金。酬昔年登山之劳。

上三峡，五朝夕。

还于夔，命赈贫士。武举王之卿，旧为达客，时窘极，公命达分金助之，勿失人心。

还于渝，命恤孤寡。渝人王钦之，讳敬臣，曾贷达五十金，适钦之及季子俱丧，家人将索旧逋于长子，公曰："此孤儿寡妇，我所不忍。"命勿索，仍恤之。

有叫冤乞食于江干者，公闻之泪下，厚给之。

还于符阳②。公寿日，祝于舟中。是日天朗气清，晨兴拜祝，舟发史坝，至夕泊合江，公宿董孙婿斋中。

孙婿中会试，公得报大悦。中式一百一十三名，如泽达乙丑名次。

还于泸。

夏四月二十五日，还于叙。公祭谢江神毕，抵家。公爱身畏险，每过滩碛，跪祈神庇。既至叙，先期斋戒，具香帛牲（体）[醴]。祀神毕，乃登岸。族姓戚友，迎于江干。

颁衣冠于子孙僮仆。一侄、二孙、力童五人，公俱制冠衣以赐。

外客尊宾来谒，公辞不见。公令于守门者曰："我倦于应酬，为我来者，辞之。为幼主来者，勿辞也。"当路诸公及外客，悉命泽达代拜。有必欲见者，不为礼。

省于至亲友。

二十八日，子泽达、泽逊率诸孙为公补祝，公饮酒乐。远孙团圆，满饮至醉。

五月端午，公祀先如常。

────────

① 今湖北宜昌。
② 合江县别名。

六月，命成堂。草堂渐圮，公命泽达曰："复业十五年，屋宇未就，岂所以安祖宗？岁岁诛茅，亦非长策，其速作堂构。"达敬听命，延木工罗学孔，相材度地以成堂。

劝息三讼事，惠友二十余家。族人与外人构讼者三案，株连二十余家，公力为排解。讼息，各得保全。

秋七月，为九老约。郑公星伯，讳士昂；李公开平姑丈，讳（弘）[洪]霁；聂公大宗，讳翰臣；饶君公恕，讳良载；叔父寅东公，讳暾；仲兄文正，讳建伦。释子郭道悟日至，梁公以让讳为功偶一至。并公为九老，申戊寅旧约。每长毕集，病不能者听。

八月，为寅东公行祝礼。

九月，命泽达、泽逊同省远祖墓。远祖有达、逊未经省者。公命曰："恐无我，尔等不知踪迹。"特命达、逊同往省。

命泽达视孙女，携以归宁。公念孙女不已，新得董婿馆选①信，大喜。命泽达亲往行贺，并携归。翁姑欣诺，如行。

公定立嗣法。公见四曾王公之不祀也，使达问于文正兄。兄曰："礼有其废，不必举也。主为嗣祖母吴所□，故不祀。"达禀于公，公长叹曰："嗣非为孙故也。礼，从祖兄弟别籍异财，岂亦人情自必至乎？"公一日端坐，命达从祖勿以为嗣，存殁两安耳。其定为家法，盖惩文正之误也。

公有疾。公虽微恙，时作时止。每食糯米，则不快，皆以为食积，公亦不自为意。又有疑其坐久劳神者，宁意其至于大故哉！达、逊兄弟罪大孽深，不能视无形、听无声，忽忽度日，全无尽心尽力处。痛哉！

冬十月，命泽达赴官。公命泽达："尔以我老为忧乎？我来岁交生后，尚有六七年。今朝廷加恩词臣，汝当早补，或府道，或京卿。倘得进步，赠及祖父母，我心更安。"泽达敬诺曰："公恙大安，儿即赴省起行矣。"

堂成。以十月二十四日竖柱，助者百余人。及全架将建，适邑侯于是日点占丁夫，宜人素敬公德，络绎来观。二百人毕集，不劳而工完。人颂公盛德之感，戚友官商毕贺。

十一月，助表侄尹子衍吉丧。尹母雷太君之丧，公往吊尽哀，助尹子

---

① 馆选，谓新策以进士选翰林院庶吉士。

金、布①，并命泽达襄事，葬毕始归。

命勿饰屋。客语泽达曰："家有老亲，宜华其屋。"达禀于公，公曰："吾正为无老亲，不欲饰屋也。居，取蔽风雨足矣。雕梁画栋，碧瓦朱甍，及其摧折，与茅茨等耳。高祖太守公创业不二百年，昔时宏构，今日安存？勿饰为足。"达敬听命。于是门壁檐楹，悉从（间）[简]朴。

十二月，命子泽逊应县试，公亲检点其笔墨。逊学粗就，公仍欲缓时日，期以大成。达进曰："可以应试矣，令其磨砻。"公许之。笔墨等物，公悉经心目，命达往送。

泽逊赴试得前茅，公悦。署令筠连陈公，字尧凯，讳豫明，山西甲戌（1694）庶常。调试民社，治筠、宜，均有声。评泽逊试文曰："清通简洁。"取列第五。试题：焉有君子而可以货取乎。论题则为礼义之俗矣。覆试题：才推不其然乎。同试百二十余人，正案六十二人，县试第一黎维藩。

公命泽达约广文杨君视先茔。杨字全予，讳藏，犍为人，辛酉（1681）乡荐，时为江安教谕，通堪舆。公以刺史公李孺人葬所未安，闻杨君名，特命往约。未及行，公殁。

公岁暮祀先，行礼如常。公恙时作时止，无大碍，及祀先，起拜如常。岁酒春筵，俱不废礼。岁首犹行会约，无怠客。

辛巳，康熙四十年（1701）　公七十三岁

春正月元日，公诣先祠行礼，肃敬有加。公每朔、望先斋沐。除夕之夜，深坐（谒）[竭]诚。子刻，行礼于祠堂，进香天地佛神。及旦，子孙僮仆以次拜叩，公答礼讫，荐茶酒于祖先，必亲必敬。至是日，一率常仪，毫无倦容，公亦自谓病愈。达、逊大喜。

初六日，命焚黄于阮孺人墓所，并镌墓碑。敕令领到，未焚于墓。达请于公，公命逊偕往，并镌墓碣。去来十日，公病复作，旋安。

十一日，职方公生辰，公敬祀，并荐尹孺人。

---

① 布，币也。

十二日，出郭拜李、尹、阮三宅先灵。三宅先灵，公每岁元日或次日必亲拜。今年缘公恙，达请少迟。至是，出郭行礼。

十六日，大会亲友于新堂。堂成，亲友毕贺。至是，具馔谢客。客齐集，公姑出，一揖就坐，尽①而罢。公亦快饮。

下旬，亲友至，聚乐尽日。九老会期较前稠密，不与者亦不强留，至是公每独坐，觉神瘦，亲友至，辄聚乐尽日。

二十八日，泽达生男，公大喜，命之名，拜于先祠。程氏生男，公名以祖忭。公殁旬余，亦殇。

晦日，公斋戒如常。公诚于奉先祀神，每（畏）[晦]进香祖宗，每朔、望进香神佛。每朔、望前夕，斋戒沐浴。晨兴礼毕，饮酒茹腥，不似他人斋戒。

二月朔日，公晨兴，进香先祖及外神，无懈容。

初二日，公命以泽达新生子嗣泽迥。

初三日，公默坐内省，问泽达以十二年前语，泽达不能对。公当午默坐，忽呼泽达问曰："汝往年谓我出倍语，从何得之？"泽达善忘，实不记何年，亦不记何谓，竟未剖明。公口无择言，达所亲见，况于倍语。盖公内省平生，惟恐有过，特呼儿以证是非也。

初四日，公病疟，始剧。

初五日，泽达出侍婢于外。有婢年壮，新寡，无夫可配。公又尝指其子曰："徐星士所谓兴家旺主儿也。"以故，达不忍嫁其母，留侍室中，生一男。公命以名，后不育。公一日呼慰、欢两孙侍侧，曰："尔父读书时，丝毫不苟。及入世途，有此等举动。"两儿述祖言，达大骇，即日出之于外。

初六日，疟作，脉伏，医者曰："无灾。"公素有痞疾，犯食忌，则痛作。至是痛增剧，诊脉，脉伏。医者曰："痛症，脉伏。"公亦谓然。达、逊兄弟绝不意有他也。

初七日，晨兴，进香先祠，复著训。公扶病进香，达、逊以体弱请止，公曰："事死如事生，定省何可日废？朔、望朝进香，尹方伯公行之，其实未是。"达敬受教。亲友来候，各示训示。

---

① 尽，尽觞也。

初八日，命治木。自公废泽达置木，达亦不忍复置。公尝语达曰："草池杉枋，甚耐久远。"自置二十斤。至是，命达曰："东房杉枋，移出斧治，勿令占地。我病愈，将住东房。"达敬听命，即延工卜治。

命缮东房。敬业斋也，公会客多集此。公不耐烦，贻命达修东房，将移住。达先期缮治，趣工速完。

命医易方。公是日疟不甚剧，神转疲。呼达来前曰："我是血少，不宜补气。商之利斋①，另进良剂。"利斋用他药解参毒，饮罢，公果少安。

初九日，公兴，就沐。食毕，瞑目。举家大骇，移时方觉。公数日食大减，兹晨欲起。起就沐，沐毕食粥，食粥罢，瞑目端坐，呼吸俱敛。子孙环绕大呼数刻，方寤。达请故，公曰："我睡着耳。"从此遂卧，不复起。

夜初，复命泽逊曰："速去读书，我自无妨。"逊敬诺。

夜半，复命泽达曰："汝睡去，使我安。汝念我，我岂不念汝。"达敬诺。

初十日晨，命泽达着人送五儿读书，与他备伞。泽达敬复曰："伞易备，自有人送。俟大人少安，方可去。"公曰："多读一日，我心安一日。毋拂我心。"达敬诺。

巳刻，命作书示里人邓有奇，嘱其清查祖庄紫霞沟。泽达以劳神请缓，公不许，呼如樟促笔。公口授路途地名，逐一清楚，并嘱从子泽遍偕往。书成，命诵，公曰："是"。

当午，发叹曰："误了两儿。"张孺人进曰："五儿有兄，何为挂心？"泽达趋至，公曰："恐我病笃，误尔进京。自曾祖总督公保全子孙于乱离中，至我幸生儿等。汝成名，我快心。我愈，尔速补官，得一出头，移家江南大方，可为祖宗保子孙。但居职要十分忠勤，十分谨慎。"泽达受教。

夜分，鼾眠，咳声加亮，呼唤声益明。但多烦渴，医者以参麦汤进。

十一日晨刻，公脉伏，语转滞，达、逊彷徨敬请曰："大人心安否，

---

① 利斋，医人之名。

身苦否？"公曰："我心中了无一事，我身全无诸苦，但气弱欲脱。"

巳刻，公起坐于床，泽达、泽逖扶侍。张孺人率诸媳及孙女问安，公悉眷顾。

午刻，公屡起，泽达扶公背，逖扶公足，如樟、如森、如林侍左右。亲友问疾，入候于寝。

二月十一日己巳午时，公卒。泽达、泽逖既请命，公语益滞，体渐寒。巳刻呼达曰："语利斋，我是中风。"利斋不肯下中风药。顷之，利斋以附子理中汤进。公饮罢，病如故。忽命达、逖曰欲起，达泣止曰："公病笃，不宜起。"公曰："扶我无妨。"于是泽达扶公背，泽逖捧公足，坐复卧，卧复起，如是者三，公不复言。孺人率诸媳、诸孙女至，公各顾以目，点头答问。亲友入候，公悉瞻视无讹。至午刻，端坐泽达怀中，瞑目而逝。

遗命丧事戒杀牲。公平时戒诸子曰："好生恶死，人物同情。杀业太重，佛氏始有轮回之说。君子仁民而爱物，《礼》：君大夫士无故不杀，何必佛氏耳？尔等凡遇庆会，不可轻杀。丧事，禁屠宰。猪羊等物，勿受可也。尔等志之。"

遗命不作佛事，一遵《文公家礼》。公尝曰："佛教自有道理。敲鱼击鼓，佛戏耳，焉能解罪？夫罪，自我作孽自我受。旁人代诵一卷经，岂便可解？吾儒养生送死，自有正礼，慎勿效俗人见解。且丧事仓皇，男女混杂，万不可贻意外之悔。《文公家礼》，天下通行。嗣后丧葬，俱宜谨遵。"

绅士耆老公举公（宗）[崇]祀乡贤。呈二纸。姓名呈词引见《乡贤录》。

公举先大司马公及方伯公祀于乡贤。众议公举公祀乡贤，泽达敬辞曰："桑梓公道，辱及家严，泽达死且不朽。但家先大司马公，及方伯尹公，有大功于地方，立大节于名教，至今湮没，家严尝以为恨。今若己身叨荣，加于两尊人之上，家严魂且不安，泽达故辞。"绅士同曰："两贤宜祀，并举何妨！"请于令君，陈公曰："可"。绅士耆民，各具呈续前呈以请。

孙婿庶吉士董新策，予假归来祭。董婿尊人讳益，合州明经，已于开吊时致祭。至是董婿来吊尽哀，复以子孙礼举祭。

家祭于乡贤祠，致（昨）[胙]亲友。

壬午　（1702）

四月十八日，大雨，乡邑有春。是年二月以来大旱。

十九日，霁，午刻，厝公于曾祖妣杜太夫人墓右。毕窆。

题主。

灵祭。

卒哭。悉遵《文公家礼》。

五月，编定公年谱于墓场。

（郑启友、陈伟平点校，赵永康审订）

（宜宾李氏）开平公行述年谱

（清）李时①

　　选自宜宾《李氏族谱》，民国二十八年（1939）抄本。该谱不分卷，创修于雍正进士李时（字用中），嘉庆间李世芳续修，此后又多次增订。《李氏族谱》内容极其丰富，包括了墓志、行状、家训、诗文等，可以同地方志相互印证。尤其是其中的《李开平公年谱》，对于考证明末清初的四川史事颇有价值。

　　呜呼！不孝等不获奉侍大人音容，二十有一年矣。伏思大人平日读书明道，积德累仁，承先业而佑启后人，靡所不至。不孝等谫劣，不能大振家声，负大人惓惓属望之意，罪戾深矣！今且垂老，若复悠悠，使大人教

---

① 李时，字用中，又字于实，号凤山。康熙辛卯（1711）举人，雍正甲辰（1724）进士。曾任内阁中书、刑部陕西司、河南叶县知县、江南庐州府同知。

诲苦心不得传之于后，若子若孙无所法守，罪不愈甚乎！缘忆平日垂训格言，手自书写，汇萃成帙，藏于宗祠，以示子孙。虽岁月既久，不无挂漏，然迄今不记，后之子孙，何以知吾家之不坠先绪者，皆大人培养之力哉！因叙大人行谊，并一生出处于编简端，以示缔造之不易云。

  大人生而颖异，举动悉中规则，每发言，即惊其长老。祖父以其体弱，九岁犹未出就外傅。旋遭世乱，祖父死国难①。流离艰苦中，祖母樊太安人，口授以《三字经》及《大学》等言，诵辄不忘。稍长，于书无所不读，举业之下，问及诗歌，以唐宋大家为目的。年十三，作《黄绢幼妇词》。外曾祖大司马樊公②奇之，以女孙许字，即显妣樊安人也③。避乱归里后，家益窘，因滇黔未（清）[靖]，无心进取。遂肆志山林，以书诗自适。性至孝，事太安人，问寝视膳，悉遵古礼，而先意承志，无或少忽。居太安人丧，哀毁逾礼，乡党咸法焉。处乡里，举动严正，不肯诡随流俗。见人有过，必严切开导，然性平恕，不刻核，咸仰为盛德长者，故人皆化之。家贫无施济，然以片语解人之纷，救人之失者，日尝数事，亲族间党，无不依赖。生平不言财利，每读书有得，即欣然忘倦。尝教不孝等及亲族子弟，皆云："为学者当先正心术，心术不正，则言行皆伪。"生平无一是处，其约而该如此。著有《读史管见》数百篇及《易诗心得》等书，皆发前人所未发，而识见义意，适得乎人所欲言也。中年著作益多，凡郡中碑铭记序，多出其手。吟古今近体诗几十首，恨不孝等奔走于衣食，不知收拾，以致散佚。今存者，仅十之一二耳。晚年养愈纯，德愈粹，独居危坐，尝谓静中之所得，难以言喻。暇即召子孙环列，称述先世功德及生平艰苦阅历，古人嘉言善行，反复开陈，俾子孙有所法守。

  大人讳洪霁，字开平，号涪溪，行三。明崇祯乙亥年（1635）五月初

---

① 李合宗，号符我，字同原，樊一蘅之婿。因不愿为张献忠劝降樊一蘅，被杀害于成都。
② 樊一蘅，万历己未（1619）进士，南明川陕总督。
③ 李洪霁之母为樊一蘅之女，其妻为樊一蘅之孙女。

一日，生于叙州府宜宾县麻市墨匠街①。自一岁至六岁，体充气壮，因患虫疾，医者过投劫剂，以致少食清癯，九岁犹未授学。

甲申（1644），十岁。避献贼乱，同两伯②奉祖母由横江历乌蒙③，至云南，寓前驸马李姓花园。

乙酉（1645），十一岁。献贼党至云南，复从云南避入贵州之郎岱④土司，延流寓先生陈受学。

丙戌（1646），十二岁。

丁亥（1647），十三岁。

戊子（1648），十四岁。

己丑（1649），十五岁，俱在郎岱。

庚寅（1650），十六岁。献贼党攻郎岱，始从郎岱还蜀，居叙州府属之筠连县。

辛卯（1651），十七岁。

壬辰（1652），十八岁。

癸巳（1653），十九岁。俱在筠连。是岁，显妣樊宜人于归。

甲午（1654），二十岁。

乙未（1655），二十一岁。俱在筠连。是岁，仲伯携赀买米，为贼所害⑤。祖母与樊太宜人痛悼得病，卧床褥不起。大人侍汤药，日夜不离。

丙申（1656），二十二岁。在筠连。是岁，祖母樊太宜人病卒。大人哀毁骨立，水浆不入口者数日。衣棺皆尽力备置，初不以流离播越中，稍或苟简，人以为难。时伯父任前明兵部武选司员外郎，闻讣始归。

丁酉（1657），二十三岁。在筠连。是岁，外曾祖樊大司马卒。

---

① 今宜宾城区清华街。
② 指其长兄李洪雯、次兄李洪霱。其避乱经过详见《开平公家训》。
③ 今云南昭通，旧为乌蒙府。
④ 在今贵州六枝郎岱。
⑤ 据族谱言，李洪霱，兴文庠生，在筠连避乱时，携赀买米，为贼所害。无嗣。

戊戌（1658），二十四岁。长姐①生。其时贼兵渐退，同伯父从筠连奉祖母柩归郡城，葬于翠屏山②麓。携家至义合乡之大垦沱③，开垦祖田复业焉。

己亥（1659），二十五岁。

庚子（1660），二十六岁。俱在大沱。是岁，显妣樊宜人病疫症，医药罔效，卜者以为不宜祖业。始与伯父分居，开垦易家坳居住。

辛丑（1661），二十七岁。

壬寅（1662），二十八岁。俱在易家坳。是岁，仲姐生④。

癸卯（1663），二十九岁。在易家坳。

甲辰（1664），三十岁。因易姓业主还乡，复迁居周家大湾。

乙巳（1665），三十一岁。显妣樊宜人痰疾复作，遂卧床不起。

丙午（1666），三十二岁。

丁未（1667），三十三岁。

戊申（1668），三十四岁。俱在周家大湾。是岁，因樊宜人病，过继嫡堂兄畅⑤为嗣。

己酉（1669），三十五岁。

庚戌（1670），三十六岁。

辛亥（1671），三十七岁。俱在周家大湾。是岁，聘显妣陈宜人。迁葬祖母樊太安人于金鸡山。

壬子（1672），三十八岁。在周家大湾。是岁，吴三桂叛⑥，全蜀沦陷。贼帅闻大人才名，欲强以官。遂变姓名，由间道走楚之襄阳避之。

---

① 据族谱，李洪雯长女适贡生胡显达。
② 在宜宾城北。
③ 在今自贡市漆树乡境内。
④ 据族谱，李洪雯次女适黄熙。
⑤ 李畅，字琴生，又字竹斋，李洪雯长子。康熙壬午（1702）举人，曾任山西闻喜县知县。
⑥ 吴三桂于康熙十二年（1673）叛乱，原文误置于前一年。

癸丑（1673），三十九岁。

甲寅（1674），四十岁。俱在襄阳。是岁，贼帅败死，事得寝，始由襄阳返蜀，仍居周家大湾。长姐于归胡宅。

乙卯（1675），四十一岁。

丙辰（1676），四十二岁。俱在周家大湾。是岁，不孝生。

丁巳（1677），四十三岁。是岁，仲姐于归黄宅。

戊午（1678），四十四岁。

己未（1679），四十五岁。俱在周家大湾。

庚申（1680），四十六岁。清朝平定滇黔，大兵凯旋。八旗养马于宜宾。又贼营逃散兵丁结队骚扰，络绎不绝，复携家避兵宣化之莲塘①，即甲申避兵处。

辛酉（1681），四十七岁。在莲塘。是岁，仲弟昉②生。

壬戌（1682），四十八岁。

癸亥（1683），四十九岁。

甲子（1684），五十岁。俱在莲塘。是岁秋冬，养马者厂尽撤，逃兵亦尽。始由莲塘移入城，居北乡之黄葛山，开垦祖茔田地。

乙丑（1685），五十一岁。三弟旼③生。

丙寅（1686），五十二岁。

丁卯（1687），五十三岁。俱在黄葛山。是岁，应屏山蔡公④聘，就西幕两席。以时年长，家贫不能延师，复移家郡城，赁屋而居，使就学焉。

戊辰（1688），五十四岁。在屏山。是岁，蔡公升云南州牧。遂归家。

己巳（1689），五十五岁。应高县翁公⑤聘，就幕府席。是岁，季

---

① 在今宜宾县观音镇境内。
② 李昉，字载阳。以子千龄贵，敕赠文林郎。
③ 李旼，字穆之，号文峰。雍正壬子（1732）举人，乾隆丁巳（1737）会荐明通榜，曾任昭化县教谕。
④ 蔡琨，奉天锦县监生，康熙二十一年（1682）任屏山知县。
⑤ 翁公，失其名，康熙二十七年（1688）任高县知县，见光绪《叙州府志》。

妹生。

庚午（1690），五十六岁。翁公休致。大人亦苦连年奔走，遂家居教子。是岁，入县庠第六名。

辛未（1691），五十七名。应本府别驾张公①聘，就幕席。是岁，胞伯旦复公病故。

壬申（1692），五十八岁。

癸酉（1693），五十九岁。在张公幕。

甲戌（1694），六十岁。应本府窦太守②聘，就幕席。是岁，不孝时婚③。

乙亥（1695），六十一岁。

丙子（1696），六十二岁。辞府幕家居。

丁丑（1697），六十三岁。应署本县事别驾李公④聘，就幕席。是岁，科考时列一等二名补廪。并买地竖屋于刘武臣街，即今住宅。

戊寅（1698），六十四岁。在李公署。是岁，李公升任江南。嗣后凡有聘请，概却不受，惟课耕教子，与二三老友诗酒往来。

己卯（1699），六十五岁。

庚辰（1700），六十六岁。是岁，仲弟昉婚⑤。

辛巳（1701），六十七岁。是岁，时生长子鹤龄⑥。昉生长女。

壬午（1702），六十八岁。是岁，嫡堂兄畅中乡试第五名。报到之日，大人以伯父不见，愁忧交集，涕泣并陨，盖其友爱之天性然也。

癸未（1703），六十九岁。是岁夏，显妣樊宜人病卒。冬时生仲子

---

① 张官纪，浙江仁和监生，康熙二十一年（1682）至二十九年（1690）任叙州府通判。
② 窦日严，时任叙州府知府。
③ 妻袁氏，贡生袁鳌女。
④ 李仕徵，江西贡生，康熙二十九年（1690）任叙州府通判。
⑤ 妻张氏，张云鹤公长女。
⑥ 李鹤龄，字松仙，雍正己酉（1729）拔贡生。

嵩龄①。

甲申（1704），七十岁。是岁，仲弟昉生长子延龄②。

乙酉（1705），七十一岁。季弟旼科试入县庠第五名。乡试时，兄弟俱下第。还之日，大人痛加督责，为称述祖德并不孝等身事，及读书作文修身立品之事，屡日夜不倦，盖年愈高望愈切也。

丙戌（1706），七十二岁。是岁，时生三子钟龄③。季妹④于归黄宅。

丁亥（1707），七十三岁。

戊子（1708），七十四岁。是岁，显妣陈宜人病卒。

己丑（1709），七十五岁。

庚寅（1710），七十六岁。

辛卯（1711），七十七岁。是岁，时中乡试第四十名。妹丈黄元珍同榜，中三十二名。归家，大人勉励训诰之语甚多，载在家训。是岁，因大人年高，不敢赴京会试。大人催促数四，始治装就道。

壬辰（1712），七十八岁。季夏，时下第归里，叩拜请安，大人命坐，太息谓曰："吾意尔竿头再进，今不如我愿，此虽有命数，然亦揣摩未到之故。科甲是吾家故物，且祖宗积累甚厚，当必有奢报日。但我已老耄，嗣后会试不独尔不敢去，即我亦不令尔去，恐抱终天之憾。第一举人不可自足，当留心本业，异日自有发达，迟早可勿计也。"

癸巳（1713），七十九岁。

甲午（1714），八十岁。

乙未（1715），八十一岁。

丙申（1716），八十二岁。

丁酉（1717），八十三岁。

---

① 李嵩龄，字为岳，国学生。
② 李延龄，字又佺，以胞弟千龄贵，敕赠文林郎。
③ 李钟龄，字笃庵，国学生。
④ 李洪霁三女，适辛卯（1711）举人黄元珍。

戊戌（1718），八十四岁。大人虽年高，但耳聪目明，步履康健，犹于灯下看时宪书，不用眼镜。每燕坐即谆切反复，教训子孙。其时，郑姑母①年九十二岁，杨姑母②年八十八岁，皆大人同胞姊，俱健康，耳目亦聪明。每逢天气爽朗，即令子孙延至家中，笑语终日。时人谓为难得，俱可登百岁。

己亥（1719），八十五岁。起居如常。二月，郑姑母卒。八月，杨姑母卒。大人犹步行往吊。十一月，三弟妇程氏病卒。大人感悼，得腹泻，召不孝等谓曰："我生遇乱离，能经锋镝，恐此身不保。中年艰于嗣，恐宗祧难继。今见太平，又儿女子孙满目，寿登耄耋，复有何憾！第祖宗诗礼传家，出仕者皆以清白自矢，尔等当守家法，慎勿惰慢，毋刻薄，自然昌大门户，不至坠失家声也。我便瞑目地下矣。"自是不服药，亦不进食。二日卒于正寝，在叙州府宜宾县北门外刘武臣街本宅内。

赐同进士出身、通奉大夫、浙江布政使副使、前驿盐道按察使司佥事、翰林院检讨胡瀛顿首拜慎讳

附录：（李氏）开平公家训

（清）李洪霁

家庭以雍睦为主。然必内外秩然，尊卑有序，而后乖戾不作，方能雍睦，故曰"肃雍"，见惟肃乃雍也。

人有过失，而终身不知者，亦有明知其失，而因循不改者，总于"省身克己"四字未尝用功。所以圣贤时时内省，才一知觉，便力加防范。尝见人家子弟，百凡灵巧，其后飘零失业，卒无一成，反不如朴讷迟钝者，

---

① 李洪霁三妹，适贡生郑士昂。
② 李洪霁四妹，适杨贵徵。

小有成立。可见人贵诚实，不贵虚花。嘉言懿行，前人之至宝，不知贵重，而以字画古董为宝，是不知轻重之分类也。精气神，吾之至宝，不知珍惜，而采红丸、秋石为宝，是不知内外之分也。

处家之道，容不得一点悠忽，《易》曰："家人嗃嗃，悔厉吉。"夫嗃嗃近于烦琐，然即事规戒，即事儆惕，虽厉犹吉。持家之道，理应如是。

人当有用日，所作的事，务期益于身、补于世，庶不虚生天壤。若庸庸碌碌，虽无过恶，止于吃饭穿衣，与草木同腐，此等人天地亦不爱惜。故阘茸湮没，不彰终身，其后亦不昌大。

一字可以保人性命，一言可以全人名节。不费钱功德，人肯留心去做，逐出皆成阴鹭（鹭）。深文者，吹毛索瘢；浅浮者，道听途说。只知取快一时，不顾后来报应，抑独何哉！

酒以合欢，原非圣人所禁，然使沉湎不节，丧德陨身，皆由于此。大禹圣人，功德不可尽述，孟子历叙圣人心传，独以恶旨酒称禹，则酒之偾事岂小哉！尔辈当切戒之。

敬惜字纸，人人共知。然不独己写者宜惜也，推广言之，破人身家之字宜惜，坏人名节之字宜惜，嫉贤妒能之字宜惜，淫词艳曲，宜以是为非之字宜惜。一切损于德之字，慎勿下笔。

我年已迟暮，时儿系长子，一切事望尔支持。今忽多病，使我形神俱瘁，此后宜万分保重。饮食起居，风雨寒暑，当知身子有病，则随处儆惕，逐事保养，庶可望其复元。若一放肆，虽卢扁复生，亦无济矣。尔生日，我避暑宿寿星寺，梦里中某向余赁屋。余未及诺，已挈行李入室。天明，家人来报尔生。随使人探某，已于是夕病故。余惊且喜，因信脱生之说不尽诬也。某为宿儒，且端方，若果为尔前身，岂仅以青衿终耶！今虽病应得痊，但当谨慎调摄耳。

入世深者，入道必浅。见有人于稠人广坐中，耳目所至，言动所接，无不应酬周到。乍见殊觉丰采焕发，而议论风生，矫然时出也。然按其行事，心地未尽光明，内外未尽如一，才虽可观，而德无足是述也。如此可以得立身之道，并可以得知人之术。

传奇小说，戏具闲书，家中切不可藏。子弟血气未定，性未坚，一经入目，未有不为之迷惑者。《西厢》《金瓶梅》若谓其文章好，何不去读子、史、汉唐诸大家。琵琶丝弦等项，亦不必学，即精工可名浪子，难云才子。

为子弟延师，即发蒙亦须择人。务求品望端方者使之，可为终身典型。更宜望择友。童子中有一二无赖，必至无所不为，好子弟亦为引坏，不可以不慎。

父母惟其疾之忧，夫子以此答武伯之问孝。至哉斯言！安其身以安父母之心，孝莫大焉。养身之道，一在谨嗜欲，一在节饮食，一在慎寒暑，一在省烦劳。有一于此，皆足以致疾，以贻父母之忧。尔辈当时时谨凛。

人必厚重沉静，谦退温雅，始为大器。若轻浮佻达，凌铄前辈，放言肆志，轻忽侪偶，不独人非之，鬼神亦忌之矣，安能享福？为善难，为恶最易，止争在一念邪之间；立名难，败名最易，止争在一事慎忽之顷。所以人要时时防制，不使此心或肆；事事谨慎，不使偶然过举。

大禹惜寸阴，陶侃惜分阴，古人岂作欺人之语？总为光阴容易过去，略悠忽便是一天，才转眼便是一年。人生几何，如此轻易抛掷耶？即如尔等进学，似亦不久。屈指计之，时儿近二十载，昐儿近十载。再不上进，父母年老有丧葬，儿女长大有婚嫁，生计日添，年华日去，身事窘蹙，志气消磨，一领蓝衫便是终身结果。祖宗门户何以振作，父母期望何以仰酬？念及此，当忘餐废寝，爱惜光阴，以图进取。

父子兄弟是天性之亲，孝弟两字，是天性中原带得有来。人只要知父母养育之恩，罔极难报；兄弟之爱，同气连枝，自然有一段真爱真敬。无论贫富，都可尽得。父为子纲，夫为妻纲，此天地不易之经。人家子弟违拗家长，妇女主持家政，纵或小有作为，终不能昌大门户，由其纲常倒置故也。

天下无不可了之事，只要两个如之何；天下无不可处之人，只要三个必自反。此等语切勿轻易看过。人惟遇事卤莽，所以偾事；只知自恕，所以责人。圣贤亦只要人细心虚心耳。

圣人取人，宁使德胜才，不使才胜德。丹朱曰："启明是有才辨。"尧即从才辨中见其顽嚚。共工曰："方鸠僝工是有干理。"尧即于干理中识其静言庸违。独以天下与一克谐烝乂之舜，所取在此不在彼，人当知所重而决所从矣。

尔兄弟气质俱有习染，非力加克制，便愈趋愈下。时儿性好嬉游，昉儿性多躁急，旼儿性好懒惰，最易废时失事，必须加以惕励。有一日即当尽一日工夫，有一时即当做一时事业，庶不致悠忽过去。至于性情躁急，内而处家，外而处世，皆非所宜。且性情不平和，血气亦不平和，便易生疾病，均宜悛改，毋贻我忧。做秀才三五成群，向地方官说人情，讲公道，最是坏事。从来龙必潜渊，豹必隐雾，然后能养其鳞甲，蔚其文采。今以干与公事为能，无论有司不听从，即令听从，亦非学者正事，且往往有受累者，不可不深以为戒。

美色当前，易生邪念。惟想天道好还，报应不爽，便毛骨悚然，消归无有，此是克制便益处。

时儿好戏博，虽不似博徒纵赌，然已见惯不以为非，必至流荡忘返，倾家丧身，贻害不小。若再不痛改，吾将逐尔，不令为家声累也。慎之！慎之！

子弟读书不成，只可种田，切不可令其他图。盖耕读原是本业，亦吾家世业也。人不要怕穷。大而改换心肠，丧失廉耻；小而改换职业，流为技艺，怕穷故也。不知穷达有时，富贵有命。若时命不通，即坏了心肠，改了职业，亦无济于事。

昔人云："饭不嚼即咽，路不看便走，语不想便说，事不思便做。"当益之曰："友不择便交，气不忍便使，财不审便取，衣不慎便脱。"

人于富贵贫贱，寿夭忧乐，则当安于命。于纲常伦理，当维持，当挽回，不当言命也。《孟子》口之于味一章，谆切言之，只要人细加体贴。

居家宜起早，倘日高客至，男则垢面，女则蓬头，庭除未扫，灶突犹寒，大非吉祥善事。

童仆以忠实力田为宝，其人无奢望，无机智，纵不遵约束，不过懒惰愚蠢，不必严责提防。

《书》曰："惟厥正人，既富方谷。"又曰："资富能训，惟以永年。"天下未有生计不给，而可以为善者。汤武同一征诛得天下，苏子何以论武而不及汤。考汤之誓师曰："非予小子，敢行称乱。"犹有惭德焉。其数桀之言，不过曰"夏王率遏率割夏邑"而已。武则曰："彼凶残，我伐用张。"其数纣之罪，曰"焚炙忠良"，曰"播弃黎老"，曰"剥丧元老"。良贼虐谏辅，何其词之尽，且复气象原自不同，后人议之也有矣夫。

人惟伦常之理不修，然后邀福于鬼神。奇邪淫祀，使巫觋得以鬼神怪诞不经之说惑人。若于日用饮食之恒，家庭伦理之大，毫无惭怍愧怍，则鬼神亦不能操祸福之权。《记》曰："有道之鬼不灵。"夫子曰："务民之义，敬鬼神而远之。"《书》曰："重黎绝地天之通。"皆此义也。

樊宅当乱离后，家计亦贫，封翁表伯①每年出十二金束脩教子弟，虽拮据万状，不以为苦，卒能教子成名，光大前烈。此人情所难，不肯为者。崑来②馆选后，见亲友未娶，玉成其姻，力有不及则助之，本族及亲友子弟皆周全入学。此等事最好，可以为法。

人当得意时，切不可使声势。声势使尽，群起报复，仇怨相循，邈无底止，悔之晚矣。此如船遇顺风，遂去曳满风帆，未有不偾事者。

---

① 樊曙，樊一蘅之孙。
② 樊泽达，字崑来，樊曙之子，康熙乙丑（1685）进士。

吾家在明季，人丁最盛，聚处在义合二甲、九甲①。遭献贼屠戮，世平归里，惟尔伯与余及族人四公，并空霞、之本、之用、明轩七人而已。然有子嗣者，惟尔伯与余及空霞三家。今宗族子孙，绵延将近百人，皆祖宗垂佑。尔等宜重视此身，读书立品，以邀天眷，庶家声可以复振。

　　明季承平日久，人不知兵，士大夫惟利是图，毫无忠君爱国之忧。其隐处山林者，皆迂腐无用之辈，以致酿成大乱。虽曰气数，亦人事有以致之。今尔等处太平之世，当思朝廷有用之人，勿悠忽终身，勿逾闲荡检，使人见之，咸曰："某人必发，某人有后。"则孝养逾于三牲五鼎。

　　尔畅兄②性遇刚，我曾书一联戒之曰："刚以行仁，第恐失中皆是过；真能体道，不宜率意近于疏。"尔等当服膺此语。

　　择婿不得其人，关系一女终生；取妇不得其人，关系一家数世。婚姻之际，不可不慎。

　　甲申之变，献贼以正月初二③破重庆，初三声息至叙，人心汹汹。大司马樊公将家中围屏、匾额有樊字者悉去之，以巡抚宁夏时，与贼相持，剿捕力也④。收拾二日，觅船送家眷亲族至宣化⑤避兵。六日起行，至东门河下。将开船，始谕家人云："我有事往江安，迟至数日即回。"其实往滇黔起兵灭贼也。是时，祖父即尔两伯父及余俱在舟中。数日抵莲塘，其地家自为兵，乡中黠悍者皆聚团自保，名曰"土豹子"，抢夺攻击，不殊于贼，人咸苦之。吾家虽藏深山，然缙绅大族悉在，喧闹不殊城市。二月初旬暮夜，忽有人叩门甚急，启户延入，则昔时放出老仆也，时已为僧，仓皇告曰："某人受某绅凌虐，今夜纠乡兵报怨，我们当速移窝铺，迟则玉石俱焚矣！"于是老仆引路，弃赀重，扶老幼登山，昏黑连袂而走。将三

---

① 今在宜宾县北孔滩、王场等处。
② 见前李畅注。
③ 张献忠破重庆在崇祯十七年（1644）六月二十日，此处应当是李洪霁误记。
④ 同见樊一蘅之孙樊曙的《紫霞散人年谱》。
⑤ 宜宾县宣化乡，今宜宾县观音镇、隆兴乡等处。

鼓，犹未及巅。闻山下儿啼女哭，呼号之声，惨不可闻，四鼓声息始定。次日查诸被难者，难以尽言。余家得全保无恙，虽曰天佑，亦平日宽以待下之报也。三月，献忠自重庆由陆路取成都，发水兵都督四人，帅舟师抵叙①。是时，贼初得蜀，欲固结人心，尚未肆行杀戮。至之日，即发令箭赴各乡招安，下令曰："投顺者生，藏匿者剿。"余家及城中避兵者俱络续入城。贼中闻祖父系大司马爱婿，欲质以求大司马，舆至成都。献贼亲诘大司马所在，对以不知。欲官之，对以不愿作贼。且骂且唾，遂遇害②。然声息不通，家中未知也。八月传有（木）[沐]③国公统兵数万抵七星山④，城中震动⑤。每日于河干叫骂，数刻退去，不知何故。一夜，樊宅送一人来，乃军中细作，始知大司马统滇黔兵四万至，并给一暗号，用黄布写"总督亲眷"四字。破城之日，揭竿门首，即有兵守护。问何以不渡，云无船。于是暗访有船所在，得上游二十里之瀛江村⑥，有沉船十数支，并诡云贼兵仅二万，可速来，其实二十万也。布置已定，尔伯将暗号字样，遍送亲友。事机漏泄，得伪道掩护，事方寝，赖以保全⑦。是夜，官兵由瀛江村渡河，平明至天池。连珠炮响，贼知有兵，即开西门应敌。至较场，阵始合。城中数处火起，贼虑有内应，即弃城越翠屏山⑧走。近午，大司马入城，军中无饷，知贼众，即谕城中人及亲眷速渡河，不可迟缓。

---

① 此处时间有误，当为崇祯十七年（1644）十二月内事。
② 事见《樊氏一门殉难记》注。
③ 原作"木"，据《明史》改。
④ 在今宜宾市区南岸。
⑤ 此当为弘光元年（1645）三月事。樊一蘅命参将杨展、游击马应试、余朝宗收复叙州，斩首千级。伪都督张化龙遁。
⑥ 他书作打渔村，在今宜宾县普安乡江边。
⑦ 此事见《旦复公行述》。
⑧ 今宜宾城北，为府城之镇山。

贼且至，恐不支①。于是，人尽渡河。然船少人众，渡不能毕。诸将恐贼至，劝大司马先渡。公曰："我先去，谁复肯渡若辈者。此宜宾人种，安得弃之！"督诸军悉渡，四鼓始毕，贼已至岸矣。初不知官兵虚实故走，后有陷于贼者得其详，故复来，然无船可渡，贼亦无如何耳。是夜启行，次早抵横江。先是，大司马差中军赴清平、花潭二站，向夷首买米五十石伺候，至是每人给一大碗，谕曰："此三日粮，当兼野菜食之。必乌蒙②米至，方得接济。"人始有生气。大司马率大军驻永宁③，图再举，遣人沿途买米给众，且向各土司修好，赠以锦缎绣衣金珠等物，名曰"买路"，始平安抵云南，寓驸马李姓花园。次年，献忠随至，吾家与樊宅退入郎岱土司避乱。此时，贼因蜀人不肯顺服，旋得旋失，始大肆屠戮，无遗类矣。清兵至，献忠投首于顺庆，其义子孙可望等投顺桂王，改国号，建都云南，徒拥虚名。大司马知事不可为，乃解释兵众，返筠连。往时，从流贼者皆归里，遇同乡人，始知祖父殉义凶闻。无从得其日月，即以离家日为忌辰，设位祭奠焉。尔仲伯在筠连，因挟赀买米，为盗所害。家运颠连，亦至于此，言之令人痛心疾首。居筠连数载，祖母病故，大司马亦卒。余与尔伯扶榇归葬，至义合开垦大沱祖田。尔母得痰症，历久不愈，家道益窘。我三十余岁，尚未有子。继嗣畅十二载，因两兄皆没，我又生尔兄弟，始归奉尔伯。后因吴逆变，复从义合迁宣化。吴逆平，始归城中。六十年流离播越，饥馑刀兵，莫不经历。此余一生之梗概如此。

---

① 此当指复城后，张献忠部冯双礼再寇叙州，后孙可望来攻城，再陷叙州。光绪《叙州府志》载两军"隔江持一月，粮尽，樊一蘅退屯古蔺州"。又见樊星炜撰《樊一蘅行状》，其曰："十二月，公至永宁，起旧将甘良臣为总统，副以侯天锡、屠龙。会参将杨展、游击马应试、余朝宗率溃卒至，合之得兵三万人。乙酉三月，克复叙城。余朝宗、马应试先登，大军继至，斩贼数千级，获其伪都督张化龙印纛。化龙仅以身免。公亲至江上犒师，更檄王祥、曾英、高明佐等恢复泸、重一带，期以五路进师。盖自献忠入蜀，未有能当其锋者，闻化龙败，恚甚。于是遣其渠魁孙可望率精锐十万与公据江而阵，相持一月。会军中粮尽，诸将请曰：'贼新来气锐，不若暂退，就饷以老其师。'许之，遂全师旋永，驻节古蔺州。"可见此处李洪雳记忆有误，樊氏并非旋复叙州又旋退，其间尚有一月的间隔。
② 云南昭通府。
③ 今叙永县。

献贼未破蜀时，有宦仆以运功得腰玉者，新春门联有"天下功臣第一家"之句，轻薄子将"功臣"二字换"蛮王"二字，盖蜀人谓仆为蛮也。献贼至，仆先迎降，导之蹂躏，士大夫家被祸更惨。此可为轻薄之戒。

甲申之变，人苦于贼兵，苦于标兵，苦于乡勇，三者名异而实则同。贼因掳掠杀戮，官兵亦然，乡勇更无纪律，所在皆是。二三年不能耕种，斗米千钱，人相食。加以虎狼瘟疫，数百里无烟火，此诚天地一大塞会。今处太平，延宗祀，安家乐业，尚不知仰报亲恩，真无人心矣。

戊子（1648）、己丑（1649）年间，人离饱暖，受饥寒，草根树皮皆尝，于是病疫。脚胫上去，皮如钱大。不三五日即见骨而死，名曰"马蹄瘟"。惟食猪肉汤并洗之则愈，然不可得，以此殒命多者。尔辈饱食暖衣，岂可轻视①。

国家将亡，必有妖孽。先是献贼未至时，民间谣言有鬼于黑夜中割人头去，名曰"抹脸子"。每至夜分，沿村击金鼓呐喊达旦，数月始息，然并无割去者。

无银不算贫，没学问是真贫。无功名不算贱，莫志气是真贱。

吾家于元致和间由楚入蜀，居富顺之富义乡。二世迁宜宾之义合乡。明弘治甲辰科，四世叔祖讳鉴以甲科任御史，簪缨代不乏人，自是始。五世祖梁山公以德性著，高祖方伯公②以清白著，祖父符我公③以孝义文学著。积厚者流长，天之报施善人，当必有在。尔曹勉之。

余幼多病，九岁犹未入学。旋遭离乱，失所怙。刀兵饥馑中，无所得师。祖母口授《三字经》《大学》。至云南，始得经书肆业焉。然东西播越，不能伏案。今之涉猎子史，粗知文义者，皆艰难劳苦中，诵读而得。书香二字未陨，尔辈勉力进取，以成我志。文字要神气好，若神气不完

---

① 时川南受难之惨，又见樊曙之《紫霞散人年谱》。
② 李文续，嘉靖己未（1559）进士，历任山东道监察御史、河南布政使、云南布政使等。
③ 李合宗，李洪霁父，增生。

足，词虽富丽，终是饾饤；意即钩深，亦苦艰涩，何能问世。胸中有酝酿，下笔声沉，力量如树将发花，神壮气茂，勃勃欲吐，则机到神流，自无寒生俭涩之弊。

文字在有字句处讲理，无字句处讲神。此语人人知道，然不能人人做到者，何故？由于不熟，语云："文到妙来无遇熟。"若线索在手，机到神流，写逆写侧，旁击旁敲，无不如意矣。

学问要有根底。诸子百家，一时即不能遍读，纲鉴性理，唐宋大家，必须要读，胸中才有见地，下笔时才有把握。

文章从人情物理写出，斯为至文，翻新出奇者，虽好看，终非妙品。此如画工，然画鬼易，画人难也。

吾家在明，代有科甲。乱离后，子姓寥寥。尔伯与余常以为虑，恐不克继先人世业。琴生壬午中式，尔伯可以瞑目地下矣。今时儿与黄婿①得第，我心甚慰。但前程远大，勿以自足。仍须力学，使竿头再进，庶几不负我期望之心。

各人功名，只完得各人身事。旸儿天资好，宜发奋读书，以图进取。科甲是吾家故物，能继两兄后，博得第一，则家可振。

人有德于我，不可忘也；我有德于人，不可不忘也。此语大有学问。今之思变为仇者，正坐不能忘，与责报之心太急耳。

吾家以诗书起家，忠厚相传四百余载。作官只二品，然代有出仕者。秀才则世世相承，未尝间断。子孙宜遵守这一卷书，无或失坠，自然光大门户。

娶妇要择人，切不可与趋势利者联姻。盖家道隆替，原不可必。此种人出口就有炎凉，举动悉因财势，不惟俗不可医，且乱我家法，引坏子孙，关系非小。

作事须量力。尝见人借债修屋，不久即（买）[卖]屋还债，连地台

---

① 黄元珍，李洪霁三婿。

亦失者。有卖田起屋，以致日食维艰，随亦卖屋自赡而赁屋居住者。又有婚嫁丧葬，图眼前好看，东拉西扯，以致负债盈门，受人詈骂，无所不至，连脸面亦归乌有者。此皆不量力、不通盘打算之故。总之，人能随分自尽，不肯虚花，方免以上诸弊。

本分人一味致诚，不惹人讥笑，不惹人妒忌，人皆爱他敬他。即不周到处亦谅他，反占多少便宜。汉文帝与尉佗书，明太祖皇陵碑记，毫无粉饰回护，真是千古英雄。

范文正公做秀才时，便以天下为己任，是何等胸襟。邹智发解时诗："世上许多难了事，郡人何用太相惊？"是何等见识。二公志向大，见地高，毕竟轰轰烈烈做出掀天揭地、不可磨灭的事功。佛老之使人信从者曰："长生可以成佛作祖。"曰："救苦可以超世度人。"不知吾儒自有长生，自有超度。士君子嘉言懿行，见之于身，垂之于世。俎豆尸祝，与日月争光，与天地同久，非长生而何？丰功伟烈，扬名显亲，改过迁善，克盖前愆，立为政教，树之风声，可以使顽廉懦立，鄙敦薄宽，非度而何？人特未之思耳。

财货止有此数，不在我，便在人。我欲得，人亦欲得，故用财之道，与其侈用，毋宁俭取。尝见势力之人，取与不慎，豪放自恣，于此也浪掷千金，于彼也诛求无厌。以别人之脂膏，供一时之挥霍，卒之与者不知感，而取者已痛心疾首，刻不忘情，声名俱丧，不亦危哉！至如少年子弟，鲜衣怒马，饮酒高歌，宾朋燕聚，或出于先人蓄积，或出于朋友借贷，曾不数年，烟消火灭，负债盈门，饥寒困苦，不堪入目。此皆近今恶习，不可不戒。

事有不可概论，要在行之如何。保甲之法，出于王安石，宋儒改之，而今日为弭盗要务。堤坝之设，始于白圭，孟子讥之，而今日为安民要务。岂当日之讥议不当耶？抑时殊势异，行者不同耳。

茅檐草舍，淡饭粗衣，尔辈以为苦，不知即人不易得之福。我九岁即遭献贼之乱，世平归里，复经吴逆之变，回思避兵时，深山穷谷中，尚不敢高声言语，且不能常得米，偶获升斗，杂野菜煮粥，并日两食。生死聚散，在于俄顷，惊心吊胆，相对惨然。今值太平之世，时和年丰，朝无苛政，吏不到门，俨然在天堂中享受。尔等欲门户昌大，裕后先前，当修品读书，自然凝福。勿以此为苦境，轻易看过。

人以逆理之事，取决于我，当力阻其谋，不可以不干己事，依违迁就。殊不知彼得我一语，一事遂定，关系不小。尝思杨玄感之誓师，徐敬业之檄文，未尝不慷慨激烈、名正言顺，然而身败名裂、覆宗绝嗣者何也？杨素赞成炀帝逆谋，徐勣酿成武氏祸乱，止知固位保身，无复深谋远虑，以致隋室丘墟，唐宗几殒。故造物特生玄感、敬业，以报其不忠直之罪。人若助人为恶，天竟毫无报应，使之漏网，必无是理。

我初分爨时，得仆婢四人，家生子女二人，仅六人耳。然经两番世乱，历数十年艰难劳苦，朝夕伺候，不逃不叛者，由于识其饥寒，恤其冷暖，故能结其心也。尔辈于仆婢下人，若不知体恤，彼亦有心肝，岂甘长为尔用。长儿已四十余岁，尚未有婚，恐绝其嗣，此我歉事，尔宜留心。

方伯祖解组家居时，因公事步行见郡守，至鼓楼下，为担粪者污衣。家人欲掌其面，公喝止之。但居店中，取衣更换而已。担粪者惶恐归家，是夜无病而死。若此时稍动声色，则构讼冤缠，岂易完结？可见能忍一时之忿，则免无限烦恼。此事当时以为美谈，转相称颂焉。

"尔俸尔禄，民膏民脂"四语，出自蜀王孟昶戒群下之词，然实居官切要。历朝著为令典，不以人废言之意也。

古人云："开卷有意，当逐处留心。"我每读书有得，必为尔辈讲说。有疑即一字一句考之于书，质之于人，务求明白而后已。年已衰老，岂尚欲为世用，总为日子不可虚度过了。常见尔等读书，顷刻数十页，读罢亦无问难，卤莽灭裂，何能心与理融。此佛书云："终年蒸沙，不能成饭也。"

读书之外，当留心书法。古人云："非欲求工，即此是学。"又曰："心正则笔正。"可见字学亦士子要紧事。若不留意，即锦心绣口，才华可观，而潦草不堪，使人见之生厌，亦不能争胜于时。

读书与作文，是一是二。讲书如布阵，四面八方，务必详细周密，方无渗漏。作文如破阵，但攻其中坚，中坚既破，余自解体。所以文字有训诂气，便庸腐不堪。

时儿病势颇退，我心稍慰。然近日又觉放肆，或烈日游行，或彻夜久坐，间复饮醉，病加于小愈，不谓尔冥顽至此。慎之！慎之！

聂熙工表伯，贵公子也，且忠厚传家，奉旨回籍。兄弟五人，年皆四五十岁，而未婚者四人。熙工生一子，夭殁，嗣悉斩。樊封君为七表叔议亲，始有室，生子绵一线焉。闻其为南康太守时，家道丰腴，终日饮酒酣歌，嬉嬉然，不以身事家事为计，何悠悠以至于此。此非乐言人短，欲尔辈知所戒耳。

范蠡对吴使曰："吾虽靦然为人乎？吾犹禽兽也。"此等语是何情理！初见令人发笑，既观其抱枹进战，顷刻灭吴，始知辣手人，从不与人争持也。不自作声，而（狼）[狠]毒处不可挽回。可畏！可畏！

族人子宽与邻家争田界，其价值不过十金，构讼数年，劳动两县会勘，夫马供应之费约二三十金。又两处买土仪谢官，亦去三五十金。邻家之费等此，而田仅平分。若当日听亲邻处释，何至于是！皆俗见要争气，不肯相下之故。

君子受人以德。昔文文山处燕台，其友恐其变节，持祭文来哭。如此风味，庶不负朋友二字。

白乐天《梁燕诗》末云："燕燕尔勿悲，尔当反自思。思尔为雏日，高飞背母时。当时尔不念，今日尔当归。"情词恳挚凄惋，令人生蓼莪屺岵之感，勿竟以咏诗忽视也。

世态炎凉，必不能免。若不知自强，徒与人争高下，即称门第，攀附亲族，不能强轻我忽我者转而尊我重我也。惟发奋读书，一旦功名到手，富贵逼人，则俗情自异。苏季子云："贫穷则父母不以为子，富贵则亲戚畏惧。"盖自古已然。

吾乡丧礼，从前极不堪。每遇丧事，亲友携马吊纸牌等物赴其家，镇日嬉戏，孝子竟有饮酒食肉者。七满谢客，不过发人，夤夜于各人家门首，粘一白帖，不惟不拜，且不亲谢到。俗习相沿，恬不为怪。自樊崑来居丧，人始知向来举动之非，俗习为之一变，可见正人之为功于世不小。

娄[宗]仁师德荐狄仁杰，为仁杰所攻。武后语仁杰："卿师德所荐也。"而仁杰抱愧。王旦荐寇准，为准所短。神宗语旦曰："卿尝誉准，准尝短卿，何也？"旦曰："臣任事久，缺失多。准不祖臣，此臣之所以心折也。"准闻之心折。吕蒙正试策日，于槛上打盹。后大拜，有朝士指曰："此槛上瞌睡汉也。"从人欲求其名，公止之曰："不必。若知其名，必不忘矣。"此数事不独度量能容人，亦用世手段。今人闻誉言则喜，闻直言则怒，总是见识小，故享受不大。尔辈读书，见古人好处，便要学他。然私心自用，学不得；客气不化，学不得。全要平日用功夫，临事才有把握。

轮回地狱之说，似属虚无，然愚夫愚妇，语以王法，毫不知畏；语以鬼神报应，则畏惧而知反省，亦圣人神道设教之意。我辈即不信，亦何必尽辟。

祖父天资严正，动以古人自期。尝谓："大丈夫当立不朽功业。"虽席丰履盛，淡泊自如，而贫乏亲旧遇有急难，辄倾囊相助，不稍吝惜。然性耿介，人不敢犯。遇乱以义死于贼，所志不酬，岂非天哉！

祖父死义后，祖母即不茹荤，十数年未尝有笑容，痛家道中落，常诫尔伯与余当光大门户，以继先人世业。惜遭时乱，虚受岁月。今尔兄弟姿质俱好，宜发奋读书，以成先志，即此是孝。

好胜者不可与共功名，滥交者不可以托重大。交际不可不慎，不独匪人宜疏远也。

尔辈怕穷，惟读书可以救得。盖祖宗相传世业，止此一卷书，切不可想以他途谋生。做不出来的事，便不必说；说不出来的话，断不可以做。谨言慎行，庶几尤悔可寡。言行相顾，少年相处，切不可谈人闺门，发人阴私。《感应篇》《阴骘文》注解中反复引证，报应昭然矣。吾谓将来之报应固不爽，而眼前之祸患便可虞。盖闺门阴私系人名节身命，万一愧极之妇短见轻生，刚暴之夫忿极思骋，此时何以解免？群居守口，不可不知。

往时缙绅极有体统。吾家大厅，惟门斗催考、甲长催粮得坐，其余各衙门人虽体面，亦止坐对厅中。

人家媳妇不孝，由于儿子不孝；妯娌不和，由于兄弟不和。从来妇人女子识大义者少，偶有私逆言动，自私自利心肠。做丈夫的，未有全然不见不闻者。惟丈夫不以为异，或又从而是之，以至日积月累，愈出愈奇。视翁姑如陌路，饮食起居毫无照管。偶有责备，则反吻逆颜，如同等辈。视妯娌如仇雠，锱铢尺寸，较量不遗，播弄是非，以无作有。室内乖张，旁人笑骂。此时丈夫即欲挽回，亦觉积重难返，无可如何。若当初即事儆戒，即事开导，何至于此？故妇女之不孝不和，皆子弟不孝不和也。

先辈家法极严肃。外祖大司马家中子侄，每侍坐无敢有欠伸跛倚者，每侍食无敢有豪饮放饭者，每问必起对必柔声，数年如一日。

人一得志，老亲旧友不上门，日与势利朋友、市井少年往还，纵极喧闹，决非长久气象。

兄弟不和，后妻薄待前子，此家庭最不幸事，亦家庭最难处事，全要善于开导，默化潜移。若一味直致，则激以成之，必不可挽回。

园翁云：读书者不贱，守田者不饥，积德者不倾，择交者不败。垂训子孙，可谓约而该矣。

俭啬之名不恶，何必避；豪侈之名若美，不能久。冷眼观人，便知此言不爽。

受得小气，不至于受大气；吃的小亏，不至于吃大亏：总要转弯早耳。

人切不可占人便宜。于僱工小本者，尤当切忌。此种人所赚不过数文，我辈之甚轻，彼吃一亏，便难过此一日。

人切不可妄自尊大。常见人要尊大，反受无限凌辱，故《易》曰："谦尊而光。"

与人论事，是则曰是，非则曰非，不可做模棱语，使人莫知适从。

学者不可有世法，一有世法，则举动行止，无不想去欺人。圣贤路上人，决不为此。

人到困苦时，切不可怨天尤人，希翼非分。止硬着脊梁，不敢懒惰身子，不肯灰颓志气，自有好光景在后头。

严气正性，吾儒自有涉世持身定理。尊己傲物，固不可。匿情忍辱，如唾面自干一种道理，恐非圣贤所取。

敬业而复乐群，所以责朋友也。近今风气，三五成群，不论他人长短，则彼此嘲笑。不聚会饮食，则涉水游山，甚至抹牌掷骰，无所不至。手足惰慢，心志放逸，居诸玩愒，老大徒悲伤矣。反不如独处之为愈。有此积习，最宜痛改。

浮薄轻慢四字，学者大病。四者不除，即登高第，位通显，终为有道不齿。孔子曰："君子不重则不威。"又曰："虑以下人。"尔等衣冠务要朴雅，言语务宜简，礼貌务要谦恭，动作务要谨慎。苟能如此，则处身处世，无不宜矣。

法昭禅师偈云："同气连枝各自荣，些些言语莫伤情。一回相见一回老，能得几时为弟兄。"词意蔼然，足以启人友于之爱，当玩味之。

山有猛虎，则藜藿为之不采；家有好子弟，则强暴为之改容。人家断不可少读书人。

子弟六七岁渐有知识，此时所闻皆正言，所见皆正事，自然走向正经道路，所谓修身以教家也。若父兄立身不端，使子弟睹闻，皆是匪僻，安得向好处做去。从来习俗尚且移人，况家庭渐染哉！

子弟十二三至十七八，此学问成败之关。十岁以前，不堪追琢。十八九以后，渐入世路。惟六七年中，父兄督责，师友磨砻，心志既专，工夫无间，最易成就。若此时混过，即加功，觉费力难成。

学者第一要立品，立品须先立志。志不肯放逸，自然勤慎。志不肯匪懈，自然端正。在自视不凡，置身圣贤路上，从实做去。纵时命不常，境遇不一，举动词气，自觉卓尔不群。

子弟十七八至二十三，实人品成败之关。盖自十七八后，年渐长，气渐盛，交游渐广，嗜欲渐开。父母见其长成，师傅视为侪辈，德性未坚，转移最易。若遇淫朋损友，朝夕渐染，由此破身败名，不难转盼。二十有五六，儿女累多，生计日蹙，幼学之功，入僻邪之路，盖覆辙相踵也。汝等正宜留心。余言历历，宜加猛省，为龙为蛇，为虎为鼠，分于一念，介在两歧。可不慎哉！可不慎哉！

（陈伟平点校）

（简阳傅氏）五马先生自叙纪年

（清）傅迪吉

本文及附录选自《傅氏迪吉公五马桥支谱》，民国三十二年（1943）傅银铨手抄本。三文以不同形式，以普通百姓的亲身经历，较翔实地记录了在明末清初的战乱中，农业生产遭到破坏、人民生命财产受到严重损失、社会普遍少衣缺食的真实状况。同时从较为客观、公正的角度，记录了当时各政治、军事利益集团的军事行动，充分反映了当时老百姓迫切追求社会安宁、生活幸福的心声。本次点校以民国抄本为底本，并参考了四川人民出版社1981年《五马先生纪年》整理本。

先生姓傅氏，讳迪吉，字格非，号石公，简之西乡五马桥人也[①]。康熙庚戌岁贡。年七十，自叙纪年以传世。惜乎自丁丑以前为鼠损失，不可复述，姑自丁丑起之。

丁丑年（1637），十一岁。

是年，流贼再犯川，未确。

俟考在州。正月十六日上学，四月十三日接回。是时，有微黄病，诸母中有劝先母："一子之家，书能误人，可以不读。"即不上州矣。在州三年，仅有一年在馆中，其余在家闲耍。

戊寅年（1638），十二岁。

族伯先生献赤于天台寺[②]设帐，从学于此。七八月间科考耽误，即散。

己卯年（1639），十三岁。

始开讲，始教助破、承题。未及一载，文已全篇。"两论""上孟"讲过，"下孟"大半部未完。文虽不知工拙，但讲书至某章，余亦对人讲至某章。

庚辰年（1640），十四岁。

正好进功，族伯解馆，因而就近从学于明卿胡氏先生之门。先生至诚君子，终日不妄发一言，惟焚香默坐而已。学问亦博，书理亦明，只是师

---

① 旧时，简阳以沱江为界，江以东为"东乡"，以西为"西乡"。"五马"为傅迪吉所居地的五个似马饮水状的山头。其河俗称"五马河"，傅迪吉公祠堂处的一座石桥，被称为"五马桥"（今在简阳清风乡五马桥村十二组）。
② 天台寺，在简阳清风乡尊恭村十二组天台山上。

道不严，且不动笔改文。虽则一师，无有可访。一师一弟，悠悠忽忽，蹉跎了四年。

辛巳年（1641），十五岁。

壬午年（1642），十六岁。

癸未年（1643），十七岁。

是岁之秋，得遇我方子讳雄飞，字六翮，号翼庵先生，于戏局场中。我方子前冯宗师入学案首，刘按台观风亦案首，吾州一时名士也，一望即使人招之。接见时，毫无俗径，席地谈笑，古有倾盖如故之言，洵不诬也。适以天雨所阻，故得盘旋数期，夜以继日，非尚论古人，即近评时艺。语云："与君宿一夜，胜读十年书"，又不诬也。余已心焉慕之，心焉志之，特犹托之空言耳。雨霁言旋，即许以结社事。

未几，即会文于白云寺①中。文成，且愧且惧，不敢出之袖中，为其从未与之相见也。然余必欲求正，只得含羞出愧。见我方子，一览无余，即挥毫如走龙蛇，涂斥的即改，有圈点的不吝。瞬息之间，妆成一篇顺当文字。读在口中，却也好听；记在心中，却也顺理。斯时也，如梦斯觉，即行住坐卧，恍然如有所得，始觉前此皆虚度也。自思倘不遇斯人，不为虚度此生乎？

于时，不告之父母，不谋之师友，慨然有相从之志，与居与游，未尝少离。余欲执弟子之仪，行北面之礼。我方子坚志不从，曰："吾纳子为弟，古人有异姓兄弟者，与其拘绳守墨于严师之侧，孰若心旷神怡于益友之前。"又引古人以相期。

一日，与同社九人至岐山寺②歃血结盟，社名"岐社"。其法，束牲而不用其血，每人将左手中指缠紧，各针一点，滴在杯中，和酒饮之。此皆

---

① 白云寺在简阳老城北 10 千米处的青云峰山下，宋绍兴中建。今不存。
② 岐山寺，在简阳老城外西南岐山上，今不存。

李肖白之指挥也，可谓竭其诚矣。

又做了两会，内有两人不妥。我方子私谓余曰："此二人非吾徒也，吾欲绝之不能，吾与贤弟当再行之。吾有老仆，庄上极其幽静。"遂择吉日至彼，不蹈前辙，惟焚香告神，结为兄弟，始成八拜之交。即以二哥呼余，命余以大哥称之，余不敢。数月来，仅做七会，改文一十四首。余正在愤悱之时，遇此启发，其所进为何如也。恨相见之晚，怨相别之速。

汪公起送，十二月初二日到州。初六日考试。全盛之时，礼房纳卷通州九百九十有奇，余犹在未冠之列。放榜时，余侥幸在三十六名，已啧啧人口。若不遇我方子，连起送也是不去。明日即登堂拜厥父母，主于其家朝夕讲论，岁尽方归。临别时，言及范张鸡黍之事，相约新春于石桥①白庙一会，权试以为古人否。

甲申（1644），十八岁。

正月初四日到州。初五日，饭后缓步而行，一自北来，一自西往，果然前后一步不差，不觉抚掌大笑曰："我两人，今日之古人也。存之以为异日佳话。"

二月，转府。府尊刘，是年死难者。余以燕尔牵绊，逗留在后。我方子赠一联云："四宵大禹平天地，一月东莱博古今。"断不以浅尝期之也。自交游以至此日，勉励之辞尽多，不能尽述。后四日至省，刚聚首，一病几乎不起。当此死生之际，汤药必亲调治，起卧必亲扶持，且二十余日，未出街头一步，此又不啻真兄弟也。病愈方归，已在四月中矣。原约五月初一日上州，纳钱完愿，又图故业。初二日，我方子于酒肆中设酌，以款家大人②。初三日黎明，即闻流贼入川之信矣，遂仓卒一别。

六月，州城妇女逃尽。

七月，破重庆镇，远兵逃回，尽剁右手。

---

① 石桥，今简阳石桥镇。
② 家大人，傅迪吉之父傅万镒。

八月，破成都。

九月十二日，贼自仁寿胡家大湾来追，远近地方千余人甚急，只得上山空手与之相抗，故相传为寨子山云。少顷，两马兵上山，人尽奔走，尽杀于黑痣（弯）[湾]洗儿滩①，水中岸上，无一隙地。此初见杀人之惨也。

十月初四日发兵，谓之"打招安"。随后，即委伪都司吴、伪吏目田下乡招安。每人给以印信"西朝顺民"四字，载在背上，兵不敢乱。始知献忠僭位，改元大顺元年，国号大西，改成都为西京。

吾州有伪水军左都督、伪水军右都督，俱姓王。伪总镇时押船千百艘，扎于灌水坝。士民同两伪官诣军前投降，三帅俱有喜气色，将昨日掳回男妇尽剁手，号呼之声，胜如雷吼。仍令伪知州给以号片，或告示，或旗号，自此以后，不杀人，兵不甚扰人，人亦入营贸易。未及一载，三帅搬船顺流而去。人言江口所烧银船，即简州所去之船也，未知是否。

乙酉年（1645），十九岁。

献贼开科取士，变八股为策论。吾州入学若干、中举若干、进士若干。未几，贼又以为不得真材，仍复设科，是一年而两科举也。一时举人、进士固多，而状元、榜眼同出一州，此所谓不能流芳百世，亦能遗臭万年也。此番较前不同，前番考六等不准除名，未取童生不许躲闪，已中者不得宁家，未中者不得在乡居住。以为秀才在乡，造言生事，并家眷尽驱入城中。十人一结，一家有事，连坐九家。虽父子、夫妇私居，不敢轻出一言。家大人有鉴于此，恐冒读书之名，（诒）[贻]不测之祸，遂命废业贸易，以免人口实事也。

本欲避难，却又蹈一险，误听族人可吉所诱，云"过往营头，诸般尽可卖得，攒丝为贵"。可吉者，在州应当里兵。里兵五百人，属伪都司管

---

① 黑痣湾洗儿滩，在简阳清风乡十三组，五马河由此流向五马桥。

辖。都司姓刘，本姓贾，乾封庙武生也。曾有一面高旗大纛，居然一镇，以为可以无虞，遂将各色蜀绸若干、白布若干，一主一仆；又有可法，可吉之堂弟也；又有可会者，亦可吉之堂弟，同来上州。

冬月初二日，宿肖家店①。初三日，早起，候开门进城。吾家又有先祖冢孙名忠臣者，亦当里兵；又有老仆名润狗，忠臣之胞弟也，俱在寓所。尚未梳洗，可吉云："今日是操期，我们要去伺候，教场在戢家坝②，要看可于后园一看。"正安设公座，只闻铜钟山登高架上锣声甚急，即时本官及兵一齐出城，上山点名。问其故，人云："凡锣声急者，有兵马来也。"余已举止不宁，亦出城至山坡探窥。少顷，复拥下山，抢夺州衙。至城门，赵赶不敢进。与忠臣等三人急跑，余曰："我等不必入城，回夜月洞，宿肖家店，不过午间即得真信。如此兵（兵）不乱，即来入营交易；如其大乱，即顺路奔回。是吉则谋利，凶则免祸，此第一万全之上策也。"三人允诺，等傅祥宇来。祥宇者，可吉之字也。及至，与之言，即忿然曰："在家原说与兵交易，今未见兵而走，吾不知此行何为！"

刚进门，而门已落锁矣。余闻锁声，已觉魂飞天外，即欲求出而不得。归至我店，里兵尽赶上城守墙，家中惟妇女七八人，俱吾族诸母诸姑也。吾姑犹以早膳进，余泪滴不能沾唇，吾姑笑而慰之。余知其为宽司马牛之忧耳，遂不告而出。

至北门，两里兵俱在墙上。只见祥宇面如土色，毫无所主。及视城下，马兵俱已围城，步兵尚未到。已有两骑墙上飞跑，四五十贼兵在城上与下面答话。余问前番亦是如此否，可吉摇头不应，但云："若缓得到黑，我们去禀老爷讨件兵衣帽，送你出城。"此地衣帽不同，不可久停，回家静听。

---

① 肖家店，同在简阳老城西2500米的官山西侧，绛溪河东岸边，即今空分广场西侧。旧时简阳到仁寿的石板官道从官山中通过。下文夜月洞，与肖家店同在一处。
② 戢家坝，位于旧简阳老城西南500米处，原为明嘉靖四十四年（1565）进士戢汝止的私家花园，今为简阳火车站。

复至家。其家原无三尺孩童，余一人随入，随出。少顷，贼兵尽入城中，无分男女尽锁。诸母姑辈匿于床下，余一人仅有茅草二捆遮身。可怜城中遇难，与乡间大不同。若在乡间，纵逃不出，犹可东奔西走也，有须臾之缓，城中寸步难移，惟束手待毙而已。从来一治一乱，天道之常。后之人当以此为鉴，乱世切莫居城池。

　　少顷，无数贼兵将我诸母姑辈于床下搜去。又少顷，有一兵将我随行二人锁去。可怜此二人者，我见他在白壁之下，彼此推藏，他并不知我在茅草之中。后陆续有兵来，刚至门，遂大言没有人了，竟不进门。如此者十数次，竟无一兵来。街头稍静，约有两个时辰。余惟祈鬼神恩佑，倘得侥幸到黑，又图生路。正思虑间，忽见一兵，其形极其丑恶，右手提刀，几步上前，将茅草提开，遂大呼："起来！"余起身哀求。随叫将自己布袜脱下，裹脚解下，一头自锁其颈，一头与渠牵着飞跑。彼犹有捉人之言，一连搜了二三十户，人影也无。遂至北门，将余安在所掳众人之中，渠不知何往。

　　少顷，有一兵缓缓而来，自远而近。其人身材中小，容貌温柔，手执斩马刀一把，向余拱手，俨然有故人平时相见之状，即含笑而言曰："好朋友，我要带你到营中耍去。"余连声称谢不已，遂将身上红军甲脱下，背上有号片，是怀远营兵丁王二。命将项锁解了，将号衣穿着，将刀执着，余以为生矣。此时营兵搬有米面在此，故云："你在此守着，不可远离，我去即来。"迟之良久，余思乘此号衣、军器混出西门，或可出网，又思正遇此人，负彼美意，反为不便，只得株守。

　　不多时，见其人远远而来，有不愉之色。余已知觉。至前，叹一气曰："好朋友，本欲带你到营中耍，老爷军令严，不许夹带生人。"将号衣、大刀取去，仍命照旧锁住。又问曰："你有婆姨否？"余应之以无。余竟无可告，并无一毫望生之念矣。彼又恋恋不忍去，低头不语，若有所思。忽抬头一看，即大呼曰："垣梁虎！"虎至，其人身材魁梧，面貌雄伟,是兵中之压班者也。指余而言曰:"这位好朋友,我欲带他到营中,老爷不许夹带生人。是有婆姨双双的还肯留,单身的恐怕逃去,断不能留矣。他又无婆姨。"虎回言曰:"即叫兵丁三四人去扯一个婆姨来。"少顷,扯一人至,彼以年貌不相若,将三四兵丁大骂大嚷:"你看如此聪俊小汉,将此婆姨配他,老爷肯信么?倘若不信,连我们都不好了。再去!"果然又扯一个人至此,二人俱言"好!好!"只是捉此妇兵,拚死不肯丢手,口言:"我捉的人,你怎么夺抢我的?"二人遂将为我之言,细细与之说了一遍,不听,又说:"我等与你俱有阴德。"越不听。又言:"将一妇人与你掉换。"亦不听。于是动垣梁虎之怒,大喝将此妇人之绳抹了,将此兵锁住。推的推,扯的扯,驱之而去,竟不复来。此二人将此妇叮咛嘱咐,命此妇认余为夫,又说其所以。问余是甚么年生,余应之曰"丙寅年生。"随向此妇:"你说是丁卯年。若差一字,即时就杀了。"遂将余锁一头锁伊,安置停妥。余又以为生矣。二人俱去,许久不见一人来,余又为之疑惧。

天色将晚,不见号令,只见你推我挤,趱至北门左转空地。只见伪都督在城上正立,伪知州、同知、吏目、都司俱戎装、大帽、腰刀,序立两旁。内有两书生,片金色服,朱履,各执字扇一握,其年不过二十,其品十分俊秀,站在都督左右。举号三阵,只闻刀响人倒,方知是开刀也。于是不敢抬头一视,惟闭目引领受刑戮而已。不多时,即住,所杀不过二十余人。又如前趱出城门。前脚方出城,有伸手来扯项锁中间。余忙视之,是我垣梁虎也。余又以为生矣,紧跟同行。将近窝铺,又遭一兵大骂:"好骡养的,你要夹带生人!"遂尽力一刀,余见是刀背,侧身一躲,正中背心。反身将我垣梁虎扭住,打有许多刀背,此为我而受辱也。随入众人中,站立空坝。

其时天色已晚,墙上、河边塘火齐起,胜如白日。都督住扎城楼,须臾,起更,始随众人坐下。人挤太紧,果然无容足之地。幸喜正在当中,四面围数十层，得免其苦。其前而近边者，众恶贼将大棒乱打，犹不致死。后面近墙下者，墙上推墙打烂。众恶贼遂拍掌大笑，以为取乐。伤哉伤哉，此日之天道安在哉！

二更时，此惨稍息。诸恶贼各睡去，每塘火只有三四人看守，不见吵闹，只闻歌唱之声。鸡鸣时，始唧唧有人语，细听之，乃吾州中老男妇与少男妇言曰："你们年少，或者有人选上，还有生路。我们年老，天明即死！"其词极其哀惨。凡年少者，俱如此想，只是不好答应。不意同锁之妇亦问余曰："你像是刘大谟。"余曰："不是。刘大谟常同行。"又问："你为谁？"余以旧号应之，即言："你在乡间，来此何为？"以此推之，彼已知我者也。余答以不知，误人。彼又言："我家已得信三日矣。我公公发人下乡，托人急去急来，傅表赤亦来此住了两天，与公公商议。只是门上紧如铁桶，知其不能设法。公公大哭，同表赤今早趲开门，往马落桥去了。"表赤者，余族叔也，且与家大人至厚。闻此言，始大泪一场，前此俱未之见也。

初四日黎明，众兵果来选人。众人争先求售，亦不中用也。细思有此生路，余必中选。但恐落在凶恶手中，不惟难受其苦，又惧难脱其身，故尔埋头不起。因昨夜塘火之下，见有一出善言者，余欲择其所主矣。少顷，其人果至。余即起身，余恐此妇牵绊，又怕难脱，谁知其母在后扯住，正获我心。余即急将项锁一抹，轻身逃出。彼亦伸手相携，入彼营盘。其时已有妇女四五人。彼又言："看你是细行人，我还须要拿两个蛮才与你使用。"随去随得大汉两人，遂将头发各剪半边。余不问也，遂同几人进城去了。

后闻举号三阵毕，大叫各营传兵杀人。顿时只闻刀响，大杀逾时，与昨日不同。久之，尸满大坝，无人可杀，住刀。随拖死人下河，河面不知堆积几层。及视墙下，所存甚多，犹难计数。

余自入营，谈笑自如，毫无忧惧之色，将以释彼之疑也。少顷，有一李联枝者来，其人透身红织金，俨若天神之状。亦云："好朋友，你会唱否？"余答以词虽记得几句，不知腔口。彼即先唱，是必正偷词也，幸喜记得，故和之。他说："你主叫张洪宇，都司前程，管一旗五十人，是个好人。"正谈论间，其人回，始知搜州衙所获圆宝两个、字扇一柄。"你原说识得字，将此扇认与我听！"余原认得草字，一见即知是李状元送彭知州者。知州，井研人，壬午科（1642）举人。认与彼听，彼大喜曰：好，好，明日老爷招安了地方，看我安在何处地方提塘。遂携余去。大家拱手，遂指余对众曰："此吾儿也。"众人齐声："恭喜！"俱相问，余随问随答，毫无蹇涩，众人称赞不已。及即席，无一不备，且彬彬有礼，俨然人家酒席也。序坐，即以父子礼，命余居上，彼自侧坐。饱饮一回，辞归。

余以老爷称之，彼不许，曰："是我的蛮才叫老爷。我今三十岁，无子，我将你作子。你叫甚么名字？"答以"胡奇"。"我与你改过名，就叫做张奇。"余问："怎样称呼？"彼云："只叫掌家便了。"掌家手提大马棒一根，指下面众人而言曰："这些人俱是我所管，锅口二十。我与新婆姨、小子正欺要，连你、我四人，将此与你任意所取。如有不依者，将此棒打之。"余受而不敢应。

余自入营以至此时，约有大半余日，谈笑自若，且口不绝吟，忧虑之情，丝毫不露，所以释掌家之疑也。掌家语意真切，亦欲买我之心。又问："你有婆姨否？"仍应以无。又问："今早与你同锁者，若是你的，我去与老爷讨支令箭，寻来与你团圆。"余坚意以为不是。又言："此亦不难，明日去破仁寿，上好婆姨与你扯上一个。"余极口称谢。联枝复来，连叫张洪宇："洪宇，你这位好朋友，我把十个人与你换罢。"答曰："是我的儿，莫说十个人，就是一百人，也是不换的。"又谈笑一会，天色已晚，各散去。

初五日，早饭，掌家夫妇铺中正坐，命余侧坐，饮食正欺要讨来，遂以为常。饭后，传令起营。行尽，复令转回。过桥，拦住搜银。都督在桥头之下与前二书生对弈，余偷目视之，二人无谦逊之意，竟不知二人为何人也。

初六日早，举号如前，将杀不尽之人驱至桥上，赶入河中。是夜将半，传各营听令。回云："明日四鼓造饭，五鼓起营，去破仁寿。"

初七日，早起，命我同行。余喜出望外，以为此番若得脱网，凡此所遇之人，皆我大恩人也，当终身不忘。出西门，犹见里兵在社坛道旁，摆列队伍，迎接都督。客有呼我者，余不应，掌家亦不知。行一程，坐蠢至，此虽大营，仅有三百马兵，不由正路，皆逾山越岭而跑，转眼不见。步兵逦迤而行，至万家桥。过桥不远，有一块大萝卜地，萝卜甚细，余同众扯些解渴。只见上面不知何人封喉一枪，杀一马兵倒地，其人犹未绝气，马匹什物俱在。刚一看，掌家大呼，将余说了几句。又走一程，已采营地矣。锅口米粮将齐，只见两令旗飞跑马，自下而上，传令"走错了路，近资阳止有二十里"。遂朝［左］一转，走了几程下营，将晚，此不知是何地，厥后方知是雷峊铺①。人静时，见四面围有千层，即不敢萌一妄念矣。是夜，又叫听令，回云："明日不往仁寿，地方出了土暴。今日所杀者，是土暴杀也。要剿地方，与我们要十功。"余问："是要死功，是要活功？"答："是鼻子。"

初八日早，起营。走一程，过河，余以为好人家必是仁寿地方，闻钟鼓响，方知是寺，犹以为仁寿。及见对河有场坝，细观之，猛然大惊，此洪汉寺②也。两泪双垂，慌忙拭去，恐掌家见，大为不美。所泪者何意？意以为恁大营头，突然到此，若得归家，我祖父母、父母大有不测，反不知前死之为愈也。又行过金家沟，同众进屋，假作搜寻之状，楼上楼下，看我同人姓金名仲朋之馆也。仲朋者，吾州有名小友也，在吾州岐社九人之中。余以数日欣欣而喜，掌家毫无所疑，竟无一人照管，余已起心。至

---

① 雷峊（jié）铺，位于今简阳清风乡场镇西侧，为旧时清风场镇，因火焚，迁今址。
② 洪汉寺，在今简阳清风乡五马桥村四组，五马河由此流向黑痔湾喜儿滩。

前门一望，掌家在前河坝，同众坐地食酒糟。往后门，寂无人声，惟疏林古木而已。余自思从此上山，执此大刀，有兵以捉人为名，无兵竟可逃脱，较前在城大不惊恐。无奈心乱之人，始念是，转念非，狐疑久之。掌家大呼，余手笔二枝，问何用，答以回州有时用着，掌家点头。此等伎俩，非无故也。

又前行至仁寿魏家埂，采下营地，天色尚早，只有掌家、大旗与余三人而已。是时，微有日色，掌家枕余之膝，命余看头上风雪。余思若与昨相同，此夜又难脱矣。金家沟又失一好机会，悔之莫及。有两人至，一名李君相，与余极善，另其一忘之矣。云："好两只猪，再有一人，是我们拿倒。"余问："好远么？"答以"不远"。余曰："我同你们去拿来。"掌家云："你莫去，你又拿不得甚东西。"君相云："又不拿甚东西，捉住猪，我二人牵回，他空手而行。"遂与俱去，猪果然在，二人各捉其一。猪力大，皆摆脱，随追至其家。有磨粮兵八人，共获其一，彼此相争。余从中劝断，命杀来洗净，各得一边。此等兵除君相外，皆愚蠢人，任意指挥，遂去磨刀烧水。余欲缓其时也。又与君相言："我再去看那只猪还在否。"彼应允。及去，猪犹在。假装不见到，扯萝卜一小提，盐一小包复回。彼问："何用？"答以萝卜和肉煮盐饷，味更美。彼点头应之，此又非无故也。又言："我去看猪。"彼亦不阻。

复上山，大起心矣。当时将逃未逃之际，景状万千，难以尽述。但其心与足，并跳有二三寸高，两手紧按不住。其声正如窑功将成，余焰正炽，沸沸之声可闻数步外。又喊了一声，即如兔脱，飞跑一岗，下湾就藏熟地沟中。此拙计也，宜走不宜藏。迟之多时，君相赶来，大叫："还要往哪里跑？"已知他不见我，故不甚惧，去不复来。断续只有两番打粮兵由正路竟过，只听前面狗咬甚急，恐打粮兵不尽，不敢出身。仰观日光正对面照着，离地尚有三四丈高，耽了许多时候惊怕。余自落难以来，无念不与鬼神相依，在此地亦默想："我若得脱，必定拜谢此处土地之神方行。"止到日落西山，方才出身，刚一跪，一惊怕，即就走了一沟几岭。天色黑了，毫无惧怕，只望月色起，看有人来可问路否。

少顷，月色微明，人声渐近，余下山候之。及至，有李姓者，他认得余。又有三人，是我高嘴沟人也。其人俱于是日被兵将家眷捉去，单逃只身。四人且哭且问："要前去寻人，可以行得否？"余应："断黑归营，不许一人在外行动。"内有一人哭而言曰："大人看住绑去有一个小孩子，不知还在否？讨你主张，还要请你同去。"其词甚惨，遂许之。返至彼失人处，与营地止隔一山，细看低呼，并无人影，止有包袱二个，两人亦捡了。上山一看，号火齐鸣，见此营地与昨日又是一样。遂合掌念佛曰："幸喜鬼神恩佑，脱此罗网，不然又不能逃矣。"

下山由正路而回，行至王巴子山。乘月色正好走路，彼四人俱要造饭，吾不知此饭怎样下咽喉。饭罢，又要睡觉，吾不知此瞌睡又如何到枕。恨不插翅至家，见一下落，舍四人则无路矣。余不能寐，连叫数次，皆鼾睡不醒。挨至半夜，大叫起身，又值天色甚黑，寸寸前进。至晏家河碥，已黎明矣。余识路，舍彼前走。过李家沟，业已上山，见还有许多人在家吵闹。余恐过后他们闻我在此过，不说一信，难免见怪。只得下山，见煮了许多黑猪肉，是昨日扫营来的，彼所图者此耳。余别无一言，只说流贼随及即来。闻有不信者曰："翻身去矣，来此何为？"余曰："老营在州，不来何往？"众人亦信，遂命收拾上山，少顷即在家被害矣。

过山，见我岳父母，连泪也不一垂，只言："流贼就来，快走！"只（闻）[问]父母消息，答以清吉，并不一字及难中事，虽问亦不答。走至家，即有闻信来问者，余辞曰："我言即时有流贼来。"至家，吾家尚有许多人在家，俱来问，余亦以前言语之。过门不入，即走至天台寺山。和尚来问。傅东安者年老脚跛，藏在山下破窑中，闻余声，定要上来一会。余多方以止之，不听，遂扶杖匍匐上山。将近前，只见两令旗飞马已至小沟山岗矣。余之言不爽。走至天井坝上面稍停，地方前辈老师俱来问信。余明言之，却不好明言，婉词以对。下晌，徐徐而归。至谢君应山后，突然一火冲天。又走了一沟，不见响动，又回至烧房处，火犹燃，不知何人烧也。至川主庙，有四五人来，内有姓胡者，多言多事，用心不藏之小人也。向余曰："恭喜你相公回来。只是你家傅崇还杀死天兵，将我谢君应房子带累烧了。日后招安太平，我们自有话说。"余即抢白他几句："你说是天兵，我说是流贼，招安二字，你休妄想！"吾族有一人也抢白几句，彼觉失色。余心甚快。

归至后林口，有以酒糟进者，方一撮入口，下面大喊"兵来了！"反身飞跑。过凉水井，上大山。天色墨黑，余与众言："即流贼来，亦无如我何。"良久，不闻人声，只见将大楼烧起，众人即回救火。余不敢归，即往岳父家去。岳翁言："今日流贼来两番者，皆是来寻所杀之兵也。沿山叫喊，竟不见尸，回营去了。"余问："营在何处？"曰："在河下。"又指更鼓之声以相闻。余即行至川主庙。吾家约有二十人在此，言："汝父今早在山上，相传即闻信矣。兵去下山来，走回不遇你，又往余家寺去了。"闻此信，心始稍安。是夜，即同走兵人行。

初十日天明至山。此时避兵人尽多，寻人人亦多，此山喊，彼山叫，从何处得来？余幸得一小和尚，系可吉之胞弟也，其年虽小，十分跳跃。亏彼沿山喊叫，寻着我祖父母及至亲本家。急问我父母，云："在涌泉寺。"又找行至晚，不见。

十一日早起，亦如前，始得见我父母。此二世重逢也，悲喜交集，此际此情，莫可言喻。幸此地无兵打倒，人心不惊。住了几日，传信移营下土桥去了。又几日，前同去两人逃回，只是头发尽剪，两里兵也逃回，宛如全璧归赵矣。又传流贼起营回州，将前留妇女尽杀，上成都去了，谓之"卷塘"。其时约在二十五六日间，历腊月只近两月，无一贼影。地方安堵如故，即人烟虽损，亦觉无故。

丙戌年（1646），二十岁。

正月十六日，半夜时，闻后林口喁喁，速起问，皆大山至，亦有自山外来数十人者，云："将黑时，流贼突至杀人，我们走脱，不知后面如何。"速收拾造饭。天明，林口人尽走，只得丢饭而行。至郭家沟山上，即传"到内官寺了，将傅某人房子烧起"。所传者家大人之字也。此时幸有此班人，他在山顶一呼，接连相传，顿时可闻数十里。贼在东即走西，在西即走东。赖此以全活者，不可计数。是夜，暂宿杨梅河①。见号火连天，相续不断，数十里之遥，数十营之多，全无生路。不敢少留，一饭即行，至老龙场寺②上。天明，流贼即赶到，我岳母、小姨俱被害。伤哉，伤哉！陆续至宝华寺、岩蜂山、裘溪场、王二溪，过河，又过老鹰山，至进士庄、任家沟。任中蟠先生年高，尚无恙。有族姑在彼家为媳，随（旧）[舅]姑避难在此。姑之两胞兄，亦在此。相依住了二十余日，贼退方回。

及至，地方荡然一空，止见尸横遍野，河下不见一人。湾中止有两手俱剁者，流贼不杀，彼云："大营去了几日，前日又有四个马兵来，问我过大河之路，我指去了。"至家，房屋尽烧，和尚尽杀，吾家众人即在寺庐其居矣。

时近清明，犹可下秧。因遍地俱是上好胡麦，家大人多方劝谕众人："麦子不可长继，还要下秧才是。"答以"无牛种"。又劝以"我有牛种，虽少，且拿下秧，又作区处"。又答以"恐讨不得吃，连胡麦也怕吃不倒"。明知是懒惰推词，亦无如之何矣。余追思而悉数之，今日之有子有孙者，皆前日之勤而耕者也；前日之懒而不耕者，无一噍类矣。故记之以垂戒。吾家种谷四石有余。

---

① 杨梅河，流经简阳老龙场寺，系球溪河上游的一条支流。
② 老龙场寺，在今简阳老龙乡老龙村一条南北向的山脊上，以场北头"老龙寺"为场名。老龙乡濒仁寿、资中、资阳地界。

是时，内标贾军门在陈沟场扎一大营，外标贾亦在河东，地方俱去讨札付。王阁部在重庆督师，亦有去求札付者。此至尊无对也。于是处处皆官长，人人皆兵胄。余亦有札，姑不论。

此等懒人，乘此机会每日寻人打刀枪，缝旗号，整顿兵衣兵帽，红红绿绿，沿山斗技，以杀狗为能。间有连胡麦也收不完的。吾家至栽秧，米面尽多，人工尽多，何也？众人无秧，俱来应用，极易为力。未几，告竣。秋成时，大有丰收。吾家因有告示，无升斗之损，收割顺利，亦如前。收完，谷价渐渐昂贵，且无甚卖的。此班懒人，胡麦完了，已束手无策，惟卖田、卖屋、卖妻而已。所值几何？所活几日？真有不堪言者。这两三月间，余犹在楼上，自相师友，朝夕读书。除近处外，因刘姊丈至朱家庄寻书，几陷一险。

丁亥（1647），二十一岁。

肃王①入川。始知顺治四年（1647），成都衙门全设，简州亦全设。只是地方大荒，谷子一石值银四十两，糙米一斗值银七两。吾家尚在喜儿滩河上戽水整田，浸谷两石，土窖中尚有二十四五石，可值千金以外。种未下田，突遭陈铁鞭，至连夜将种撒在田内，天明即行。至川主庙山坡，有新投活命两夫妇，推病不行。吾家众人俱说："此去必是引兵挖窖，将来杀了，以除患。"明知之，谁人下手？只得舍之而去。少时，二人被获，见所负大米几升，将二人烧起。烧一阵，挖一窖去，外人一粒不与。又一般来烧，如是九次，九窖尽完，将二人烧死。

是日，至谭家场山，吾下分有官傅曲蘖者，擅生杀之权者也。余读书时曾有一面，其余不知，遂与同扎。次早，家大人失言，遭下分人所害，遂将大黄牡牛一只，牵在手中，大闹上堂，来凭将主，有劫抢之状，若一劫抢，家囊尽在于此，举家性命不保矣。幸喜得将主不允，反将众人说了

---

① 肃王，清太宗长子豪格。初封贝勒，崇德元年（1636）四月晋肃亲王。

许多（很）[狠]话，彼亦无如之何。随叫（旧）[舅]氏称银十两，与这班厚脸人拿去买牛肉吃，遂消散。虽族人之不忘旧，亦余读书之力居多耳。

兵退即回，谁知高家湾亦为盗，幸觉得免。吾一路犹有耕牛九只，吾家有其八，此为贼所觊觎者。至家，寺为贼所烧，吾家人等风餐露宿，受湿气之苦，俱害黄肿病，陆续不起。遂有陈荣华者，与其父、其侄，凡有酒席，三辈俱在吾家造厨，且同走兵回还。约清理地方，不许为盗。一日，率十余人来，在茈塘将牛四支（捍）[赶]去，又将半青半黄大麦割了几捆，幸不杀人，犹传言拜上，遂住天台寺。又遭邻人以官磕害，犹不谙练，忿然往成都，以图报复，此又陷一险也。路上亦有奇遇，不甚关切，不书。

宿谭家场，还有人家。上面有七八人，饿得将死未死，睡在石板上，时而张口，时而睁眼。明日，翻山至毛家坡，见沟下有烟，令人讨火，正撞着杀人吃。将强盗绑来引路，至贺家场，有七八人如前，此假妆者，搜出一袋人肉包。将一少妇打起，问："你们何故杀人吃？"答曰："我们有何本事杀得人？是公婆将死，去与申从天、申从文弟兄买来的。"余问："怎么买？"答以"一两五斤"。又问："前有不吃人肉的去处？"答以"蔺家坝。官给牛种，有好庄（家）[稼]"。遂将此妇锁着引路，至蔺家坝，山上一望，果然别是一天，田中秧栽，犁牛，两河坝俱好粟苗，正将吐穗。茄子、葫芦、（姜）[豇]豆尽多，尚未结实。

明日进城①，寓府街。见李府尊一告示："有人拿获申从天者，赏银一百两。"其时，肃王正在嘉定，与杨侯府②相（待）[持]，人心亦有惊惧者。府中诸般俱有卖的，只是贵，其最贵者莫如酒。我等与府尊讨一大牌，清理地方。已经禀明，次日签押。府尊云："抚院在简州，不便发，

---

① 城，即成都城。
② 杨侯府，即杨展。四川嘉定（今乐山）人。明崇祯十年（1637）武进士第三名，官封华阳侯。

稍缓两期，抚院就移营，方发此牌。"回寓商议，我们俱在此等候，所费盘缠甚多，不如单留一人，回去者各帮银二两。余即独留在后，竟不知此时何其心之糊涂也，怎不想倒一人怎么过得申从天之路，将他们所帮之银收了，一饭而别。临行时，我族叔高嘴沟春宇者，翻然改曰："大哥，我们来时，令尊谆淳托我，教我看照于你。今我们都回，你独在后，教我何言以对令尊。不如你回，我在此，我还老练些。"余唯唯应诺，将所封之银，又称自己二两，一并交与，即行，谁知竟不归矣！伤哉，痛哉！吾叔代余而死也。

回至五瘟庙、鄢家营，有人走来云："肃王兵马与杨侯府一战即败。大营由正路竟走，并不入人家。步兵皆川北人，将我地方不分昼夜搜寻要粮，将人吊烧，有粮即放，无粮烧死。地方人俱走至大山来了，你们可以不回。"我姊丈云："我们人来，必在我二姑夫家。"于是不由正路，穿老林，翻谭家场大山，无人来，明日沿山探信而回。幸喜与李完美一路，他家也有牛一只，云："彭承有被捉，知此有二牛，连来两夜，不获其粮。止有大麦两袋，不过一斗，吾庶母胡负一袋往后林去矣。"可怜，正是一日无粮，父子不亲。

次日，同姊丈至刘家沟，因窖有不多之粮，取之以救急用。过墙鞑子将彭玉峰烧得叫唤，竟烧死。走回，无计策，连夜走孟家山。幸喜我地方人俱在那里，云："无粮，约人杀牛。"买牛肉和野物煮之，却无盐。家大人有升合之麦米存之以救余者，以一把当盐。兵走，又回。余病不能行，乘牛连跌数次。

归家，其窖尽挖。止有南麦一大罐，视之，（以）[已]烂其半。吾家外又有一家四人，将来大家一顿吃了，毫无所望。所望者粟子出齐，好而且多，略采食之，反草之不若。将采野物食之，无物可采。捡地骨皮一物而已，能食几何？止得桴腹以待，始知饥饿之惨也，甚于刀兵。

又挨至几日，将所存大牛一条，刘灿宇亦有一条，同赶往舅父家。及至，余兵尚未尽。次日约人，又一日杀牛。此时下面还好，人就齐整，将牛肉卖完，又放新谷两石。又留几十斤牛肉回，忽有两人引一兵至，买牛肉人多，不能得云，故尔保全而回。

日复一日，粟子将熟矣。又喜地方不乱，不乱者，不敢乱也。是岁，自正月来，近仁寿地方者，人尽为盗，人尽食人，前后左右，无不皆然。有鄢、刘二公者，起而正之，食人肉者尽杀，偷盗者尽杀。虽不能无过，于地方以为罪之魁，吾以为功之首也。又有仁寿夏文才、吴近全二公者，杂于众多食人之中，虽不能禁止，亦不与合污。二年间，始终如一。此诚狂澜之砥柱，不可不表扬，以彰善类。吾家遂将此粟随摘随打，随炒随窖，收完。

自肃王去后，无官无兵。忽有赵应贵者，资阳县人，原与地方相熟，地方官头因以为主，俱为乐从。于是立五营、中军、旗鼓等项，大张声势过河东，始知是奉明朝永历正朔。前二年有（洪）[弘]光有隆武。不久赵回，随带许多人去，舅氏与（居）[俱]。谁知杨侯府是西北两道①救难福星也，两道难民逃至，所费有百万两之银、百万石之粟，毫不吝惜。随至随给，不然转于沟壑者多矣。吾虽不能沐其恩，波闻其风，想见其人。

是年，稻子无颗粒之收获，犹锄耕种三四斗。一日，地方人相约，仁寿鸭子池、石板河、白土镇②等地方，人烟绝了，隔生米豆尽多。有去采回者，每人每日可有一二斗之获。因而男妇有千百余人，高招旗号，居然一营头也。余父子与俱。到彼，果然遍地皆有。即有打获二三斗者，余一粒不能，家大人有三四升，使余背着。渐渐天色已晚，就宿一大湾，不知是何地名，有锅灶碗盏，必是有人者，亦不畏惧。

次早黎明，余过田，闻轰声响。人云"冲营"，急走过一长河坝，有

---

① 西北两道，即西川道和川北道。
② 仁寿鸭子池，今仁寿县鸭池镇；白土镇，今仁寿县北斗镇；石板河，源于简阳西南山地丘陵，在仁寿境内汇成石板河，系球溪河上游。

一横小河沟拦路，余为穿红者所捉。连听弓弦响，及视之，有弓无箭。及走脱，家大人并无人见，急走过一长岭，远远望见，其行缓，若有所伤。飞跑近前，问之无伤。又问何以在后，云："想捷过河，水深衣湿不能走，就藏于马桑林中。随后有十七八人来搜，五人持枪来刺，内有穿红衣的将爷叫不要杀，叫起来，即问：'你的儿子在此否？'我见你走了，答以'在家未来'。又言：'恐混杀了。若在，我请来，你父子团圆回去。'我又答应：'是未来。'遂说：'你回去，若有人问，你说是穿红衣的将爷放我回。'这位将爷只是问你，想是深知你者，你在白土镇营上有相知否？"余细思并无。此番有二千余人，走脱不过数十人。所存者少妇二人，是彼所留以为配者，其余不存一人。此公于枪头之下活我家大人，竟不知何修而臻此也。其后问有李祥枢之名，又闻大人为彼所放，以为风马牛不相及，不信。

至明年八月内，至彭家湾。有八人枪刀俱齐，进门相揖，坐定，附首低言，常将目觑余。余怯一惊，遂云："傅相公，你认得我否？"余应之曰："不认得。"又云："我是李祥枢，放令尊傅大爷即是我。"余闻之，双膝跪下，两泪双垂。李公亦跪，扶起，拭泪即问："李将爷从未谋一面。何以知我父子，而施大恩也？"公云："我也不知，是我家兄李华枢来洪汉寺赶场，与你相公买谷种，承蒙相让，故认得令尊，对我说，我故放回。"时华枢亦在坐，不多言。余细追思，犹觉伊所买不多，所让不过一升。受兹小惠，报以大德。所谓点水涌泉，二公有之矣。余又问："来此贵干？"答以买盐。遂邀至刘家沟下，此时无酒无肴，惟有新糯米饭而已，亦属稀少。此日，二公买盐数十斤，家大人亦买送二十斤，不甚贵。其后相会极其亲厚，年说一年，特恨其未竟致报耳。此恩此德，置之不问，是余之大过也。倘若二公皆有后，余亦有后，凡我子、我孙，有可以图报者，访二公之后，为我报之，是亦寡余之过也。

戊子年（1648），二十二岁。

其年更荒，米价更贵。米一升值银三两，河东就是六两。仍是锄耕，以人代牛，下种四五斗，望麦黄，尽为鸭子所食。我父子往河东搬运，其麦子易寻，难运回。仍是锄耕，栽秧完，突又遭姚黄贼自河东来。其贼马步兵俱有，男妇俱有，因无粮，全杀人以为食。痛哉！此番之惨，较百倍于前矣。余不忍言，另有纪载。贼亦不久遁去，无粮极矣。同居者刘仁宇一人外，家无碗米之遗。余窖粟一瓮，取来不能自食，每家遗一升，全凭野菜度日。久之谷黄，幸各家皆有，又得生矣。吾家约有四五斛之获，此锄耕之力也。

是时，皆有南徙之谋，且不吝惜将来大费，又整米过河，换故衣，买银两。未几，虎狼又（很）[狠]。十月内，挈家潜行，过了大山，又过大河，俨然跳出鬼门关也。至蒲江董家山①，闻鸡鸣声，不觉欢心之怀豁然顿开。至寿安镇，见两街俱列酒肆，又闻呱呱之声。余思昔有见醉人以为瑞者，此瑞更当何如也。

次日，郭春洪来请，至李家营②，见闹闹哄哄，坝无旷土，以为乐郊也。遂移蔡家堰居之。随至火井③，谁知渐入佳境。其地人民极其富庶，朝朝请酒，日日邀宾，男女穿红穿绿，骑马往来者，不可胜数。且鼓乐喧天，酒后欢呼之声，彻于道路。又有修造之家，斧凿之声相闻不绝。自太平以至今日，未尝有也。常思常叹，吾地与此相隔不过数日之程，俨然天堂地狱之别，特恨其相遇之晚也。犹幸其既得相遇，断无一性命之虑矣。所带布一件卖银八两，川北长蓝布卖银十两，故衣看好歹，极快卖完。余牵猪一只，背鸡二只回蒲江，岁云暮矣。

---

① 蒲江董家山，在今成都蒲江县寿安镇董家村境内。
② 李家营，在今蒲江县寿安镇五会村境内。"李家营"及周边众多"某姓营"（民国《邛崃县志》统称），多为明朝屯田制遗存。
③ 火井，今邛崃市火井镇。

己丑年（1649），二十三岁。

在此开荒。

本地有明［经］老师二人，一姓赵，一姓汤。汤之夫妇是流贼将手各剁一只，赵得全。与之谈论，见余亦能对答，渐渐亲密，因而又有故业之思。细思此道止丁亥、戊子两年全无毫发之念，至此又复萌矣，但无片纸只字。有一僧号通三者，颇好文字，与之讨古文三部。未几取去，所记不多。又闻鹤山书院在对河，余原知魏了翁先生蒲江人，有《鹤山文集》八十一函，余意或有断简残篇，及涉水至，半字也无，还有刻板许多。

未几，杨侯府被恶贼袁韬、武大定所杀。袁、武者，饿不死之穷寇也。杨公运粮救济前来，又与结为兄弟，安置犍为，每月散银给粮，恣其所取，以为此恩此德无加矣。谁知贼心太毒，不夺不厌，假请酒为名，杀之。可怜救济数万生灵之善人，为凶贼所杀，人人如丧考妣。余每欲与之作传，惜闻见未详，恐（诒）［贻］识者之讥。惟后之君子起而志之，庶公之功德不泯也。不久，彼亦假仁假义，照旧招安，亦不为乱。

庚寅年（1650），二十四岁。

有食无衣，布价又贵。舅氏来云："你族人二十四五家在眉州①，全以纺织为业。"遂过眉州，此又易为力也。

未几，州尊倪公下乡催饷，族人托作一诉状，其中有书生气象，即问做状人，人不敢答。随差人来访，一见即知。遂同去，即以生员手本见公。余礼仪亦熟，亦不细问，具侍生帖，送俸谷一石，喜出望外。其谷在户司充送。不久，新州尊谭公到任，亦如前。

是年，亦种田几亩。武贼丈田，差官副将爷张，会同知州谭公、坐镇总兵徐，逐亩清丈。所带兵马，马要吃（碗）［豌］豆，不吃黄豆。人要

---

① 眉州，今眉山市东坡区。隋大业二年（606）始设眉州，几经变革，民国二年（1913）设眉山县。2000年，撤县设眉山市东坡区。

吃鸡肉，不吃猪肉。我族人就来与余斗使费，余从何处得来？对以"我自有区处，断不连累你们"。三官至，各有公馆。次日丈田，余丈种五斗，因无包，一弓不让。是夜，连写三呈去求谭公。公云："你何不对徐总镇爷、张副爷说？你怕我不做情么？"又至徐总爷处，亦如前言。及至张副爷，半字不识，亦欣然曰："你相公们在太平时还要吃粮，这两亩田还要你出？就是对侯府也说得的。"叫书办拿号簿来，一笔勾了。吾族之大不忿者，亦无如我何矣。其后，人以为不平，向武大定诉状。复差副将仍来复丈，亦如前。两次各家所费甚多，余惟费纸数张而已。此亦读书之力也。

是岁，家大人回家，娶继母张太君①。余生一子，不育。

辛卯年（1651），二十五岁。

生梅②。

是时，南府③出川，嘉定袁、武二贼出走。余亦至彼讨令谕安家。南府者姓刘名文秀，张献忠余党也。反邪归正，不杀人。与孙可望等自立为平东、安西、抚南、定北四帅，以扶明为名，共事永历帝。仍称千岁，坐云南。

壬辰年（1652），二十六岁。

本朝复来。余亦至嘉定讨令谕，见平西王、定西将军固山额真伯。墨、笔两行并写，止让一王字。时平西尚在成都，见固山，未见平西。又逾时，回简省亲，适遇陈宗师讳卓，江南人，案临成都，补行辛卯科考。余得入学，谒庙即回。未久，上州谒州尊，州尊姓朱，南京徽州府歙县人，朱夫子几十几世孙也。历代皆有诰（声）[身]，又有文（承）[丞]相字、岳武穆字。公忠厚无以复加，何能经此乱世。回至中途，即有人

---

① 张太君，蓬溪县张国试之女，傅万镒继妻，傅迪吉继母。
② 梅，傅迪吉长子。
③ 南府，即刘文秀。刘文秀系张献忠部将，张献忠死后，归顺南明政权，被封为"蜀王"。

传:"你相公出西门不过二三里,太爷即走过河东去了。"问其故,云:"南府回云南整顿兵马来,诚生力兵也。固山在叙府,平西在犍为,遂一战,大败而走。同平西并不由成都,帮大山走北水江去了。成都各衙门尽皆走了。"

是时,保宁正在科场,出头场走了一半,二场又走一半,抚院飞马四路赶回,亦不多。终场一百五十名,中试八十四名,不完篇者亦与。抚院李,善用兵,速差官请王子固山回保宁,以安众心,不然则保宁亦不保也。

其后,南府竟追至城下,围如铁桶,仍将三路挖断,此无谋者所为也。一日攻城,城中开门迎敌,南兵大败。除阵亡外,投河溺水者不知其数。南府奔回,竟走云南去了,置成都于不问。南府陆续有小营头,驻扎上南地方,亦不敢至成都,但各州县安官以为耳目。

癸巳年(1653),二十七岁。

自眉州搬家回简州。余于大足店训蒙,家大人回高嘴沟开耕。是年,又奉文丈田,幸喜权归州尊邓公。始至胡家沟开丈,次日即至高嘴沟,一饭即行,抽丈两亩。下东阁庙,余亦随往。公云:"我在此作官,叫你皆来上饷,不惟你莫体面,连我也莫体面。"并不用呈而自免。且余在万家沟栽田几亩,又在舅氏栽田两三块,每处一根签子插上,就携带三四十亩,族人又为[之]不忿。在眉州只有一(老)[恼],在简又添一(老)[恼]矣。相与大闹,余负性不(惟)[为]少屈,又凭官公彼此相劝。余忿然往眉州,与二三兄弟同行,一以读书,一以息忿。

甲午年(1654),二十八岁。

三月,家大人悬弧之辰,复回。

是年,云南开科,文不到,不知也。

生一子,不育。

乙未年（1655），二十九岁。

生楫①。

丙申年（1656），三十岁。

陈宗师来嘉定考试。简州州尊姓陈名运亨，云南人，是一愚执软疲、毫不省事之老头也。差人连催，及至，彼云："鞑子秀才，怎么算得？"搬了许多口舌，仍将童生起送转府。府尊叶名圭，福建人，虽语言不清，却识得文字。领卷后，余即禀，（比）[彼]答："待看文字。"题："譬如北辰。"又云："天气寒，止用一篇。"及交卷，将段年兄深为赞赏，密圈密点，取（二）[一]等一名。余密点稀圈，取（一）[二]等一名。传礼房叙入生员册内，又饬行下州，遵依造册，陈大无色。下嘉定，及宗师考完，开船去矣。我同事八人，向守西道吴具呈，准移会学道。各准三等，候明年科考童生准入。归家数月，有文到，果如其言。

丁酉年（1657），三十一岁。

张宗师名一甲，云南庚辰进士，案临嘉定。是察院代学道，故称学院。是时，嘉定所属地方全盛，迎接宗师，皆头巾、蓝衫、韬子、皂靴，俨然复见汉官之威仪。及见宗师，（厌）[悒]（厌）[悒]无色，余已知其不久于人世矣。考题"君子素其位而行，学问之道无他"二句。余考二等一名，无一等，俱在三等。发卷之外视阅，批"笔机亦润"，窃幸以为压倒元、白矣。此有所为而言，非志量之不广也。

甥刘子兆丰②入学，归家，人人来贺，俨然一登高魁者。将赴场，又求邓公起文，以为二等只应补增。但简州偏地，又无一等，乞赐补廪，以广声教，果详准补。临行时，地方赠以盘费，络绎不绝，犹有赶至二十里程者。余思前日之行，一附生也，如彼；今日之行，一附生也，又如此。

---

① 楫，傅迪吉次子。
② 刘兆丰，傅迪吉的大姐之子。

人情好名，大抵然也。倘得侥幸一第，不知又当何如？至嘉定①，又移贡院在天生城②。未至，中道而宗师果作古也。宗师谢世，京考即遂罢。

是年，生长女庸。

戊戌年（1658），三十二岁。

无事。

己亥年（1659），三十三岁。

生次女孟。

高侯府名承恩，始打杨将高招讨，逐出蛮方，老母、家眷被获，人民尽掳，发卖。余亦雅州一行，回。外甥等无师，其师李子又玄，在岐社九人中，惟吾二人逃出，相与至厚，是年为水所没。痛哉！只得在家设教，觉有教学相长之益。

庚子年（1660），三十四岁。

高抚院恢复成都。宗师席名教事，字觉海，山西人，癸未科进士。在保宁科考，余携补廪卷接见，俱不准，即尔拿出。幸随又考一等一名。题："民信之矣。"经一批："飘逸之气，鼎发之词，蒙尘为之一清。"又有"嘉善而矜不能"二句论，是解卷时所补。三场毕，知其无望，即回。

辛丑年（1661），三十五岁。

席宗师岁考，余考一等二名，题"今吾于人也"二句，"陶以寡"三句，批："笔润机灵，不令人厌。"又节批："亦见细心。"宗师在保宁，已将余深爱之。又极认熟，至此又熟，愈亲密矣。出入宗师衙门，如走自家庭堂，谁敢阻（当）[挡]。每杂于稠人之中，一见即呼，呼则必问，问则必为（腕）[惋]，其（受）[爱]余有如此者，此亦一时之遇也。恨负厥

---

① 嘉定，今乐山市。
② 天生城，在眉山市洪雅县东岳镇团结村，南明永历十年（1656）刘文秀所筑抗清城堡，今不存。遗址曾出土"蜀王睿制天生城碑记"碑一通。

所望，以失宗师知人之明。

是岁，傅子景岩入学。

壬寅年（1662），三十六岁。

在大足店设教。张宗师名光祖，河南人，系庚子主考。来考，各学子俱齐集，即有科岁并考之设，遂将席宗师岁考，作此番科考。各回。

癸卯年（1663），三十七岁。

生霖①。

又赴保宁，此番微有妄念者，自以为不及，亦着鞭去，空回，觉无色。

甲辰年（1664），三十八岁。

变八股为策论，改三场为两场，岁贡停了。人以为惧，我以为喜。余在献贼变策论时，闻（语）[诸]吾师与我方子，颇知此格，人遂以为宗。每月与二三同人，并及门作社。凡余文字，俱送州尊王公请教。公名孙盛，字宪白，陕西西安府临潼县人，举人出身。胞弟二，一举人，一进士；族弟二，亦举人；侄十八岁，丙午又中。皆受业于公之门。公长于此道，且深喜此道。前任广西临川县入闱。凡余文字到，诸务且住，将文字随阅、随批、随发出，带回。又面试几番，篇篇赞赏，不惟当面称奖，且逢人说项。每以大家期许，至今犹有存者，惜不全。以为必售，余亦僭望。

乙巳年（1665），三十九岁。

科岁并考。始知席宗师是真正圣人，一情不徇，一钱不受。故其时四川有陈宗师是国朝开辟圣人，张宗师是继起圣人，一时俱有美誉。李道召是旗下圣人之名。考题："绥之斯[来]策一。"余列三等四名，幸不落科举。窃不自服，及阅卷，见论冒之下，细批四句："一类开口擒题，方为

---

① 霖，傅迪吉第三子，榜名霂。康熙庚午（1690）举人。官临湘知县，官声良。

能手,此亦彼此之通套也。正中其弊。"即在众人中极口称赞曰:"吾师乎,吾师乎!余佩服终身矣!"宗师用意极其周详,立法极其严密,其如上下之挟制何?

刘子长龄,傅子之俊入学。

丙午年(1666),四十岁。

一日,家大人问:"你策论何如?"答曰:"儿要中,就在策论,除此则不能中矣。儿所苦者,《易经》四篇耳。今只有其一,易为力。又以五策为头场,更易为力。"家大人即以为然。临行,必欲与俱,再三辞之,不能。头场五策,题到手,一览洞悉,毫无疑难。做完誊完,尽有余闲工夫,对了又对,读了又读,无甚庇弊,自幸而出。二场临点贴出,当宁(多)[少]一抬头。余有坊刻三本,皆是二抬头,连取执以对府尊讲,府尊亦不服,就有责备受卷官之言。携余见宗师,宗师不能决,亦同去见监临。公案上取条律一本展视,当宁是一抬头。府尊将来与余看,方知坊刻之误人多矣。默默而退,余恐不得吾父之欢心,无人处难禁泪弹。幸家大人不以介意,反为劝解。曰:"中不中,有何害,秀才二字依然在。"是日,乘夜而回。

久之,去见王公,公更为扼腕云:"你斋中文字,是闱中求之而不可得也。犹加勉励,亦不过迟之三年耳。必中,中则必会联捷。"且说会得极高。余归,不觉此物此志淡了几分,即与家大人往荥经县贸易。家大人甚喜。凡一切钱帐,家大人主之,余不过游三昧而已。县有阎子世纶,亦是简州人,前番考黜者,即欲受业门下。余因路远,不许,临行大泪而别。

丁未年(1667),四十一岁。

又往(营)[荥]经县。

戊申年(1668),四十二岁。

在家。(营)[荥]经县阎子来,居家近一载。

己酉年（1669），四十三岁。

阎子又来。孙宗师名允恭，科岁并考，又复八股，又复岁贡。余二等一名，亦无一等。题"有心哉"二句，岂难之哉。批："亦觉条直。"是时，冢孙炯文生，来报，人皆称贺。余抚然曰："功名未就，又见孙矣。昔汉昭烈见髀肉而泣，良有以也。"宗师未几丁艰去。

庚戌年（1670），四十四岁。

张宗师名含辉，在保宁科岁并考，余出贡。州尊胡公讳应华，江南人，由此道出身，郑重其事，当堂设宴，亲自饯行。盘缠虽微，亦不缺礼。其余明朝规矩，犹有存者，过此则不堪矣。时武生刘琯，因己酉武闱多弊，叩阍。钦差三大人正过保宁。

辛亥年（1671），四十五岁。

张宗师科岁并考。梅入学。吴子国铉入，傅子元凯入。

又往（营）［荥］经取讨盘费。

壬子年（1672），四十六岁。

赴京廷试，家大人赐盘费四十金，与人情并布政司所给，盘费有余，一路毫不寂寞。至京，吾川乡老先生在京者，俱投刺晋谒，如一姓刘、一姓彭等诸公，不过回拜见招而已。惟潼川王公，名新命，兵部职司掌印郎中，特厚，其习礼仪等项，俱在他家静坐，廷试又能送饭进来。此概天下皆无，惟吾川王、刘二家而已。前后又接在他家住了二十余日，十分敬重，临行又亲送十里之程。比有同年约余同拜门生，余有傲骨，不屑也。后为七省总督，虽蒙问及，余竟不一往。

回川又进科场一次，壮心犹未已也。场毕，同年已选九人，刘君硕中式，除去一人，只隔数人而已。自新春二月又补选，将至余。

癸丑年（1673），四十七岁。

又往荥经。

平西王反，声势大振，伪王将军由荥、雅出川。余由招讨司地方转回。

甲寅年（1674），四十八岁。

往荥经县。

乙卯年（1675），四十九岁。

在家。

丙辰年（1676），五十岁。

在家。因损失人口，家道大变，郁郁者三年，惟吾自知。

丁巳年（1677），五十一岁。

又往荥经。

戊午年（1678），五十二岁。

吴逆开科。余送二子转府，即在成都住了半载。

己未年（1679），五十三岁。

在家闲居。

庚申年（1680），五十四岁。

赵将军恢复成都。州牧杨公名端宪，陕西镇番卫丁丑举人，到任。

余发妻李孺人卒。

辛（丑）[酉]年（1681），五十五岁。

葬李。

复至荥经。此时地方饥饿，黎州①为最。直过黎州，讨小女三口回。

壬戌年（1682），五十六岁。

又至荥经。黎州为人人计，入国而门禁。即回荥经，娶继室曾氏回。

---

① 黎州：今四川雅安市汉源县。

冯宗师过州，始知科岁又分。因前甲寅年（1674）张宗师名含一，本朝宗师也，来净居寺考授职。余在荥经，梅有字来，云："宗师催考甚急，卷子文书俱齐，请由大道，不必迟延。"余并不知原由，只得如其言，果然头日到，次日考，书一、经一、判一，竟不知安顿何地？到此布政司翻出，彼批："才学兼优，堪任民牧。"遂以为授伪职，部铨除名。劳碌半生，属之乌有。余以家大人垂暮之心，于此果然如弃敝蹝也。

癸亥年（1683），五十七岁。

在家训蒙孙辈。有补行辛丑之命。吾州始发武科，中李荆识。

冬，又复科考，余父子四人俱在省城，回，仅隔一日，家大人捐馆矣。不能躬亲饭含，痛哉！另有行状纪录①。幸犹及殓。

甲子年（1684），五十八岁。

葬先君。

及门者渐至，文场又中段东溪②。吾州自有明天启辛酉戡庶怀事以来，连脱六科，至崇祯壬午，始中王廷楠一人，决科甚难。今幸杨公到任，一心以修文庙为事，卜地兴工。公知吾州钱粮有限，随同诸生往成都募化，公为之先容，诸生持疏继之，未有不能施者。凡州中一应词讼，与公所应得者，不拘多寡，尽发庙中支用，约有二百余金。正殿造告竣，犹欲修棂星戟门、启圣宫、两庑、明伦堂，随以丁艰去，公惓惓不已。公去，文武连发四人，公之功不爽。公闻之，心亦慰矣。后有贤父母踵而行之，公之风又为之不坠。且公与余相善，一日言及本经《春秋》，余折节恳求，言吾州原缺此经，乞传在此。公传东溪，溪即售。东溪传霖，霖亦售。此又公之[功德]，愈久不能忘也。

乙丑（1685），五十九岁。

江宗师科考，楫、霖、万子曰俊，俱入学。宗师随丁艰去。

---

① 即傅迪吉所著《皇清待赠傅公大人行状》。
② 段东溪，即段仔文，号东溪。简阳养马河田家坝人，康熙甲子（1684）举人。

丙寅年（1686），六十岁。

四邻与本家皆因田地小忿，群起而攻余，余自反而缩，毫不畏惧，亦不少怯。余每思自为人以来，从无薄待斯人之意，忽然而至此，惟以三自反白文一章，书于坐隅以自慰。如是者三年。

丁卯年（1687），六十一岁。

周宗师名灿，场毕即考，一等一名补廪。

戊辰年（1688），六十二岁。

晏、陈二家约有童子六七人，来接上太平庵。权为避人计，余欣然从之。

己巳年（1689），六十三岁。

龙云寺①李东家来，接余到彼，觉亦齐整，且远方渐至，常有鄙句以舒所怀，惜无人记。

庚午年（1690），六十四岁。

在龙云寺。霖侥幸一第，虽出望外，实在望中。去岁，王公到任。公名综，字孝斋，陕西西安府蒲城县进士。下车观风，拔霖与苏子开浚、段子贞恒为超等，许以必中。公是年升北直顺天府治中。八月前放榜，二日离成都，至魏城驿，闻信，喜而不寐，即修书与余，命霖必来京会试，欲以远大期之也。霖到京，接到署中，三月分文未费，回时又赠以盘费。后升江西督学，去又蒙厚赐。此恩此德，不知何日得报。

辛未年（1691），六十五岁。

在龙云寺。王宗师名家栋，岁考，冢孙烔文入学，陈子嘉言、晏子琼英俱入学。

---

① 龙云寺，旧为简阳龙云寺乡，后与董家埂乡合并，今为龙口村。

壬申年（1692），六十六岁。

在龙云寺。

癸酉年（1693），六十七岁。

仍在龙云寺。

甲戌年（1694），六十八岁。

在龙云寺。曾宗师名王孙岁考，余送考至州。右胁下生一大疮，速回请医调治，眠床五月，几乎有死无生矣。稍痊，仅存皮骨，齿尽落，不能复旧。幸李子士英、陈子殿元、熊子思圣、胡子应试俱入。腊月还家。

乙亥年（1695），六十九岁。

在家。旧门人犹有负笈远来，勉强为训。八月曾宗师科考，余犹至成都三月，虽不如前，还能动履。又入胡子定国、仁寿冯子金声、华阳李子联。

回家。又染一疾，卧床两三月，渐见衰弱。

丙子年（1696），七十岁。

又染一疾，添（子）[了]咳嗽，医药不效，饮食渐减，气息渐细，恐怕人世不久。余思凡人五十不称夭，今已七十，夫复何恨？但所遇非常之难，与所遇知己之人，并百死不挫之志，不可湮没，故不惮烦（锁）[琐]，志之以垂后。后之人有可为法者法之，有可为戒者戒之，庶不负余记载之意云。前辈祖人之书，另有记载。

以上七十年，年年不错，字字皆真。常见《苏东（波）[坡]先生纪年》，后人代序，是以言证年，而后世信之。余自序，是以事证年，而余愈自信。但言词鄙俚，不敢修（饬）[饰]一字者，总欲示其真也。至于斯道，余自六七岁时，原不与群儿伍，每见儒衣儒冠，心中隐隐喜爱，非谓其我异日欲如是也。及长，好善之心出于自然，恨少伏案之功耳。至此，吾家自始祖①迁蜀，十有三世矣。明朝壬子年中一副榜，贡生自余而始，举人自霖而始。虽不能大成，亦可谓之小成云耳。后之继善述者，缵其绪而更张之可也。

附录一：皇清待赠傅公大人行状
（清）傅迪吉

　　呜呼，痛哉！吾父②之德，曷忍忘哉，不孝之罪何可逭哉！人各有父，惟吾父之德为甚深；人各有子，惟不孝之罪为莫赎。吾父善行颇多，苦块之际，悲号之余，安能缕悉？但述我考之为父，与不孝之为子，约举一二，为明告焉。字字裂心，语语锁骨，非不得已，徒寻虚文故事也。

　　我父春秋八十有三，承大父母③命娶先妣潘氏，生男三，不孝为其仲也。伯、季皆殇。生女六，亦多夭折，只存先姊④适于刘。女嫁从夫从子为义，姑不赘。

　　我父母皆二十六而生不孝（下阙）气弱（下阙）岁入乡技，性颇慧（下阙）我父即期我以远大之图，此亦凡为人父者之常情也。为吾父异不孝，初以童子入试，事未竣，即遭明思宗甲申（1644）三月十九之难。遂至流寇犯蜀，屠城剿野，靡有孑遗，（询）［洵］不诬也。斯时，我大父母尚无恙，吾父携老挚幼，一家内外赖以生者，不下三十四人。未几，不孝避乱舅氏。吾父误以为贼所执，即捐躯赴贼，知有子而不知有身也。此又其暂焉者，亦奚足为吾父异。又未几，而饥馑连年，室如悬磬，斗米百

---

① 始祖，即该支傅氏入川始祖傅说岩。傅说岩祖上原籍浙江上元县，元末迁麻城县。洪武二年（1369），傅说岩兄弟三人由麻城孝感乡入川，傅说岩落业简阳西乡高滩口。高滩口在今镇金镇凉水井村二组境内，五马河经此流向洪汉寺。
② 吾父，指傅万镒。
③ 大父母，傅迪吉祖父学通公，祖母李氏。
④ 先姊，傅迪吉之姐傅氏大。

金。哀我人斯，不啻易子而食矣。吾父当颠沛患难之中，慈爱亦笃，躬亲负戴，以食不孝。又有巨贼曰"姚黄"，荼毒地方，较恶于横行之盗跖。将先妣惊散，竟不知死所。哀哉！痛哉！不孝以须眉男子，曾不愧死曹娥一女流哉！当斯时也，我父子处挺刃锋镝之内、狼虎荆棘之场，兔脱鱼潜，死而复生者，不知春光几度矣。骨肉摧残，家计凌替，吾父历常变如一日，此亦德之异焉者矣。又逾时，兵荒渐息，猛兽叠兴，哀我幼妹未及笄，而死于虎矣。痛哉！恨哉！安得起周公而驱之，卞庄而刺之也哉。呜呼！吾家三四十人中幸而存者，吾父及不孝夫妇三人而已。与言及此，草木含悲，尤可以稍慰者，虽不幸无母，（下阙）幸而有父，且吾（下阙）曰：（下阙）祖宗留一线（下阙）辗转筹思，遂有南迁之谋。戊子（1648）之冬昼伏夜行，□□□□鹤山书院之阳，出作入息，衣食及不匮者一年。饱暖思教，于是涉蒲水，登鹤山，见魏翁之堂帘文集尽付于煨烬之中。不孝恻然久之，向吾父而言曰："以彼文章德业尚然如此，况儿曹没没无闻，如蜉蝣之寄天地者乎。"吾父即抚不孝曰："从来乱极生治，吾蜀可谓乱极矣，断无有剥而不复之理。倘得太平，读书还是件好事。"不孝一闻父言，如梦斯觉，不禁慨然有故物之思。羡鱼结网，但秦坑之后，文献几绝，不过访一二头陀，挖破书三卷而已。

明年，从眉山见我长公父子兄弟①之庙貌，亦如魏翁然。吾父谓不孝曰："萍水他乡，置祖宗庐墓于不问，安留我父子为也。"遂谋归。继娶母氏②，幸我母勤俭持家，夙兴夜寐，为僮仆倡，是不孝之无母而有母也。不孝得有所托，违膝下者二载。

辛卯（1651），吾父来眉，不孝生一子。吾父喜曰："吾家宗祧不坠矣。"命其名曰"梅"③。盖"梅""眉"同音，示不忘其地也。

---

① 长公父子兄弟，指苏东坡父子三人。
② 继娶母氏，指傅迪吉父亲傅万镒继娶蓬溪县张国试女为妻。
③ 梅，傅迪吉长子。

壬辰（1652）之秋归省，适补科之典，不孝始得游泮。

癸巳（1653），二十七岁，抱老大之忧矣。每思采青拾紫，光我祖宗，慰我父母，夫何衣顶未及身，我师溃两朝，反复蹉跎我岁月者？国家恢复，不孝始补博。□弟子员，一连五举（下阙）在也。回忆（下阙）有不豫状，吾父又不孝曰："□不中□何伤。吾家诗书，□汝以传，能如是，是亦足矣，奚必沾沾以富贵利达为念哉。"不孝遵父言，安蚁命。

庚戌（1670），始应岁荐。不孝读书怀古，见家贫亲老，不为禄仕，一不孝也。

壬子（1672）之春，公车北上，意得升斗以养吾亲，稍可报十一于千百。铨序伊迩，又值吴逆叛拒，一介功名竟属乌有。悲哉！不孝之遇何其穷哉！不孝尝思，用舍系乎人，行藏存乎己，虽不克出而图吾君，犹克入而图吾父。况吾父经纶素练，治家有条，复业以来，三十年间栉风沐雨，修祖茔以妥其先，创宅第以安其后，矜孤寡□恤流离，且应子孙不时之需，周乡邻旦晚之急，劳身焦思，不遑寝处。然又有田可耕，有子可教，□虽愚，亦足以绍箕裘，田至今则不待问矣，又何伤。忽于丁巳（1677）以来，吾父抱下堂①之忧，动履艰难，于兹七年矣。年愈久而身愈衰，身愈衰而日愈促，不孝非奉命不敢远离。在前十一月二十七日，召不孝于前，拥炉而谕之曰："两孙应试，汝当一看。"不孝子以资斧为辞，犹未虑及，吾父即遗孙一金。明日之辰拜辞吾父于榻前，吾父尤云："恭喜尔等去来。"

呜呼！痛哉！谁知恭喜（下阙）孝奉命（下阙）之虚名误，遂（下阙）父生不能养，死不能葬，葬又无以为际。伤哉！贫也，昔人已先我而言之矣。吾父之德如此其甚深，不孝之罪如此其莫赎，无有可以自解者。

惟吾父寿考正命，无病而逝。闻易箦时有策马程途之言。三日殓，颜色如生。虽古称乘龙骑鲸，想应如是也。吾父获天眷，不孝无以为报，惟

---

① 下堂，这里指傅迪吉母亲潘氏去世。

遵所闻，行所知，以祈无负我父，并无负我子若孙矣。不孝今年五十有八，死而有知，或有时相从于地下；死而无知，如是焉斯已矣。哀哉！痛哉！

吾父生于明万历二十九年辛丑（1601）三月初七乙巳日戊寅时，卒于康熙二十二年癸亥（1683）十二月二十四日戌时，卜吉于明年四月十八日，葬于祖茔之左。志铭不敢袭其浮词，并不敢匿其贫贱。谨述生平大略，祈仁人君子用锡一言，以垂不朽。庶得慰九原之志，少盖不孝之愆矣。谨状。

大清康熙二十三年甲子（1684）元旦孤哀子傅迪吉泣血述于庐次

附录二：显考傅公府君墓记暗碑

（清）傅迪吉

府君讳万镒，字还贞，姓傅氏，成都府简州人。曾祖讳天叙，曾祖母妣张氏。祖讳有诰，祖妣胡氏。考讳学通，妣李氏。

府君生于明万历二十九年辛丑（1601）三月初七乙巳日戊寅时。幼读书，粗识文字。年冠弱，即遭蔺酋之难。先大父①轻财重义，不亲细务，而家素清平。府君以一子，遂以家事自任，故未及于学，其经营能干亦有过人者。白手起家，一年始有，数年少有，不十年而庶几富有矣。迨至甲申大难，复荡然为之一空。府君犹竭力支持，使先大父魂得以优游以终天年于至荒之中，迪吉亦得不废学业于流离之际，府君实能子而能父者也。但终其身为兵乱所苦，其物力之聚散，家道之成败，不知几经鼎革，以至于斯也。且喜周人之急，解人之纷。盖棺之时，不使有余财余粟以愚孙

---

① 先大父，傅迪吉祖父学通公。

子，唯谆谆以诗书为训，其性情又如此者。

娶同郡潘公向之女，前三十六年卒于难，生男一，迪吉。女一，傅氏大。继娶蓬溪张公国试之女，无出。

迪吉由本州岁贡生，廷试例授儒学训导，因吴逆叛拒，遂落职。娶同郡李公尧高之女，前四年卒于家，生男三：梅、楫、霖；义男一：植；女二：庸、孟。

梅生员，娶程君韬女，生男二：同文、同伦；女四，幼。楫娶广文何君起鳌女，生女一，幼。霖娶明经苏君锡畴女，生女二，幼。植娶汤氏。庸适寄成都学生员周长发，生男三，女三，俱幼。孟适武生苏开辙，生男一，幼。傅氏大[①]适同郡刘正伦，前三十四年卒于眉，生男一，刘。

（舒毕生校注）

（遂宁张氏）烬余录

（清）张烺

选自遂宁《张氏族谱》，张崇阶纂修，民国十三年（1924）刻本。遂宁黑柏沟张氏，明洪武二年（1369）由湖北麻城县孝感乡白獭河绿柳村（今湖北省麻城市龙池桥街道办事处白塔河社区），迁居四川遂宁县黑柏沟大樟树湾（今四川遂宁市蓬溪县任隆镇黑柏沟村大樟树湾）。黑柏沟张氏家族繁衍六百余年，科甲蝉联，人才辈出，号称"清代蜀中第一家"。《烬余录》系作者自录其亲历、亲见和亲闻的资

---

① 原文作"傅氏大"，估计为明代四川方言。意为傅迪吉之大姐。

料，起于明天启七年（1627），止于清康熙五十四年（1715），记载了明末清初八十余年间巴蜀地区战乱史，对张献忠据蜀记录尤详。

自　序

《烬余录》者，松龄老人①自录其生平也。老人阅历于劫运之余，而追述于承平之日。录以烬名，幸之也。余之者何？以示子孙也。老人之言行，一无可录，其示子孙奈何？计老人之生平，其惊心惕志者，几何年也？其悲怆痛悼者，几何年也？其嬉游盛世沐浴于太平者，又几何年也？八十余年中，录之若昨日事耳。愿我子孙，知老人之野处露宿、流离播迁也，历沧桑也；老人之耕食凿饮、耽荣受封也，居平世也；且知老人之出险难、延宗祧也，祖宗积累之厚也；老人之荷褒封、承恩赐也，朝廷锡类之仁也。钦承祖德，感戴皇恩，于以绵世系于无疆，乐升平于未艾也，老人之意也。松龄老人自记。

丁卯，天启七年（1627）

是岁五月二十三日戌时，余始生。

戊辰，崇祯元年（1628）

----

① 松龄老人，《烬余录》作者张烺之号。张烺，张应礼第四子，字冲寰，号松龄。生于明天启七年（1627）五月二十三日，卒于康熙五十四年（1715）八月初二日，享年89岁。配景氏，侧室季氏。子六人：鹏翮、鹏翼、鹏举、鹏飞、鹏鸶、鹏搏，女二人。景太夫人为张鹏翮生母，生于明天启四年（1624），卒于清康熙十九年（1680），初葬遂宁玉堂山，后迁葬祖茔两河口双相山（今蓬溪县金桥镇翰林村两河口双相山祠堂湾）。清武英殿大学士、礼部尚书熊赐履撰有《景太恭人墓志铭》，其墓今存。

壬申，崇祯五年（1632）

余时年六岁。犹记先大父①尝谓人曰："人家子孙，切不可姑息。若骄养惯了，性子长大，必难拘束。"故诸孙每进见，必正色临之。诸孙皆兢兢肃容，无敢睥睨欠侧者。逾时复怡颜问所读何书，所习何业，以至饮食寝处，寒暄之类，必人人问及，诸孙皆尽欢而退。

一日，余与诸兄弟视膳于侧，大父独呼烺至前，以手抚摩再四，叹曰："吾生平以济人利物为心，一念一虑恒恐获罪天地鬼神，虽不敢邀冥鉴，然兴吾家者，此子也。"自是余常侍左右，备闻训晦。故余自少至老，常兢惕自持，不敢有坠祖训者。盖先人之言，他词不能易，而孩提之所记，辄终身不忘也。

癸酉，崇祯六年（1633）

余七岁。出就外傅，受业于庠生鲁先生。凡先生有所授，辄为记诵，先生甚加器爱。一日，持时文数篇命读。余请曰："读此何为？"先生曰："为将来举业地耳！"余曰："读书专为举业耶？"先生惊问曰："汝孩子，何知言此？"余曰："尝闻祖父言：'读书要学为圣贤，未闻其学举业也。'"先生笑而颔之。

甲戌，崇祯七年（1634）

余在塾。旋以贼乱，师辞馆，归先府君，乃集诸子及族姓之子而亲教之。一日，方背书，大父适至，谓府君曰："今时何时？子弟读书，但令其通晓大义，乃暇为此记诵之学耶？吾老矣，汝壮年堪为时用，奈何效村学究，欲以讲诵捍贼耶？且人必阅历世故则谙练深，耐习劳苦则肌肤固。

---

① 大父，即祖父。此指张烺之祖父张惠。张惠，张尚威长子（一说嗣子，张尚威弟张尚仪子），字教庵，隐居不仕，积善好施。生于明嘉靖十五年（1536）二月初二日，配孟氏，子五人。卒于崇祯五年（1632）十二月十八日，享年97岁，学者私谥"三多先生"，葬祖茔两河口双相山。清康熙时韩荚撰有《教庵公传》，载于民国《遂宁县志》卷五和《遂宁张氏族谱》卷二。其墓今存，位于蓬溪县金桥乡翰林村两河口祠堂湾双相山中麓，墓碑完好。

值此扰攘之秋，恐无一块宁静土，为汝闭门安坐地也。"府君再拜，受教而出。自是大父日至馆中，凡有讲解，必旁引曲喻，推至立身、行己、待人、接物，实可见之行事而后已。尝曰："尔曹读书，须句句要向自己身上体贴。即如读此章，其为人也，孝弟便想我果孝否弟否？即孝弟矣，而心果和否顺否？以至于犯乱不作否？犯乱不专在事上，此心少有拂逆之萌，是即不和不顺，不得为孝，不得为弟，而不可以为人者也。如此细细体勘，照样做去，何患不为圣贤？盖圣贤一生，亦只是兢兢业业，不敢任情自在，故做成了经天纬地的人。"

乙亥，崇祯八年（1635）

先大父处家严而有度，性嗜书，时年九十有五，平居必正衣冠，展卷肃容，虽盛暑未尝少肆。同居如伯父应仁暨府君，叔父应智、应信、应灿，胞兄炤、烜、炉，胞弟灼、焯、烨、焕、灯①，堂兄弟六人。三世一宅，僮仆百余人，大小内外各有专司，不闻有嬉笑喧杂声。大父尝曰："家人恩胜，不得不济之，以严此易，所以戒嘻嘻也。"又生平不营产业，尝曰："人家子孙，要从艰难困苦中出来，方肯勤俭成家，立志上进。若有先业可守，衣食丰足，享用惯了，不知稼穑艰难，必至奢费；费尽无继，必至流落。遗之，适以害之也。"故居不过数椽，田不过足费。性尤乐善好施，宗族闾里之贫乏者，即为赈之；有叩门者，无不各得其求以去。居之南北二江，水盛则设船，水涸则造桥。凶岁施粥，瘟疫施药，置义冢，施棺椁。苟有利益于人者，无不竭蹶赴之。里人杨孟斗，一日来谒。杨喜营产业，时人有"修家治业杨孟斗"之谣。大父因问曰："汝多置产何用？"答曰："为诸子计耳！"大父曰："为人父祖，将为子孙作奴隶乎？且古人云：'养子强于我，置产做甚么？养子不如我，置产做甚

---

① 民国遂宁《张氏族谱》载，张惠（张烺祖父）子五：张应仁、张应礼、张应智、张应信、张应灿。张应礼子九：张炤、张烜、张炉、张烺、张灼、张焯、张烨、张焕、张灯。张灼，字逸甫，行五，娶王氏，女一人，适邑人廪生任君重，卒葬遂宁广济坝。

么?'"杨曰:"何谓也?"大父曰:"如令嗣强过于你,他不屑要你的;若不如你,不是自家耗卖,就是势家占夺,所以古人说得好,积书与子孙,子孙未必能读;积金与子孙,子孙未必能受。何如积阴德于冥冥之中,方为子孙悠久之计。但可惜汝一生精血,专用之无益之地,而当行之事,反眼前错过也。"杨不觉悔悟,再拜大哭而去。大父因顾谓烺曰:"此等说话,汝当谨记,莫学此老,悔之晚也。"

丙子,崇祯九年(1636)

余年十岁。大父为余聘同邑处士景公讳运亨①之女。

丁丑,崇祯十年(1637)

陕贼过天星、李自成、混天王、蝎子块等贼,由七盘关②入蜀,陷广元、昭化③、剑阁④等州县,官兵败贼于广元。贼乃分混、蝎二贼,趋潼川。十一月,陷射洪⑤,进围遂宁⑥。

先是,府君闻贼将至,乃集族姓百余人,悉以资财广募乡兵,修守备。事甫毕,而贼遂至。与同邑吕公⑦,激励义勇,协力保固。贼自入蜀以来,所至州县,无不破竹下者。至是而志不得逞,乃百计进攻,城中亦百计应之。余时以家法谨严,不敢擅出,故不得亲睹其攻守情形,惟日见诸母、姑妹,悉搜其簪珥服饰之类,以供军需。贼围城五日,府君未尝一

---

① 景公讳运亨,即张烺岳父景运亨,清代遂宁县仁里场广济坝景家河人,庠生。
② 在今四川广元东北与陕西宁强间的七盘岭上。
③ 广元市元坝区昭化镇。
④ 剑阁,即今四川省广元市剑阁县。位于四川盆地北部边缘,守剑门关险,是连接四川与陕西、甘肃的通道,战略地位十分重要。
⑤ 射洪,今四川省射洪县。地处四川盆地中部,涪江中游。《元和郡县图志》载:"县有梓潼水,与涪江合流,急如箭,奔射江口。蜀人谓水口曰洪,因名射洪。"
⑥ 遂宁,今四川省遂宁市。位于四川盆地中部腹心,涪江中游,地处成都和重庆的中心节点,素有"东川巨邑"、"川中重镇"之称。
⑦ 吕公,即吕大器,字俨若,号东川,四川遂宁县北坝(今遂宁市船山区北固)人,明末著名政治家、军事家、诗人。

足归家。既闻督师遣总兵侯某①来援,贼撤围去,与官军遇于铁钉山②。官军败绩,贼围之。府君率众往援,乘夜直捣贼营围中,官军应之。贼惊溃四散,围解。总兵侯某即命府君追贼于安岳③,又败之。斩获甚众,盗贼益穷蹙,乃折而北走。府君因谓其众曰:"贼成擒矣!"众问故,答曰:"此去山溪险阻,贼不谙路径,必走入绝地,我尾而击之,贼可尽歼也。"众曰:"穷寇勿追,非古所忌乎?"府君曰:"不然,贼有急之则拼死、缓之则散去者,纵之可也。今贼追之则立尽,舍之则渐炽,顾可不欲其尽而欲其炽乎?且贼当两败之后,人无斗志,此正我等立功之时。失此不图,贼将滋蔓,为害不浅。"众皆欣然,愿进击贼于龙多山④。贼以山险难驰,遂结阵以待,众军欲击之,府君曰:"贼前有山险,后无援兵,今一与战,则必拼死齐心,锋未可当。穷寇勿逼,正乃谓此,俟其疲而击之可也。"遂自辰至申,度贼少懈,乃奋众进击,我军射死蝎子块,混天王亦为乱民所杀,斩馘千余人,余众悉降。

总督洪承畴飞章以闻,诏授府君都司佥书⑤,调随征。府君以大父高年,闻命号泣,不欲去。大父呵之曰:"男子生当多事,便当效力疆场,乃效儿女子泣耶?"既又诫之曰:"汝去必能办贼,吾不为忧,但凡事以持重为上。"府君拜受命,不至私室而出。

一日,大父晨起,正衣冠端坐,呼诸子孙至,谕之曰:"汝曹知盛衰之道乎?蜀中承平日久,风俗人心渐趋淫侈,而不知持满之道,天道亏盈,将在今日。吾知免矣,汝曹善自谋可也。"又呼烺至前,审视良久。

---

① 即明末四川总兵侯良柱。侯良柱,字朝石,永宁卫人。天启初,累官四川副总兵。讨奢崇明父子,复遵义城。又与参议赵邦清招降奢寅党安銮。六年五月代李维新为四川总兵官,镇永宁。
② 位于四川省遂宁市船山区。
③ 即今四川省安岳县,位于四川盆地中部。
④ 龙多山,位于重庆市潼南县东北栘子乡与合川市龙凤镇、赤水镇交界处,距合川市城60公里,距潼南县城20公里,主峰在合川,海拔619米。其山势挺拔峻秀,峰峦起伏,逶迤飞腾,宛若龙蟠,故名龙多山。
⑤ 都司佥书,武官名。张烺之父张应礼官至怀远将军、都司佥书。

曰："汝终能兴我家,幸自爱,勿忘吾言。"余再拜曰:"终身不忘。"大父入正寝而逝①,时十二月十八日也。府君以军兴旁午,不得归。余与诸父昆弟勉措丧事焉。

戊寅,崇祯十一年(1638)

官军败贼于梓潼②,李自成子身逃遁入楚,余党散走,督师檄诸军进剿。府君追贼于沔③,孤军无继,抗节以死。呜呼!府君承大父之命出而办贼,方欲廓清疆圉,以成大父之志。孰知志未伸而即殉身于国也。余时闻讣,五内俱裂,乃间关至沔,扶柩以归。与大父祔葬于里东两河口之双相山④。

乙酉,顺治二年(1645)

贼帅孙可望等率兵至重庆,为曾英所败,遂沿涪⑤而上,十月至遂宁。余时以事入城,因念老母在乡,闻贼警必多忧疑,欲归以慰悬望。诸兄坚留之,而余益心神恍惚,坐卧不安。因于是日潜出城,夜分始归家。母子相见,如同再世。次日,贼屠遂宁城矣。时闻贼众已出城,至北关外旌忠

---

① 据民国遂宁《张氏族谱》载,张烺之祖父张惠逝于崇祯五年(1632)十二月十八日,而非崇祯十年(1637)。
② 梓潼,今四川省梓潼县。
③ 即今陕西勉县。
④ 河口之双相山,即四川省蓬溪县金桥镇翰林村两河口祠堂湾双相山。张惠、张应礼父子合葬于该山麓,今存。张烺第十一世孙张清廉撰《清诗人张船山故里漫志》云:"双相山系由纱帽顶派生出的七瓣莲花中的第四瓣莲花。双相山后圆雄斜平长的山脊梁(名大排坡),直至双相山脚处,气势恢宏,地表呈现出鱼鳞纹形(现已被开毁了一部分)。全山上下树木葱茏,皆柏树、黄连、冬青树等,终年百鸟栖憩,喧声悦耳。此山坐北向南。双相山山腰处,呈一内弧形,中间一大平地。这里便是张氏第六世祖考张惠(字教庵)、七世祖考张应礼(字和斋)和第八世祖妣景太夫人之佳城。此处原立有三座墓碑,今仅存二(景太夫人之墓于1959年冬,被拆去修了伙食团牛尾灶锅台)。"
⑤ 涪江,是嘉陵江的支流,发源于四川省松潘县与九寨沟县之间的岷山主峰雪宝顶。涪江南流经平武县、江油市西南部,绵阳市、三台县、射洪县、蓬溪县、大英县、遂宁市等区域,在重庆合川市市区汇入嘉陵江。

庙①，始传令回兵屠城。城中居人，无一存者。贼又掳其丁壮千余人，带至西洲坝②，尽杀之。余诸兄及族姓之在城者，悉遭其厄。余众始共服大父之前知，率依余以避贼焉。余乃悉窖藏其米谷等物，奉母氏③入深山中。自是野处露宿，岁以为常矣。

丙戌，顺治三年（1646）

余年二十岁。时贼分布蜀中者，率以屠戮为事，遇人即杀之，裂肢刲肠，备极诸惨。余奉母匿林莽中，一日屡迁，或一夕屡迁。多方侦探，贼稍远则复返故室。独异贼所搜逻之处，皆余已迁之处。故处贼丛中，余未常见一贼，余母未尝受一惊也。

丁亥，顺治四年（1647）

大兵歼献贼于凤凰山④，保宁、顺庆⑤一带悉平，贼党皆窜走滇南。遂宁为水陆要冲，贼众往来，非宁区。时皇遽惊骇，吾母溘然逝矣。呜呼，痛哉！余幼值丧乱，未得一日尽养，今得荷朝廷锡类之仁，叠受覃恩，光荣泉壤，而载咏风木，抱恨终天矣。

戊子，顺治五年（1648）

时兵乱以来，民不得耕。蜀人因饥，乘夜劫夺。时李来亨⑥等贼，号"十三家"，入蜀。往往穷山度谷，搜林薰洞，获人必毒加（栲）[拷]询。

---

① 旌忠庙，亦称忠臣庙，在遂宁城北门外裕丰街，今遂州南路451号，祀后唐东川节度使夏鲁奇。夏鲁奇，字邦杰，五代大将，山东青州人。后唐时任武信军（今四川省遂宁市）节度使，后又任招讨副使进攻荆南，驻守遂州（今四川遂宁）。930年，东川节度使董璋与西川节度使孟知祥反后唐，围攻遂州。他因"援路断绝，兵尽食穷"自杀，年49岁，赠太师、齐国公。
② 西洲坝，在今四川省遂宁市船山区城西广德寺附近。
③ 指张烺之母周氏。
④ 位于四川省西充县多扶镇，海拔414米，蜿蜒数十里，形若凤凰，故名。
⑤ 即顺庆府，今为四川省南充市顺庆区。
⑥ 李来亨，清初抗清农民军将领，陕北人。少年时即参加李自成农民军，被李自成侄李过收为养子。顺治二年（1645）李自成牺牲后，李来亨跟随李过、高一功等大顺军主将联明抗清，转战于湖南、湖北、广西、贵州等省。李、高相继殉难后，李来亨毅然摆脱南明永历政权的羁绊，率领数万部众自贵州进入川、鄂边境，同先期到达的郝摇旗、刘体纯部会师，并联合当地其他反清武装，组成了夔东十三家军。

故向所窖藏，尽为贼所发，饿死者囊有遗金。其后，又有瘟疫之祲，猛虎之灾，嗟嗟蜀民，至是殆尽矣。今统十分而计之：其死于献贼之屠戮者三，死于姚黄之掳掠者二，因乱而自相残杀者又二，饥而死者又二，其一则死于病也。然非蜀人之自绝于天，而为天之所弃，何以若是哉？

余于五月二十日，迁居顺庆。

己丑，顺治六年（1649）

时十三家余党，各拥众盘踞于宕渠①间，而邻水②人陈三才，称总兵，所部营官游得完、查龙泉、包玉镜、邓之我，分布于广元、岳池、大竹、邻水，各据险要，互为声援，不虞逼反王之潜，肆寇劫掠。

尔时，余游邻水。三才于兵荒交迫之际馆余，礼意殷勤。从游之郑怀宇、冯在宇等二十人，未有绝粮之厄。余语三才曰："方今圣人首出，海宇当宁。公知雄长于蜀者，犹有几人在乎？知几者侯矣，昧时者诛矣。公即据坚城，拥重兵，犹当泥首听命，以冀免于后日之凶。顾以协从之人，恃山寨之险，与诸贼相犄角，而谓可以保首领、长子孙，虽至愚之人，亦知其计之左矣。况诸贼急则相倚，缓则反噬，公之所知也。李抚军③又近在保宁，前有诛逆之师，后有吞并之众，公何恃以无恐乎？夫王师之所以不遽加诛者，亦以西北甫靖，而此弹丸之地，跳梁者且数十家，故欲缓其攻以收渔人之利耳！公将谓险终可恃耶？贼终可倚耶？王师终不能加诛耶？诚于此时，遣一使持尺书约会抚军，灭贼自赎，是公方扼贼之吭，而抚军有不重任公者乎？余事外人耳，未奉一命而来，而独愿布区区者，当此成败了然生死呼吸之时，恐公惑于左右之言，弃可就之功，自取夷灭，为桑梓羞也。"三才乃跃起曰："我岂不欲降，但恐不免耳！今闻公言，醉

---

① 宕渠，今川东渠县、宣汉县等地。
② 即四川省邻水县。邻水地处四川盆地东部，华蓥山东麓。
③ 即清代四川巡抚李国英。李国英，汉军正红旗人，祖籍辽东，清初大臣。仕明隶左良玉部下，官至总兵。顺治二年（1645），与良玉子梦庚降清。三年（1646），从肃亲王豪格下四川，讨张献忠，授成都总兵。五年，擢四川巡抚。

梦顿醒，是余之幸也，先人之幸也，数万生灵之幸也。"乃使人归诚于抚军，抚军遣人抚慰之，约会进剿，而喳口等寨悉平，宕渠廓清焉。

是岁十一月，生子鹏翮①。

庚寅，顺治七年（1650）

余在顺庆。时南充人贾高宇，先有宿负，亦寓居于此。一日至余家，再拜恳曰："向欠多金，因凶岁费尽，今倾囊中钱，犹不能及其半。望权收此，乞宽假时日，方得全偿也。"余见其容色忧惨，意必有假主之命往索者，因诘之曰："方今得食则生，弗得则死，且斗米四十金。古人云：'世人以财为命'，正今日之谓也。汝倾囊以偿夙负，而无以聊生，奈何？"其人曰："是亦命也。"余曰："天命汝以生，而我速汝之命，可乎？"乃却其金，并折券还之。其人泣拜而去。

辛卯，顺治八年（1651）

余迁居于西充槐树场②之大堰沟，与故湖口令庞再翀③缔交。因念兵荒以来，诸父昆弟以及族姓，鲜有存者。乃从俗延高僧，大作佛事以度之。盖幽冥既异，聊以慰九原之痛耳！犹异设坛之夕，大风阴晦，骤雨将至，余向天祈祷，愿少假片时以完佛事。及延僧上坐，而天忽开朗，月皎风平。既（撒）[撤]坐，而阴晦如故，风雨竟夕矣。始信天人感通，捷于影响，非偶然也。自是而后，岁必施戒施食，虽蜡如金，纸如锦，不惮拮据以襄事者，诚念桑梓何辜，重罹杀戮，今海宇承平，而满目荆榛矣。呜

---

① 张鹏翮，字运青，号宽宇，清四川遂宁县黑柏沟（今四川省遂宁市蓬溪县任隆镇黑柏沟村）人。清康熙庚戌（1670）进士，历任浙江巡抚、江南学政、刑部尚书、江南江西总督、河道总督、户部尚书等职，官至文华殿大学士兼吏部尚书，谥"文端"。张鹏翮工诗善文，著有《冰雪堂稿》《如意堂稿》《信阳子卓录》《治镜录》《奉使俄罗斯行程纪略》《兖州府志》《遂宁县志》《治河全书》《关夫子志》《三国蜀诸葛忠武侯亮年表》《诸葛忠武志》等书。后人辑有《遂宁张文端公全集》。

② 即今四川省西充县槐树场镇，位于县境西北部，距县城25公里。

③ 庞再翀，明末遂宁人，字德吾，刚方干练。吕大器督楚，礼延入幕，委署湖口令，抵任即率乡民御贼，贼不敢犯。闻吕大器殉国，庞再翀恸哭三日，弃官归，待发人四川遂宁灵泉寺，号"自觉"。年七十卒，葬寺左。

呼，伤哉！不得不假之佛力以资其冥福，亦无可奈何之极思也。

是岁，十一月生子鹏翼①。

壬辰，顺治九年（1652）

余往汉中。

癸巳，顺治十年（1653）

余复往保宁。

甲午，顺治十一年（1654）

乙未，顺治十二年（1655）

余迁居于杜家②。

丙申，顺治十三年（1656）

余年三十岁，迁居于廖家沟③，盐亭地。

戊戌，顺治十五年（1658）

余迁居于石板场之老鹳村④，西充地。是岁，生子鹏举⑤。

辛丑，顺治十八年（1661）

余归遂宁，居于邑东之赤崖沟⑥。

丙午，康熙五年（1666）

余年四十岁。

戊申，康熙七年（1668）

余迁广济坝⑦，居景外舅⑧宅。兵燹之后，室庐荡然。此宅以奉关夫子

---

① 张鹏翼，张烺次子，字震青，庠生。随张鹏翮出使俄罗斯，功加游击，封定远将军。
② 今属四川省阆中市所辖。
③ 今四川省盐亭县折弓乡万隆村张家湾。
④ 今属四川省西充县双凤镇。因南有凤凰洞，北有凤头山，故名"双凤"。
⑤ 张鹏举，张烺第三子，字扶青，庠生。入太学，考授州同。私谥"孝贞先生"。
⑥ 今四川省遂宁市船山区河沙镇赤崖沟村。
⑦ 今四川省遂宁市船山区仁里镇灵泉寺村。
⑧ 张烺岳父景运亨。

神牌，贼不敢毁，故得独存。

庚戌，康熙九年（1670）

是岁二月，长子鹏翮连捷南宫，考选庶吉士。五月初六日，恭遇覃恩，余受封征仕郎、内宏文院庶吉士。

辛亥，康熙十年（1671）

余往赎族人于南部之石垭子①。吾族自麻城②迁蜀，家于遂宁之黑柏沟③，有明三百年，族姓蕃盛，乃散居于邑西緱溪④、土桥⑤、治口⑥、凤台⑦等处，计十三房，凡万有余人，子弟至有不相识者。劫运后，逃散死亡，靡有孑遗。独余从万死一生中，得延余生，皆由大父积累之厚，府君死难之苦，皇天眷德，使忠臣有后也。归遂以来，族姓无存，庐墓荆榛。

闻益现之子仕选，为贼所掳，流落其地，为人佣工。余童时，犹记有益现名，与今联第之祖益周⑧为再从兄弟。独未晰其分自何祖，仕选亦不能记忆。余时亲往赎之，三返而后领归，今已生三子、孙八人，振振渐兴，亦可以慰祖宗在天之灵矣。自今以往，愿我子孙，当念同为一脉相延之人，遇高年者，尊之敬之；遇幼弱者，爱之恤之，勿致等于途人焉。是余之心也，即祖宗之心也。

---

① 石垭子，今南部县建兴镇石垭子村。
② 据《遂宁张氏族谱》（民国十三年刻本）记载，张烺的祖先原籍湖广省麻城县孝感乡白獭河绿柳村（今湖北省麻城市龙池桥办事处白塔河社区），明洪武二年（1369）迁蜀，卜居遂宁县黑柏沟，入川始祖为张万，至张烺，已历八世。
③ 位于四川省遂宁市东部，距遂宁城10余公里。黑柏沟全长10余公里，分上下两沟。上沟大樟树湾和下沟两河口，均为张氏祖居地。两河口有张氏祠堂、祖茔；大樟树湾有始祖祠、祖茔。大樟树湾与两河口相距7公里许，前者今属蓬溪县任隆镇黑柏沟村五社大樟树湾，后者今属蓬溪县金桥乡翰林村两河口。
④ 即四川省遂宁市侯溪铺。
⑤ 今四川省遂宁市安居区聚贤镇。
⑥ 在今四川省遂宁市境内。
⑦ 今四川省遂宁市船山区新桥镇凤台村。
⑧ 益现、仕选、联第、益周：均系张氏族人。张益现，张万七世孙；张仕选，益现子，居遂宁赤崖沟，后迁居金堂县。张联第，张万九世孙、益周孙、张仕先子，居遂宁赤崖沟，配陈氏，子五。

乙卯，康熙十四年（1675）

十二月初四日，余蒙恩封奉政大夫、刑部山西清吏司员外郎，加一级。

丙辰，康熙十五年（1676）

余年五十岁。

壬戌，康熙二十一年（1682）

蜀自荡平以来，惊鸿甫集，而逆藩又蹂之，亿供军兴而后，民苦追呼矣。余勉罄资，代遂宁阖县完纳壬戌、癸亥、甲子三年钱粮。

是岁九月，余往山东兖州府，就养子舍。

甲子，康熙二十三年（1684）

九月二十四日，余蒙恩封中宪大夫、山东兖州府知府。

乙丑，康熙二十四年（1685）

由水路回蜀，过汉阳。盛夏水大，登岸暂居八月，至运城署中。

丙寅，康熙二十五年（1686）

四月回遂时，族人张洪宇死。其遗孤名于周，甫十岁，茕茕无依，余收养焉。延师教之，今已授室生子，能自为谋，独惜其性不嗜学耳！

是岁，余年六十，迁居于成都。

丁卯，康熙二十六年（1687）

长孙懋诚①乡试中式。是岁，帅九经之变，遂民陈宏昌，为仇家所陷，诬以诱贼，上官火牌提至，谓必至于死。余知其枉，于当事处白之。余性喜解纷，每遇人有冤抑，必与辩明，而心始快，非关请托也。

---

① 张懋诚，字孟一，号存庵，张烺长孙，张鹏翮长子。康熙丁卯（1687）举人。历官安徽怀宁知县、奉天辽阳知州、通政使司通政使，署工部右侍郎，诰授通奉大夫，著有《通政诗集》一卷。《遂宁县志》载有《通奉公（张懋诚）传》，其子张勤望撰有《通奉公行述》《罗太夫人行述》（载民国《遂宁张氏族谱》卷四）。

戊辰，康熙二十七年（1688）

十月二十三日，余蒙恩封中宪大夫、兵部督捕左理事官。

己巳，康熙二十八年（1689）

抚军噶公尔图①、提督吴公英②莅蜀，咨询民间利弊于余。余指陈私派累民与驲站协济之苦，具言蜀道有二：南由广元至汉州八百二十里，险峻盘纡之处甚多，改复中路，自剑州达汉州六百二十里，止剑阁六十里崎岖，余俱坦途且捷，程途四站，往来称便，又岁省公家二千五十余两之费。抚军噶公具疏奏闻，上嘉纳之。自此遂宁等县，无协济之累矣。

遂宁学宫毁于兵火，余勉捐赀修理，托里人王来鸣监工。圣庙落成而春秋释奠，诸生肄业有地矣。维时邑侯陈公③，率邑之绅士，纠资分工，而东西两庑以至启圣祠、明伦堂，皆焕然聿新。其后，邑侯安公④，又建名宦、乡贤二祠，规制粗备，若泮池之当辟、魁阁之当建，犹有望于贤邑侯与良师儒也。

是岁十二月，余往浙江抚署。

辛未，康熙三十年（1691）

六月，余回成都。

癸酉，康熙三十二年（1693）

是岁二月，生子鹏飞⑤。

---

① 噶尔图，蒙古镶白旗人。崇德六年（1641），围明锦州，败明松山夜袭军。顺治元年（1644）入关，攻李自成起义军，以步战立功，授世职骑都尉。康熙二十九年（1690）任四川巡抚。
② 吴英，字为高，世居泉州之黄龙。康熙二年（1663），以平金门功，擢升都司。其后水陆数十战，著有功勋，旋升同安总戎，壬戌年移驻兴化。施琅攻澎湖时，英总陆军为副，奋勇直前。台湾平后，升四川提督。他镇蜀十一年，威德并著。旋调福建陆师提督，未几，复调水师。康熙四十二年（1703），帝南巡，赐"作万人敌"匾，又加授威略将军。吴卒年七十六，赠太子少保。
③ 遂宁知县陈愚，号咸庵，湖广举人，康熙三十年（1691）至三十六年（1697）任遂宁知县，养教兼施，政声卓著。
④ 遂宁知县安定昌，旗籍监生，康熙三十六年（1697）至四十七年（1708）任遂宁知县。
⑤ 即张烺第四子张鹏飞，字汉青，由监生考取州同，授直隶河间府泊头通判。卒葬苏州虎丘。

甲戌，康熙三十三年（1694）

秦省连年饥馑，来川就食者数万，当事设法赈之。其后酿为瘟疫，病者侘死，死者暴露。余广募同志各倾己资药饵棺椁之类，应给不暇。所幸诸当事，救灾有方，而尪羸之余生，不致尽委沟壑也。

乙亥，康熙三十四年（1695）

成都南门万里桥①倾圮已久。桥之下为岷江，每夏秋之间，水驶济，众舟不能给，往往有争渡，舟覆辄溺死者，人咸苦之。诸当事以其功巨费繁，惮于举兴。余审视其地，因于各当事处言其费省功速之状，惟吴提台②然余言，欣然捐俸，以为众人倡，由是人人乐助。余遂亲至公所，不辞雨雪，不避寒暑，经营会计，良费苦心。越二年而落成，费省而人乐。趋速成而工且坚者，由余筹画之有方，而无一日不在工也。

是岁七月，生子鹏翥③。

丙子，康熙三十五年（1696）

余年七十岁。

丁丑，康熙三十六年（1697）

七月十九日，余蒙恩封资政大夫、都察院左都御史；先考和斋府君④，诰封资政大夫、都察院左都御史；先妣周淑人⑤，诰赠夫人。

七月二十五日，鹏翮奉命使蜀，祭告江渎。得便道省觐，侍余归里祭祖。是岁，上平噶尔丹⑥，告成功于神祇。鹏翮为总宪，不在遣使之数。

---

① 位于成都市城南锦江上，是古时乘舟东航起程处。三国时蜀费祎使吴，诸葛亮饯行于此。祎叹曰："万里之行，始于此桥。"桥由是得名。
② 即四川提督吴英。
③ 即张鹏翥，张煓五子，字凌青，康熙甲午科武人、乙未科进士。卒葬成都清水河。
④ 张煓之父张应礼。
⑤ 张煓之母周氏。
⑥ 噶尔丹（1644—1697），清代厄鲁特蒙古准噶尔部首领。

上念其亲老在籍，特命祭告西岳①江渎，得遂省觐。

九月至成都，祭告毕，持节抵家。奉宣恩纶，不胜感激欢忭。居三日，侍余回遂宁祭祖。自蓉城②历金堂③至遂宁，乡人聚观者咸曰："此苍颜鹤发者，总宪之父也，圣主尚高年，令其子来省觐也。此持节衣锦者，总宪也，圣主恤忠勤，准其还乡慰思亲之愿也。为父母者，莫不思教其子；为人子者，莫不思荣其亲，其于风化有补焉，非仅一家之荣也。先是，鹏翮奉命来时，道经山西，饥民嗷嗷待哺。鹏翮欲飞章请赈，晋抚惶惧，甘言自行具疏。鹏翮时时阅邸报，未之见也。余命其遄回都门，早请赈一日，晋人即得早活一日也。鹏翮不敢违，冒寒乘舟，由三峡至荆州，登陆至京复命，较他人独早。余阅邸抄，知晋人荷至尊赈济之仁恩，有更生之庆矣。遂不胜忻喜。

癸未，康熙四十二年（1703）

三月十八日，余蒙恩封资政大夫、兵部尚书兼都察院右都御史、总督河道提督军务；先考和斋府君，诰赠资政大夫、兵部尚书兼都察院右都御史、总督河道提督军务；先妣周淑人，诰赠夫人。

是年三月初二日，鹏翮以河工告成，请假省亲。上谕曰："朕前差海青，自四川回曰：'尔父年纪虽高，然精神尚健。'今赐尔父扁额，以示褒荣。"爰亲洒宸翰，书"鲐背神清"④四大字扁额颁赐。山野余生，过蒙异数，自顾衰朽之年，无由仰报万一，惟有朝夕焚香，顶祝圣寿于无疆而已。我世世子孙，当念我朝廷如天之仁，拜睹天章，时深感激。居官则清慎自持，居乡则循理奉法，共矢报称以乐升平于未艾也。余向在鲁署，署役赵守泰，供事颇勤，闻其有孤侄相依，甫七岁。一日，忽失去，意为人

---

① 即华山。
② 成都之别称。
③ 今四川省金堂县。
④ 鲐背，谓老人背上生斑如鲐鱼之纹，为高寿之征，代称老人。

所掠卖，余心悯焉。自越归蜀，常为之留心廉访。是岁八月，乃知为南部武举会试过鲁买归，已十余年矣。余捐赀赎之，而遣人送至其家。盖此子父母俱亡，终鲜兄弟，嗣续所关，余是以汲汲也。

丙戌，康熙四十五年（1706）

余年八十岁。华阳①民王品一，以事至叙府②，闻彼处降神，与人言祸福。品一往试之，阴以余为祷。神曰："此人功德莫大，食报亦无穷，何必汝问？"又问："功德云何？"神曰："此人功德，不能尽述，即如当杀不杀一节，已足见重幽冥。"品一莫解其故。

及归，乃造余，固问之，始忆昔于戊子岁（1648），余居顺庆，有亡兄之仆名均海者，因事为余惩治，遂唆余家人，共五口，投身营伍，捏报余掘其故主金银若干，首出以供军需。马镇台③知其故，亦恶其人，责而遣之。

后余回遂宁，周正随行。至铜冈，忽闻刀声铮然，余回顾，见周正扳刀下马。余问："何为？"曰："适见均海匿草坡下，欲去杀之。"余曰："不可！此无知之人，不足较也。"周正曰："此人不惟叛主，而且害主，不杀何以释恨？"持刀竟去。余下马喝止之，晓之曰："天地好生，昆虫草木，犹不可伤，况同类乎？"余因步至坡间，均海亦延颈俟死。余以好言抚慰之，见其饥困形状，仍以所带干粮，分而与之。均海泣拜去。余又指谓周正曰："我忍一时之气，而彼已得全其生，是我无所损，而彼之所全者，大也。"岂知今日冥冥之中，鉴察至此乎？且此事余归家时未尝言及，迄今五十余年，子孙辈亦无有知之者，若非品一之问，余亦何由记忆哉？

丁亥，康熙四十六年（1707）

四月二十二日，先祖教庵④府君诰赠光禄大夫、太子太保、兵部尚书、

---

① 即华阳县，属成都府。
② 即叙州府，今四川宜宾市。
③ 即康熙时四川总兵马际伯，宁夏人。
④ 张烺之祖父张惠，字教庵。

都察院右副都御史、总督河道提督军务，加六级；先祖母孟孺人，诰赠一品夫人。

是年五月二十二日，余往清江浦①总河署中。复蒙皇上御书"养志松龄"扁额，由行在颁赐。天章璀璨，恩荣备至，拜赐之下，不胜感激欣忭。

戊子，康熙四十七年（1708）

十二月，余回成都。有镇雄②土司，争立告讦，阴遗重贿，托余关说。余曰："当事自有公道，余何能为？"力辞却之。盖请托媒利，缙绅之大患。又缙绅之通病，枉国家之法，以实一己之囊；拂众人之情，以遂一己之私，自谓扬扬得意矣。究之神目难逃，耗神守宅，非疾病死丧以偿之，即水火盗贼以酬之，得者少而失者多，又不知几人能回首也。余性不喜干求，不受私嘱，可以自信，可以共质，不特此一事也。

辛卯，康熙五十年（1711）

十二月丙子，鹏飞自京邸归。带有《功德林》一书，所载俱不费钱功德。余览毕，因命孙懋文③曰："此书言言药石，事事周行，今宜将原本翻刊，广传于人。汝可豫录一册，寄汝父叔暨汝诸兄弟。他们有根器，自然必信必行。吾家累世积庆，即如汝高祖曾祖，不务积金，惟务积德，故经万古之劫，犹能延续一脉，不坠家声，此积德之验也。我幼时，闻汝高祖教训，自少至老，惟以济人利物为心，故得蒙天地默佑，事事顺遂，逢凶化吉，这就得了多少便宜。若徒积得多金，今日怕火，明日防盗，心中费了多少算计，犹恐不能保守。即遗与子孙，还忧子孙浪费，千谋百计、万苦千辛，真是多财多累，岂不可笑？从前县中，有许多拥金不舍的，只知修家治业，待客延宾，到也炫耀一时，今日同归于尽，岂不可惜！何如积

---

① 在今江苏省淮安市主城区（清浦区、清河区）。
② 镇雄，位于云南省东北，云贵川三省接合部。
③ 张懋文，张烺孙、张鹏翼子，字载庵，康熙庚子（1720）举人，候选知县。

些阴骘，做些功德，做一本万利的事，子子孙孙享用无穷，却不是好？但他们田间澹泊，这不费钱的功德，尽可做去，况费钱功德也，不必定要富贵，然后可行。即如衣食宴遗之类，这上头省得一分，就可做一分功德，但如今人也知勤俭成家，不过是余剩几文钱，交际乡邻，撑持体面，却不想我积得几文钱，徒供他人享用，全不顾我后来地步，甚是无谓。究竟一日撑持不住，或遇后代零落，谁人肯顾惜我当日所结的人情，所挣的体面，今还在否。我因历年久远，凡成败得失，件件看过，所以今日宁甘澹泊，必定要行几件好事，以遵祖父教训，以答天地生成。今见此书，自喜暗合，汝可急急抄出，使他们照样做去，自然福寿绵远，子孙昌盛，世代荣显，方不负祖宗积德裕后之心也。"

癸巳，康熙五十二年（1713）

余年八十七岁。是岁三月之十八日，正届皇上六旬万寿之期，天下老人争赴辇下，共效华封之祝。而余以西蜀衰朽，屡邀紫诰，叠受隆恩，久欲拜瞻天颜，以抒忱悃。特草野疏拙，不敢轻谒殿陛耳！今日适际昌期，余虽年迈，敢以跋涉间关为苦而晏然已乎？遂束装买棹，由川江历荆楚，顺流东下，达于江淮，以至齐鲁。及抵临清，已三月十四日矣。从者云：从此陆行较近而速，奈余新患疮疾未愈，不胜车马之劳，不得已，仍溯流北上，而命孙懋行①，先赍奏疏，并进《上书经进解》一套、《政经》一套、《贞观政要》二套、宋板《两汉隽言》一套，书籍共九种。星驰而北传，令长子赍进，俟余至京，即躬祝圣寿。

二十日晚，抵京师。闻上已遣中书严福，至长子宅中询余进京日期及身体安否。天语肫至，聆之不胜感激。

次日沐浴，诣畅春园，恭请圣安，且叩祝万寿。奏事官以闻，顷之传旨："尔高年远来，闻尔在地方行善，特赐克食。"余拜领讫。内侍复传

---

① 张懋行，张烺孙、张鹏举子。字至一，由廪生入太学，考授州同，河工效力，题授江南徐州南岸州判。

旨,命坐。寻送满桌一席,上设御馔十二器,点心四盘。举箸食毕,复叩首谢恩。

内侍询余云:"今早传旨问尚书,据其奏称,远来叩祝万寿,原欲瞻觐天颜,但目下生疮差愈,俟疮恙全愈之日,方敢请见,尔意若何?"

余奏云:"臣感激圣恩,至深且切,所以万里而来者,特为叩祝圣寿、瞻仰天颜也。但何时许见,出自圣裁,臣安敢擅定?"

内侍复问:"尔欲即于今日进见乎?抑再迟数日否?"余奏曰:"今日即欲求见。"内侍方转奏,旋传旨云:"朕虽未尝见面,闻尔是真正善人,故特召见。且尔乡居,未谙朝见礼仪。尚书是大臣,若令扶尔进,恐为礼所拘,可令幼子扶入。"

余乃令鹏飞扶掖,至御前,赐坐褥,跪其上。甫叩首,诏免行礼。余仍行三跪九叩首礼,天颜开霁。

言曰:"尔尚能行此礼,足征其健矣。"随问:"地方丰收否?"

对曰:"丰收。"

问:"家中供佛否?"

对曰:"供观音一座。"

问:"居家所阅何书?"

对曰:"阅《感应篇》及《般若波罗密多心经》。"

时鹏飞跪于后,问:"此尔第几子?"

对曰:"臣之第八子。"

问:"此子何名?"

对曰:"名张鹏飞。"

问:"年几何矣。"

对曰:"二十二岁矣。"

又问:"第二子、第三子,在家何为?"

对曰:"务农耳!"

奏对毕，上命内使扶出。

二十五日，上赐老臣宴。凡内外老臣及天下来朝老人六十五以上九十以下者，皆与焉。先是，吏部奏定仪注，在京现住老臣西向坐，外来老臣东向坐，庶民之老者分次于其后。余叨封资政大夫，与致仕吏部尚书宋荦①、徐潮②、原任户部尚书王鸿绪③、致仕礼部尚书许汝霖④及丁忧工部尚书徐元正⑤等，同东向坐。

上命天潢执爵劝饮，余伺诸老臣跪接，拜而饮之。饮毕，复拜。又各赐寿桃一枚，余受而怀之，盖欲归荐诸祖先，以荣君赐之也。

少顷，复传上谕云："书称：'文王善养老者。'孟子云：'七十者，非帛不暖，非肉不饱。'帝王之治天下，发政施仁，未有不以养老尊贤为首务者，所以教民孝弟也。近来士大夫，只论居官之贤否，移风易俗之效验，俱不讲究孝弟之本心，若孝弟之念少轻，而求移风易俗，是其所厚者薄，而其所薄者厚矣。凡尔老者，比回乡井之间，各晓谕邻里，须先孝弟。倘天下皆知孝弟为重，此移风易俗之本，礼乐辞让之根，非浅鲜也。"余敬聆圣训，佩服不敢忘。

上复命传在外来朝八十以上老臣进殿，赐酒。余年八十有七，齿长于

---

① 宋荦，字牧仲，号漫堂，河南商丘人。历官山东按察使、江苏布政使、江西巡抚、江苏巡抚，朝廷誉为"清廉为天下巡抚第一"。
② 徐潮，字青来，浙江钱塘人。康熙癸丑（1673）进士，选庶吉士，授检讨，累擢少詹事。学问广博，历官河南巡抚、户部尚书，充经筵讲官，兼翰林院掌院学士，教习庶吉士。
③ 王鸿绪，字季友，号俨斋，江南娄县（今上海金山）人。康熙癸丑（1673）进士一甲第二名。康熙十四年（1675）主持顺天乡试，充日讲起居注官，不久升赞善。康熙二十一年（1682）转侍读，任《明史》总裁官。康熙二十四年（1685）充会试总裁官。康熙二十六年（1687）擢左都御史。康熙四十三年（1704）参与纂修《佩文韵府》。著有《横云山人集》《赐金园文集》《史例义》等。
④ 许汝霖，字时庵，号且然，浙江海宁人。清康熙壬戌（1682）进士。二十六年（1687），典试四川，四十二年（1703），总裁会试，选才恰当，时称得士。历任礼部侍郎、吏部侍郎，后晋升礼部尚书兼理吏部。著有《易经说》《钝翁文钞》《四书大观》《德星堂文集》《四库总目》传于世。
⑤ 徐元正，字子贞，浙江德清人，康熙己丑（1709）进士。由编修官至工部尚书。工诗文，著有《清啸楼草》一卷，《鸢坡存草》一卷。

众。冢宰富公①，令余前进。时满宗伯赫公②，与长子扶余至御前。甫跪，上顾而言曰："此张尚书之父也。"

内侍奏曰："是。"上亲赐御酒一杯，余扶接叩首乃饮。上曰："尔倘不能饮，可饮少许无妨。"

奏曰："臣沐皇上高厚之恩，四十五年矣。故不惮万里之遥，必亲祝圣寿于无疆。今蒙恩赐，即不能饮，亦当勉强饮尽。"遂饮毕，复叩首而退。

上退朝，传令众老臣毋散。余随众候于宫门外。寻奉诏：七十老臣赐绫䌷袍套、暖帽；八十老臣赐缎袍套、凉帽。余独蒙异数，赐石青团龙缎套一、宝蓝团龙缎袍一、凉帽一、又绿端卧蚕方瓶式砚一，遂同众老臣于行宫前，行礼谢恩乃散。皇上尊贤尚齿如此，伊古以来所仅见也。

四月，诏问流贼张献忠入川始末，命长子具疏奏闻。既奉诏，即语长子曰："余年老耄，事经久远，岁月先后未能详记，第忆其大略云尔。曩癸未年（1643），闻流贼张献忠破湖广武昌府，由竹溪、房县进四川，破重庆。逾年，破成都，遂僭称王，分兵侵掠保宁、顺庆等处。贼惟嗜杀，所过残灭殆尽，蜀人深恨之。有蜀守将曾英者，由重庆起兵，传檄讨贼。贼遣刘文秀③往拒之。曾英率部将李占春④并力夹攻文秀，遂大败。寻献忠部下都督刘进忠⑤，又奔陕，归命天朝。献忠势孤，乃弃成都，走西充县之金山铺⑥，开河造舟，为走楚计。幸我朝大兵适至，诛灭献贼。余党皆

---

① 富宁安，满洲镶蓝旗人，清朝大臣。
② 赫寿，满洲正黄旗人，姓舒穆禄氏。历官礼部右侍郎，户部、吏部左侍郎，漕运总督，理藩院尚书等职，于康熙五十一年（1712）至五十四年（1715）担任两江总督，是一个较具治才的官吏。
③ 刘文秀，陕西延安人，明末农民起义军首领张献忠义子、心腹将领。
④ 李占春，字少白，号朴庄，明朝贵州黄平人。明朝灭亡后隐居，撰有《黄平州志》。诗作颇多，存者甚少，《黔诗纪略》录其诗四首。
⑤ 刘进忠，张献忠大西军将领。后叛变，先在合州（今四川合川）同明军曾英勾结，后又出保宁（今四川阆中）去，投降了南下的清军统帅豪格。清军以刘进忠为向导，带领清军进入川北。
⑥ 今四川省西充县金山乡。

溃走滇黔，复进兵剿除之，从此盗贼遂息。远省之民，获安土乐业者，皆圣朝之赐也。"长子随以余语，缮疏上闻。

是月之二十七日，余将西归，理宜奏明。余乃上疏，其略曰："臣一介衰朽庸愚，幸生盛世。荷国厚恩，得保余年，华封祝颂，每怀恋阙之诚。今岁皇上六旬万寿，普天同庆。臣由四川赴京，恭祝圣主万寿无疆，蒙恩召见，得以瞻觐天颜，光荣逾分。又蒙赐宴，且亲赐御酒及袍褂、凉帽、宝砚，较之群臣，独隆异数，感刻肺腑，非言所罄。臣衰老无力报称，从此归里，惟有朝夕焚香顶祝圣寿于无疆耳！再，臣第八子张鹏飞，臣孙张懋行①，俱系州同，效力河工，亦以叩祝万寿来京。臣惟嘱其速回河工，殚心勤慎，练习河务，以稍尽微臣犬马报主之心。但新例必由吏部发往河工，总河方敢叙用。仰恳天恩，敕下吏部注册发工，得以寸进，则感戴我皇上高厚之恩，生生世世于无既矣。"

疏上，诏吏部议覆。吏部以鹏飞、懋行现在河工效力，如果劳绩昭著，总河自然题明，应将所请之处毋庸议等因，覆旨。寻奉特旨："张鹏飞着发往河工效力行走。"殊恩出自宸衷，令余感激无地。

即命长子赴畅春苑②谢恩，讫。余于七月十六日出京，仍由天津泛舟而南。至十二月之十日，乃抵成都宫保府中。恭遇覃恩，余于康熙五十二年三月十八日，诰封光禄大夫、户部尚书，加三级；先考金书府君③，诰赠光禄大夫、户部尚书，加三级；先妣周太夫人，诰赠一品夫人；先祖太保府君④，诰赠光禄大夫、户部尚书，加三级；先祖妣孟太夫人，诰赠一品夫人。

---

① 张懋行，张烺孙、张鹏举子。字至一，由廪生入太学，考授州同，河工效力，题授江南徐州南岸州判。
② 即畅春园，位于北京海淀区，圆明园南，今北京大学西，被称为"京师第一名园"。
③ 即张烺之父张应礼。
④ 即张烺之祖父张惠。

甲午，康熙五十三年（1714）

余年八十八年岁。余沐圣恩至渥，忠爱之诚，未尝斯须少懈。今春际上寿辰，余遂率里中父老建坛，以祝万寿无疆，越十八日乃止。盖以高厚之恩，无可报答，聊藉此以少抒积忱焉耳！

夏四月二十一日，三子鹏举卒于遂宁。二十八日报至成都，余甫闻信，悲甚。既而思死生有定数，徒悲无益也，余怀乃少解。适京师公卿，怜余老年不堪悲悼，由长子驰信慰余，余即书此以寄之。

乙未，康熙五十四年（1715）

余年八十九岁。五月二十三日，总河赵侍郎世显①，率江南、河南、山东、北直道厅吴顺、王进楫、许大定、马世煜等，制幛祝余九十寿。

七月初十日，手书家信寄长子鹏翮云："余每年三月十八日，在省建万寿坛，恭祝圣寿无疆。五月，河台赵公差人来贺九十，高谊可感。余虽九十，还能骑马，康健如常。忆自前年七月，在京相别，不觉二载有余，常怀在心，每于佛前赞尔长生不老，高增禄位。尔两弟当留心照看，以慰我心，尔大孝也。"

附　记

八月初二日，赋诗三章云："人生在世苦熬煎，夺利争名俱枉然。百计不如阴骘好，自然福禄寿延绵。""苦尽甜来九十春，看来世事枉劳辛。幸蒙祖德流芳远，五代衣冠近百人。""御呼真正善人时，草野何能答主知。遗我子孙是忠孝，从今撒手到瑶池。"又书云："开吊不许杀牲动荤，只许用蔬。"书毕，沐浴正衣冠，端坐而逝。

十二月十三日，礼部奏闻，蒙恩赐恤，遣官川东道佥事董佩笈②，诣

---

① 河道总督赵世显，汉军镶红人，曾任山东巡抚。
② 董佩笈，江苏武进进士，康熙五十三年（1714）至雍正元年（1723）分巡川东兵备道。

遂宁祠堂①灵柩前读文致祭。康熙五十五年，岁在丙申（1716）冬十一月二十九日巳时，葬于本邑中安仁里月山②之阳，乾山巽向。大学士太仓王掞志墓③。

附录一：光禄大夫张公传

（清）王敬铭④

公讳烺，字冲寰，系出汉留侯后。明初万公，由楚之麻城迁居于蜀，乃占籍遂宁。阅再传至赞，景泰甲戌（1670）成进士，仕云南，知姚安府事，有异绩，崇祀名宦，公高祖也。曾祖讳尚威，处士。祖讳惠，赠光禄大夫、太子太保、兵部尚书、河道总督，寿九十有七，以德行著闻。父讳应礼，明都司佥书，会明季流寇猖獗，提兵进援沔阳，师溃抗节以死，赠户部尚书，俱崇祀乡贤。

公生而歧嶷厚重，读书多颖悟。事亲至孝，天性过人。祖太保公，独钟爱焉。当佥书殉难，公方少，偕伯仲走秦中，扶柩归葬。是时，寇氛日炽，蜀当孔道，流毒异惨。公度势急，不能安居。乃奉周太夫人，避乱绝壑中，独举家幸免，公见几明决如此。

公为人严气正性，而襟抱豁如。流离奔窜之余，稍稍宁辑，惟课诸子诵读，不汲汲于仕进。迨吾师冢宰公⑤成进士、登朝滁、历清显，公犹时时训诫，勉以清白自持，上不负朝廷，下不负苍生，明体达用，随分尽

---

① 张氏上祠堂，位于今四川省蓬溪县任隆镇黑柏沟村大樟树湾；张氏下祠堂，位于今四川省蓬溪县金桥镇翰林村两河口，今存。
② 位于今重庆市潼南区小渡镇月山村。月山，又名庆元山，张烺、张鹏翮父子均葬于此山。
③ 王掞，江苏太仓人。康熙进士，历官内阁学士，工、刑、兵各部尚书，文渊阁大学士兼礼部尚书。
④ 王敬铭，嘉定（今属上海市）人，康熙癸巳年（1713）状元，撰有《未岩诗稿》。
⑤ 指张鹏翮。

职，以展忠君爱国之义。是以吾师扬历中外垂四十余年，所辄禁私谒、杜苞苴，清操壁立，海内莫不钦服，盖悉公生平庭训焉。后吾师治河淮，上翠华南幸，指授方略。上宠注甚殷，特书"鲐背神清"及"养志松龄"二匾额以赐公，盖奖公高年硕德，为国人瑞，眷念优隆，已匪朝伊夕矣。

岁癸巳（1713），恭逢皇上六旬万寿，公年已八十有七，犹逾巫峡，渡黄河，经数千里来京，庆祝圣寿。方公未抵京师前两日，先具折奏闻。上遣官至私邸，伫待其来。既至，复遣奏事官颁赐珍膳及召见。命大臣扶掖近御座，慰问备至。奏对朗然，天颜大喜。复赐老人宴，公以上寿，坐前列。召至御前，上亲赐法酒及冠服。而吾师亦以年齿合例，与公同与养老尊贤之宴，时称盛事，传为美谈。公承殊宠，益感激不自，宁惟深勉子孙，诚敬忠勤，以为报称之地焉。

公将归蜀，吾师具疏请假送亲。上倚任方殷，又知公强健，未许也。越乙未（1715），公年九十，精神不衰，一堂五代，捧觞上寿。独吾师鞠谳江南，方陈情乞假，而迫于王事，疏未行而讣音已至。易箦之日，作绝句三首，沐浴整衣冠，端坐而逝，八月二日也。

吾师衔哀复旨，即日匍匐奔丧，以门人敬铭备职撰史，乃命按状立之传。敬铭不揣不文，为书其大者以备采择。

赞曰：癸巳（1713）春，恭逢万寿开科旷典，吾师以大司农主顺天乡试，敬铭获受知于大贤之门。时初登贤书，会公自蜀来京，祝釐之后，夏五月值公览揆之辰，敬铭偕同榜诸同人，拜公于京邸，得亲炙仪型。见公鹤发童颜，神完气固，望之若神仙。咸谓公寿百岁不足多，而今止此，似为公惜。然公硕德懿行，彪炳朝野，俱堪不朽。况生平抱负，多未遂设施。吾师皆一一仰体行之，不日黄扉论道，霖雨苍生，亦犹行公之志也。公岂若之当时则荣，没则已焉者耶？

赐进士及第、翰林院修撰、充万寿盛典纂修官、乙未（1715）会试同考官、养心殿武英殿畅春园供奉、门下晚生王敬铭顿首拜撰

附录二：光禄公传

（清）陈诜[①]

公讳烺，字冲寰，其先世楚之麻城人。明初迁蜀，代有闻人。公生而端重，不妄言笑，事亲孝爱尤挚。祖教庵公极器爱之，尝谓人曰："此子福泽，未可量也。"

当明季流寇充斥，公父和斋公[②]，以守御进剿，功授都司金书，提兵援沔阳[③]，师溃抗节死。公闻之，昼夜号恸，间关至沔，扶柩归葬，苫块墓所，致白乌之祥。

遂城水陆交冲，自献贼肆焰，诸贼望风效尤，公先奉母入山中避。后贼抵遂，邑人被祸最惨，公合家独免，人皆服公之先见云。母卒，公深痛遭时丧乱，未能一日尽养，而满目荆榛，田庐荡弃。自此，历十余年，流离播迁，岁无宁宇，常出万死一生中，得保身全家，亦自诧为天幸。盖直至长公冢宰庚戌（1670）成进士，读中秘书，始稍稍自慰。然艰难险阻，公岂一日忘哉？

捷书至，即贻书冢宰[④]曰："少年科第，昔人以为不幸。谓其志骄学浅，以此自足，则所损多也。且祖宗积德而发于汝，当思何以不上负君，下不负民，使立身行己，其始不谨，后将决裂。读圣贤书，所学何事，汝当珍重自爱。"公留心经济，地方利弊，时切于心。向者蜀土恢复，中丞杭公[⑤]，来问绥靖之方。公曰："绥靖之要，首在安人心。不加田粮，则民

---

① 陈诜，字叔大，号实斋，海宁盐官人。清康熙壬子（1672）举人，官至贵州巡抚、湖北巡抚、工部尚书、礼部尚书。卒谥清恪，著有《周易玩辞述》《诗经述》《四书述》《资治通鉴述》等。
② 指张应礼。
③ 今陕西勉县。
④ 指张鹏翮。
⑤ 时任四川巡抚杭爱。

心安矣；补行乡试，则士心安矣。"杭公遵而行之，蜀土以宁。中江驿站，遂、蓬等县，苦于协济。中丞噶公①，就问调济之术。公曰："其在复故道乎？前时驿路由剑阁至成都，路近而经费省，传命速而行李便。今一转移，而数善备矣。"噶公慨然从之，民困顿起。

冢宰之抚浙也，远近翕然，有洁己爱民之颂。公闻之喜，轻舟之越，谛听民谣，与所闻相符，欣然曰："居官当如是矣。"仍轻舟而还。凡僚属馈遗，丝粟不受。冢宰视学三吴，公邮寄手谕，惟以忠君爱士、提拔真才为谆谆。及冢宰遣祀西岳、江渎，礼成得便道省觐。时晋中大饥，须还朝奏请赈济。冢宰流连膝下，公亟趣之行，曰："父子聚首，一家之欢。晋中亿万生灵，嗷嗷待哺。尔为言官之长，理当奏闻，不可缓也。"冢宰受命遄行，得请赈济，全活无算。其不以私废公、恩妨义者，大率类此。

公为人持己谦和，待人宽恕，遇人疾苦患难，辄隐于心，必尽力为之拯救。性甘淡泊，不事侈靡。虽跻荣显，而粗衣粝食，庐舍湫隘，无异贫士。其乐善好施，出于天性。大者如捐修遂宁学宫，重建成都万里桥，代还遂宁三年之赋，远赎族中被掳之人，以至婚嫁孤寒，赈给贫病，其为折券赠舟者，殆不可胜计也。尤好手书圣贤格言、忠孝故事，居常为人讲解，宛转开导，多有闻之而回心向道者。故蜀之士大夫，言有德者，必首曰张公。

冢宰念公春秋高，数陈情归省。天子曰："尔父年虽高，然精神尚健，毋为亟请也。"两次亲洒宸翰，书"鲐背神清""养志松龄"匾额，以加宠锡，公激切感戴。

岁癸巳（1713）年八十有七矣，自蜀赴京，叩祝万寿。奏闻，天颜大喜，立赐召见。命大臣扶掖上殿，慰劳雇问，呼为"真正善人"。逾日，赐老人宴，亲赐御酒及冠服、宝砚。冢宰亦以年齿合例，父子同享养老尊贤之宴。遭逢盛事，实旷古所希见焉。

---

① 时任四川巡抚噶尔图。

既归,常静坐一室,其视听愈聪明,步履益强健。临终赋诗三章,端坐而逝,年八十有八。礼部奏闻,蒙恩赐恤,遣官读文致祭。呜呼!公真可谓宇宙内之完人矣!公孙曾满列,好自述其生平行历,且乐道教庵公之言,以为劝诫。其言曰:"人家子孙,切不可姑息。若骄养惯了,长大必难拘束。"又曰:"人必阅历世故则谙练深,耐习劳苦则肌肤固。读书则句句要在自己身上体贴。"又蜀人杨孟斗,喜营产业。教庵公问曰:"汝多置产业,何用?"杨曰:"为子计耳!"曰:"为人祖父,将为子孙作奴隶乎?且古人云:'积书与子孙,子孙未必读;积金与子孙,子孙未必享。'何如积阴德于冥冥之中。可惜汝一生精血,专用之无益之地,而当行之事,反眼前蹉过矣。"杨不觉悔悟,再拜而去。因顾公曰:"汝当谨记,莫学此老,悔之晚也。"公曰:"不敢忘。"故公之语默动静、行己待人,皆卓卓可纪如此。余传公而详记之者,以见家学渊源,其积德获福之日,非一朝夕之故也。《易》曰:"积善之家,必有余庆。"信矣夫!

论曰:欧阳子云:"为善无不报,而迟速有时。"公抱忠孝之心与济物利人之志,乃生逢忧患,未能少施万一。迨至冢宰,策名著绩,喉舌帝廷,而公始幸偿其夙愿也,岂不难哉!然而褒封服及于四代,休问达于九重。福泽寿考,为斯世所莫并,抑又盛矣。盖公之先,积德累行,非一世矣。贻谋悠远,其昌炽曷可量哉!

附录三:景太恭人墓志

(清) 熊赐履[①]

礼部郎中升知苏州府事遂宁张鹏翮,有贤母曰景宜人,父为处士运

---

① 熊赐履,湖北孝感人,清初理学名臣。顺治戊戌(1658)进士,官至武英殿大学士兼礼部尚书。

亨，母彭孺人。娠时有异兆，生而端令，处士爱之，以归于张氏，为今诰封奉政大夫烺之夫人。明末蜀乱，君舅以都司佥书援沔阳①，师溃抗节死。宜人佐奉政君，丧葬以礼。献贼僭号，（协）[胁]蜀士从逆。处士慷慨悲歌，弃家遁去，不知所终。而彭孺人遂死于兵。宜人号泣，自累土以葬之。蜀兵至，仓皇去。后事平，往省视，土长成坟，望之巍然，人以为至孝之感。

遂宁张氏，自宗伯公②以长德显子孙，皆积行深厚，为世家。及佥书③之殁，流离播迁，室庐荡然。宜人理家勤俭，日课耕织，以肃祀事供宴好，一不贻奉政君忧，延硕师以课子，常自教之诗书，勉以忠孝大义。鹏翩始举于乡，戒之曰："此进身之始也。其益自下，毋蹈少年登科气习。"及鹏翩成进士，官翰林，宜人常语奉政君："前朝荐绅家，不能约束僮仆，人莫敢谁何，以积祸衅。吾家即无此，或少有获咎乡里者，宜以时检察也。"其贤明识大体皆类此。故鹏翩居官清慎，迁主事刑部，奉诏书删定律例，去烦苛，崇宽大，以推广上恩。屡分校乡会试，矢拔寒素，得人甚盛，盖秉贤母之教为多。

天子雅知鹏翩材，乙卯（1675）蜀土失守，蒙召对懋勤殿，问父母无恙，鹏翩感而泣。今年六月，苏州之命下，赴官。方欲具舟楫迎养，而宜人之讣至。呜呼，何其哀也！

宜人生于故明天启甲子（1624）五月二十日，卒于皇清庚申（1680）四月二十五日，享年五十七。以子鹏翩贵，敕封孺人，诰封宜人。男四：长鹏翩也；次鹏翼、鹏举，皆庠生；次鹏翔，卒。女一，适庠生文之菁，卒。孙男懋诚、懋龄，鹏翩出；懋宗，鹏翼出。两世娶聘皆名族。

鹏翩性至孝，自乡关阻乱，日夕涕泣，西望有白云感。道甫通，遽承

---

① 今陕西省勉县。
② 指张鹏翩。
③ 指张应礼。

宜人之讣，恸欲绝，以奉政君故，强进饘粥，将奉丧以归。以余有一日之雅，泣而请曰："生无以为养，死愿谒，所以不朽吾母也。"余哀其志而许以铭。铭曰：

奉亲之终，宜人女也。御家之穷，宜人妇也。厥后以兴，宜人母也。命之不犹，丧乱宏多。呜呼，奈汝母子何！

（胡传淮点校）

（泸州曾氏）言善堂纪略
（明）曾固之

选自泸东《曾氏家谱》，曾明道纂修，乾隆木刻本。《言善堂纪略》是南明泸州知州曾固之在崇祯十七年（1644）到康熙十九年（1680）间的亲历、亲见、亲为、亲闻，记录了明末清初川南、黔北的血雨腥风。

六十三叟曾固之曰：

予讳巩，字固之，泸郡人，生万历戊午（1618）八月二十一日。七岁发蒙即成诵，十三岁始习章句。崇祯甲戌（1634），予年十六。是年，天下九边创举吃烟，奉旨禁革，犯者必死，卒不能除①。春王月，大人率予兄弟拜扫茔里毕，入室贺九如叔父母新祉，见龛上新经一函，问肇弟，答

---

① 据清代杨士聪《玉堂荟记》记载，烟草是在明代中后期的万历年间（1573—1620），由南洋（今菲律宾等地）传入我国。明末财政十分空虚，政府在富庶的两湖征粮都因田地种植烟草而无效，因此崇祯十二年（1639）明令禁烟"嗜烟者死"。后来大臣洪承畴陈述吸烟对边疆军士的利弊，遂于崇祯十四年（1641）解禁。

云:"《太上感应篇》《三官经》《文昌帝君救劫宝章》①。"予取视之,则宦成者刊施也。阅数次,憬然悟曰:"事天格天之要道,永命保命之真诠。"因请回,缮写装订成帙。而凡奥僻之梵语,幽隐之《黄庭》②,概度外置之。时有客入馆,见予信受奉行,讶谓大人曰:"此子青年,何事迂酸?"大人哂之,予佯为不闻。三月初旬,应道试督学使杨公讳(累)[景]明③面复,取予郡庠第八名治《诗》。乙亥(1635)九月完姻,娶郡明经韩讳盘字衍石公季女。十年之暂,韩室病亡。

甲申(1644)三月十九日,米脂闯贼李自成,绰号"过天星"④,逆叛北京,逼窜神器,崇祯阖宫自经。是年,大清顺治龙飞幽燕⑤。五月中天后,学道遽安何公按临科试,予列优等。六月朔,调戎州⑥,发案十人排列阅卷领赏,予得花红银八钱。明晨登舟,途遇巫夔⑦绅衿四民避难之船漫江而上。询之则云:"流贼尾后至矣。"十九日,魏姨父大常以世职奉守道陈公孔教⑧委赴重庆提塘,眼见流贼之军,自楚而来,水陆并进,无起无讫,旌旂蔽空,舳舻蔽水。姨父次日赤身逃。二日遥震,杀气冲天,渝城已陷。汉中瑞王远避渝州,阖门受祸,抚军道府大小等官俱殉难,渝之老幼男女尽皆屠割剁首,惨不可言⑨。二十四日,予乡举家试新众皆远避,贼势渐近,予始择僻地之高山峻岭而依之,便于四望趋避,咸得大吉。贼

---

① 《太上感应篇》:是道教的经典著作之一,旨在劝善,简称《感应篇》。
② 黄庭,指道教的经典著作《黄庭经》。
③ 杨景明,原误作"累明"。河南光州人,字存我,万历己未(1619)进士,授中书舍人,擢礼部郎中,崇祯间任四川提学副使。
④ 过天星,实际是另一个义军将领的绰号,此误传为李自成。
⑤ 龙飞幽燕,《易·乾》:"飞龙在天,利见大人。"孔颖达疏:"若圣人有龙德,飞腾而居天位。"遂以"龙飞"为帝王的兴起或即位。此处即指清定都北京。
⑥ 戎州:四川宜宾的古称。
⑦ 巫夔:夔州府的统称,府治在今重庆市奉节县。
⑧ 陈孔教,字鲁生,浙江余姚人。光绪《余姚县志》卷十九、卷二十三载:万历壬子(1612)举人,崇祯间由清吏司主事擢升四川川南道辖叙泸金事。张献忠占领泸州,率师战死于南溪。
⑨ 瑞王,明万历二十九年(1601),神宗朱翊钧封其第五子朱常浩为瑞王,建藩汉中。道光《重庆府志》载,甲申之乱,瑞王自汉中逃到重庆,被张献忠农民军杀死。同时被杀的还有原四川巡抚陈士奇、兵备副使陈纁、知府王行俭、巴县知县王锡等。

又水陆交攻成都，八月初九，遥震城陷，蜀藩投井，按君刘之勃以下文武官员、绅士、商民俱被屠戮①。中秋之旦②，贼于成都僭登帝位，改元大顺，国号"西京"，盘踞省城足二年。大发贼众，四方剿杀蜀人，几靡孑遗矣。

皇明弘光③元年乙酉（1645），贼踞泸城，分剿地方甚惨。永宁④谣曰："贵的盐巴草鞋，贱的婆娘秀才。"予三房一族皆受大难⑤。五月二十三日，大人死于难，二十六日闻讣，五内摧裂，抢地吁天，生养死葬，两事未全，子道有亏，终天遗恨！其时，各地领札受衔乡兵一名，土豹子⑥近百万，日事打粮，掠民卖夷方⑦，买入营，换米度饥。此类虽未杀戮人民而实借势为恶，不无狐假虎威之患。经略阁部王应熊⑧，巴郡人，赐尚方宝剑，专办蜀寇，统领滇黔湖南大军内外标镇将兵出川，与流贼交锋，首克永、泸⑨；总督川陕、宜宾人樊一蘅统领各镇，首克叙、嘉⑩，上抵成都；

---

① 蜀藩，即明代封在蜀地的藩王。张献忠于崇祯十七年（1644）攻破成都，蜀王朱至澍及其嫔妃全部投井自杀。刘之勃，字safe，陕西凤翔县北乡刘家沟人。崇祯七年（1634）进士，为都察院右佥都御史，崇祯十五年（1642）出任四川巡按。
② 中秋之旦，实际是农历八月十六日。张献忠于是日在成都称帝，建国号"大西"，改元"大顺"，以成都为西京。
③ 弘光，南明福王朱由崧的年号。
④ 永宁，明王朝在今泸州市叙永县东城设置叙永军粮厅，属叙州府（今宜宾市）；同时在今叙永县西城继续保留地方军区性质的永宁卫，属贵州省，厅卫同城。明末置叙永同知。
⑤ 三房一族，据《曾氏宗谱》载，曾家有四人遇难：一是固之先生的父亲曾亨祚，二是三叔父曾显祚，三是堂叔父曾荐祚，四是二叔父曾多祚之子曾肇，分属三房。
⑥ 土豹子，本指动物金钱豹。这里是指趁乱世纠集起来的杀人越货的地方土匪。
⑦ 夷，古代对东方和南方各族的蔑称。此处是指贵州、云南一带的少数民族的居住地。
⑧ 王应熊，字非熊，号春石，重庆府巴县人。明神宗万历癸丑（1613）进士。福王即位于南京，任命王应熊为兵部尚书兼文渊阁大学士，总督川湖云贵军务。次年（1645），南京福王朝廷亡，南明诸将各据州县，拥兵自雄，名为督师，却无一师可督。顺治三年（1646）十一月，张献忠战死，其余部孙可望、李定国等率军南下，连破重庆、遵义，王应熊率残军逃入永宁山中，第二年病死贵州仁怀县（今赤水县）土城。乾隆《巴县志》卷十二《艺文志·传》载："丁亥秋（1647），卒于永宁之土城。"
⑨ 永泸，指永宁和泸州。永宁是叙永县的古称，旧叙州府管辖，故称为叙永。
⑩ 叙嘉，即叙州府（今宜宾）和嘉定府（今乐山）。

平寇伯曾英、大总戎王祥督兵首克重庆①。樊公布诸将各地把守，命嘉州杨展②、泸州马应试③领兵由嘉、眉逼新津；命贾登莲、杨维栋④领兵由富顺出资、简；命曹勋、詹天颜⑤会师于崇庆；命侯天锡⑥、高明佐领兵复泸州；命谭文、谭诣⑦各严兵防贼走楚、走黔。川北一路清兵压境，贼知不能敌，肆劫乡村，焚毁房室、民屋、寺观。凡贼所至，一炬尽空，甚至熏洞焚林，避贼者俱不能生。隆武⑧元年丙戌（1646）八月初旬，献忠夜溃出城，弃金江口，走西充县，被大清肃王一箭而殒，枭首碎尸。蜀人逃出劫难者，为之称快。余党游魂川北，釜鱼待毙，拼死冲突。渝州平寇伯曾英死之，贼遂渡遵入黔。

予始由州申文学道王公芝瑞⑨补廪，龙飞两举，恩选诸生观望不前。

---

① 曾英，字彦侯，福建人。因在重庆及川东抵抗张献忠部队有功，被明福王封为"平寇伯"，后于顺治三年丙戌（1646）十二月被张献忠残部孙可望攻败，跳长江死。王祥，重庆綦江县思里人，武生，崇祯末年守遵义，由征讨将军封綦江伯。顺治七年（1650）年与降南明的孙可望部战于乌江，不敌而自杀。
② 杨展，字玉梁，嘉定（今乐山）大佛坝人。明崇祯己卯（1639）武进士，从中军督阵官做起，先后任广元守备、游击将军、平寇将军、总兵、参将、副将、官拜左都督、御封广元伯、太子少傅、华阳伯、锦江侯。
③ 马应试，乾隆二十四年《直隶泸州志》卷八《外纪》载：马为贵州仁怀县人，原明朝泸州卫指挥佥事，任游击，崇祯末据守泸州，经常活动于泸州至富顺地区，大肆搜杀焚掠，后被杨展诱杀。
④ 贾登莲，应作"贾联登"。江油人，曾任川东佥事总兵，后与副将谭得胜一起在遵义降清，被杀。杨维栋是其部将。
⑤ 曹勋，《汉源县志》载：字字功，世袭黎州（治所在今四川汉源县北）指挥使。张献忠破成都，只身逃回黎州，后与邛州（今成都邛崃县）举人刘道贞组织抵抗，在小关山破张献忠将进攻，继随副使范文光守雅州（今雅安），保黎雅地平安数年。后退隐终老林泉。詹天颜（1595—1652），字僯伍，福建永定县湖雷乡下湖村人。崇祯十三年（1640），擢升龙安府知府（龙安府在今四川绵阳市辖区，辖平武、石泉、江油、彰明四县）。顺治四年（1647）年，明永历帝晋升詹为四川西北巡抚，驻石泉，抗击清军达七年之久。顺治九年（1652），吴三桂收买其部将将其遭绑架，詹誓死不屈，被害。
⑥ 侯天锡，左都督侯良柱之子，南溪人。崇祯十年（1637），父战死于绵州，天锡遂世袭指挥。甲申之变后，南明政权封副都督，佐甘良臣出战，收复叙州、泸州、永宁等地，有功获赠永宁伯。
⑦ 谭文、谭诣，与谭弘号称"三谭"，原为万州世袭卫官，驻于忠州（今忠县）、万县、夔州（今奉节）一带。初御张献忠进攻有功，分别被封涪陵侯、仁寿侯、新津侯等，后谭诣、谭弘归顺清朝。
⑧ 隆武，南明唐王朱聿键年号。顺治二年（1645），弘光帝被俘，朱聿键即皇帝位于福州，以福州为天兴府，称福京。以当年为隆武元年，遥尊弘光帝为圣安皇帝。
⑨ 王芝瑞，字钟淑，南京江宁人，崇祯辛未（1631）进士，历官行人、礼部郎中，升四川提学佥事（即学道）。隆武时，任金都御史，巡抚四川，永历二年（1648）卒。

予起文考补恩选贡士，九月游楚，蒙太尊亲总督川湖云贵思恂喻①公荐举人才，公咨总督川陕部堂一蘅樊公，称："泸州贡生曾巩，高才博学，强力富年，因厄于时变停科，徒咏苹鹿②于空谷。贵部堂吐握风高，见必怜，怜必用，不惜衔前盈尺，以令吐气扬眉，虽万户侯不足道也。除具题外合行荐举，仍希赐复。"

永历元年丁亥（1647）正月，樊部堂考授赞画，受衔重庆府判，听候汇题在案。随奉督师阁部王应熊例，每官准纳盘缠六十二两，考补筠连县缺。予得盟兄富顺庠黄之鼎字尔调相助良多，束装赴任。岂料流贼之焰虽灰，大清之兵猝至。西北马抚军败亡于内江③，各地土豹，各匿原党，而剿除流贼之各标镇将，俱携船随营飞渡泸东矣。营兵虽未杀戮人民，而粮食尽被打劫。阁督二台分遁夷壤，兼之大兵之后继以凶年，难民则自相食。予于二月二十四日离筠连，任负老母刘太君顺流合江，泊舟石盘④。碗米五钱，斗谷四两六钱，斗米三十二两。有金者死，有粮者生。四月初一日，奉母乘轿至石笋⑤。沿途目击，饥死枕道，遍野尸横，虎踞山冈，盗匿林莽；天昏地暗，路断人稀；道上行人，衣不蔽体，血肉淋沥，行无精神。予一行十人至五里坡之冈门口观音寺下石佛寺上。老长房讳惺，字还初，以总戎致仕，当时称还初大老爷老兄庄上暂寓，以待清平。兄助予牛种，指以土田，秋成可备半年之食。寓定后，亲疏十口，嗷嗷待哺。谷

---

① 喻思恂，字醒拙，号川石，重庆府荣昌人。万历历辰（1616）进士，历任山西道御史、浙江巡抚等。明末乱起，已致仕的喻思恂受任南明户部、兵部尚书，和王应熊、范文光等筹划恢复明王朝，不久去世，葬贵阳。因为喻思恂的胞姐系曾固之的曾祖母，故称其为太亲尊。
② 咏苹鹿，语出《诗·小雅·鹿鸣》："呦呦鹿鸣，食野之苹。我有嘉宾，鼓瑟吹笙。"比喻秉志高洁，不慕爵禄的人。
③ 马抚军，即马乾，号洛水，云南昆明人。据《明史》载，马乾于崇祯六年（1633）中乡举，历任广安知府、四川巡抚，在抵御张献忠入川的战斗中，死守夔州，一度收复成都等地。后来清军入川后，对马乾进行招降，马乾回答说："某为大臣，封疆之臣应死封疆，此正某毕命之时也。"顺治四年（1647）二月，清军攻破内江，马乾不屈而死。
④ 石盘，在合江县城赤水河与长江交界处，因该处是一片平石坝，故称石盘角。按照当时的交通路线，作者应该是从宜宾筠连县走陆路到宜宾，然后乘船顺流长江到的合江县城，船停靠在石盘角。
⑤ 即石笋场，在今贵州赤水市长沙镇南石场村。

无仓储可觅，米无资财可买；驴蹄①芹菜相伴充饥，山桃刺笋频采入腹。兼以力仆病故，跟役拐资，暴兵掠去奴婢、劫去厢囊，生路无门。日夜焦虑，大难如斯，奇祸若此，此实乃天怒行罚，神灵示谴。此而苟延一线，惟有悔过洁心，乃托周居士代觅《感应经章》钞录奉行。幼年所谓事天格天，永命保命，惟此时为然。面有饥色，且必结伴多人，各持器械，不敢只身独走。睹此景况，惨淡凄其不复想见。永历庚寅（1650）以后，太平世界矣。

是时，中馈无人，再娶合江天启乙丑（1625）进士冯公讳名世②女为室，相守二十八载，病两载余，甲寅（1674）十月之望告终。娶后闻王爵镇八月十五破遵城，清兵尽北渡，而永宁叙泸诸郡始渐底定。予往土城吊祭阁部王公，径抵孙盖③。戊子（1648）春，王赴遵义，蒙四川巡抚钱公邦芑④题授叙州府推官兼纪叙马泸永各镇兵马。予赴戎州上任，受事一月，即有赍捧广元伯敕印嘉州杨展之役，偶以轻口泄机，被奸友袁尚黄⑤贿赂夺占，天道有灵，落魄而反。

予在遵城将归里，友舒占魁留饭叙怀，临行送别出城。行至金藏寺⑥，开烟待伴。后来者云："今早堂副将舒占魁以算饷剥皮，小书李照同毙。"继后来者，众口同然。予不胜惊惧，且感且讶，代怜其惨。因马上吊之曰："汝之辞束兵而管饷也，冀邀升斗之些需以活性命。今日之故，升斗何益于性命乎？汝之缴官本而管饷也，求沾羡余之涓埃以养妻子。今日之

---

① 驴蹄，即驴蹄草，毛茛科驴蹄草属多年生草本植物。可以药用，其叶可以食用。
② 冯名世，字开五，合江县人。据民国《合江县志》载，冯为明天启乙丑（1625）进士，历任县令、河间府推官、山西大同粮储道，历升礼部尚书兼太子太师、中极殿大学士。
③ 孙盖，地名"生界"的别音，或作"生解"。雍正九年（1731）仁怀县治所移至生界之亭子坝，即今贵州仁怀市三合镇亭子坝村。
④ 钱邦芑，字开少，江苏丹徒（今江苏镇江）人。明崇祯秀才，南明永历中，以御史巡按四川。永历六年（1652），受任抚黔。翌年，张献忠余部孙可望率众进入贵州，遂退隐。
⑤ 袁尚黄，贵州仁怀河西里（今习水）人。南明参将，授工部屯田司主事，迁兵部武选司员外郎。永历帝死后，遂归隐山中，徜徉诗酒数十年而终。
⑥ 金藏寺，在遵义县城西北四十里。

故，妻离子散，羡余何裨于妻子乎？"

《菜羹谈》所谓"奢者富而不足，何如俭者贫而有余"，今日正宜鉴戒矣。《盘谷序》①所谓"与其有乐于其身，孰若无忧于其心"，今日正当遵守也。《醒世恒言》②曰："清空朗月，何天不可翱翔，而飞蛾偏投夜烛。"舒其今日之飞蛾乎？清泉绿竹，何物不可饮啄，而鸱鸮③偏嗜腐鼠，舒其今日之鸱鸮乎？居今日而求名牟利者，当因舒而憬然悟翻然改，庶不蹈舒之覆辙也。倘舒于管饷时横取妄取，必折衷于《感应经章》焉，岂有今日之受祸乎？予就金藏寺佛前发大洪愿以求保全首领，因今事从今始，洗心涤虑，谨言慎行，常悔既往之失，时防将来之非。诸恶莫作，众善奉行。当念三个时前，舒尚谈笑自如；三个时后，舒已肝脑涂地。今正理法两无之世，草菅人命之秋也。遂马上口占曰："甲子须臾三十年，姻亲族党尽飘然。今朝始悟从前错，感应经章醒后诠。"兼程回寓，适近贱辰，晨起焚香，拜礼神祖毕，虔诵《感应经章》，信受奉行，选吉入箐，结茅深山，敛锷韬锋，躲仇避怨。李占云之凶忌日，加熊梦熊之谗谤，④益至甘心忍受，佯不之闻。

己丑（1649）春，家渐萧索，两奴拐逃，生理无恃。又承良友赠遗黄牸一头，值时价十五两。一奴赎身，一奴还财，共三十两稍济饥寒，颇给日费，心地略宽。

庚寅（1650）春，滇师反正，奉旨通行，王封秦晋蜀藩公侯将军，与大清对垒。大师四出川中，联络镇将王爵镇。十月，自遵师溃阵亡，予之仇怨冰消，予之趾高气扬矣。后遇蔡盟兄讳国，聘以监军，管仁怀事，题授前来，手札频邀，山冈凉灶，尝馈廪庖。予始出山相晤，传杯对榻，胶

---

① 《盘谷序》，即韩愈《送李愿归盘谷序》。文中有"与其有誉于前，孰若无毁于其后；与其有乐于其身，孰若无忧于其心"之句。
② 《醒世恒言》，明末冯梦龙纂辑的白话短篇小说集。其题材或来自民间传说，或来自史传和唐、宋小说。除少数宋元旧作外，绝大多数是明人作品，部分是冯氏拟作。
③ 鸱鸮，即猫头鹰，也作鸱枭。
④ 熊梦熊，泸县云锦人，系明万历进士、兵部尚书熊文灿之后裔。崇祯丙子（1636）举人。胶

漆绸缪，更慨为汲引，劝勉备至。予始往遵谒见，当路亦以监纪推官署綦江县事，联络将兵，稽察牛种，招徕贫民，安抚逃户。岁末交印，除夕兼程入黔。

辛卯（1651）春，特疏上陈允下。吏部冢宰任公讳僎①议状云："泸城之水陆未辟，富荣之盐课久湮，本官人地相宜或可供职，伏候睿裁。"十五日朝觐，恭领敕印历书。出川时，泸民逃散四方，大半入永。二月初三，予于永宁就民宣读旨意，上任开印，视泸州事。又遇伯爵侯公天锡，重念旧员，礼遇优渥。泸州粮户有逃入九支②者，予至九支招民作士。六月，适四川御史张讳重任③兼管学、盐法事，予考起送今流寓之贡谭中字宜侯，合江贡生黄甲字伯辉，及诸生张瑜字灿碧④若而人焉。试事既竣，复有兼管纳溪税课之役旨篆同来，每盐百斤抽税三斤，（佑）[估]价每本一两抽三分，生丝、白蜡、油麻杂税，称是立冬后请代。开城栖于舟中避虎。

壬辰（1652）春，两朝对垒，大师临泸，檄委予前往仁怀、合江、永宁、遵义箐洞招徕填实。二月，促归奉取编造清册丈田，以免古蔺乐用兵民分割之苦。七月开丈，赖史望罗东、冷溪二漕并牛背石⑤一带，免丈横弓，只丈顺弓，以苏民困，每二百四十顺弓征火米五升。九月，饷竣，全师北伐，纪功首荐。予之得罪本郡也，虽不行请托，不受贿赂，鞫囚听讼，矢慎矢公，而实有难乎情者！殉情则姑纵废法，任法又刻薄寡恩，惟张示出令，兴利除害，一一折衷于《感应经章》，然后见诸施行，且必平

---

① 任僎，字文升，云南建水人，明万历壬子（1612）举人，官至河南道御史。致仕后，值甲申之乱，在云南归附孙可望、李定国、刘文秀、艾能奇四将军，以扶"大明"之名拥立孙可望称国主，任礼部尚书，后病死。李定国到云南后，追谥其谄逆罪，被抄家戮尸，子孙戍边。
② 九支，今四川省合江县九支镇，位于合江县城西南边缘，与贵州省赤水市一桥相连。
③ 张重任，云南人，明崇祯末四川御史，后在孙可望主政的永历政权任六科都给事中、大理寺寺丞等职。
④ 谭中，不详。黄甲，合江人，康熙辛亥（1671）岁贡。张瑜，合江贡士，康熙间任资阳县训导。
⑤ 赖史望，即赖史望场，今纳溪县白节镇旧名。牛背石，因纳溪县丰乐镇场口有一巨石如牛背形状，故俗称该场为牛背石。

心和气，广德并观，不求感戴，不惧是非，得以现任离任，邦家无怨也。至于应酬上宪，行知属员，毫不敢差误，在任两载请代，恭具实封进呈。永历七年癸巳（1653）上元缴印，以理致仕，治任回庄。赤松绿竹，可乐余生；漱石枕流，亦堪终老。

自念上承先世，嗣续无人，因于信受奉行之《感应经章》，每逢弦、望、晦、朔、甲子、庚申、本命、元辰，焚香奉行，无敢稍怠。孟秋获稻，逆奴兄弟，密算弑主，酗奴使酒泄言，予得履虎不咥，虽是大度包容，其实小心防备。即于诘朝，面谕和解。免做火头，分给牛种，析箸另锅，稍安反侧之枕，仅留薪水，四仆自爨而食，更觉简便。甲午（1654）八月、丙申（1656）十月，连举两子①，岂奉行《感应经章》之报耶？

今于解组之后，追忆服官之时，闻人有名予曾道学者；管税课时，有名予曾菩萨者；致仕家居，又名予曾乡愿者，而抑知予不过戒欺求慊，临深履薄，即恩中惹怨，义理生非。亦宁使人负我，毋使我负人；且逢人长志，遇祸添钱；赠人仆以号，推途人以兄；常存谐俗厚道，不萌忤世雄心。纵家计贫苦，惟守己安分。幼读先世之书，徒食父母之饭；不经世务，不谙世途，以致布之余口不知，秤之三毫不晓。加以身无余积生财，家乏心仆贸易。

丙子至癸未，予年二十余，随侍父叔罗织牟利，或有所得利逾于本，此为横取人财。甲申至戊子，三十岁时，军兴旁午，不织而衣，不耕而食，此为非义之财。是以丙申（1656）还里，物力艰难，有财不保。戊戌（1658）五月，陡遇清师奔北，杀予同避难之三人，予只得尽财予之，以全要领，一贫如洗。丙午（1666）九月，一奴赎身，一婢痢亡。十年之间，死仆婢六口，力马一只。戊午岁（1678）二奴拐逃，衣囊一空，人财两失。庚申（1680）八月，大师打粮行劫，予所着冷热衣服，尺寸无存，老幼号寒，掠去大小猪十三只，鸡鹅鸭种尽失，又贫如洗。予亦不怨不

---

① 连举两子，指曾固之分别在甲午年和丙申年连续生育了两个儿子，长名自邱，次名以邱。

尤，惟奉行《感应经章》而已矣。

庚申（1680）闰十月初八日六十三叟固之书

（曾广溯、赵永康校注）

（荣昌余氏）家传实录

（清）余一夔

本文选自重庆市荣昌区黄金坡《余氏族谱》，民国十五年（1926）余际芬手抄本。是谱收录余氏三世祖余一夔《家传实录》，记录崇祯甲申至己丑五六年间作者的所见所闻。附录选自林万荣编《明清荣昌诗选》。

蜀中苦，无地不尔。别府州县，岂能尽记，大同小异，想当然也。至于本县事情，起于明崇祯十七年甲申（1644）六月，终己丑（1649）三月。或予目击，或人谈及，实握管实录。五六年内，千头万绪，苦境最多，不可殚述。略纂数段，不过表其大概。匪徒捉风捕影、粉饰铺张者，比题曰"闻见实录"，盖欲后人知前人苦，而勉于为善云。

康熙四十三年（1704）六月初一日，八十老人器之余一夔①《家传实录》。

流贼始于明天启末年，其时大旱，饥民拥聚不散，自作响马。歌谣：

---

① 余一夔，《余氏族谱》载："三世祖余一夔，字器之。同朝庠生。生于明天启己丑年（1625）四月二十日吉时。为人刚直，避难（避献贼难，至贵州遵义府遵义县大夫坝。——族谱）同父归。荣昌县治初开，首游泮宫。五十余年，著《闻见实录》传世子孙。亡于康熙四十五年（1706）丙戌三月十五日午时，享七十八寿。葬河坝。"

"老子门也有父子兄弟，在家快乐，只因多年干旱，没有吃喝。斗米卖到五钱八，那有银子去买他，眼睁睁看着妻儿老小饿杀。没奈何放个响马，就是杀了也罢！"同时，汉中盗起，即姚黄①也。于是抄劫富户，势挟有司，尚未千人。后边上土寇、固原逃兵渐渐会合，攻城破邑，犹未烧杀之惨，无[过]掳掠羸马子女玉帛而已。

迨明崇祯元年，有陕西巡抚胡廷晏恶闻贼警，每有报者，辄杖之，曰："此饥民也。掠至来春自定。"其后，各府州县，不敢以闻，而贼势渐炽。贼首王嘉胤，后为明总兵曹文（沼）[诏]所杀。高迎祥，后解至都中生磔之。其党闯王李自成、八大王张（宪）[献]忠、曹操罗汝才、老回回、一斗米、混天星、一只虎、显道神等号，余不胜书，俱系延安府米脂县与河南人。诸贼或死或诛，皆消灭，独张、李二大贼陆沉中原。张贼初盗窃时，明总兵陈洪范捕获欲杀，奇其像貌而遣释之。后怀不杀之恩，降于洪范。时泸州熊文灿为总督，安置湖广襄阳府谷城县②。贼请十万粮饷，熊文灿裁减三分之一。不逾年，复叛。贼入川三次③，戊寅（1638）第一次，由汉中至保宁，由水江转；庚辰年（1640）第二次，贼不满万，入川围成都，数期即退，走简、资、内、隆至黄牛丘折转，再过嘉明走泸州，杀川南道与知州等官，复过成都入湖广。有督师阁部杨嗣昌驻夔府，屡檄总兵方国安浙江人，有众三万，（摄）[蹑]后追剿。而国安怯战，每与贼[隔]三四百里。贼过泸州到南溪，方兵才到隆昌，不随后追赶，又到荣昌后响水滩文殊坡走泸州。当时，贼谣云："好个杨阁部，离我十天路；好个方总镇，跟□同床睡；好个张立，一日打三阵。"张立，永宁人，为明副总兵，与总兵侯良柱俱战死广元县。甲申年（1644）第三次，流贼杀戮极惨，有[缚]人夫与父对面，而淫其妻女，然后杀之者；有驱人父兄，执刀磨颈，使淫其女妹以为

---

① 姚黄，指匪盗。上文"流贼""响马"都是百姓对当时土匪、强盗的称呼。
② 谷城县，湖北襄阳市西，汉江中游西岸，武当山东南簏。张献忠招安后屯军此地，崇祯十二年（1639）在谷城重举义旗。
③ 贼入川三次，指张献忠在崇祯十一年（1638）至崇祯十七年（1644）三次出入四川。

戏，而后杀之者。虽死不从，其杀倍惨。有裸孕妇于前，卜所孕之男女，剖而验之以为戏者。时或杀人，挣开肚腹，豆料和血，作栈喂马。所掳子女甚多，临行不及携，尽杀之而去。即如荣昌（思）[施]济桥所掳大足、永川、铜梁及本县妇女，贼退隆昌，两岸贼兵执刀砍杀，投尸潭中，不下数千。此目见事也，他处何论？或杀人而覆以芦苇，纵火焚之，令秽气上蒸，守城军士立仆者。即八九十岁老翁喘息难行，亦要过刀气者一两月，婴儿穿在枪上，跳跃涕泣，以为喜笑者。跛足、盲哑、残疾、癫癳、乞食等辈，概行不留。至灌洞熏烟，古所未有。大洞藏千余人，小洞亦有数百。荣昌谭家洞离响水滩不远，白龙洞在小乱石滩上，龙洞在高坡上，泸州韶子洞、白龙洞，永川贺家洞、白马洞二处，洞多不能悉记。与荣接壤连山，三处人民皆藏避诸洞。洞内有水，各备柴米等项。不服招安，贼用房屋木料堆积一层，又将杀的死尸堆积一层，如此数层，将簸箕扇火，令烟自入洞内，人等亦将棉絮、水泥抵塞。然烟从古隙而入，洞内人亦不见烟，但洞内有风，每风吹一处，其烟随风而来也。远闻如蒸糯米饭气，又似料香。气味一熏入鼻，即闷倒仆地而死，此系出说的，但面尚烟黑，色如死人样。过十余期，有入洞，寻父兄弟者，只见面上通身俱系大汗，如有在水中光景，三四年亦不坏，或熏死亦半。贼呼招安令："出不杀！"及出洞仍杀之。或洞口全是坚石，贼用房屋木料堆积，过洞口大烧一二日，然后用水泼之，不过半日，石自崩裂，无一人得免者。闻川北有一洞，在大河之中，岩高数丈，有深潭亦高数丈，水自洞上飞泉而下，峭壁悬崖，怪石层叠。本地绅衿庶民皆祢天险，只有一路，宽不过三四尺，临潭而过，与一人操戈，万夫莫近地也。搬运柴米等物，足支一年之食，猪羊等畜，俱入其内。洞高而明亮，深广各四五里许。贼围三日，遂设计每兵要布袋十余条，内盛泥沙，仍用长大篾缆一根，紧缠裂口，横截河中，宽百步，与两岸并峙。筑水倒流，无一得活者。甲申，贼取成都，挖地道丈余，埋大炮于墙下，再用火药数石，冲倒八角楼五六十步，乘势而入，八月十五与重庆同。

甲申（1644）十月，张贼发兵剿抚并行，以杀为威，杀气摄人于千里之外。复置伪官姓王，成都华阳人。招安百姓，入城者，怕死者多，就听招安。城内关满，每人于衣领上载大顺通宝钱一文，白布号片一张，写顺民某人，仍用伪官县印。入营中，贼亦不问。四门竖起顺天大旗，时贼数万尚在隆昌道观坪。有李明宇、傅崇樊，开衅起忿愚蚩愚聚城。城内人俱有亲戚在外，两来相迎，急发文书求救。贼即发兵救援。贼不过施济桥，由马滩坳上红岩坪①。马上红旗奔突，众人犹手指城内人，骂曰：“你看我曾总爷兵来了！少顷尽杀你这投贼的。”至举刀砍时，方知是贼。甲申年十二月事也。众人魂飞魄散，方才奔走。贼发马兵于东路十里外，凡过山头，插竖红黑等旗，大呼："老子在此，还要往哪里跑！"众人或藏林内，或伏田边水沟。至已午时，贼步兵全到，遍搜寻，尽行（坎）[砍]杀，幸脱者如杨之等七八人而已。贼于（己）[乙]酉（1645）九月十六屠杀大足，招安百姓。本县伪官差喻咩杀文，中途撞过，即锁住不放，恐防漏信，由三溪镇、路孔场、弥陀桥②来城内招安百姓。至北门楼上，看天兵回营，但见喻咩披发锁住，口不敢言，只以两手斫自己颈项。前后有的说：“且怕要杀我们么？我们是老万岁招安的！”有的说：“你看喻咩光景，大约不好，得多走为上计。”又有的说：“我们投降西朝一年有余，乡门人咬牙切齿，出去被他死！”一夜往来商议，如醉如狂，还有二十余家，竟不能决。直待二十一日天色将明，贼从高池铺营中走来，先开南门，一支走东门，一支由家湾至北门会合，沿墙插旗看守。然后贼逢人便杀，或擒至街门前。贼黄掌家身披红袍，高坐堂上，只叫不许走一人，即命开刀。东至城隍庙门口，北至上司门口，南抵南门及县堂内外，死尸堆积三四尺高，无

---

① 施济桥、马滩坳、红岩坪，系荣昌县城近郊地名。施济桥是川东道必经之地，往西直达隆昌、成都，西南可达川南泸县、宜宾。
② 三溪镇、路孔场是大足、荣昌相邻的两个场镇，弥陀桥在荣昌县城北近郊。

一尺隙地，血流有声。那时，乡间问，人人都司，个个守备，狐假虎威，擅弄殊笔。或找四五十乡兵，或近百人的，每视城内人为奇货，所以宁死不走。逃出五人：刘近怀、朱明之、胡连山、胡长庚、刘三友。

乙酉年（1645），贼杀的日落初晦，冤魂塞路，怨气弥空，沿（诚）[城]遍野，听号之不止一处，招安人开户仃看，止闻其声，不见其刑。但见黑烟气濛濛不大了了，团结一块，约丈余长，声从起，气灭声息，如群儿呱呱哭泣之状，夜夜如是，人以为常，不以为异。

乙酉年正月，贼于东关口教场坝宝城寺立三大杀场。当时贼谣云："天兵本姓流，天公差我下来斩人头。若还斩不尽，五瘟使者在后头。"又曰："八方有路，在劫难逃！"

业师吴师鸣佩避贼冯家（填）[坝]，拿入营中，同行者不计其数。将入贼营，有数贼从路傍站立，一一看过，忽于众中单扯一二人去杀。及入营盘，合归窝铺，别窝铺的贼不许他杀。那贼说道："好汉哥哥，看我情面，借与我杀罢。"待后杀尽时，众贼说："这老头子肚已饥了，拿些饭他吃，放让去就是。"及时沿途遇贼甚多，并无一人阻，于如此三次，俱获清吉。

又有生员肖令终，贼拿至杀场，忽有一贼将他营中衣服叫他穿着，引出营外四五里路上（于）[放]去。肖令中每称中圣人。又有鱼赧坝常乐寺僧人无尽，贼剿杀数月，不止百次，僧人见他，观此数事，虽激幸于万一，亦是前生有些好处，人何不存心正直向天上走也。

乙酉十月，流贼退后，猪犬成群，尽食人肉，夜宿山头，眼如赤血，常见咬死尸胸前筋骨，动死人两手。合拿打，群噪而走，每日不止数次。一二人不敢走，聚十余人，各执棍棒打死，月余乃息。

闻彭学师说成都有一招安屠子，贼剥人皮，从旁指示曰："如此如此，方才快当。"群贼喜之，就叫他剥人皮。数月后，（宪）[献]忠呼前问曰："汝剥人皮多矣。今将你试一试，看一看我兵有你本事否？"遂剥之，人人喜悦。

丙戌（1646），贾登联四川正印总兵标下内外，各立五营，骄悍，大约共一万，从来与贼交锋，坐食害民，是贾上策。贼在西，贾等在南；贼到北，贾等在西。

本朝大兵杀贼，贾登联速退，意欲过黔避难。不知墨固山于丁亥春先到遵义，横截路径，即薙发投降。不过半月，杀于城外香山寺前。其余张登贵、莫宗支、顾矮子等抱头鼠（串）[窜] 而去。

丙戌年（1646）天干，予往路孔场买米，俱系铜梁挑运来卖。每见齐眉幼女及十余岁小儿，约有百十个，各执小撮箕、高粱小帚，系布袋于颈上，米市上跪膝捡米。如一二十粒，和之放入囊内；或一二粒，仆地手捡。全无人形，俨饥鬼出世。只叫有人救他姓名，愿作奴婢奉侍。皆系好人家并亲识钟爱子女，向不得一面，后睹此，贵重谷米，不可轻贱。

丁亥（1647）三月，本朝发肃王驻重庆，遣墨固山等追赶贼首大王义子取名可望本名孙朝宗等①。追及遵义，奉旨立抵川界为限，五月复回保宁，进京缴旨。八月王禅人复遵义。至庚午年，伪秦王孙朝宗假联络诸侯之名，威势迫胁，四路进兵，王禅不屈，自刎而死。

戊子年（1648），有王正吾将鱼赤坝刘近怀肉三钱一碗，卖前后约数百人。姚黄来，方正东路丁家冲有杨兴让弟兄，本地有郝保等，西南路有杨孟奇、刁正一等，北路更多，不能胜书，略表其尤者，俱系吃人肉的。

又刁正一于戊子将王家石坑场主姓王名牛者杀来煮吃，他说道："王牛的肉比别人的肉好吃，再吃两碗。"即时腹中膨胀，病不能行，被古镡镇胡念恒乱石打死。今丹板桥望见大山黑松林之处，乃吃人的名窝铺也。

戊子（1648），杨展在嘉定，姚黄贼首袁（滔）[韬] 在川北，为本朝大兵杀败，奔至富顺，约为弟兄。展推诚不疑，多发牛种谷石，资给甚

---

① 孙可望，张献忠义子。张献忠阵亡后，他在贵州、云南领导余部继续抗清，为南明后期抗清的主要领导人之一。

厚，安置犍为县。后袁（滔）［韬］生辰，展于嘉定来贺寿诞，酒筵间，手执钻刀刺腹杀之。后庚寅年，伪秦王孙朝宗遣刘文秀出建昌，至嘉定生擒袁（滔）［韬］。又至永宁四十八屯，降侯天锡。嘉定、永宁、遵义尽属孙朝宗盘踞。自己丑人烟断绝之后，成、重、顺、夔一片荒地，而叙府、南溪、江安、纳溪、合州、江津、綦江沿河地方与成、重无异。从己丑至丁酉，影灭迹绝，逃出绅士庶民，无复归祖之望，惟望云洒血而已。

迨戊（寅）［戌］年①（1658），本朝发大兵由保宁、重庆、遵义讨平云、贵，荣邑在外人民零星凑集，喜复故土。罗汉寺、敖家坝、马家沟三处，约计四五十家，方才开县。是后，风气渐开，流寓别省者与夫楚粤之氓闻风接踵而至，再睹尧天之舜日，不亦斯世斯民之大幸也哉！

民国十五年（1926）岁次丙寅春月，后裔孙余际芬号崇霖沐手书

附录：荣昌得胜岩摩岩石刻碑文②

劫难荒荒明祚废，献贼跳梁肆狂悖。
禽奔兽窜到昌州，杀运腾天谁与对。
吾家先祖丧国变，督率乡人作团弁。
冲冠怒发剪凶仇，城北山头拼一战③。
委弧飞镞惨长号，白刃锋交血饱刀。
八千子弟戈矛尽，妖魔都作怒蛙嚎。
困我长围贼势迤，三军力竭无坚垒。

---

① 应是顺治十五年戊戌，此年蜀省平定。
② 得胜岩，位于荣昌县北五里许，过观音桥沿石板路走半小时即可到达。得胜岩原古地名为巴斗岩。
③ 明崇祯十七年（1644）六月十三，张献忠部将王洪率军由重庆北上抵达荣昌，在城北巴斗岩（今得胜岩）与民团遭遇，发生激战。几次进攻失利。后绕道三十里外的赵氏河，转螺罐山袭巴斗岩后背，民团损失惨重。敖仲美、喻思灿等人先后战死，民团被歼，张献忠部队占领巴斗岩。

杀身志士自成仁，落落男儿归视死。

　　九泉含笑答君恩，不作怨鬼作忠魂。

　　二百年来山下路，行人旦暮有悲论。

　　我今凭吊情无已，感触前徽深仰止。

　　顿题短幅写藓苔，留与人间补青史。

献贼乱蜀，郡邑蹂躏。远祖敖仲美率民弁御之，屡获胜算。贼以十万之师围仲美于此山，故失利。窃谓献贼咆哮中外，未闻加一矢。仲美独能斩木为杆，一战再战。有明三百年来何可多得者！若假以大权，明祚奚以不祀？余特表而出之，以待他日辀轩也。

　　同治甲子（1864）敖京友跋

（陈伟平点校，林万荣注释）

（荣昌喻氏）明贵州巡抚都察院右副都御史喻思悇宦略年谱

（明）喻符庆等

　　选自荣昌《喻氏族谱》，光绪十四年（1888）刻本。《喻氏族谱》自南宋淳祐二年（1242）由江西丰城九世祖喻大纲，十世祖喻轻清、喻伯原父子叔侄三人创编起，继经十八次续修，其中宋代一次、元代一次、明代六次、清代十次。

　　先考讳思悇，字似枣，通判应豸公之子、少保茂坚祖之曾孙也。以瑞枣兆祥，伯季重光，故考辈皆以枣字命号。维考行七，生明隆庆二年戊辰

(1568)二月初八辰时,生子四人,俱列荐绅。是年,余祖应豸值覃恩应拔典。是考甫生之初,即遇高堂升俊之荣,则异日之晋秩巡抚、克绍前休者,已于此时兆端矣。

越万历六年戊寅(1578),考年十一岁。祖应豸以南诏二守擢寻甸通判,旋委署左右卫粮兼曲靖太守。考随宦肄业,博学五经,达于政体。

万历十二年甲申(1584),考年十七岁。祖应豸平叛夷岳,夙劳岚雾,卒于官。考同母程淑人扶榇归里。

万历十三年乙酉(1585),考年十八岁。葬祖于县北印诰山忠臣赵文节①之里,仿佛逊国产让诸兄,因题一联以自警曰:"文须恰意方丢手,事不如心看后头。"

万历十八年庚寅(1590),考年二十三岁。捷补胶庠。

万历十九年辛卯(1591),考年二十四岁。特等食饩,苦心稍慰,志气弥高,联云:"担当君父前头事,收拾乾坤入眼春。"

万历三十一年癸卯(1603),考年三十六岁。以麟经举经魁②,其时祖母程淑人喜甚,手额谢神明曰:"儿生最晚,不图今秋又天开甲子。"见《思愷公传》《程淑人墓志》。考立志远大,每期金马玉堂。讵知三试春闱,不与琼林。

万历四十三年乙卯(1615),考年四十八岁。七月二十八日,祖母程淑人卒。八十九岁,见《淑人墓碑》。考尽哀尽礼,观者慨叹。

万历四十六年戊午(1618),考年五十一岁。任获鹿知县。邑近辇毂,要疲繁难,茝治攸宜。考最著,有初知鹿泉郎事。

天启六年丙寅(1626),考年五十九,迁大理寺评事。

天启七年丁卯(1627),考年六十,转大理寺副。

---

① 赵昂发,谥文节,宋池州通判。宋德祐元年(1275)元军南下,赵昂发奋勇抵抗,因势单力薄,元军攻陷池州,夫妻双双于大堂自缢,为宋室忠臣。
② 指考中举人。"世萫凤甍坊"为喻氏家族在故居荣昌城东门建的牌坊之一,上面刻有喻思愷等四个同族中举人名。

崇祯元年戊辰（1628），考年六十一。主鞫魏珰、张体乾、谷应选等逆案为三等定罪，上悦其议，事载《大明熙史》。升户部山西司正郎中，管河西军粮。值报警，仓卒设法，雪窖漕粮数万石，颗粒损，救急军需。上嘉悦，纪录七次。

崇祯六年癸酉（1633），考年六十六。敕升贵州威清兵备道①，管贵阳镇永定、普定，广西泗城，云南沾宁，驻普定，右参议兼管新旧粮饷，造《赋役全书》。见《题伯祖庠生应鹤公墓碑》《杨泗庙钟铭》。征兵勤王，克靖厥职，有劳于明。

崇祯八年乙亥（1635），考年六十八。转云南曲靖兵备道。见曲靖志书。所属安宁、寻甸，应矛祖五十年前甘棠地，有捐建自力楼手泽、遗爱生祠。先考即趋谒自力楼，俨随宦绕膝景，感诗四律。四时荐祭，孺慕凄怆。下车值昆左土司普酋尤狂悍叛，先考临轺诘责。悍贼怀恩畏威，率众稽首辕门，活生灵万计。夷汉感戴，共建生祠于小关岭孔明庙之侧，至今香火不替。

崇祯十一年戊寅（1638），考年七十一。调繁金腾兵备道，载荣昌志书。考制显亲碑于寻甸。见《显亲碑》《寻甸志》。

崇祯十三年庚辰（1640），考年七十二。孝思永怀，念祖葬地未安，上疏乞休，七月抵家，率诸子侄启葬赵氏河②故基，柴毁戚容，如新丧然。建种德植功坊。并大夫墓碑。

崇祯十六年癸未（1643），考年七十六。仰思先德，佑启后昆，竖天恩世荐坊、明禋济美祠、四世百岁坊，补葺尔雅书院③。是时，栖息林泉，

---

① 兵备道，官名。明制于各省重要地方设整饬兵备的道员，置于各省重要地区。明洪熙时始置，本为遣布政司参政或按察副使至总兵处整理文书，参与机要之临时性差遣。弘治年间始于各省军事要冲遍置整饬兵备之"道员"，称为兵备道，掌监督军事，并可直接参与作战行动。此官由按察使或按察佥事充任，是分巡道的。
② 赵氏河，传为宋忠臣赵昂发的故里，也是喻氏子孙住地、喻氏祖先墓地，在荣昌城北新峰仁义场之间，有小河蜿蜒其间。
③ 尔雅书院，《喻氏族谱》记载：喻茂监致仕后，建尔雅书院以教子孙和乡里幼童。喻思慥致仕后补修书院。

时复惓怀邦国。

崇祯十七年甲申（1644），考年七十七，张献忠寇川，考同余叔大司马思恂公携众子孙跄踉出城，走叙州一路，几危而安。金相异雨行诗句，字字泪也。旋移仁怀，附近遵义，闻烈庙、弘光哀喜二诏先后到播，先考谓诸子孙曰："今日拥戴嫡派福藩，海宇有主。第一十七载励精图治之君，一朝殉国，烈超亘古！奈敷天同左祖之痛何？"言毕，泣数行下。未几，风鹤摇惊，遵黔震。邻黔省抚按范犷、瞿鸣丰，虑思南、石阡接楚通蜀，锁钥乏人，稔知先考为三省兵备，后又曲、金二任，知兵善字，才炼智深，威望夙著，自能拨乱反治，驰奏南京，弓旌下聘。先考以分义难逃，拜诏泣曰："当今国步多艰，中外鼎沸，（霄）[宵]旰独忧，正臣子委职殚忠之日。"复行杖策从王，毅然肩荷，驻同仁，署平越，缉绥六府，控制百苗，西南屏翰，独撑半壁，绩著练，缮储蓄。

弘光元年乙酉（1645），考年七十八。加太仆寺少卿。仲冬，别大司马思恂公。题诗二律，以纪兄弟卫国苦情。刻在著作内。

隆武（元）[二]年丙戌（1646），考年七十九。子松庆由潞南州守升广南郡伯。

永历元年丁亥（1647），考年八十。子符庆由职方司考选御史。

永历二年戊子（1648），考年八十一。子符庆调兵入卫，子松庆护印陈情。

永历三年己丑（1649），考年八十二。莅事惟能，升贵州巡抚、都察院大学士。王应（雄）[熊]议奏蜀人办蜀事，考因赞理四川巡抚印务，请有给诰封，晋阶都宪。

永历四年庚寅（1650），考年八十三。为国为民，积劳成疴，八月初三卒于官舍。生平惟少保祖是仰是遵，故能无愧于君亲，流芳于简策。元孙喻玠因文考实，因事纪年。

我祖事母孝，与兄友。志少保祖之志，学少保祖之学。一十七春寒暑无闻，依然腾蛟起凤，重辉天白。由庠补廪，由廪登科。始为县令，征为内臣，出为屏翰，终为岳都。判魏逆案如律称旨，平定普酋，有功社稷，全活军民，夷汉奉为神君，永享血食，与武侯庙祀，并垂天壤。历官三十三年，享寿八十有三。立德立功立言，统载《明史》诸志之内。所著仅存乡试朱卷、《宦游小草》、《自力楼赋》并《显亲碑铭》、课后诗歌对联。其忠孝大节、文章著述不可胜纪。恨玠生也晚，不敢于符、松二祖所纪外，妄加一字焉。爰为注释行年宦略，以昭人生本祖之意。

乾隆四十五年（1780）岁次庚子春望月重刊

（陈伟平点校，林万荣注释）

（荣昌喻氏）明资政大夫兵部尚书喻思恂宦略年谱
（明）喻奇庆等

本文选自荣昌《喻氏族谱》，光绪十四年（1888）刻本。喻思恂，应台次子，字醒拙，号川石。治诗。万历乙卯（1615）举人，登丙辰（1616）进士，仕至兵部尚书。

大司马家严思恂公，字醒拙，号川石。少失恃，性喜驰马。随王父应台公[①]赴黎平府任，同老仆喻可囲先行。路由江门驿，地名狗脚迹，山不甚高而崎岖难行，石磴数转始及顶。有一磴近崖边，甚险窄，高可二十余丈。凡马至此，失脚跌崖者，不可胜计。家严马至此，失脚跌下，时日已

[①] 应台公，喻思恂父亲喻应台。族谱记载："喻应台（知府）。祯公次子，字葛川。治诗，廪生。同胞任思恪中嘉靖甲子（1564）举人。初任汉阳县知县，升大理寺评事，转南京户部主事，差浙江北新关催税，升户部浙江司郎中，外转黎平府知府。享年七十九岁。葬县北石室山，去少保祖墓不远，有墓记。"

沉西，可圃辈不知。及至顶，寻问家严不见，问马夫，马夫曰："此处惯跌人马。三日前，贵州承差人马跌如泥。"意者其坠崖也。可圃闻，痛哭，令秉火偏寻，绕径二十余里至崖下，为招魂觅骨计。且呼且泣，家严忽应声曰："我在这里！"可圃惊骇为鬼魂，举火近前，见家严坐一大坑侧，鼻孔微有血痕，马跌如泥。可圃泣问："何故尚活耶？"家严曰："马失脚下崖时，见有骑白马、穿银甲人扯我衣领，命坐此。我于昏昧中不知生耶、死耶。今见汝等至乃苏，而知未死也。"于是众昇之走江门，具报王父。时王父尚未至江门，闻报，星夜兼程而至，见家严死而得生，留江门休养，俟神魂全复赴任。时三月三日，士女纷纷道上，俱持香盘，诣一庙进香。可圃随家严游观景物，同众信步进庙，见座上塑有银盔银甲像，家严惊曰："前日扯我衣领者，其人正是此像。"问进香人众，其庙名"白马庙"，其像名"白马将军庞公"。家严转告王父，王父即至庙伏地叩祷曰："神灵活我恂。倘恂异日稍得出人头地，当专庙奉祀，命恂子孙世世焚顶。"

家严治诗，十九岁列胶庠食饩，往往文战不利。荣昌有日者殷姓，尝谓家严于数科之前曰："事有定数，公乃万历乙卯举人、丙辰甲目。今何豫为奔驰，奋苦如是？"家严怒曰："乙卯，吾年四十矣。何妄也？"嗤之。无何，竟淹滞至乙卯岁，始登贤书，丙辰（1616）钱士升榜进士。乙卯春，司马祖因控诉一事，去梁山寄寓城隍庙侧。夜梦城隍降席，口称"卑职"，揖司马祖曰："公非池中物，速归肆业，勿误今科。卑职与按君言，按即销。"初授北直真定府柏乡知县，治邑烦剧，往来多馈送，尽出家园鬻稻以充。调繁、枣强，百民爱戴，特祠祀之。

苻枣强及瓜，考选山西道御史，旋奉差巡漕。时魏忠贤当轴，势倾朝野，使私人谓家严曰："此差乃魏之力，当知所以报，可于东吴觅大水奇珍以献，公之八座可立待也。"家严曰："魏珰弄权，天下切齿。思恂刚肠铁骨，肯俯首以事乎！头可断也，志不可屈也。"遂忤珰。熹庙四年甲子

（1624）六月，与掌院杨涟计议参魏①，以二十四罪之疏见上，不纳。又同魏大中等五十余人，前后申奏。家严自出一疏，有"我皇上信以为忠而莫辨其大不忠，名之为贤而靡觉其大不贤"之语。全疏载于《纲纪》。彼严旨切责。其时，南京兵部尚书陈应亨曰："此何时，尚可任公卿间耶？"家严与同僚各具一疏，辞疾而归。事载《明纪》。逮忠贤锄尽供职所恨人员，又欲谋诛不附逆弃职林泉者，家严在谋诛内。幸缇骑②甫遣而熹庙宾天③，追还缇骑，因此免落魏珰之手。

庄烈龙飞，仍以山西道御史起用，差巡长芦盐政。时月支场灶户逋课，穷民难纳。所司官历年比追，灶户鬻子卖女，破产完补，不能如数。家严节省己俸，代为完纳。激扬秉忠，命掌河南道印，管大计军政，举核秉公，天下称平。升太仆寺少卿。又蒙敕省祖陵，复命后转浙江巡抚右副都御史。昌闻府君尝言曰："司马祖将授浙江巡抚时，梦天妃降一车下地，令沈犹龙、刘汉儒、解学龙并司马祖四人坐四角，从下而上，直至九天，忽惊醒，汗流浃背。次日命下，沈福建巡抚，刘四川巡抚，解江西巡抚，司马祖浙江巡抚。莅任期年，遇海寇刘香猖狂岛屿，敕同粤闽三省会剿。迨刘香贼溃，捷闻庙堂，部议加恩，以当轴索贿，仅荫子寿庆入监。

家严（辨）[办]寇海上，十月辛勤，心血为枯，因而成病，发背邻死，不省人事。家严书吏急请温处道、薛邦瑞二人入署，温、薛惟掩面流涕。随令承星夜往杭召外科治之，召得外科医姚至，姚医先夜梦义勇侯谕曰："喻巡抚发背病，尔当速行。"姚惊醒，以为奇。次日承差早到，姚即办药饵，捡吉往宁台。是夜复梦周仓叱曰："汝不速行，吾即诛汝！"姚梦中答曰："次日即行。"姚因是兼程而至。司马祖之应于梦者六，在识者鲜不笑以为诞。然昌实得之府君之言，想必实有其事，故嘱之子姓，昌是以并注之。调理半载，疮始痊。计三次落肉八两，以参

---

① 天启四年（1642）喻思恂与朝臣杨涟等多次上疏弹劾魏忠贤，熹宗不予理睬，他又独自上疏《劾权珰魏忠贤疏》，遭朝廷严旨斥责。文章大义凛然，言辞犀利。笔势峭拔，见解卓越。不畏权势，义正辞严。光绪《荣昌县志》赞誉这篇文章"喻中丞之劾权谏草，剑气珠光"。
② 缇骑，锦衣卫属下人员，穿红色军服的骑士，泛称贵官的随从卫队，为逮治犯人的禁卫吏役的通称。这是朝廷派来逮捕喻思恂的锦衣卫。
③ 熹庙宾天，指熹宗去世。宾天，对皇帝逝世的尊称。明熹宗朱由校（1605—1627），年号"天启"。

调摄得复元。病中常见鬼卒抬药箱与医，梁山城隍、白马将军护持之。家严以二神皆恩神，因而将梁山城隍重修庙貌，出四百余金置常住田粮一分；于荣昌东南城外建白马将军特庙，命琦弟兄子姓，世世焚顶。

浙江近倭出没犯边，家严捐俸节省，积二十一万金贮宁台，为防海之具，因而饷裕兵强，两瓯获枕宁之庆。浙人感戴，建祠祀之。后奉兵部勘合，勤兵勤王，亲提大师。十万犀甲渡淮，将及山东，奉旨止行，所提六师坐行口粮不准开销。家严若捐锱铢，不动公帑。往来水陆，秋毫不动，民皆颂之。升南京兵部右侍郎，督理畿务，积劳成疴。于庄烈十四年辛巳（1641）请告回籍。十六年（1643）建家庙、崇恩报德坊、合天展孝祠宇与司马坊。日于珠溪上玉山别墅，著名课后，有司官求一见面而不可得。家严之爱身惜名不啻处子。生平事亲至孝，谦退恪恭，即童稚亦不欺。家人小子，终无谩骂之语，里人有"笃行君子"之称。甲申（1644）四月，流寇入川。凡我缙绅罹苦而玷身伤命者不可胜计，而家严于万死一生中，同伯父都宪思愉公，挈家三百余口，逃难于滇、黔、三楚之地，毫无患害。非天眷有德，何能如是也？弘光元年（1644），以户、兵二部侍郎总督川湖云贵饷务，专办蜀事。家严拜诏泣曰："中原陆沉，正臣子枕戈待旦之日。我年虽老，敢以衰朽辞乎！凡百事宜，竭力营办。"隆武元年（1645）以户、兵二部尚书便宜行事。永历时，亦以兵部尚书召入行在。

家严剔历中外三十三年，精忠大节，朝野俱瞻。琦以截俸行取得迁水部，长子文昌徼天之幸而受枢司务，吾家祖孙三代于家园破碎之日，皆得拖金衣紫，俱列荐绅，先人积德累仁之报，于此可验之也。故并纪之。

司马祖生明万历三年乙亥（1575），永历元年丁亥（1647）卒于官，享年七十三。寄厝贵阳城外照壁山下周凤徵地上。徵子翔，文昌室人丁氏姊之子也。注明，令后可知。

（陈伟平点校，林万荣注释）

行状传记

（丹棱彭氏）赠怀远将军玉吾公家传

（清）彭端淑

　　选自彭端淑《白鹤堂文录》，清刻本。彭端淑系彭万昆之孙，与张问陶、李调元并称四川"三才子"。明清之际，彭万昆与表弟张应试组织乡勇，在丹棱、洪雅、邛崃、名山、雅安一带奋勇阻战大西军，守土保民，深受乡人拥戴。卒后，因其孙彭端节军功卓著，赠怀远将军。

　　余祖先将军讳万昆，号玉吾。生九岁而孤，弟讳万嵩，甫六岁，遭伯氏变，贫无以为资。然慷慨有大志，常以济困扶危为己任。岁旱，贷粟于邻人朱翁，翁善鉴，奇之，叹曰："逆宦擅权，盗贼横溢，世将乱，能障此方者，必君也。请以子孙托。"遂指粟数囷遗之。后壮，力治生事，有田百顷，家僮数十人。

　　甲申之变，逆贼张献忠由夔及重、泸①，破成都，据藩府，僭伪号"大顺"。土贼蜂起，眉有铁脚板，丹有萧永道。先将军团乡勇，力为防

---

① 夔，即夔州，今重庆市奉节县。重，即今重庆市市中区。泸，即今四川省泸州市江阳区。

卫，盗不敢近。献逆遣假子抚南王刘文秀屠川南，始邛、蒲，次及丹①，营丹城外。先将军计款贼，且觇动静。于是，择健勇七人与俱，内裹绵甲，藏利刀，牵牛担酒至贼营。贼横戈竖矛，刀剑交加，光寒射目。从人俯首次进，股栗失色。先将军意气自若，贼诘来意，语未毕，忽从人藏刀坠地，铿然有声。贼叱缚帐下，诘以故。从人畏贼，舌强强不能下。先将军从傍应曰："某等去将军营数十里，防路盗劫，藏刀自卫，无他意也。且某仅八人，计何能为？"贼释之。遂归，暗据扼要备贼，贼亦旋引去。当是时，丹东南北诸村，残害几尽，独吾乡安堵如故，邑之避贼者多依焉。

　　献逆之据成都也，悉将楚、蜀所掠金载船数百，欲顺流下嘉阳②。明参将杨展起兵，大破贼于眉之江口③，焚其船，其金尽没江中，贼逃遁。

　　先是，川北土贼姚黄党袁韬、武大定闻展举事，往投展。展爱其勇，倚为腹心。及贼败，韬屯青神，大定屯犍为，展屯嘉阳，兵势甚壮。然展名方盛，负其才，邈视韬与大定，两人阳附展而阴实忌之，常有图展志。适展寿日，密谋置酒杀之，遂围展宅。展子景新，帅从骑三百，自黎雅奔，过铁锁桥，三百骑悉没桥下。景新势穷，乃趋先将军。甫设食，而韬众已驻余家五里外矣。景新遑遽失箸，泣语先将军曰："愿就缚，毋以我累君。"先将军曰："事急矣，公子第行。"择骏马令由间道越蒲、邛，以奔成都，嘱之曰："贼追必急，此行三百里，惟新津长江④可以阻贼。公子渡江当沉船，毋使得渡，吾自有计以退贼。"因率乡老数辈俯迎道旁，以实告，韬等熟视之，不疑也。问："去几何矣？"曰："未逾时。""何道可及？"曰："间道近，大道较易行。"韬从大道，固令导者纡其途。景新甫渡江即沉船，杀渡夫。韬至新津，急不得渡，而景新已脱去。杨氏之不绝

---

① 邛，今邛崃市。蒲，今成都蒲江县。丹，今眉山市丹棱县。
② 嘉阳，这里专指今乐山市。
③ 江口，今眉山市彭山区江口镇。
④ 新津，即今成都新津县。岷江流经新津，而古代视岷江为长江正流，故有此说法。

者，先将军力也。

　　我朝大军既诛献贼于凤凰山①下，余孽未息，其党赫成裔复据黎、雅②叛。建南③观察使张能鳞，闻风负印以逃。贼乘势破洪雅、夹江④，直下嘉阳，川南复大乱。警报至成都，制军李公国英忧之，问军中谁能探贼虚实者。或以丹棱界连黎、雅，举先将军与张公应试⑤对。应试者，余家世戚，为人有干略，曾与先将军相掎拒贼者也。召至询之，先将军曰："某闻师出有两道，一由邛州，一由洪雅。洪雅地僻而径险，贼不知备，将军大军扬言出邛，而以奇兵袭之，可以破贼。且传言贼喜僧，此亦易计耳。"遂辞归。遣干仆削发易衣，乞食贼营，潜探路径，还报制军。于是，制军分兵两道，克期暗应。及期，使前军挑战，佯败，贼悉众来驰，奇兵突入，竖旗鸣鼓，纵火焚其巢，火焰蠹天。贼回顾惊乱，夹击之，斩赫成裔，众悉降。制军语先将军曰："微君之功不及此。"给以都督金事札付，张如之。先将军坚辞，制军不能屈，张宦数年亦归。

　　先将军平生济人利物，他无所计。当蜀遭贼变，人人逃窜，不暇耕，会大旱，斗米数千钱，人不得食，道路死者相枕藉。先将军家有余蓄，设鬻场于通衢之旁。四方就食者，日不暇给。复择膏腴地，种芋及黍、稗可食之物，以续之三年，所活数千人。乡官裔陈道储少孤，诸奴乘乱谋逆，先将军抚为己子，诲之成，给以业，后卒为所陷，几覆其家。事白，终不与较。是二事者，父老至今百年来，犹叹息称说之。

　　年八十八卒。以孙肇洙赠承德郎、孙端淑赠奉政大夫、孙端节赠怀远将军。临危，嘱子孙曰："余不幸少孤，履险涉危四十余年，赖先人泽至今。吾无德以及子孙，惟忠惟孝，克俭克勤，毋蓄旧怨而侮鳏寡。各守厥

---

① 凤凰山，在今南充市西充县境内。
② 黎，即黎州，今雅安市汉源县。雅，雅州，今雅安市北部区县。
③ 建南，即清代四川建昌上南兵备道的省称，辖雅州、嘉定、宁远三府。
④ 洪雅，今眉山市洪雅县。夹江，今乐山市夹江县。
⑤ 张应试，字玉环，明末清初四川丹棱人，张家与彭万昆家为世戚。据丹棱张定寅公一支《张氏族谱》载，张氏入川祖张守仁娶彭氏为妻始，彭、张两家素有联姻。

训,以启后人。"卒之日,远近闻之,多为流涕云。

(舒毕生点注)

(丹棱张氏)应试公本末

(清)张光远

　　选自丹棱《张氏族谱》,近代手抄本。张氏原籍江西泰和县西门外小水池,后迁麻城县孝感乡。洪武十二年(1379)后裔张守仁迁居成都府双流县,后裔定寅公继迁眉州丹棱张彭坝。张应试为定寅公曾孙,与表兄彭万昆共同组织乡勇阻抗大西军,守土保民,战功卓著,受当事封授。

　　祖公讳应试、字玉环者,太祖定寅公之曾孙,丹邑①之乡人也。负文武姿,情迈众,胆量过人,乡人皆推重焉。与表兄彭公讳万昆、字玉吾者,交相莫逆。及献贼据蜀,遣刘文秀屠丹。二人各聚乡勇数百,保境一方,贼不敢近。后见贼居丹三月,竟无去志,乃备牛酒,名为犒军,实欲刺贼。因上下分坠贼觉,不果,以辨得免。归誓乡勇,严加防备。贼据岁久,打(量)[粮]入境,二人擒而戮之。贼怒,又令三百余人复来打(量)[粮],仍以埋伏擒之,而杀于三溪。只贼惧,乃徙雅州,方赖以保全,声名大振。当事闻之,就而问计,与作向导。彭公自邛赴雅,应试公由洪上雅,两兵会合,出其不意,攻其无备,大破贼营,斩杀甚众。当事

---

① 丹邑,今眉山市丹棱县。

者悉以上闻，俱封都督佥事。彭公辞归，应试公官至数年。平定后，简授奉政大夫。因前县志失漏，不知官处。于今辛未年（1691），县主刘公增修志书，采访入志。公生于明朝万历庚戌（1610），年八十五岁，卒于清之康熙甲戌年（1694），葬于张坝①狮子坎。

六代孙光远记

（舒毕生点校）

（双流刘氏）后庵刘公墓志

（清）刘芬

本文及附录选自双流《刘氏族谱》，道光二十七年（1847）刻本。此谱不分卷，蜀中大儒刘沅编修。刘坤系刘沅之高祖，原为眉山市彭山人，年幼时亲历甲申之乱，九死一生。其经过之曲折，尽见其墓志铭中。

后庵刘公讳坤，蜀之眉阳人也，先世自楚迁于蜀，少有大志，读书好击剑。值明末不纲，无心仕进，年十二②，流贼蜂起，蹂躏蜀都。公纠众保聚于武阳③之长洲，俗名中坝。阻水为营。贼屡攻不克，已而江水泛溢，贼乃乘势夜以炮击之。众溃，公奋力夺筏，中流而覆，恍惚有物舁之，竟达东岸，亡命匿山泽，备历艰辛。事定，复还乡里，则蒿莽塞途，盖计献

---

① 张坝，又名张彭坝，在今丹棱县仁美镇境内。
② 原作"二十"，据刘坤生年推断，当为"十二"。
③ 即彭山县。

贼之乱，暨于国朝定鼎，几四十年矣。附省州县居民颇多，公乃垦地于温邑之董村，复徙宅于双，居于临朗溪。生四子：嘉宾、嘉相、嘉卿、嘉珍。嘉相仍居董村，其余皆居双。公没而葬于董村，孺人王祔焉。公生崇祯五年（1632）壬申六月二十四日申时，眉州彭山县牛禄坝常禄乡古楼潭人，卒于康熙四十九年（1710）庚寅二月十二日酉时，年七十九。董村隶太平乡，俗名董庵，朗溪在云栖里，其地皆擅山水之胜，盖公不得志而托于云泉以老，可悲也！公之元孙澍，以翰林出为州牧，沅以明经孝廉教授乡里，以明道为己任。公之留贻，正未艾也。道光二十年（1840）辛丑孟春月志而铭之：

履险而夷，赍志以没。风云郁癸山之麓，世有达人同珍重乎芳躅！

蜀州刘芬顿首拜撰并书

附录：《刘隐君传》节录

刘隐君，字君谟，广都人也。先世居楚之麻城，高祖朝弼迁于蜀，曾祖宇舟仕明为建义将军，明季弃官归隐，卜宅眉阳之中坝。祖坤有学行，避世教授"五经"。时崇祯十六年（1643）流贼入川，所至蹂躏。伪将军王运兵困中坝，中坝者围绕大江，纵横数百余亩，乡民以乱故萃处焉。贼溃围入，公负老母赴江，江故有深潭曰"双漩子"，不可以寻丈计。公入水，恍见朱衣翼之，竟浮江得免。乱定，徙于渝江，时流氛离息，草窃者或依强兼并，公纠集义勇，捍卫一乡，人咸倚重。公为疆理户口，俾成家，老弱者留养之终其身。生四子，最少玉函公讳嘉珍，即君谟公之父也。

（陈伟平点校）

(眉山徐氏）宗道公传

（清）万国临

本文选自眉山《徐氏宗谱》，民国二十八年（1939）石印本。谱不分卷，徐元烈编撰。明末甲申前后，随着张献忠攻入四川，全川震动，而眉山地处蜀西，成为大批难民聚集之地，同时也是南明和大西军对峙的前线。徐宗道是当时民间乡兵首领之一，其事迹对研究当时眉山地区的情况有着较高的史料价值。

明季献贼据蜀，遣狄三品屠眉。陈登暭招亡命，据城西醴泉河拒之。其时，继之者徐宗道。宗道，明末武举，特赠总兵官。先世自楚入蜀，宦籍泸州，居石风厢，旋同父朝献迁眉州永寿乡天马山。宗道雄胆略，膂力过人，两目赤，素与石尧秃为友。登暭败贼，贼取道潜移东馆，复又纵贼党搜山捕野，州人罹其锋，及原野腥血为赤。宗道闻登暭犷悍，奋然聚乡中精壮子弟，据天马为声援，而未与之会。一日，宗道乘晚侦贼，突遇贼众围击于原林，弃械遁走。贼追至，宗道空拳拔树殿之，贼惊退。度寡不敌众，夜挂灯羊角，群放山头为疑兵；昼插旗林麓，各路呼应为疑兵。变幻出没，为防守计。故以眉东路得以保全，于众生一生，而延传于有清之代，宗道之画策，何其苦欤！夫同时之御敌黎州、洪雅、夹江诸郡邑，有山川形势可据，独眉旷野平岗，无险要扼。宗道训其乡人："贼来则战，贼去则耕，以战为守，以刃为死，保障一方。"宗道之行状，史册遗轶，谱牒详载。生子九人，蕃殖眉彭，殆与宋时欧阳修积德数传而盛者媲焉。

叙事明净，直将宗道公英光豪气，和盘托出，能令读者肃然起敬。此传采入《眉山列士志》，足增我族光荣。编者元烈谨识。

（陈伟平点校）

（隆昌徐氏）述川公行略
（清）徐忠恕

> 本文选自隆昌《徐氏族谱》卷一，民国二十年（1931）石印本。谱分两卷，徐邦烈等修。徐氏祖籍麻城孝感乡，始祖徐贞入川，先定居泸州公子山，再迁富顺象鼻山，最后定居隆昌徐家堰。其家族中最为著名者，便是明末杨展部将徐光辉。

高祖考徐公讳光辉，字述川，遇明末甲申之变，潜逃嘉定，佐武进士杨展御贼。展重其才，多著劳绩。后因杨展被害，高祖避忌逸黔。迨本朝定鼎，土宇清宁，絜家回籍，卜居北乡万家湾。既而悔之，诏曾祖等回此地。堂庑虽云攸宁，先人庐墓尽属荒芜，省墓复业，惟此时为然。此吾高祖仁孝之心发于性之诚然，以视世之弃祖业如敝屣，视祖冢如丘墟者，其相去几何哉！爰命曾祖静公偕堂伯祖徙庆公旋里。当是时，丰草碍道，禽兽逼人，城市非摩肩击毂，村庄尽（铄）［砾］瓦颓垣。曾祖披荆斩棘，力稽横经，越数年，修理庭宇，气象一新。高祖来观，怡然色喜。未几，仍归万家湾，颐养精神，以娱晚景。厥后寿终，曾祖迎柩，归祖葬龙溪上流老猫山。自是，三房鼎峙，西北暌违，庆吊往来，彼此无间，同享太平之幸福。一百八十余年，安居乐业，生齿日繁，按丁计之，可赋椒聊之什矣。嗟夫！吾族之在前明回环二十里，烟火数百家，自经兵燹之后，流离播迁，宗族咸以散而莫纪也。独高祖以孑然之身，履险蹈危，复我邦族，克绵宗绪，传嗣至今，令之蒙业而安者有能遥溯本源，时深怵惕者乎！於戏，高祖之明德远矣，其将何以承之？愿我子子孙孙世守勿替，持家则克勤克俭，教子则惟读惟耕，庶几上不负高祖开创之艰难，下可卜后嗣之昌炽矣。孙谫陋无文，略述梗概如此，后之子从而润色之，此则孙之厚望也夫。

道光六年（1826）岁次丙戌夏月吉日元孙忠恕敬述

（陈伟平点校）

（宜宾李氏）先莹公传

（清）佚名

选自宜宾横江《李氏族谱》，手抄本，撰者不详。李氏祖籍浙省，明末随军入川，后定居于横江镇。该谱内有大量明末清初的史料，而先莹公传就是其中的代表。

先莹公为迁蜀始祖。

先是，李缙为千总。以明朝天启辛酉元年（1621）奢崇明，明朝之反贼。缙公随刘铤部下为总兵，取五县。传说与李夔为同族弟兄，横江①修东皇殿，公曾请李夔作文。现今有夔作之碑文，存于文庙之内。征奢酋，取九丝县有功，九丝

---

① 横江，今宜宾市横江镇。

城，今之兴文县①。保举千总。领兵击贼于庆邑②之小蒜坝，疑即今之小岸坝讹称③。升游击。与贼大战于金鹅池，相传为天池。以池中常见鹅，故名金鹅池。今考《叙州（治）[志]》，金鹅池④在今之永宁之（奴）[泸]卫⑤地方。阵亡。屯田叙南卫印系铁印，上有百户字样。

当时之屯田兵久不经练，器械朽败。缙公战于金鹅池，贼兵从三面至，马队数百人，突出争战。部下兵千余人，带伤甚众，公亦重伤，愤投池内，以铁印弃池中。下马，北向再拜曰："臣力尽矣。"遂沉溺而殁。今为马氏门前天池。因采荷花，捞得铁印，上有九狮，如五寸大小。知府徐公⑥见得，上其功，巡（府）[抚]朱（锡）[燮]元题奏，赐袭叙南卫百户，加指挥使（佥事衔），入忠义祠。以（予）[子]先莹袭职千总。

甲申年（1644）张献忠破夔门，时甲申年三月。陷重庆。甲申年六月，贼将冯双礼带贼过柏树溪，过河，以腊月三十日夜破石城山，杀居民二万余人。先于八月内，先莹公与贼大战，据险数胜之。双礼不能取山，乃于八月由燕子坡入滇土司乌蒙地面。已进兵三日，回头犹见石城山，乌蒙为迤西，蜀所隶属。后贼思得一法，买通居民引路，乃以羊子数千头，系火把，与宋之火牛阵相似。从山后攻进，即今之核桃坝，山势稍平。此处若无居民引路，万难上山。居民者，愚民也。自古皆有此等愚民，因受敌人之钱财，只图一时之快活，不管后来之生死。在内则为奸民，私通贼人则为汉奸。地方一失，仍是一样死法。于腊月三十日夜，将羊子尾上之火把点燃，驱羊登山，山民与守兵，晦夜食牛肉、饮酒，掷

---

① 九丝城，今兴文县建武镇，城在九丝山上。明季，都掌蛮据其地，万历元年（1573），四川巡抚曾省吾起故总兵刘显为将破其城，留镇其地。刘铤者，显之子，时从征为偏将。奢崇明起事反明，事在天启元年（1621），二事相距四十余年，时刘铤已在辽东前线阵亡。此处记载或有误。
② 庆邑，叙州府庆符县，今并入高县。
③ 小蒜坝，光绪《叙州府志》卷二十六《兵制·塘铺·庆符县》："塘兵：小蒜坝塘，县西北"；"铺司：小蒜铺。县西北七十里。"
④ 金鹅池，在今兴文县境。前代为大湖，已涸，唯余地名聊志遗踪。
⑤ "奴"字显误，改。泸卫者，明代之泸州卫也，洪武初始置于泸州。成化中迁渡船坡，即今兴文县治古宋镇。
⑥ 知府徐公，光绪《叙州府志》卷二十七《职官·知储》："徐久德，上饶举人，天启中任。"

骰赌钱，疏于防守，不知贼至，此亦天也。每每食肉饮酒赌钱误事。此时何时？乱世之时。毋怪民、兵，统兵之人亦诿过。方如民兵下细①守防，山如何得破，二万余人如何得死？大劫难逃，天也。兵、民遂土崩瓦解，贼乘势破山，屠戮无遗。受贿之奸民必定免不脱，周身（撮）[挨]乱刀，死得亦快活耳。

幸先莹于八月内被虎伤，仅存残体。家将等见公弃世，将公葬于庙侧。世全公见事不可为，乃与家将胡、王、陈、张、郭、李六人由庆邑走遵义，乃今贵州遵义县，以督师樊一衡在其地耳。出川，北经巴州今重庆、（施）[思]南回麻城。顺治末年始来川。

（郑启友点校，赵永康再校）

（宜宾彭氏）彭际亨传

（清）李洪霁②

本文选自宜宾《彭氏家谱》，民国八年（1919）石印本。该谱分十三篇，彭纯炜等编撰。彭氏始祖彭善，明洪武四年从傅友德征讨明玉珍有功，被封为蜀国公，其后裔定居富顺、宜宾两地。本传主彭际亨曾于甲申年间于叙州组织义勇和张献忠部对抗，后成为樊一蘅的部将。附录选自光绪《叙州府志》。

际亨③，蜀宜宾人，母梦庆云覆室而孕，及生，宇度奇特，耻寻章句，

---

① 下细，意为仔细、认真。盖蜀南土语。
② 李洪霁，号开平，生平事迹见本书《开平公行状》。
③ 本名明扬，字际亨。

读怀宗谕祭刘之纶①文,叹曰:"书生能如此,不虚金章紫绶矣。"时流氛猖獗,秦、楚沦陷,督辅杨嗣昌治师江陵,暗于料敌,献贼诈降,安置(竹)[谷]②、房③。叹曰:"若辈狼子,岂肯草间求活耶,蜀难近矣。"辛巳(1641),献贼复叛。壬午(1642),果入蜀,直抵南溪④。遂弃举子业,从事韬钤。樊一蘅解柄归里,谒之,一蘅嘱其往谕乡人家畜兵器,以防寇之复至。甲申献贼全师入蜀时,一蘅复总督川陕,明扬归聚宗党,得壮健三百余,料理军资,屯于山寺。十月,贼陷会城⑤,僭号置官,遣伪属至叙⑥,里有鱼嘉鹏、李茂松,名士也,谋曰:"祖宗养士三百年,目今神州陆沉,人心未死,既委官来此,树降受戮,于理孰悖。君助我百人,吾力尚能灭此。"许之,偕行,杀伪官七人,得伪印七颗。闻樊驻永城⑦,函首携印往。三日,贼大队至,鱼、李被害,明扬得免于难。标镇马应试约同事,题游击,任监赞。丙戌(1646),川、贵师三十万众复成都,贼宵遁。序荡平克复功,疏题都督佥事,调防大坝汛。樊一蘅身任残疆重务,善后之策,无逾屯田,调明扬至辕,授中军,任戎务屯政。庚寅(1650),孙可望在滇,假翊戴名,监国贵阳,致书一蘅,语多矜肆。遣复之使,明扬请往。至黔,可望盛陈仪卫召见,卒然问曰:"樊某经理秦蜀,所办何事?"曰:"老臣尽瘁,同于武侯。乃心王室,同于郗鉴。但兵势有强弱,故成功有迟早耳。殿下若肯相容,大事尚可济。若必加兵,诚恐来归之人解体,负率土之望。"可望怒乃解,赐锦币而还。明年,一蘅卒。知事不可为,遂退居乡里,二十年而终。

---

① 刘之纶,字元诚,四川宜宾人。崇祯戊辰(1628)进士,曾任兵部尚书,《明史》有传。
② 今湖北省谷城县。
③ 今湖北省房县。
④ 今南溪县。
⑤ 即省城成都。
⑥ 即叙州府。
⑦ 今叙永县。

附录：光绪《叙州府志》卷三十三《人物传·彭际亨》

彭明扬，字际亨，幼敦习举子业。献贼陷蜀，明扬捐产集乡勇，与诸生鱼嘉鹏、李师武谋，夜斫其营，杀七人，尽得印绶。函贼首奔督师樊一衡，叙功为大坝①守备。

时孙可望僭号秦王，致书一衡，词多苛问。往来之使颇难其人，明扬请往。可望坐叱曰："樊一衡号为经理陇蜀，其功安在？"明扬曰："樊公矢心忠义，为远近所服，使兵食足用，事未可知也。若加之苛问，则人皆解体也。"其左右颔之，乃免于难。后擢升永宁屯田都督佥事。

一衡死，明扬辞归里，以孝友教人，躬敦古道。长子珣，康熙甲子举人；次子惠吉，诸生。

（郑启友点校，赵永康再校）

（宜宾樊氏）樊公行状②

（清）樊星炜

选自宜宾大官村《樊氏族谱》，民国抄本。该谱不分卷，撰者不详。谱内所载明末清初之事多可补正史之阙，尤其是南明川陕总督樊

---

① 今兴文县大坝镇。
② 原件题注："见志。"今查嘉庆《宜宾县志》及光绪《叙州府志》皆收录该文，唯名称改为《樊星炜所撰行状》。

一蘅的行状，系樊氏族人兼门人樊星炜所撰。事多其亲历，所记皆真。

公讳一蘅，字君带，又字我劬，号杜皋，先世江西进贤人。洪武初徙楚之麻城，复自麻城徙蜀之宜宾。传八世至才良，号西埜，是为公王父①，敦本好学，以公贵，累赠资政大夫、太子太傅、户部尚书。生二子，长曰垣，号松坪，嘉靖癸丑（1553）进士，（党）[常]德府知府，累赠同西埜公，是为公父；次讳翰，弱冠，中嘉靖乙卯（1555）科亚元，早卒，是为公嗣父。公生有异征，时郡有居士向自高者，善浮屠学。太淑人戴将娩日，松坪公假寐庭中，忽见（自）[白]鸾过前，径入内宅。松坪惊悟，犹恍惚若睹其形影也。俄[而]传公生。随使人问向，则居士示寂矣。人里中犹传其事焉。为儿倜傥不凡，日诵数千言。为举子业，不屑括帙，博极群书，尤长于史，钩宏贯穿，若数计烛照，宿学专家不能过也。其为文汪洋浩瀚，如大海之潮，不可迫视。又时时引阳明《传习录》以诱进后学。对人言，辄以天下为己任。松坪公每裁之，公自信弥笃也。

松坪公卒，毁戚尽礼。遗命以公嗣季父，故竹坪公亦得赠如公官。中万历壬子（1612）乡试，己未（1619）登进士，历安义、新建、襄阳三邑令，皆有惠政。天启甲子（1624）分校楚闱，得士最多，如杨（鹗）[鹤]②、黎庆永，后皆至大官，有闻于时。丙寅（1626），升礼部祠祭司主事。崇祯元年（1628）调吏部，四命至稽勋郎中。修洁廉慎，苞苴无敢到其门者。其为考功时，有同乡入京候选，以桑（洛）[落]酒二瓶贽公，以为受之无嫌。至夕，取酒饮，掌酒者以腹疼告，促之再，旁有侍僮，知不能隐，曰："某官所馈，实非酒，乃镪耳。"公骇然，唤其使斥之曰："我若置以法，汝主岂惟功名，即身家亦难保矣。"令携回，仍谕语其主：

---

① 王父，即祖父。
② 据《明史·杨鹤传》改。

"应得官,本司自有公道,此外莫妄觊也。"其严而恕如此。

公明于知人,且官至稽勋郎,行当掌选事,而同僚深忌之,以为不便于己。会延、绥以流寇闻,佥谓公平时好(有)言经济,遂以参议兼佥事,兵备榆林。公时在籍,慨然曰:"士岂必以铨政显哉?为天子保障,制一方命,亦何不可!"即单骑赴任,时三年(1630)八月也。公到任,严武备,勤招抚。未几,神一坤死,(于)[余]众随亦解散。四年(1631),岁复大旱,饥民所在蜂起,其党自相名目,有"老回回""八大王""闯王""蝎子快""不粘泥""点(登)[灯]①子"、"过天星"等名,而遍地皆贼(以朝议矣)[矣,朝议以]洪公承畴总制三边,以公与道臣张福增、武又文、张兆经等监军。公言于洪曰:"自国家减兵饷以益辽,而汰兵纠饥民以倡乱。自朝议裁驿传之工食以充别用,而穷民合溃卒以焚掠为营生。为今计,惟请大饷数十万以资我师之腾饱,发赈济以(饥止)[止饥]民流亡。二者兼济,然后抚、剿可次第举也。"洪然之,疏请得允。一时镇将左光先、曹变蛟、祖大弼、贺(仁)[人]龙②辈,往日之骄蹇不振者,始踊跃有敌忾之心矣。故自五年至六七年中,其始平(郝)[和]安宁也,则公用旗鼓(雷)[擂]起,(春)[冲]入贼营,以计破之。次平"不粘泥""点灯子"也,则合曹、祖诸将,环三水而大创之。平"中星斗""过天星"于凤翔也,则又督左、贺诸营以冲击之。平"独行狼""蝎子快"于洛阳也,则公秘授部将宁可学计,假招将而杀之。公又随督大军压垒而降其众。他若"老回回"之盘踞宝鸡,余党之剽掠咸③、泾④、富⑤、凤⑥等处,再合诸路,分道进剿之。贼始披靡,奔投泾河淹死略尽,而全陕遂奏荡平。适公九载考满,疏上,遂以分守关南参政迁金都

---

① 据《明史·流寇传》及后文改。
② 据《明史·流寇传》改。
③ 即咸阳。
④ 即泾阳。
⑤ 即富源。
⑥ 即凤翔。

御史，巡抚宁夏。是时，河西李贼以白莲教聚众十万，设官命将，将萌不轨。道将黄恪靳、桂香详报其事。公到，随部削平之，余党悉解。

又周视边城，以花马池为三边要害，旧弁某者，老而庸恃，有奥援，久尸其地。公以部将宁可学曾有功于秦，易之。由此，与南科龃龉。公念："太淑人老矣，昔人不以三公易一日者，吾何以节钺为？"因请告，得允。庚辰（1640）三月，公抵里，适太淑人初度，时年九十有一矣。公偕伯仲，彩服称觞，笙鼓满堂。凡仕于其地者，皆趋贺于门。亲友之祝颂，亦有百什人。衣冠楚楚，郡人荣之。明年，太淑人卒，公时闭户读《礼》，不念及世事矣。

然秦中自公（后去）[去后]，李自成复阑入僭号，势燎原不可遏。上复思公。十六年癸未（1643），以廷臣荐起兵部侍郎兼副都御史，总督川陕。时张献忠亦据有荆襄，朝命竟不得达。甲申（1644）三月，献忠破夔门，六月，陷重庆。公闻报愀然，谓"渝城重地，与（城）[成]都相表里。无渝，则无蜀矣。吾不能久留此"，遂携家[行]。八月，抵遵义。会廷臣起旧辅王公应熊为川、湖、云、贵督师，公总督川、陕，敕、印亦至。始知自成陷燕京，怀宗（于三月）殉国难。五月，福王建立于金陵。公既任事，尽出行囊，复从人贷数千金，招募丁壮，造置衣甲、器械、旗帜等。俄[而]成都陷，公随檄东南未经贼破地方旧兵旧将，期以冬杪会师，明年春大举。十二月，公至永宁，起旧将甘良臣为总统，副以侯天锡、屠龙。会参将杨展、游击马应试、余朝宗率溃卒至，合之，得兵三万人。择吉誓师飨士。乙酉（1645）三月，克复叙城。余朝宗、马应试先登，大军继至，斩贼数千级，获其伪都督张化龙印、纛，化龙仅以身免。公亲至江上犒师，更檄王祥、曾英、高明佐等，恢复泸、重一带，期以五路进师。盖自献忠入蜀，未有能当其（峰）[锋]者。闻化龙败，恚甚，于是遣其渠魁孙可望，率精锐十万人与公据江而阵，相持者一月。会（中军）[军中]粮尽，诸将请曰："贼新来，气锐。不若暂退就饷，以老其师。"公许之，遂全师旋永，驻节古蔺州①。扼险，时出游师以诱之，贼不敢进。九月，我师败贼于摩泥②，又败之于滴水③。贼遂溃，斩获万计，擒其伪都督一人，军声大振。是役也，黔将罗汝成即皮熊功最多。公遂乘破竹之势，分布诸将杨展、马应试等，由叙南恢复嘉定、邛、眉，贾登联同部下中旗杨维栋、王孝等由富顺直达资、简，侯天锡、高明佐恢复泸州，曾英、王祥复渝，李占魁、于大海守忠、涪。而此外之各据其土、奉檄听调者，黎、雅则有曹勋、监军郎中范文光，松④、威⑤则有詹天颜、孟绍孔，夔、万⑥则有谭文、谭诣。八月，公移驻纳溪⑦，居中调度，而杨展一军已直抵新津（以）[矣]。时督师亦视师江上，公与会于泸州，檄诸路刻期而进，四面合围。贼献始惧，尽屠其境内，民无遗子，并弃辎重江中，焚烧宫殿庐室，数日火光烛天，一夕遁去。杨展、马应试合诸路力追数百里，复锦州而返。丁亥（1647），贼走顺庆⑧，猝遇大清师，献忠中箭死。余党夺路奔重庆，曾英不能守，贼遂陷渝入播。时公在江上，方与督师谋廓清整理之策，忽大清兵队压境，又报遵义失守。公以我师前后失据，且众寡不敌。公退保南六⑨，督师坚壁小水⑩。大清兵入遵义，贼走黔矣。八月，王祥驻遵义，侯天锡驻永宁，诸路皆以捷报。守将赵友燕以泸州降。同时，李寇余党武大定、呼九思亦闻风自北来归。公复驻节江上，吊死抚伤。分屯招集，以为今所重在食，赖杨镇⑪亦出江口，所捞贼弃金累巨万，分给兵民，为耕牛、籽种、农器之费。公始疏连年荡贼及善后情形，并列

---

① 今古蔺县。
② 今叙永县摩尼镇。
③ 今叙永县落卜镇滴水岩村。
④ 即松潘。
⑤ 威州，今汶川县。
⑥ 今重庆市万州区一带。
⑦ 今泸州纳溪区。
⑧ 今南充市。
⑨ 叙州府旧辖高、珙、兴文、庆符、长宁、筠连六县。今者，庆符并入高县。
⑩ 今古蔺县小水。
⑪ 即杨展。

诸将功（续）[绩]。加公户、兵二部尚书，太子太傅，荫一子锦衣卫指挥佥事，杨展、王祥、侯天锡等皆赐爵有差。

（时是）[是时]蜀中一（钱）[线]，生气如木，颠方蘖正，须尽以养之，徐以嘘之。亡何一掌之地，十羊九牧，总制则朱镕藩，枢宪则李乾德矣。巡抚则杨乔然，添设巡抚则江尔文矣。彼又各遍置私人，监纪、监军、督、佥、参、游，如脱碗矣。某人（蜀）[属]某地，五裂四分，纷纷扰扰，无补危亡。一时杨展之兼并马应试，袁、武之赚杀杨展，其酿祸皆缘于此。公复上疏曰："国家所重者纪纲，所惜者名器。今名器滥而纪纲弛，恐无以报天下忠臣义士之心而为我所用。伏望总揽乾纲，慎重爵赏，庶事不分，得竭犬马之力，以图后效。"不报。由是贼之据滇者，窥朝右之无人，而请封之说行，局又一变矣。于是孙可望借口于联络二字以牢笼士大夫，士大夫亦借口于联络二字以苟全其身名，又何怪伈伈武夫之琐琐者乎？公独抗词正义，不为少屈，可望于是有杀公之心矣。然犹以嘉阳尚存，遵义无恙，势相（犄）[掎]角。迨王祥一战而身陨疆场，李乾德措手莫及而投身江水，天下事遂至莫可为已，因慨然叹曰："贼之缓于杀我者，姑示优容以待其篡弑之成也。今时势如此，吾其为屈子之沉渊乎，抑为宗汝霖之呼渡河者乎？"遂忧愤致疾，旬日卒。

公生万历丁丑（1577）十二月初二日，亡于壬辰（1652）九月初七日，寿七十有六。公居家孝友。任国事，忠爱之性始终不渝。人徒见其刚大之气，足以驾驭群材而诛暴乱，而不知其学问之醇，根柢乎濂、洛，熏蒸于姚、江，其养之者素养也。公自奉淡泊，食无兼味，而谊笃于三党，待之举火者数十家。又尝自言"束兵二十年，未尝妄杀一人。"故每遇坎陷而能出险。殆佛氏所言通于宿命者，不亦然乎！

晚年始学为诗，时比之高达夫。内江范仲闇，诗人也，称其有少陵风。其文集及奏疏若干卷，经烽火后，俱无存，惟古风近体数百什篇，外孙李洪雯自军中拾之，今藏于其家。公原配杜某，官某之女；继配王某，官某之女。生一子，早殇，以胞侄子瑱之子曙为嗣。女四：长适某；次适某；次适某；杜出次，适某王，皆先公卒。孙曙，前锦衣卫指（择）[挥]佥事，配阮侍御公女；侧室，张氏也。有曾孙四：长泽达，举康熙辛酉[乡试]第一，乙丑进士，选翰林院庶吉士；次泽迥，时有声胶庠；次泽逵、泽逖。女一，尚幼也。

（郑启友、赵永康点校）

（宜宾李氏）旦复公行述

（清）王恕

选自宜宾《李氏族谱》。该谱不分卷，李时纂修，民国二十八年（1939）李远荣抄本。李氏是宜宾望族，和同邑尹、樊、彭等官族有通家之好。本文传主李洪雯，系南明川陕总督樊一蘅外孙，曾参与了樊氏收复叙州之事。

公讳洪雯，字旦复，号钟溪，明选贡。为祖父符我公长子，颖异过人，赋性激直，见人善不啻自出，有不善不啻己为。性孝友，自祖父殉难后，方髫龄即倜傥有大志，一以家政自持，凡亲疏内外有颠连者，皆周恤之，不以烦太孺人。待诸弟妹，不分尔我，悉引为己责。甲申世变，祖父①赴成都，家属在叙陷于虏营，朝夕难保。外祖我劬樊公②拥兵恢复，至长宁之滚坎，欲进取叙。以亲族子侄俱陷虏中，因差死士钟自贵潜入叙城

---

① 即李合宗，樊一蘅女婿，遇难详情请见本书《樊氏一门殉难记》。
② 即樊一蘅。

通信。新年初一日，叔外祖樊公一若觅公紧甚。及至，乃曰："死在旦夕，汝尚不知耶？汝外祖差人在此，当若之何？"公曰："现在何处？"樊公乃引至后宅大楼，指谷柜下曰："此即是也。"公曰："可令出。"樊慎重再三，公笑曰："此上至天，下至地，中惟吾两人，与若机从何泄？"因唤之出，询其故，则曰某月某日云云。时将夜，令执炬相伴还家，明晨送渡浮桥去讫。越三日，杨展兵抵河岸。公知限大江无船，忧之。庠生杜孝哲曰："此易易耳。"因夜没水至官兵营，具言打银村①有沉船数只，得之可渡。越二日，官兵渡江，由翠屏乘高而入，伪都督张化龙、方晋惠俱出接战。公曰："贼众皆出，城中无人，此懈可乘也！"因率家人登城发喊。宅后有小茅屋火之，贼见城内烟火，知有内应，遂绕城走至菜坝。追至烟溪，获大金印而还。是役也，成事虽属官兵，而运筹决胜，公力居多，令郡宜旧家得保子姓，不至委血高原，不可谓非公力也。由是，携家走贵阳，安置狼袋②。司马樊公叙功，以公由选贡提拔夹江县知县。未几，县破，还走贵阳。樊公寻卒。时永明王驻滇，蜀王刘文秀、晋王李定国辅之。公上书数千言，切中时事。王大喜，以为行人司司副，署兵部武选司主事，赞画机宜。值献忠贼党孙可望至滇肆寇，驻兵郊水。蜀、晋二王拒之，可望大败，走贵阳。公知事不可还，旋即还里。清兵寻取滇云，永明王遂遁缅国矣。其后可望自黔中归蜀，川南一带又陷于贼。伪道商国是暴虐滋甚，司马樊公孙曙在叙，百计欲害之。公潜走贵阳，与扈卫陈姓者商酌，共倾之。可望遂罢国是，重责八十，樊氏以宁。有清定鼎，公居林下四十余年，安贫乐道，绝口不谈时事。当事高其节，恒亲就之。甲寅（1674）春，三藩僭乱，天下骚动，公曰："是釜底游魂也，不久当灭。"已而果然，其先见之明类如此。公性至孝，每痛祖父殉难，遗骸无存。凡赴省即诣城隍祠烧寄香纸，哀毁几绝。事太母以孝闻，自甲申城破走黔，

---

① 即今宜宾县普安乡打渔村。
② 又作"郎岱"，在今贵州六盘水境内。

刻刻随太母左右。先母之存亡，公姑听之。兵乱时，途中饮食颇艰，先母携铜罐食米置左右，为馔粥以进。至晚，候起居如常。公天性激直，有善必为，不俟终日。存心明洁，持躬不苟。一喜一怒，偶然发之即过，平如也，抑淡如也。公生于明天启癸亥年（1623），卒于清康熙三十年（1691），享年七十九。元配尹氏，贵州思石道如镜公女，生于天启辛酉年（1621），卒于康熙壬申年（1692），享年七十有三。长子亮时，领庠生；次子华时，兴文增生；三子畅，府庠廪生，中壬午科四川乡试第五名，任山西闻喜县知县。

赐进士第、前湖广粮道刑科给事中、监察御史、翰林院庶吉士、布政使司王恕顿首拜慎讳

（陈伟平点校）

（宜宾赵氏）赵式九公传[①]

（清）赵树吉[②]

本文选自宜宾《蜀南赵氏家乘》，赵清熙等修，民国三年（1914）铅印本。赵氏祖籍浙江宁波，明末因先祖宦游成都而定居蜀中。后家道中落，有赖于赵发祥（字式九）努力而重振。此支赵氏系清代宜宾县的科第望族，清末四川名臣赵树吉即出自此族。

公讳发祥，字式九。康熙中岁贡生，选任荣县训导。少英敏，稍长即

---

① 本文又见于光绪《叙州府志》卷三十三《人士》。
② 赵树吉，字沅青，道光庚戌（1850）进士，授翰林院编修，旋改江西道监察御史。工书法，有清名。

失怙恃。甲申之变，投笔叹曰："国事至此，尚可徒事章句乎？"初，避难于荣之贡井，为土兵所拘。闻明兵移镇保宁，公责以大义，劝令反正。众从其言，撤兵北赴。厥后战于达州，屡败逆贼。以军功领前锋，督师出阳平，守秦陇。与贼相持，久为所困，外援断绝。公乃率所部斩围出，卒免于难。会我皇朝定鼎，海内肃清，因幡然曰："吾以诗书礼乐之裔，忽变为赳桓武夫之习，有愧于先人多矣。"乃弃武讲艺。后从珙县李之藻归里，复就读。（顺治）[康熙]丙午（1666）补府学生，以高等食饩。甲寅（1674）复遭吴三桂之乱，避兵郡西。相从者数十余家，聚众言曰："事势危急，如此不协力同心，吾属尽为虏矣！"众皆拱听约束，乃令人于空室寻觅遗种，夜则左右守望，众卒获全。一日，有苗蛮数百掳邻女去，率众提刀叱之，苗恐，弃女逃。任荣县训导，出资建两庑，修学舍，朔望集诸生，试文美者奖之，不能者勉之。历九年，文风丕变。丁氏子时英，令器也，以贫辍学。公告邑令，各捐廉俸助之。卒业，遂领癸酉乡举。里民困于输将，有以兄鬻弟者，其母哭绝。召其兄，予之金，曰："速归汝弟，毋伤母心。"其人感泣。生平教子以积德读书，遵祖训，畏王法。有小过，必加诃责，曰："古今来姑息而贤者，几人哉？"卒年五十有七。

（陈伟平点校）

（永川罗氏）明总戎世安罗公传

（清）罗正元

本文选自永川松溉《罗氏族谱》之《家传》。该谱不分卷，罗正伦等修，嘉庆二年（1797）刻本。罗氏系永川巨族，元末自楚入川开基松溉古镇。罗氏族人罗世安系甲申时守御成都的将领。

    公姓罗氏讳靖，字世安，铭祖四世孙。其先世尚素公当成化时，尝诏输粟千石，助官赈贷。朝廷立石以旌其义，此厚德所由基，发祥所自始也。公父大章生公，骁勇多气（慨）[概]。及长，（工）[攻]文学不就，遂习剑术，尝语人曰："大丈夫当挟策取功名，何庸作章句儒！"忠勇之性，素所树立然也！崇祯四年（1631），公年二十有八，国家多故，戎马生郊。四川巡抚刘汉儒①奉旨拔选将才，富邑令以功名汇造。本年八月十六日，巡抚刘阅操，公中步矢七，叩以军务，悉中机宜，巡抚深喜，给把总职。越明年，通江隘副总兵陈一龙报贼入境。公与雅黎游击罗尚文奉调追剿，屡建奇功，升守备。后又擒贼首巴山虎，授游击札。其时，总督洪承畴、巡抚王维章②奏贼情事，急檄令总镇罗协公恢复川北，潼川诸郡俱已望风气沮。公冒白刃，膺利镞，奋不顾身，与贼鏖战，悉能追奔逐北，而川北等处，倚以为安。巡抚表荐于朝，擢公建昌总兵。旋遭献逆入川，大肆屠戮，巡按刘之渤③调兵拒守成都，分布西门，捍御多劳。无何，逆烘破八角楼，巡按为其所获，贼以同乡欲诱之降，刘厉声曰："宁多剐我一刀，少杀我一百姓！"此载于蜀志者有然也④。公督兵强战，擒贼伪道官郝孟选、都督李逢春、总兵许高选、参军谭所伦，数其罪而杀之，余兵皆降，而成都有恢复之势。无何，大物终归有道之主，世祖章皇帝已登极矣。诏录用故臣，公以亡国贱俘不就职。总督李讳国英嘉其节，赐锦衣一袭，黄金百镒。归老于富邑之虎头城⑤，在富之东南，享年九十。若孙蕃

---

① 刘汉儒，北直隶大城县人。明天启二年（1622）进士，崇祯五年（1632）任四川巡抚，崇祯七年（1634）被罢免。
② 王维章，湖广夷陵人，崇祯七年（1634）由右副都御史任四川巡抚。崇祯十一年（1638）以玩寇罪同川北总兵侯良柱俱被逮，后下狱论死。
③ 刘之渤，字安侯，陕西凤翔人，四川巡按御史。张献忠攻成都，之渤力主蜀王迁滇，内江王反对。攻城时，刘之渤奋力抵抗，终死难。事迹见《四川通志》《蜀碧》及《蜀破镜》等书。
④ 此事见于各书，如沈荀蔚《蜀难叙略》等。
⑤ 虎头城，在富顺县怀德镇大城虎头村虎头山上，为南宋所筑山城。

且贤，尚素公可谓有俊矣。嗟乎！士生多事之秋，谁肯戮力行间，树绩疆场。而公以一竖儒提三尺剑，屡歼渠魁，膺总戎之职，可其壮也！迨遇清时，卒受其惠而辞其职，于君父大义盖亦见真而守固者矣。公亦完人也哉！

（陈伟平点校）

（资阳罗氏）世和公①传

（清）罗支豫

本文选自资阳《罗氏族谱》，原题为《圣清敕封文林郎祖考世和公大人传》。谱现存三卷，罗为瑯等修，光绪三十四年（1908）刻本。罗氏系明代遗民后裔，在明末清初该族涌现出罗世和等一批乡豪，在地方组织义兵和张献忠对抗。

读史而考古今之变，至明季而更极；全蜀之祸，至明季而独惨。身其际者，非具先几之智，葆爱物之仁，负赍育之勇，罕能全姓名于乱世，遑问后嗣之蔓延、簪组之蝉联乎！王大父出险济屯，远害全身，光前裕后，诚有出人意表者，虽曰天命，岂非人事哉！祖讳九泰，少刚正豁达，勇力过人，喜交海内豪杰之士。年二十七，逢甲申之变，富贵者死锋镝，贫贱

---

① 罗九泰，字世和，罗氏入蜀后第十世。生万历四十五年（1617）九月，卒康熙三十一年（1692）十二月。父嘉臣公，子锦囊，以其贵，得敕封文林郎。居资阳县偏林沟，《罗氏族谱》云："性刚直，遇事敢为，磊落奇伟，勇力过人。值甲申之变与从弟世安公义率刘应登聚众保障乡里，备历艰辛。国朝定鼎，不就什进，乐守田园，课耕训读，果予行义。访残宗，收覆族，凡我罗姓几绝而复延与同里之得以全宗者，赖祖庇护之力居多。"

者填沟壑，人皆束手待毙矣。我祖荷戈而起，出入虎穴，几死数四，而辄有天幸。昼伏草莽，撷树果芹根以御饥；夜宿山崖，听风啸鸦鸣以存命。十数年间，流离琐尾，环顾群类，斩肩折臂者累累然，而祖父手足官骸全受全归，中以保妻子，下以寿儿孙，随机应变，何其智也！先叔祖世安公①与祖从兄弟也，值粮绝烟尽之时，人类相食之候，同心执锐，饮血摧锋。苟故旧之可全活，虽躬蹈白刃而不辞。际柔懦之被摧残，必手刃仇雠而后已。不戕生以独全，不背众而自立，恻怛慈爱，何其仁也！况流寇陷蜀之日，杀戮之惨极乎！鸡犬其未尽者，复以术愚之。使至，至则引颈受戮，靡有孑遗。兼之黥黠效尤，土贼充斥，肆行屠殄，较胜献贼。祖父知势不可谓，纠集豪杰，保障乡里。每遇寇发，蹈阵先登，歼渠魁，散从凶，妖魔数子，惊悸亡魂。半月三江之间，重庆聚首，迄今户口稠密，相养相生，实祖父维持力也。嘉阳留守杨展，明进士也，雄据岷江，兵精粮富。阳九后守，设法招徕，卫护畊牧，西南一带人民赖以保全者甚众。惟天不禄，袁、（伍）[武]二贼②暗计殒生。祖父激义于心，与邑帅刘应登③者躬率义旅，直入贼巢，必期灭此而甘心焉，何其勇也！夫以祖父之一身，而备智仁勇之全德，上以延祖宗一线之绪，下以开后嗣万世之传，其以人事而挽回天命者，曷其有极，宜乎寿跻八旬，四世就养，绵瓜瓞而庇本根也。犹忆易箦时，顾谓子孙曰："余身丁浩劫，备历艰辛，回首往事，

---

① 罗九稳，字世安。《罗氏族谱》载："公字世安，性和厚淳朴。甲申之变，与从兄世和公相依御侮，备历艰辛，始得全身远害。及本朝平定后，不慕荣利，乐守田园。子孙昌炽，克绍书香，是为大难后二房肇造之祖。"
② 即袁韬、武大定。二人原为姚黄部属，后投降杨展。因经略李乾德挑唆，设计暗杀杨展，并围困嘉定，破城灭杨氏一门，唯杨展子逃脱。事略见诸《四川通志》及《蜀碧》等书。
③ 刘应登，字晋升。同治《资阳县志》卷二十八《武功》载："刘应登，字晋升，《州志》：资阳人，甲申之变，部勒义勇以卫乡人。仁、简、两资全活甚众。顺治十年（1653），擒首沈墨山，叙功给副将，赐蟒衣一袭。康熙间辞归，以进士例免。笃于行义，至老不衰云。按：应登保卫乡里，适孙可望僭号黔中，遣监军道孙应乾储饷两资，横扰闾阎。王师平蜀，遂率众executing赴保宁投诚，授副将。擒沈墨山，系顺治十年事，《州志》作雍正十年之误，今为改正。"另当时一起起义者尚有詹天裕，同治《资阳县志》卷二十八有传。兹录于后："詹天裕，字行兴，号兴卿。《通志》：资阳人，值流寇入川，以勇略任，纠合团砦，乡人倚之。及国朝定鼎，率众投诚，随师剿定云、贵、两广。"

不胜涕洟。兹值盛世，疮痍渐复。惟冀尔曹，苦读勤畊，仰承祖荫。顺德者昌，悖德者亡。吉凶悔吝，成败忧虞，勿诿于天，总由人事。勉之慎之！各励乃志。"孙生而少，惟于父兄之传闻、乡邦之赞颂而得其概，敬辑其略，以为祖父传。

岁进士嫡孙支豫谨撰

（陈伟平点校）

（威远倪氏）裕素公传[①]

（清）李荃[②]

本文及附录选自威远《倪氏族谱》卷十八，记倪养宁生平及荡寇诸事。有不见于史书记载地方战役，如黄济黄梅之捷、内江三义寺之战、威远观音桥之战等。威远倪氏，明洪武二年自江西饶州迁蜀，定居立业于威远县东乡木瓜山下。威远《倪氏族谱》，倪镇川等初修于清乾隆三十二年（1767），倪焕奎等续修于民国十二年（1923），为联宗谱，十八卷，木刻本。

公明末时滇黔协镇，封挂印将军加兵部右侍郎，谥贞悫，威邑儒士葵

---

① 倪养宁（1606—1687），字裕素。廪生，由保举任陕西榆林参军，升滇黔总兵，官加兵部右侍郎。思南府为之立有生祠祭祀，封奉政大夫。乾隆《威远县志·人物志》有传。
② 李荃，倪养宁外曾孙，据《倪谱》：荃母为倪养宁四子象颐之次女，荃父李九鼎为富顺县拔贡。富邑鸿鹤镇《固先祠李氏谱》：荃，字仙根，号承露，九鼎三子，乾隆壬午科举人，历任广东恩平、河南新郑、固始、辉县知县，署理邓州、禹州知州，充广东丁酉科和河南癸酉科文武两闱同考官。道光《富顺县志》卷十七《科甲》有李荃中举、出任知县的记载。

轩公①之四子也。其昆季皆文学风流，簪缨阀阅。公更魁梧奇伟，倜傥非常。自幼习诗书，每掩卷长叹，谓："生当运季文武之道，各随时用。"因废书习骑射，入本邑武庠。得元配张氏，传家宝剑，日习不衰。内兄张公字耀寰，内江名士也，时任湖广巡抚，保举公由榆林参军，历升滇黔总兵，所任靡不尽职，恩威并施。时督抚颇横，因事激怒思南府②氏，欲加屠毒。公以死救之，民因感佩，合属共设长生禄位牌，至今禋祀不绝。公在任时，川省正遭兵燹，妻（奴）[孥]阻隔，昆季各保其家，公未宦时所生六子俱遇害。迄公解组归来，其人不胜惶恐，公相视如故，在任复生六子，其长者③与随侍众兵，俱欲复仇。公密觉，即严谕之曰："弟兄如手足，妻子如衣服。我今之六子即前之六子也，汝辈敢生事者死！"遂为兄弟如初，有远窜他方者皆还，定安集之。迄国朝平定，诏复先朝大臣。是时，公年七十有八，两目病盲，未就职。及八十时目明，县府咨文上达，上嘉其精诚，诏督抚姚④，赐"忠能生明"匾额。享八十二寿，谥贞悫⑤，厥配诰授一品夫人，其子孙绵延，今称威邑巨族。呜呼！士当离乱拮据戎马之间，而能享大名传后世，所谓非常之功，必待非常之人者，讵不伟哉！

（陈廷德点校）

---

① 倪允元，字葵轩。
② 思南府，明永乐十一年（1413）置，今贵州铜仁市思南县。
③ 民国《富顺县志》有倪象姤，系倪养宁宦任时所生次子（长子早逝）；字书夏，贡生，仕梓潼县教谕。有《游木瓜寺仙峰庵》和韵七律诗一首，载乾隆《威远县志·艺文志》。
④ 即姚缔虞，湖广黄陂人，康熙二十五年（1686）任四川巡抚。
⑤ 民国《富顺县志》卷十二《人物·倪养宁传》注云："清初，谥法甚严，养宁并未应诏就职，即就职亦非崇秩，谥自何来？此疑是性字之误。"笔者认为：此夹注疑问异论存信口雌黄之嫌。一是倪养宁作为南明滇黔总兵，与张献忠有深仇大恨，倪归顺清军对清朝平定楚蜀完成统一是有功的；二是谥号可出于封赠，从康熙御赐"忠能生明"匾额看，赠倪"谥贞悫"应不虚；三是李莖是朝廷命官，乾隆版《威远县志》编著者李南晖知县更是以忠义名存清史，不可能欺君灭顶而冒用谥号；四是李莖《裕素公传》传文中记，"谥贞悫，厥配诰授一品夫人"，故"谥"字绝非"性"字之误。

附录一：嘉会祖祭四兄裕素公文

（清）倪养亨

康熙二十六年丁卯（1687）元旦，是我四兄裕素倪公捐馆之辰也。六弟养亨①与兄永诀，视其殓凭其棺，痛之深哭之恸，几不欲有生矣。越二十八日，居诸渐远，想慕殊殷，乃述我兄弟友恭之情，哭我兄弟幽明之隔，率子若孙具以微仪，诣灵柩前，申哭之曰：

嗟！我兄弟非犹夫人之兄弟也。伯兄恬②有父道焉，二兄莹有师道焉，三兄冲有书癖焉，七弟晟③少而愿焉，三兄一弟同胞而不同气者也。兄长弟七龄，兄怜弟少而颖异，以国士期之。乙丑（1625），弟同兄应试，弟不能逾青泉之岭，兄襁负之，迄今喘息之状，犹依稀如昨也。辛未（1631），弟入泮，兄二十有五，厌毛锥之末，驰马试剑，毅然有大志焉。甲戌（1634），兄居母族。乙亥（1635），弟叨廪饩，负债未偿，每以不得馈兄系念，兄亦仆马成群，家能自足，不屑于此也。庚辰（1640），六年间弟往兄来，兄往弟来，或日一至焉，或二日一至焉。兄性至孝，定省甚密，无三五日不见面者，在母族亦犹之在父家也。辛巳（1641），父病剧，弟嘱兄归养，兄举家归，朝夕承欢，弟又与兄斯须不离。四月之杪，父见背焉。恬兄宦游，莹兄早世，冲兄病魔，晟弟朴诚，所共襄大事者，兄与弟耳。殓祭略陈仪节，兄弟之心滋慰矣。夫何外侮频至，兄以刚大之气，不肯辱人胯下，构讼一载，计同患难者，惟弟与兄。雾释冰消，乃图莹葬，遵父遗命殡于后山之原，兄则无言不从，靡惜其费。向非兄主其事，

---

① 倪养亨，字嘉会。族谱记为葵轩公五子，实因五子早卒，后修谱失查，未记之故。
② 倪养恬，字二引，葵轩公长子。崇祯元年（1628）拔贡，任广西横州知州，升兼军道调荆湘道，封中宪大夫。年八十余手不辍笔，著作颇多，今佚。
③ 倪养晟，族谱未记，疑因后卒之故。

弟襄其成。甲申之变，玉石俱焚，几何不为灰烬之骨哉！癸未（1643），兄游西粤，接取恬兄读礼，兄至中途，便道走安庐，以兄舅张抚军有"若肯做官，请来换个头目"之札，兄总戎之权肇于此矣。黄梅黄济之捷，兄与有功，初授中权守备，再升建昌行都司①。兄一十三年倜傥英雄，谓此可酬万一。不谓兄欲任建南，而寇已据成都，阁部王②授以副将，期于剿贼，兄亦愤不顾身，恢复西南，半道而好义赴斗者，蒸蒸蔚起，弟亦从中赞画，羽檄交驰，每多奇中。故寇有倪势难抵之状，必欲得兄而后已。幸天眷吾兄，不死于内江之三义寺，不死于威远之观音桥。兄孝友之报，必欲荣封三代，垂裕无疆，天意之惓惓可卜矣。乙酉（1645），弟从兄赴江津，邀阁部王慰劳旌赏，寇亦遁去。腊月二十七，母氏以寿终，兄同恬兄直走蓉城，扫荡余氛，随寇追剿，弟与诸侄慎终收殓，兄归而吊者如堵，所谓得之为有财然，后尽于人心者矣。丙戌（1646），弟从兄复走泸阳，兄有黔中之行，弟有家园之返，兄弟分手，涕零如雨，不知聚首在何时也，讵意其分别即在此时也。兄去弟归，文墨之儒，不娴军伍，地方盗起，人争相食，虎狼载道，僵尸遍野，使兄驻镇本土，未必使土寇猖獗如是。兄之两嫂相继逝矣，兄之五子、三兄之子壮为兄所养，俱不克生。弟以不能相济为念，然弟之滨死所者亦呼吸间，兄或谅之，故亲爱之情较昔日而加笃也。以至弟之子若孙若曾孙，每蒙鞠育，弟之颜愈加厚，弟之汗愈浃背矣。去时丙戌（1646）以迄甲午（1654），九年鱼雁杳然，以王忠国虎踞遵、泸，故上下不通，弟逃难洪、雅，当事者以蜀人办蜀事，委任嘉阳，弟因得与将军狄面探兄之行藏，始知兄行营中坪，晋爵宫保，娶嫂生子。天之报施善人为何如哉！是岁之冬，弟冒雪来营，相抱而泣，环辕门而号泣者不止千人，非哭我兄弟相遇之奇，乃自哭其骨肉分离之惨也。他人且如此，况我兄弟乎！然兄还家之念，已决于此时矣。乙未（1655），

---

① 四川行都指挥使司，治建昌卫，今西昌市。
② 即王应熊。

弟归兄哭，送者三日，缱绻回翔，不忍分袂。丁酉（1657），兄病于营，得兄犹子宋朱陈之家报，弟已策马再来，审其病之轻重，至富顺，而兄之管班田吉音适至，因而返辔。已亥（1659）冬，兄还里。庚子（1660）春三日，得兄之字，初八日，弟即束装还里。吾家叔侄兄弟，或议居眉州，或议居洪雅，或议居丹棱，已各有指归，非兄回祖，丘墓不可问矣。兄二子姤、三子节、四子颐、五子师，各赋徇齐之资，弟以抱愧于前者，欲遗爱于后，不避迂腐，教以之无。六子观、七子艮，尚未生也。至今文武齐班，可不谓荣焉。吴逆拘乱，兄以悍奴胁逼，忿怒目矇，继以本朝恢复称快，盲而复明，兄之衰弱亦由此而致。庚申（1680）以至丙寅（1686），虽曰饮食无减，而精神日益惫甚，弟以兄在戎马间，常以不杀为威，全活甚众，家家祝颂，可以永年，不谓其殂落在目前也。丙寅（1686）二十九日，兄嫂张设帨之辰，弟方来拜寿，归而除夕。人曰："兄病矣！"弟曰："老景之常。"趋而往视，尚能知弟之来，卧而鼾睡。弟喜无恙，转盼之际，痰涌气尽，兄遽舍弟而去乎。呜呼！联翩比翼北豨之鸟，何由一羽飞翔？并蒂连株杞梓之材，何缘一枝摧朽？言念及此，肠一日而九回，胸千劳而百结矣。弟年七十有五，而视茫茫，而发苍苍，而齿牙动摇，从兄于地下者，应想不远。即大海为泪，不能挽兄之驾，但使诸侄念弟之衷爱，弟如兄之生，弟亦以庸敬之情，转而爱兄之子与孙，则兄可瞑目九京矣。若诸侄之步瀛洲、开玉帐，诸侄孙之乘风鼓浪、夺锦鸣驺，可拭目以待。然此他人或能言之，弟之于兄，直叙兄弟友恭之情，哭我兄弟幽明之隔耳。菲奠非敢自将，兄当惜其窭而来飨。

（余伟点校）

附录二：象姤祭父裕素公文

（清）倪象姤

伤哉！穷通得失迟早有时，离合悲欢前后迥异，溯之当前，求之今日，未有如吾父之拍案惊奇者也。想我先大父葵轩，生吾父弟兄六人，其伯其叔俱从事文墨。独吾父班生投笔，学剑从戎，其志固有不同者矣。及其北上燕台，南游金陵，足迹遍九州，姓名传四海，而得失穷通、悲欢离合，遂不知几千翻覆矣。呜呼！甲申之变，秦人一獗，天下分崩。吾父受先帝以驰驱中军，安庐副总兰台，张贼屠蜀，援（缴）［檄］还乡驻防建昌，阁部调出。想其时先大母应尚在堂上，伯叔弟兄俱无故焉，即儿前母张、前兄六亦安保无虞也。孰意勤王桂林、滇、黔、楚、粤，晋爵宫保，国尔忘家，将前母前兄竟火灭烟飞，而一身漂泊，雁杳鱼沉矣。呜呼！谁为穷之，而又谁为失之乎？继娶儿母周与张，将半百之身，乃生浮萍褓褯之子。斯时也，生儿姤吾父有死在前，生儿节与颐吾父有死在前，生儿师吾父又有死在前，刀枪炮矢之中，吾父之命悬一线，何能自信其无危耶！记儿七八岁时，吾父于间暇之候，游彝苗巉巇之山，呼儿乳名嘱之曰：四川上南道嘉定府威远县清水乡倪家沱三伯冲①，我之乡贯住址也。尔祖某、尔伯某、尔堂兄某、尔叔父某，每行即切嘱之，儿在婴孩，何知也。由今以思吾父，实恐马革他乡，时时指示，使儿得理宗派，不至姓氏无传，作天涯流落人也。己亥（1659），本朝定鼎，吾父招集流亡，阁部洪、将军罗、总督赵实嘉与焉。欲请题授职，吾父必不就叙，使得移咨还川，记其年已五十有三矣。儿年九岁，想吾父于沿途之中遇险，身先逢虚自试，得

---

① 今威远县靖和镇木瓜寺村。

遂首丘之心，即朝至家园，夕埋祖墓，亦自甘心。呜呼！早知功名不可忽，随处得丰亨，何必作此耕云锄雨之辈乎？然总以儿辈之幼，故至此也。开荒辟草，觅种寻牛，而远归之囊筐已空。后又于辛丑（1661）生观，戊申（1668）生艮，胡然乙巳（1665）儿母周死，家道萧条从此始矣。吾父以难返之身，自黔而还，伯叔兄侄以逃难之躯，由洪而返。破镜重圆，吾父只念其生，不计其死，虽前之母死兄亡，我之伯叔兄侄不能无过，而吾父敬兄爱弟之心谆且笃焉，亦竟置而勿问。古所称"妻子如衣服，兄弟如手足"，舍吾父，其谁与归？呜呼！吾父归来时候，可以死矣。而能使儿辈之婚嫁已完，功名少就，非甚盛德，何以至于今日哉！甲寅（1674），吴逆肆叛，吾父以旧名难掩，为伪贼逼胁，两目俱盲。庚申（1680）逆败，两目复明。儿具呈列宪匾额在堂，奇节入史。当事钦其名，乡党荣其事。赫赫然将有复其旧者，而奈何吾父之年已登八十有二矣。呜呼！八十有二之人，岂能望其不死哉！然又岂知其遽死哉！吾父生平大节，难以悉举，即如事父以孝名，事兄以弟名，待弟以友名，待友以信名，待宗族则以睦，处家庭则以正，待乡党则以爱，待卑幼则以慈，遇显达则无谄，遇庸贱则无欺。身为大将，杀戮何忌，乃不闻杀一无罪，而能救死命千人。迄今贵州思南之民犹刊碑庙祀，是吾父之阴（陟）〔骘〕生灵，当不在唐子仪、宋曹彬下也。呜呼！生无好名，死必为人唾骂；死而痛哭，生必作人和平。小殓未出三日，而吊客如麻，哭声如震，幼者哭之无声，老者哭之欲绝，显达哭其令范，愚贱哭恩其情。无论九族，闻其音而悲号百里，即素不蒙面、漠不相关之渔夫樵子，亦且叹之无已焉。吾父何为而至此哉，而又何幸至此哉！呜呼！八十二岁，寿非短矣；四方称颂，名非轻矣。不死沙场，不死异域，而得承平之日，子孙在侧，族党盈庭，父死何恨！所可伤者，生平挥金如土，而策后不遗一丝，生平好客恐迟，而老后无以为计，使儿辈空拳赤手，开口无告，做不起体面，放不下体面，是又吾父之不善为儿计也。然吾父若作悭吝之人，纵有黄金如山，白玉如石，而恩不及物，惠不遗人，将同庸碌之流，何有口碑之颂？是吾父之遗儿者，抑又在彼而不在此也。呜呼！六儿观去县未回，不得永诀，归来吾父已殓一日矣。观儿一哭，父泪双流，由此以推，吾父之英灵不昧，当必生为上柱国，死作阎罗王也。呜呼！生儿甚晚，劳苦半生，似前乎此者一世，后乎此者又一世矣。儿六人功名才一步耳，父之盛德，想应扬儿名以显吾父。孙今已有十人，将来不下数十人，父之阴骘当荫其孙以显其祖，独是问寝不见其容，倚立不闻其语，昊天罔极，其何时已乎！儿此时辟踊之中，不能状吾父之行矣。归葬之日，儿细状其行，叩名公巨族，以扬吾父一生大节，幸毋作无所来历之人，同草木腐朽也。合家披麻而哭，奠吾父其驾鹤以来尝。

（余伟点校）

附录三：廖荣宗祭裕素公文

（清）廖荣宗

呜呼！荣本夔东太平人也，先世业儒，其族颇庶。荣兄弟三人，祖父之教耕读而外不知所为，晏如也。迨甲申（1644），李贼溃神京，张贼屠西蜀，荣年二十有五，别父母，同二弟显宗，流落营伍，随四川总镇莫①，奉命剿贼。此身一出，家乡父母妻儿，鱼沉雁杳矣。继于富顺娶室刘，以性命寄于戎马，以患难而为家室，飘蓬无定，天涯何处是栖止地也。乙酉（1645），阁部王调明末之镇将，如莫、如贾②、如公、如王③，皆于江津会

---

① 即莫宗文，湖南辰州麻阳县人，曾任四川总兵。永历三年（1649），封光禄大夫、上柱国、太子太保。莫宗文撰有回忆录《效蓬录》。
② 贾，明四川总兵贾登联。《客滇记》记载，贾屯兵中江县。
③ 王，疑为明末驻守遵义的参将王祥。

师，荣因得觏光于公。叙其来历，始知公为荣内人之表叔也，而荣遂得与公同性命于此日矣。后奉阁部王，以公与镇主莫，合营进剿，从此一去，滇黔楚粤，身经百战，镇主莫进爵太师，公荣封宫保，即荣亦叨一命，而朝生暮死之景，何期有今日耶！公之前夫人及前公子，亦如荣之父母妻儿，雁断衡阳，渺无音问。公后娶夫人周与张，尚未有诸舅，荣之妻举目无亲，公即是父，荣兄弟两人，公即是亲，所以计无不从，言无不听，而同舟共济者十六年。俗云："拜寄三年成古亲"，而况共生死同患难一十六年，无一刻不相随者乎！公信荣刀斧不避，荣信公儿女相看。荣可以代公于锋刃，公能全骨肉于始终。庚寅（1650）生舅姤，癸巳（1653）生舅节与颐①，丙申（1656）生舅师②。戊戌（1658），公与莫主朝觐明先帝永历于滇，公与莫主，楚蜀两分，而公之夫人公子，尚寓莫营。斯时也，荣知其息，正恐公家踏不测之祸，讵意公离滇下黔，反危为安。言论风生，向阁部洪、将军罗、总督赵，求招安之宪牌，而本营之螳臂挡车者，犹胶其舟而鼓其瑟也。公是年中天到营，犹来视莫夫人于猪圈门，左右欲兵者不止一人，营③见势已迫矣，援公出寨。虽不敢谓子胥之在临潼、樊哙之在鸿门，而一人舍命，万夫难挡，公因得以脱难。荣私幸，保公之危可以报公之知遇。大势一去，南北东西。公欲下楚，荣不然；公欲出仕，荣亦不然。尚记荣与公议出处于桂阳④旅店，公朝不能食，夜不能寝，狐疑难决。荣告之公曰："我辈疆场三十余年，幸留残喘，而此身刀痕箭迹，尚何不悟？"公因是遂绝功名想，与荣求牌列宪，归川矣。己亥（1659）春，荣先进蜀，落业于泸阳之分水岭⑤。公于是年冬，方自黔到泸，竟来荣寓。荣见公至，谷石尽抛，房屋尽弃，与二弟显宗同来珂里，住公屋，种公

---

① 倪象节和倪象颐。倪象节，倪养宁三子，字辑瑞，康熙庚午科武举，提标营千总。倪象颐，倪养宁四子，字似伊，富文学，足迹罕至城市，惟以琴酒诗赋自娱，时人比之陶靖节云。是富顺举人李荃的外祖父。
② 倪象师，倪养宁五子。
③ 营，当是"荣"之误。
④ 桂阳，今湖南桂阳县，明末清初时为桂阳州。
⑤ 泸阳，泸州的别称，分水岭位于江阳区分水岭镇。

田，相依同爨者六年。公之夫人周于乙巳（1665）殡天，荣夫妇如丧其妣。因公族众，继公而归者千人，荣所以迁居金川之方家湾，恃公之安插原在金川，故荣以住彼处无异于住公府也。丁未（1667），荣回太平，携三弟毓宗夫妇来。亡何己酉（1669），二弟显宗死，三弟毓宗亦死，两弟妇皆相继而死，即家奴数人或逃或亡，只遗荣夫妇二人起麟一子。公哭我之弟，祭葬皆至，恨荣别业，怨荣多心，而事已后矣。今年起麟已生孙三人，而荣竟入编氓门户支持，春秋益倍，伶丁孤苦，望家乡于白云失落雁行泪，伤心于更漏。所恃以知心痛爱者，舍公何人知荣从来乎？前年冬，公病将危，荣至榻前说前日事，公犹慷慨对语，尚以不得时来看荣为欠。去年冬尚矍铄，今年荣方欲来拜年，何为元旦之次辰，而公讣音至矣。呜呼！荣于是哭公而怨公矣。荣若不与公知，或归家乡，以此数茎骨瘗在先人冢，不至作浮萍之人。以公之知，使荣形影相吊，至此发白齿摇、耳聋目瞆之时，公竟舍我而去，遗我无亲无眷，荣安得不哭公而怨公哉！呜呼！生死先后，理数必然。荣之两弟先公死者十余年，公又先荣而死。公能哭荣之弟，荣能送公之归。荣若死，公不能哭荣，而怜惜夫荣者为谁乎？呜呼！前之共患难十六年，后之同田园者又二十八年，与公结生死交共计四十四年，与公为儿女、为父母者亦四十四年。荣儿聘他乡，女嫁异域，公能照我生前，还能照我身后乎？言至此，不能不令荣呼天抢地，翻悔无益，与公作今世缘也。然怨公也，哭公也，哭公也，自哭也，荣何敢怨公，以人到伤心无可奈何而为此不理之语也。公其谅之。荣夫妇两老白头，向来视殓，今来哭公之灵、送公之葬，公之精诚自应在天，荣言之，公听之，四十四年之事，公知之，荣知之，他人何知也！至于奠仪厚薄，何计惟手拈一陌钱，灌地一滴酒，公必哭来见荣，幸佑荣之子孙，不负荣铁石心肠，从公于生前，见公于死后，一点血衷也。言无尽而纸不长，泪泉涌而言莫吐，公其知焉否乎？哀哉痛哉！伏惟上飨！

（余伟初校，陈廷德再校）

附录四：养量祭裕素文

（清）倪养量

呜呼！人有被人恩泽、沾人雨露者，歌颂功德，终身不忘。宇宙之相知且然，况一本乎。痛念量未及一载，而先母见背，呱呱婴儿，乳哺既绝，无复望其能长立矣。幸吾长兄自黔归里，诸侄与量之年相若。长嫂夫人周待量不异于诸侄，量因得饮之、食之、教之、诲之矣。量父宗派为吾长兄之叔，而年幼于长兄者二十岁。吾长兄不计年爵之高尊，而敬吾父以叔礼。历来出处之际，一步不离，一饭必至，而爱父及子量，周挚肫诚，真有二天之仰矣。吾父止生量一人，继母氏者三，家门既至萧条，而诗书因以荒废。吾长兄爱之不已，痛惜之；痛惜之不已，哀怜之；哀怜之不已，且将无可如何于量矣。乙丑（1685），吾长兄大病垂危，吾父朝夕躬候倏焉，长兄以耄年大痊，而吾父竟亡于丙寅（1686）正月矣。呜呼！量上无父母，终鲜兄弟，茕茕在疚，所仰望扶持者，惟长兄是赖。所以量居苫块之中，或一日一见焉，或二三日一见焉。见吾长兄神采甚丰，百岁可期，而量可以久被恩泽，长沾雨露也。胡为不闻有病而忽焉易箦乎。呜呼！吾长兄享年八十有二，其历试诸艰，不可屈指，即生平大节，亦难尽述。处宗族之谊，是非不变其心，贫富不移其志，真求之今人不多得，即求之古人亦未易见也。呜呼！岂弟君子何日忘之，先民之遗复谁似也。幽明异域，想音容于灯光烛影之中；去来何时，吊形声于凄风楚雨之下。伤心惨目，有如是乎！吾长兄生前之善言善行，遐升谷报。肖子贤孙必能大于公之门，使量得分九里之润体，吾长兄爱弟之心，不遗孤独之养量也。有肴在豆，有酒盈樽，望灵哭奠，不识灵魂渺渺。其知也耶？其不知也耶？

（李东点校）

（威远陈氏）洪寿公传

（清）佚名

本文选自威远《陈氏家谱》。该谱重修于乾隆三十七年（1772）前后，嘉庆十年（1805）陈作霖等再重修，民国二十七年（1938）十三世孙陈鲲鸿等再续修，木刻本。此支陈氏，于明初迁蜀，定居立业威远马鞍山，明末之前世系失考。

三世祖洪寿，行四，且公子，皇明特授贵州全省提督，分镇石阡府①大总戎职，系万历四十六年戊午（1618）十一月三十辰，在威邑马鞍山②老宅生长。明末崇祯崩，顺治二年乙酉（1645）八月，同倪养宁③树旗结众，拒敌张刘④，绕战不屈。卒赴贵州石阡府官总兵，在任十三年。戊戌（1658）二月辞爵，回籍开垦祖业，享八十寿，于康熙丁丑（1697）三月廿五卯时住宅告终，葬马鞍镫穴，继迁祖坟后山岭下土地嘴。乾隆五十八年（1793）四月十一，又迁葬纱帽碑前，同癸丁向。至嘉庆八年（1803）十二月初六，建卧碑一座、鳌鱼碑一座，左右竖世次排名，合掌碑二座，旗伞木五个。生时绘真容二轴，遗宝刀二口，至今犹存。

妣黄恭人，系贵州石阡府知府杨升荣息也，因升荣故，随母张氏适总

---

① 石阡府，明永乐置贵州省，石阡府为贵州十府之一，今为贵州铜仁石阡县。
② 威邑马鞍山，在威远县城老东门外五里。
③ 倪养宁，见《裕素公传》。
④ 张即张献忠，刘指抚南王刘文秀。在本谱《陈氏源流》一文中称"威邑被刘都督屠戮"。

兵黄隆芳署内长养①，生（万历）[崇祯]② 癸酉年（1633）十二月廿八吉时，目左眉尖胎生贵痣一颗，天性幽闲，温恭淑慎。黄公器寿公智勇，以其子妻之。侍公举案齐眉，无违可坊，一十五载，携家归籍，享年七十一，亡于康熙癸未年（1703）二月初八吉时，在官人湾寿终，合葬，癸丁向。生子八：长应殿；二应试；三应诏；四应详；五应谕；六应谏，未聘；七应志，早丧；八应谟。

（陈廷德点校）

（威远李氏）侗初祖传③

（清）李士进

本文选自威远金花垱《李氏族谱》卷六④，民国己未（1919）石印本。威远金花垱李氏，由楚入蜀，明末兵燹，李联芳避难贵州，顺治甲午回籍收族。

特授中宪大夫李公讳联芳，字侗初，又字参宇，进⑤之四世祖也。明

---

① 黄恭人是黄隆芳的养女，随黄姓。
② 原作"万历"，应为"崇祯"之误。万历癸酉年即1573年，崇祯癸酉年为1633年，黄恭人亡于康熙癸未年（1703），享年七十一。
③ 李联芳，字侗初，又字参宇。《四川通志》崇祯举人名录，将威远人李联芳错记为李芳联。李联芳宦绩，又见于乾隆《威远县志》、同治《梧州府志》。
④ 关于金花垱《李氏族谱》，从卷六载《现凤公传》、李士进撰《旧跋》、李映扬《续修跋》和李均《增修跋》等文可以看出，此《李氏族谱》由李现凤、李鼎创修于康熙二十三年（1684），李世琼继修于雍正十三年（1735），李世璠三修于乾隆二十一年（1756），李士进、李士闻等四修于乾隆五十年（1785），李慎彝、李映扬等五修于道光十一年（1831），李均等增修于民国己未（1919）年。
⑤ 李士进，字捷三，号小山，岁贡，任绵州训导，敕授修职郎。

崇祯丙子（1636）举人，戊寅（1638）拣任广西怀集知县，业在礼部尚书何公讳吾驺膺荐序中。数年，由柳州守，历升贵州都清道、云南按察使司副使，治绩载在县志。甲申（1644）张贼屠蜀，族属逃亡，不可纪数。吾家一脉以吾祖宦廨，免其残伤，及解组归田，由贵越湄潭，率族属数人回籍，寻故乡，扫先墓，复恢前业焉。族属乡人逃匿余生，依吾祖以安居乐业者，不下数十家。临终遗嘱释仆等人，令各自成家，毋许子孙藉口辱后。嗟乎！我祖以一人宦仕，保一脉之安全。又复归乡拜墓，抚族孤，恤乡邻，释僮仆，福泽之厚且深，延至今日。进为人后，敢忘我祖之遗泽而勿表著也耶！生于万历己丑（1589）十月初六日，卒于顺治丁酉（1657）七月。妣杨氏诰封恭人，生殁失传，合葬威南金花垱大坟坝。生子五：长轼、次鄂、三轴、四轩、五鼎。继妣朱氏、梅氏生殁失传。梅葬邑南矮桥子吴家嘴，生子二：六邰、七邵。又继妣张氏，生子一：八邺。女，长适富邑王虚左，康熙丁酉举人所怀之母，朱妣所出；次适荣邑明金枪道童琳公三子，生子文灼，梅妣所出。

六世孙士进谨识

（陈廷德点校）

（威远李氏）潜公传[①]

（清）李士进

本文选自威远金花垱《李氏族谱》卷六，民国己未（1919）石

---

① 李潜，字昭之。其事迹亦载于清乾隆《威远县志》。

印本。

敕授明威将军李公讳潜，进高太伯祖春芳之次子也。明崇祯武举，癸未（1643）进士，即任御营游击府。旧谱载"其雄才超众，英气过人，一时之镇社稷而抚士卒，其难其慎，无不兼到，宜其子孙，蕃昌绵远勿替"。何前牒载只及其兄讳轻①，自此以下世次无传？迄今遍访老成，以及旧纪，第有继、碧②二房世系与子若孙焉，而此房独缺。嗟乎！公生于乱离之际，竭忠报国，未暇为身家计意者，其为社稷死乎！否则，宦游无定，其子若孙逃亡散处于异地者，无由访识，亦未可知也。悲夫！公生于天启五年（1625）乙丑五月十八日，配徐氏，卒葬失传。

侄玄孙士进谨识

（陈廷德点校）

（威远李氏）现凤公传

（清）李士阊③

本传录自威远金花垇《李氏族谱》卷六，民国己未（1919）石印本。

公字现凤，三世叔祖讳自京子，阊四世祖讳联芳嫡堂弟也。明季张贼

---

① 李轻，字前之，李春芳长子，拔贡。
② 继，李继芳。碧，李碧芳。
③ 李士阊，增生。

屠蜀，其流部姚黄祸及威远，公率乡众敌贼，知力不支，逃窜仁寿之曾家沟，昼伏夜耕，凛凛自保。时吾祖解组，避难贵州湄潭县。至顺治甲午（1654）回籍，抚乡收族，而公已卜居仁寿东林乡矣。迄今殆八世于兹。子若孙痛念先茔，未尝不以未归桑梓为恨也。嗟乎！生当戎马蹂躏之际，能远害全躯，开基立业，豪杰自命矣。犹恐后世子孙以离乡别井，支派难稽，比同五叔高祖讳鼎①，于成都西关外，由一世祖及五服名氏抄记单目，遗流至今，合族纂叙。宗派不迷已往者，公力居多焉。而数传而后，蛰蛰振振，遂肇陵阳一族。则公之厚德深仁，所积累于草昧初开间者，岂寻常植立比哉！

（陈廷德点校）

（威远董氏）际飞公传

（清）董崇固②

本文及附录选自威远《董氏族谱》，董丛林主编，民国二十三年（1934）石印本。威远新场镇董氏，始祖董君进，号雪峰，赐进士出身，候补知县，授文林郎。原籍浙江，后徙居江西吉水县。三世董仁敦于洪武二年（1369）由湖北麻城县孝感乡迁四川威远县，落业董家坝。本文录自卷二之上，描述了董际飞早年的惊险经历和遗嘱分产之事。

---

① 李鼎，字九之，李联芳五子，贡生，任成都税官。
② 董崇固，董际飞六世孙。学名嘉善，字培元，号策三，别号静虚山人。清钦加同知衔，诰授奉政大夫。

《邑志》志祖"为善力学，不就口职，敦于六行，乡邑多所利赖"数语，足称祖之盛德，固何敢复赘。但吾祖当文周祖①被害之日，官弁四处追缉，祖负幼弟，潜逃山野，至邑西古佛顶。忽有猛虎当道，身后追役又至，祖仰天呼号，向虎语曰："董氏当灭，随尔咀嚼。如不灭，暂避可也！"虎即让道。既官役追至，见有猛虎，谓祖已饱虎腹矣，遂退。祖由是得脱，数载始归。复获入庠食饩，为吾族开科第一明经。因旧谱失传，遂手抄本支脉派以遗后世，并书遗嘱，以作家规。今日谱牒重新，得以消百年之恨者，皆祖之所赐也。呜呼！祖以兵燹余生，大恢先绪。使断者复续，散者复齐，而二十余世之宗祧，昭然在目，不诚吾族之大幸哉。使祖不生于此时留此抄本，将祖功宗德既湮没而无闻，而世世子孙，亦徒深木本水源之叹。懿兮盛矣！吾于此而益知祖之盛德，历万古而常新矣。敢不述其巅末而志之。

六世孙崇固谨识

附录：董际飞遗嘱

立写分关遗嘱：父董际飞②，所遗五子。因年志气日微，不知老之将至，嘱尔五子曰：余自襁褓时，承舅氏宗祧，当兵燹后，奸雄并起，谋害父命，势欲灭我董氏子孙。余则尽心竭力，冤仇实报。今日我董氏子孙繁衍，皆余一人之力也。自康熙二年（1663）奉旨迁遗，落业徐家冲董家坝。祖业已失，其有县城内街墓西门与潜飞③平分，河街街基与龙飞④平

---

① 文周祖，董际飞的父亲董文周。邑处士，以长子际飞贵例赠修职郎。
② 董际飞，字如松，董文周长子。康熙廿三年（1684）岁贡，例授修职郎。
③ 潜飞，董文周次子。
④ 龙飞，董文周三弟文魁长子。

分，李门与李国柱平分，将大塆自制田地山场水草分为五段，五子均分，各守各业。自分之后，毋得争你强我弱。凡我五家子侄，共为训迪，以耕读为业，教之以清、慎、勤、忍，常留在心。异日之子孙，必光荣发达。戒尔五子，切勿负余遗嘱之言。

时康熙四十九年（1710）庚寅十月十四日，立写分关遗嘱。胞叔董潜飞、李国柱，堂兄弟李之璋、董之盛同在。

（李东点校）

（南溪张氏）绍一公家传①

（清）张相庚②

本文选自南溪《张氏家谱》，光绪四年（1878）刻本。该谱是目前川南保存完好的家谱珍本之一，内容丰富，体例创新。张氏原籍今安徽省桐城县，宋时迁入麻城孝感乡。明中叶，张庆由楚入蜀定居南溪县，是为四川始祖，第八世孙张瑶于乾隆间移居南溪李庄，修建了板栗坳民居，抗战时期成为中央研究院史语所的驻地。

绍一公，以康熙二年（1662）癸卯生。当吴三桂逆党窜扰成都时，公年甫十五，其时以吴乱，故岁不登。吴卒乏食，辄向民间诛粟以饱军。弗得，则灼肤斫胫，以肆其毒。敲呼之声，达衢路彻，宵旦不绝。民相率匿蓁莽，尽日伏不出。吴卒又往往入山搜捉，人民益不堪命。公方避莽中，

---

① 张程孔，字绍一，清代附学生，四川南溪县人，为明中叶张氏由楚入蜀定居南溪县之第七世祖。
② 张学飏，字相庚，清同治南溪县人，著有《南溪张氏家谱》《莼香馆算学》等。

忽飞戈刺入，中公股。公噤不出声，速撮土，随戈退，拭附锋刃。贼验无濡血痕，谓是刺入土也，遂去，公因得免。

公幼颖悟，公父震阳公①爱特甚。方公之匿也，震阳公遣健仆曰懋良、曰义胜者，护以行。懋良、义胜以探视贼踪，先后被贼获。索主所在，弗告。被贼敲灼，肤几尽露，骨白巉巉，垂死无一言。（乌）［呜］乎！婴杵②而后，再见斯人。嘻，异已！公去今仅二百年，其行事已多不传，甚矣，述之难矣。而公之后，无童稚妇孺，皆能道公避吴乱一事。考其时，公尚在就傅之年，而顾能急智自全如此。吾家似续繁，虽世姓不过，而公之子孙至敌全族之半。其游庠序、博乙科，勉自树立，不以游惰坠其先声者，十有九出公后，而谓公无隐行，当不其然，则信公以理，又校之征公之事，而转失其真者为得也。

夫人李氏，以终身不茹荤酒。闻今吾家岁时致祭，率相传此事。特供素食、不茹荤酒云者，彼氏之谈也，齐心者辄弗道。然在夫人以栉而服内，则训又何知？不过行其心之所向。于夫人何系轻重，特奠食供素，相率至今。虽一饭之微，尚寓不忍忘祖之意，故附志传末，以永祀先者。追远之诚，但使此举不忘，则吾家家祭必犹有可观。若彼氏之谈何论焉。

谱曰：语有之，大乱当前，有德者全。公其有隐行与？何后之多也。倘有兴者，当韪予言。

（黄川模点校）

---

① 张翱，字震阳，明代贡生，张绍一之父。
② 婴杵，即程婴和公孙杵臼。

（庆符严氏）克修公传

（清）严钟炘

选自《重修庆符严氏家谱》卷十三《家传篇》。该谱共十三卷，严树滋等修，民国二十五年（1936）刻本。严氏祖籍本湖广麻城县，明初入川，逐渐发展成为庆符县巨族。

克修公，前明万历间人也。曾祖曰廷佐，明优贡生，擢任安徽广德州知州。四传而至公，公以上事弗传。按谱，公之后甫十传，数以二千人计。吁！可谓盛矣。公去今，仅三百年耳。生平事已不著，盖自甲申之变，闻流寇遍江淮，伪张僭号成都，益肆屠烬。虽世家金石彝器，已难收拾于灰烬之余。而欲网罗散失，搜辑旧闻于斯时，岂不难哉！况滇藩吴三桂之叛，其逆党以康熙十六年（1677）窜蜀，川土悉糜烂。叙南苦兵戈，较明季受祸尤烈。以故旧家文物，益荡焉无存。此先世与公之行，所以其详不传。考之易太史撰衷介公墓志，述及公负奇节，好施予，所交多豪杰之士，提携拯贫，尤至焉。甲申之变，死人如麻，尸骸遍野。公独捐资敛葬，以数百千计。所积德行，皆此类。又按旧谱，述公履历：初，公早博茂才，辄悟士多儒缓误事，目击国步艰危，娴韬略，托身戎行，仗戟前驱，所向屡有功。历官贵州总戎，锡一等威勤伯爵。往往誓师讨贼，忠义凛然。及明社既屋，解甲归田，日痛哭，几不欲生。既而自顾寡兄弟，义当守身，以存宗祀。于是，遁迹林泉，杜门谢客。惟日与乡人，讲信修睦，并指挥用保甲法，互相友助扶持，捍患难于未已。厥后，频经兵燹，地方蹂躏，得公悉心筹画补救，闾里赖以安全。以是知公出处梗概，尤凛凛有忠孝至性也。先儒有言："天下之物，成败得丧，相寻于无穷。"独忠孝之家，永其世而不替者，其惟德乎？如公之后裔蕃昌，益足信公之德之盛云。

  十一世孙钟炘谨述

（罗险峰点校）

（简阳傅氏）元翠公暨子策春辟难略
（清）徐树棠①

  选自简阳《傅氏重修族谱》。该谱共分上下两卷，傅永成撰，光绪丙子（1876）刻本。傅氏本明代土著，谱所记录的元翠公避难经过可以与傅迪吉《五马先生纪年》相互印证。

  公讳元翠，子策春，傅氏开族祖也。遭明季之乱，辟地他境，寇平乃返乡梓，老故园，至今父老尤能言其略。先是，贼犯我川，猖獗甚，雷动飙至，都邑尽蹂躏。一时士女横死锋刃，殀折雾露，所向无噍类。公为血祀计，与子策春仓皇负糒行，东奔西驰约十载。幸得戴首还乡，父子先后拔附庠，以文名。方公之辟难在外也，同时有族兄万镒，亦携子窜川南。卒遇寇蜂拥来，举室骇散。孺人潘氏至不知死所，子亦陷贼，乘间乃得出。未几，幼女复殇于虎。三四十口惟己及子妇存。万镒公字还贞，即康熙庚午（1690）科举人霦公之祖，雍正甲辰（1724）科进士辉文公曾祖

---

① 徐树棠，简阳人。咸丰辛亥（1851）恩科举人，系族谱编修者傅永成的业师。

也。子迪吉①，补博士弟子员，叨恩明经，以孙贵，覃恩貤赠承德郎。当时辟难始末，万镒公常手书以遗后，故可考。元翠公辟难艰苦，略与万镒公同，而其事则仅附于墓志。久之碣断碑残，履历遂无从可查核。犹幸在昔，前人尚能口传其一二。闻公之避难在外也，所过雄关巨镇，通邑大都，往往郭破城荒，遍地都生荆棘，天阴鬼哭，月黑磷飞，愁惨殆不可堪。又其甚者，魑魅昼出，毒蛇猛兽道噬人，骼骷狼藉，在途髑髅模糊带血，此则触目伤心，惊魂动魄，口不忍言，口且不能尽言者也。夫国家承平二百余年矣，为子孙者，宅宅畋田，永有千年于兹土，安坐餐饭，垂老不闻戎马声，而岂知祖宗当日固已心磨俱碎，头发为白，乃获一生于万死，以绵瓜瓞于禩世哉！元翠公出时不审所向，后自嘉定之犍为县与子策春娶妇郭氏归。

辛亥（1851）恩科举人、候选知县徐树棠少嵒氏拜撰

附录：严孺人传

（清）徐树棠

傅母严孺人，诸生策春公德配也。性淑惠，于归甫一岁，遭明季献贼之乱，遂死焉。初，吾蜀之被寇也，祸由抚臣熊文灿、杨嗣昌纵贼，使入川。贼大肆屠戮，惨毒殆不忍言。全川俱震动，百姓扶老携幼者，如蚁徙穴属于道。策春公与父谋，为避寇计，商之孺人。孺人以有身，不欲行，愿留家。公不得已，乃嘱邻媪为服役，遂奉父之他境贼所不到处。未几，潜还一省视。至则门苍寂然，孺人已入宫不见矣。四路踪迹无声响，久乃于堰水得孺人尸，颜面尚可辨。先是，策春公去后，土匪日猖獗，焚掠无

---

① 傅迪吉著有《五马先生纪年》，详见前。

虚夕。孺人恐贼至，或受辱，乃决一死以自全。公得尸恸甚，以烽火未息，草草藁葬，仍窜去。当李逆之犯阙也，城犹未破，士大夫早望风附款，密约为内应。及京师失守，在廷左右，又复相率北面，甘受刀俎而不辞。今孺人以一女子而晓然于大义，不苟活以自污。彼世之顶天立地而须眉者，能愧此巾帼哉！尤可叹者，吾蜀被寇时，我邦闺阁贤媛，或先时而饮鸩，或临难而绝吭，或姑妇掩袂而投缳，或母女牵衣而赴井。死虽不同，要无不昭垂青简，永享明禋于勿替。今孺人以身殉节，而懿行幽沉，管彤未扬其徽，烈魄贞魂，其能瞑目泉下乎？余故为表之，以补朝廷旌表之所不及，且使傅氏子姓，知孺人之苦节，有如此云。

辛亥（1851）恩科举人候选知县树棠徐少喦氏拜撰

（陈伟平点校）

（简阳刘氏）冲霄公传

（清）易象离

本文及附录选自简阳《刘氏族谱》。该谱共分七卷，刘焕文等修，光绪四年（1878）刻本。刘氏祖籍湖广，是简阳县数一数二的大族，民国四川军阀刘存厚便出自该族。

公讳应登，字冲霄，国兴公子，岁进士也。性廉洁，不苟取与。于古人书无不读，从不以世外事撄情。乡先达咸器重之，期以远到。旋，补博士弟子员。越明年，事廑饩。公文章豪宕，不屑规规小家。数八家文章中，如韩、苏、欧阳，尤酷爱之，至忘寝食。近体仿王、唐、归、胡诸先辈，俱能升其堂而哜其胾。闻公之致力经史也，灯火萤窗，惯熬黑夜，有会意辄欣然忘倦，端坐通宵；疑义奥旨，每假寐而思，弗以邃深生倦容，致荒废，循此至疾革乃已。其平生刻励振奋大率类此。惜数觏阳九，值献贼啸聚，丑类甚猖獗，恣杀掠市井，戎马声嘶。为时伤辗转，叹仳离者，老稚童孺，且鸟兽散。公亦辍吟案上，叹曰："时势如斯，命也。奈何？"家人咸请曰："盍避之？"公曰："四处烽烟，不避虏，避亦虏，等虏耳。与其沦胥于沟壑，无宁坐毙于庸下，将焉往？且我以衰老余年，死生有命，焉避为？"家人复勉请，公因挈家去。甫至金家沟磨子岩山下，贼突至。家人相失，公被围。有贼使裨将姚黄者，索货币于公。公言无，贼以刀劈臂下，公遂迷卧其处。甫苏，贼已解围去远矣。稍间，家复聚，相持痛泣。公曰："视予手足，其毁伤乎？"家人曰："余俱无恙，惟折一左胁耳。"公曰："时甚思食，盍视囊橐所裹糇有存乎？"家人曰："流离之顷，不暇顾物，粮糒不知掷于何地。"公曰："饥者甘食草木，有实鸟兽，有肉盍求之？"家人环视山中，无所有。俄而有群鹊投林，家人伺而扑之，得其一。又旷野无釜鬵，以榾柮围烘，熟而食之，得复存乎！公殆平生有天幸，遇贼亦不俗者。今子孙承公余荫，椒衍瓜绵，世代克以衣衿相继，皆公惠迪得吉之所致也。惜相去已八九世，嘉言善行，仰思莫尽，可追溯访问，此其大略也。

辛未（1871）进士诠选知县现任潼川府儒学正堂易象离虚楼氏拜撰

附录一：孟常公传

（清）易象离

公讳正论，字孟常。其行实历久难尽考。有曰："公，处士也。"性和平坚忍，接人无阃阈，遐迩咸敬重之。幼从师习，为科举业。文藻为同辈所见推，旋补崇祯时博士弟子员。本朝定鼎，公不复仕进。有曰：公两朝俱庠生。尝闻公事亲孝，甚得冲霄公欢。献贼之乱，冲霄公避贼于金家沟，遇贼于磨子岩山下，左胁肋伤其一。是以坐作变动，每有不臧。公为左右，无方以事之。及冲霄公卒，公苫块尽礼。嗣后贼益猖獗，聚丑类于村邑市井，掳掠丁男子妇，肆为凶焰。公为裹粮，挚家属作避难计，去之眉。适德配傅孺人，卒于眉之安下乡百丈堰，公为草具就地葬。继公闻简地清平，挚家归。续取范孺人，无嗣而卒。更娶张孺人，生兆祖。又闻公性和平，而教子范则严。鸡窗萤火，维日孜孜。而子孙敏勤率教，无敢嬉。公居常无事，恒取经史自娱，以是终顾。吾所仰重夫公者，尤不在此。从来后代之发祥，视乎先泽。惟德足垂裕者，其子孙乃克昌。于公治狱，窦氏济人验之，昔闻良不诬也。今公子孙，衣衿济济，蜚声乡榜，向非承公余荫，焉能及此欤？而况将来之继继承承者，尤方兴未艾欤？夫公于戎马倥偬之中，离居荡析而犹能始终于学，则公所以为燕翼饴谋者不已，去寻常倍蓰而无算欤？然则公之生平行实，虽不尽考，而其德固足称也。

辛未（1871）进士诠选知县现任潼川府教授易象离虚楼氏拜撰

附录二：始祖妣何孺人传

（民国）刘存厚[①]

孺人姓何氏，学华公之配，永安公之母也。生简邑何家湾。明季流寇献贼蹂躏，西北户口几绝。田园村落，荆棘丛焉，猛兽出入成窟。公远避，不知所终，或云死于虎。而孺人携子颠沛流离。见贼至，则匿于群尸

---

① 刘存厚，民国时期四川军阀。

中。己身仆，以尸覆面。贼举刀砍之，伤左膀。贼去获免。清兴，诏邻省民填。时户籍生齿无几，婚娶不易，孺人苦抚孤子，欲其承继先绪。遂命永安公入赘朱家。其孙兆隆公兄弟五人，皆于其地生焉。迨壮，率归白石冈祖宅，延师课读。隆公、耀公均游胶庠，法公以盐业奋兴。厥后孝友相传，子孙益奋志文武，光奕祀者，皆孺人之德所遗也。

（陈伟平点校）

（简阳汪氏）金吉公传
（清）汪致森

本文选自简阳《汪氏族谱》。该谱不分卷，汪夏珍等修，民国三十二年（1943）铅印本。汪氏祖籍湖广麻城，是简阳的世家大族，其祖先存满公还被神化为当地乡神。明末巨变，汪氏被屠戮殆尽，仅数人侥幸逃脱至仁寿。

明末清初，献贼乱蜀，实空前奇祸。吉公适受其殃，清公谱序云："处处一扫烟尘之后，父辈中仅存吉公一人。呜呼，痛乎！生者无存，死者无考。上至义通公，仅记单传七代，生配葬没，概莫由知。此景何堪设想！按吉公诞育我八世祖等七人，伯生简邑，仲产丹棱，诸季仍简，迁徙流离，辛苦备历。又吉公二祖妣，王氏祖妣死于乱时，墓地失考。杨氏祖棘林受刃，伤及眉间，此又痛心之尤者。复查宅茔旧业，并散见仁、简、资阳。择里迁居，一州三县，于惨无天日之际，卒能明哲保身，承先启后，非大德大孝，奚能九死一生，以续宗嗣哉！公生万历癸丑（1613），没康熙甲寅（1674），寿六十一，葬仁寿尖山坝大湾，庚山甲向。乾隆四十九年（1710）竖碑，有墓志，已载族谱。王氏妣寿三十二，仅刊姓氏于碑中。杨氏祖寿九十一，葬汪洞湾。后容公等以修谱余赀，于道光二十年庚子（1840），始移与吉公合墓，墓前有碑可据。汪洞湾旧墓仍在，碑记亦存，此其大概也。呜呼！大难之后，始见善人；代远之余，益知祖泽。谨略为传，冀后起者，同深感慨，共切奋兴，庶吉公在天之灵，差慰万一耳。

（陈伟平点校）

（江津龚氏）笋湄公略述

（清）龚懋熙

本文及附录选自民国《江津县志》及江津《龚氏族谱》。《龚氏族谱》创修于南明弘光时，此后屡有续修。该谱中收录的《笋湄公略述》是川东明末清初避难文献中的名篇，同时被收录于各个年代的《江津县志》中。民国《江津县志》中附于《龚懋熙传》之后，取名《叙略付两孙》。另附龚在禄避难经历，以资印证。

龚懋熙，字孟章，号笋湄①，崇祯庚辰（1640）进士。生而颖异，二

---

① 龚氏始祖辛一公原籍河南光州固始，又经麻城县孝感乡于元至正二十一年（1361）入川，开基江津。龚懋熙系辛一公第十三世孙。《龚氏族谱》本传又载龚懋熙号玉津，生天启庚申正月初一日卯时，故康熙三十四年（1695）十一月十七日巳时，享年七十七岁。

岁识太山石敢当数字①，七岁能文②，十八乡举，联捷南宫，任太常博士。甲申（1644）三月，贼陷北京。以二亲故，间道归，备极艰难。既旋里，侍亲避遵、黔山中。顺治戊戌（1658），清师平蜀，始奉亲归里。总制大司马李国英疏于朝，以原品征用，固辞不就。怡情山水，留心著述，学宗朱程，博通典故，抚军以下，咸咨礼焉。居平，慷慨太息，谓甲申之变，惓惓双亲，不获殉难。每一念及，耿耿于怀，其志良可悯矣。所著有《四书讲语》《梧竹居草诗文集》。督学曾称其"与同邑曹恢，文章留先辈典型，行谊树后生模范。虽韬孤芳于一邑，实存硕果于三巴云"。仲弟懋烈③，崇祯壬午（1642）举人，性孝友，生平无疾言遽色，人拟之黄叔度。季弟懋勋④，避地永宁。死节详《先烈》。

---

① 《龚氏族谱》本传又载："天启庚申（1620）正月初一卯时生。九个月时，先祖道轩公指以'泰山石敢当'数字，即能认识，颠倒间摘，屡试不错。三岁满，犹未能言，忽一日呼母云：'我系王永大王六老儿。'因而能言，及问前话，眇不知也。"
② 《龚氏族谱》本传云："九岁入学，试辄优等。受之陈平人（字士寄）、何炯乡、闵中光（字含万）、孟时亨、葛映时（字惟恒）、金斐臣、王铉诸名公，俱以国士相待。"
③ 龚懋烈，字仲武。族谱本传载："幼颖悟，八岁能文。年二十一，以上书中崇祯壬午科乡试八十二名。川场原额七十二名，是科蒙圣恩广一十八名，故数增于往例云。公奉先君庭训，自为师友，童年即结誓读书，克酬厥志，一时蜀川人士皆闻风效焉。至性孝友，生平无疾言遽色，与之游者莫不以叔度目之。不幸以疾躯惑于乱世，功名遂成永诀。先慈闻变号恸之声，今犹在耳。呜呼！痛哉。仲武以天启辛酉年（1621）十二月二十五寅时生于高楼台，因奢贼之乱避此，故乳名楼生。隆武丙戌（1646），赴行在会试，值国变不果，卒于广西梧州府。卒期丙戌年九月十九日申时也。归葬龙门滩丁家沱。妣刁氏，本县刁克泰之女。刁氏生一女，适巴县孙参议字明祥之子生员世昌。"
④ 龚懋勋，字季骏，恩贡生。《龚氏族谱》本传云："敏悟并称。年二十三，选隆武元年（1645）恩贡时，蜀罹张贼之难，避乱者多遇遵黔。以是流寓诸生奉新恩，就黔督学试。季骏获选，归渡乌江，适贼余党寇遵。适方程君巽与与季骏，族中表兄弟也，自遵走黔，邀之反黔。无何，贼党犯黔，季骏偕巽生渡彭江，走安南。贼复窥滇，犯安南。两君与安南守曾公异撰婴城拒之，不克，而两君与曾守俱殉节矣。盖永历元年丁亥（1647）三月内事也。时隆武上蒙尘汀州，今上龙飞端水，改隆武二年为永历元年矣。予此方二人，避乱於之龙泉等郡，咫尺遂成永隔也。痛哉！季骏以天启甲子（1624）七月二十日申时生。娶李氏，闻夫变，痛哭不食而死。李氏生崇祯戊辰年（1628）九月初一午时，卒永历丁亥年（1647）七月初八巳时。葬高楼台龚绍泉墓右。父李滋，母刘氏，俱是本县人也。"《江津县志》卷七下《忠烈》载："龚懋勋，字季骏，崇祯时明经。甲申蜀乱，偕程玉成避地黔之永宁州。时孙可望陷黔窥滇，率众攻永宁。州人望风欲遁，懋勋、玉成与州守曾异撰画策曰：'州据盘江天险，控扼滇黔，弃之不守，事不可为。'遂集众登陴守。城陷自焚死，祀忠烈祠。"

《叙略付两孙》① 云：予家世业儒，素履清贫，然幼志读古人书，不在温饱。为诸生时，窃拟得一第，便辞官归耕。肆力搜讨，既叨籍，例授民社②。一时师友爱我者，谓京官散秩差遂读书之愿，遂援甲戌进士杨玄锡例奏上，得改北京太常寺博士。此旷恩也。甫二载，甲申（1644）三月日，痛遭国难。一时殉节者，尚书倪元璐等三十人；从贼受官者，若干人；索财桎梏死者，若干人。予痛怀亲老，愧不能死。因同邑在京者行人表兄程君玉成③、孝廉李君世扬谋间道归。汝祖母陶氏④时随任，亦微服与俱。囊中有银七两、银带一束、银杯十数双而已。三月日，出彰义门，议所向。会贼发大队掠山东，南路为阻。有客结伴适三元，遂买驴随之。涉晋入秦，皆被贼蹂躏。一路仳离惊怖之状，无适不尔。虽冀都遗迹、镐京盛概，过而不暇问也。怅哉！四月日，抵宝鸡，人烟俱断，连云古栈，久无问道者。予偕同侣望凤翔村烟走，觅食，得燕麦。回宝鸡败屋，磨饼，各贯索肩上。度栈，饥则啖饼，渴则饮水。抵夜，倚坐树下，系驴坐侧。树有隙光，辄起行。及抵凤县，传有贼韩姓据汉中。遂从两当走徽州⑤，拟取道阶、文⑥入川。既抵徽，予资斧分毫已尽，恃同邑两君。乃两君所挟，亦不出两许。汝祖母男装偕行，势不能远赴阶、文。乃与两君诣关庙决之，签谓水路吉。庙近城里许，有客过，忽识予，曰："此四川某。"予不顾。客前曰："此江津某。"予应之曰："我虽川人，为客被劫来此，勿以貌似错认。"客曰："我曾受恩，岂错耶？"历述在渝往事。渠姓淡，字凤亭，以私盐坐渝狱。予为言于太守王公行俭，得脱归者也。邀至其家，

---

① 两孙：查龚氏谱，懋熙生二子：林生、纶。林生无子，纶生子祺，岁贡生，号介眉。另一孙不知名号，也当为纶之子为是。
② 谱载：崇祯己卯（1639）、庚辰（1640）联捷进士，殿试第三甲，上疏乞假迎亲。壬午年（1642）入京都察院办事，授知县。
③ 程玉成，字巽生，事见前注。民国《江津县志》卷七下《忠烈》有传，附龚懋熙挽词于后。
④ 即龚懋熙之妻陶氏。龚懋熙原配陶氏，生子林生。继配卞氏，再配何氏，侧室夏氏、吴氏。
⑤ 此地当为陕西巩昌府之徽州，即今甘肃徽县。
⑥ 即阶县、文州，俱属于巩昌府。

殷勤过当，与商觅舟南下之计。徽府白水江源方涸甚，淡于旧年赁阆中船至徽，不得还者一载矣。淡为予等曲偿驴价，与舟子赁舟俟水。刚五日，大雨，江泛。淡阖室持酒食江干，大恸而别。北人用情之挚如此。予等乘涨过略阳，城上人大噪，传呼急追，不能及。过阳平，仍奋楫以往。江干巡卒矢镞雨集，乃语之曰："我等四川举人下第，道被劫，有国子监水引可验。"巡卒上船，见褴褛数人，遂无难色，索水引，赴（临）[宁]羌①，州守验放。州守恸曰："我亦楚中庚午孝廉也。"李姓持帖促解缆，比仓卒亦不知（临）[宁]羌为谁守矣。寻入保宁，更舟，所赁即江津船也。先是，从予役者，癸未冬俱以疫死。京师艰中，依我独男孩一、女孩一。讯篙工乡，信得所自，跪而言，乃吾弟仲武②仆也。又以得家音无恙为喜。六月十八日，抵合州。尚拟下渝，邅报献贼围渝二十二日，城已告陷。川抚龙公文光驻师顺庆。予过晤之，犹曰："破夔者，小寇黑云祥，渝何足虑也？"呜呼，节钺军中侦报一至此哉！汝祖母壁山人也。急挽舟至合，小江李市村与壁近，遣仆篙工往，使来接应，乃达铜梁之箕山。壁中诸姻友咸避此。予阻道不得渡江归，因止焉，凡四十日。土人附贼者，以予等名报贼，贼发兵众掠箕山。偃旗卒至，诸姻友不及逃，行李塞道。予与祖母得匿草，走箐中，绝粒者四日。同邑两君一时惊散，贼去始合。予归觐父母③于祖居高楼台④，父母讶予之突归也。形貌顿改，不复认识。备述所以，痛哭几绝。自愧一死未能，以致有生皆累。虽身经百瘁，通天之罪，亦奚赎哉！时天下无主，官兵所过，尤烈于贼。里巷恣睢雄杰之徒，借起义为名，驱民为兵，众至千万，文士反往依焉。督抚崇衔，侯伯重爵，攫

---

① 原作"临羌"，当是"宁羌"之误。
② 即龚懋烈，见前注。
③ 龚懋熙父为龚三级，原名仕拔，号尧阶。万历二十三年（1595）生，隆武元年（1645）任遵义府儒学训导兼绥阳县训导，永历元年（1646）升贵州安顺府推官，因贼阻未就任，顺治十六年（1659）卒于平滩。乾隆四年（1739）入乡贤祠。母丁氏，万历二十六年（1598）生。外祖丁应太、邱氏。俱见龚氏谱载。
④ 在今江津区蔡家镇境内。

而取之，在廷唯唯而已，其究也民尽为兵，废耕绝食，旋亦自相食以尽。全川自此烟火断绝，凡十五年。予时奉父母避遯、黔①，空囊远涉，行止无地。仲弟懋烈适粤②，季弟懋勋随玉成兄适滇，相继沦亡，予长子③亦以饥殇。国破家亡，羁途相对，潸然竟日，遑计有生乎？虽国统再续，纶音叠加，怅予茕茕一身，侍养无助，瞻望闽海，则麻鞋莫前。晚诣滇云，亦鸳行如寄。徒叹大运之莫挽，自悼我生之不辰尔。顺治十五年（1658），王师定蜀。予得侍二人归里，奉旨叙用，接丁大艰，寻以报疾允辞归耕，优游尧天，衣食赡足。回忆畴昔艰辛，吾父母暮年缺甘旨之奉，而予顾得以饱暖逍遥余生，理乱不侔，甘苦相绝，每一念至，何以为心哉？吾今行年七十有七，风鹤是虞，姑述大略。

（罗险峰点校）

附录：《龚在禄行述传》

公字念真，讳在禄④，吾曾祖也。王父孙愈公遗云："公智勇双全，才堪足以定乱，而不获见用。于是时，值群凶蜂起，四方强贼横暴于津地，世逢变故之惨，人遭流浪之悲。公索族人而保护无失。维时，烟火断绝，百里道路人无一行。境内寂寥，而物随人散；旷野萧条，而渺无音声。公保族众家室，避难于菁山红洞坪中，昼夜防护，身冒矢石，百计维持，备极辛苦。寒暑遍历十余年，及清朝顺治时，肃王剿灭献贼，蜀寇方息，归而复还旧里，已有年矣！田园荒芜，村野成为菁林。呜呼！斯时幸有吾祖

---

① 谱载："避乱于黔之仁怀赤水里。"
② 谱载："避乱于黔之仁怀赤水里。"
③ 名林生，陶氏生。
④ 龚在禄，系江津龚氏第十三世孙，懋熙族兄，号念真，贵州平越府镇标中营守府。

智勇超群，岂非天意之笃厚吾家。倘若不然，吾家岂不与大众同没于世乱也乎！"特为记录先人贵言而详述之。

曾孙鸿图述

(罗险峰点校，陈伟平再校并注)

（遂宁李氏）镜庵公纪谱略
（清）李嗣业

本文选自遂宁《李氏族谱》，李久齐、李道清修纂，民国十六年（1927）刻本。镜庵公，即李实（1597—1674），字如石，号镜庵。明末四川遂宁人，崇祯进士，授吴县（今苏州市）知县，有政声。顺治二年（1645）辞官居长洲清江里，杜门著书，精研小学、经学及佛老杂学。著述甚丰。所撰《蜀语》，为研究四川方言专著，颇有学术价值。遂宁李氏，原籍湖北麻城，明代始迁居蜀中遂宁。清代大诗人张问陶在《延录斋叙》中云："自故户部侍郎李公仙根以文学显康熙中，而遂宁之李闻天下。"本文记录了遂宁李氏迁川历史。作者李嗣业，清代遂宁县人，曾任荥经县教谕。

李氏旧籍河南。宋南渡，避金乱，迁湖广黄州府麻城县孝感乡。自明初，远族志高公携家入蜀，徙东川遂宁县之安仁里下县坝，继迁邑南下安里之四方山。至二世祖茂华公，又迁邑南郭学宫之后居焉。嘉靖时，三世祖元桂公，字左泉，始入邑文庠，以善书称。复卜筑于学宫前，买房地居住，遂家于此。妣氏程孺人，生子三：长友松，次友柏，三友梅。当明季崇祯时，遭李贼之乱，避难于外，俱未回遂。或云友梅自兵燹后，徙射洪县之源流乡宝堂沟，遂家焉。二公未详。四世祖友松公，字鹤来，亦入邑文庠，俱善书称。凡邑中题署庙桥碑志，二公墨迹甚多。鹤来公通经义，精医术。公系本邑刘医官之婿，刘故精于医，公亲书而从翁习医焉，游获罄其术。尔时家颇裕饶，储药材外，以利济为心。凡丸散膏丹，步履必携，见街衢之小儿有病者，必呼其父母与之药饵。未瘳者，复诣家取药，然绝不受药资。值万历庚戌（1610），瘟疫大作，流行市野，于门外道旁设两巨釜煮药以济众，求药者络绎不绝于道，存活者甚多。妣氏刘孺人，生子多不育，中年生三子：长曰实，次曰宾，三曰宣。

实祖字如石，号镜庵。弥月艰于乳，寄养于叔祖母，家寒，每月供给甚厚。至十岁，呼归，命就小司寇方岳父受学。方以年幼已就外傅，方曰："汝入学晚，试为我答一对。"云："日月天之眼。"公应声曰："草木地之毛。"方喜曰："此子不凡矣。"性颖敏，日诵数千言。岁十三即善属文，十七入泮，越岁食饩，文日有名。二十七岁，丁母刘孺人忧。盐提举郑公延教其子，公曰："若许麻衣出入方可。"郑愈心重之。后既匝岁，郑署邑篆。公一日晨赴馆，宅门未启，有役见服麻，讶云："立此安俟？可亟去。"盖役辈尚不知公久为提举西席也。

越二年，嗣又丁父鹤来公忧。鹤来公有侍婢，弥留时，尽匿橐资，亲友咸噪，谓奚以治丧，将究侍婢。公不许，事毕遣之，终不言及。自是馆家之留耕堂学徒至，未尝较脩脯。尔时，鹤来公未安厝，公留心青乌之术，忽夜梦一人翩跹来，语公曰："李公欲卜善地以安亲否？"公曰："然朝夕谋之，弗可得也。奈何？"其人曰："予已早为君卜一善地，殆即谓郁郁葱葱者也，盍往一观？"公欣然从之。第觉耳边风声飒飒，四顾阴森，如伯牙从连城先生乘舟海上，颒洞香冥，目不暇及；又如挟惊涛口浪奔腾澎湃之势，聒耳喧嚣。公愕然欲返，其人顾谓公曰："君病走，勿怖。"顷刻，至山中，其人曰："君识此间否？"公谛观曰："素未经过，是果何里，谁氏之山?"其人曰:"乃尔本族地,此下安里四方山也。君驻此,予□后山,看其来脉。"即至后山环绕,相瞩遥望,其人摄山椒,一步一山,而去复一步一山,而来谓公曰:"来脉甚善,此地乃玉屏结穴也。前明堂开廓,左右护卫亦佳,某山某向,得葬此地,乃人品清高,至一品位。"指点毕,飘然而去。公倏然醒,默识之,时鸡声犹胶胶在人耳畔也。

次日,戒行李诣四方山,觅寻梦中所指之地。果在族人山上,与梦中一一相符,因与族地主购而得之。卷存江南苏州。此山计至家陆程二百余里,难于扶柩,遂刺舟下达安居县①,转入小港至官溅溪②,过三汇场③月山寺④,陆程七十余里,抵四方山松树堡。安葬时,土人呼之地名曰李家坟。禁四至碑墓在焉。

如石公于崇祯丙子(1636),同阁部吕大器登贤书,痛惩当时恶习,士偶叨一第,即多纳投献,把持武断,为乡曲患。自誓一切禁绝,闭户读书,教子弟如诸生。十六年癸未(1643),与大器之子潜⑤中同榜进士,选苏州府长洲县令。

长洲繁□,为天下最。公单车遄赴,不骛应声,晨出夜入,日有程约,刑狱立意求生,不数月循名大著。抚军张公抵任,各属吏见,即问长洲令。公出,张曰:"吾在江上,已闻长洲名。今到吴,道府绅衿氓庶无间言,是用何调停法?"公曰:"知县用不调停法,若用调停,即有调停不到处矣!"抚军称善,甚器重之。时吴县令丰采出公右,长洲刘学傅以两贤质之徐勿斋,勿斋素有人伦,鉴曰:"长洲如镜,吴县如珠。"刘未达,徐曰:"珠善滚盘,恐终滚滞一边。镜越磨越亮。"至今人犹称之。

乙酉(1645)夏,去官,侨居郊外,卜乡之上清江居焉。元配黄夫人未适早卒,继配吕夫人,本邑阁学大器之女、博士潜之胞妹。吕夫人生子

---

① 今重庆市铜梁县安居镇。
② 今重庆市铜梁区少云镇。
③ 今重庆市潼南区小渡镇。
④ 位于今小渡镇月山村庆元山。
⑤ 即吕潜,崇祯癸未(1643)进士,清初四川著名文人。

九，长之钦，字子静，榜名仙根，号南津，是时与母吕夫人在蜀。乙酉（1645）夏，明季贼乱，遍扰川省，是秋少司农仙根①奉其母吕太夫人自蜀至任所，则公已辞荣高蹈矣。喜少司农至，倾囊授之曰："吾宦物如是，此后活计唯汝矣！"检之，止二百余金。少司农虑曰："家累六百指，此奚以济？"公笑曰："吾愧古之受一钱一石者矣。比吾离任时，库金积九万零，戒吏役毋妄窃。今窃多（死）（者）[者][死]，窃少者刑。使吾一或不慎，今安得复见汝等哉？"

丙戌（1646）春，湖贼大起，烧劫无虚日。一夕噪及近邻，且正向清江，闻艘后忽呼："前行不得近北岸，岸有李公，勿惊动也！"自此数年，无一艘犯清江者。值涝，移葑之双塔，杜门著书，不问瓶罄。然吴中绅士农贾，知与不知，喜馈公酒米布绢，公亦不忍，概却之。

平居未尝妄交游，轻笑谑，独士人讲道论德。辨析古人文义，辄孜孜忘倦。每晨起先看书一二卷，然后盥漱。二氏百家，无不搜览。嗜书法真草，皆入昔贤堂奥。自少司农历仕，凡三沐恩例，诰封朝议大夫，而伛偻俯仰，弥自贬损。性不喜纨绮，衣履至敝如新。寄居吴门，抚藩以下，绝不闻有李封君者。

晚尤邃精于《易》，属纩前三日，揽衣危坐，命子若孙至，付手书遗事七则，一遵典礼。至期翛然而逝，年七十有八。其时著《四书》、《春秋》、《易》、《礼》、字学、杜注、邑志、佛老、家乘，疏解编纂甚多，尚藏于家焉。乡谥贞文先生。祀长洲名宦，入本邑乡贤，葬苏州府门外二十里观音山下之龙池寒山焉。吕太夫人合墓，墓前树一石坊，上镌"长洲名宦李公墓"。曾定后孙名派曰"奕业秉正长，崇修道遐昌"十字云。公所著家乘旧书，俱未付回川省，聊记前人口泽，俾此后孙得悉其梗概云云。

（胡传淮点校）

---

① 即李仙根。

（罗江李氏）李攀旺传

（清）李调元[①]

本文选自嘉庆《罗江县志》，李调元编修，嘉庆七年（1802）刻本。县志云此文录自《李氏族谱》。传主李攀旺系清代四川著名文人李调元祖父，其在甲申年间的经历，尤其是所涉及食人事，可与他书相互印证。

李攀旺，字美实，罗江县云龙坝人也。生三岁而孤，母王氏再适同邑李云卿，公随母育于李。值流寇张献忠作乱，人多逃亡。时李富于财，既死，其仆何鼩鼩者，谓公曰："子非李氏嫡而受其财，族众忿甚。不去，将杀汝！"公于是归，时年二十三矣。至，则宗族尽散，无一存者，公子身无倚，随乡里二三人走石泉。是时，贼众猖獗，所过杀伤焚掠殆尽，民食无所出，强者杀人而食，弱者幸以身免，则匿迹深山，采树皮草子，为饼充饥。公尝绝食三日，夜于空宅中获一猫，烧食之，得不死。张养心者，宋有联之妻弟也。公与有联同避兵，故识养心。一日，至其处，养心召公同食，时无碗，以瓦片盛肉而已。公稍尝，知其味异然，不敢明言，乘其不见而弃之。归，以语有联。有联曰："若辈素食人肉者，奈何食其食乎？"于是心影成疾，腹膨，久不愈。闻渡夫王五善针灸，就而灸之。他日又至其家，王五夫妻方食鱼，将尽，止余头尾。见公至，则以食公，而谓之曰："好，好，有头有尾，子之疾自此除矣。"由是果愈。公在石泉

[①] 李调元（1734—1802），号雨村，四川罗江县人，清代著名藏书家、文学家、民俗学家，历任翰林院编修、广州学政。

二年，值蜀中平定，乃归，住河村坝，土旷多年，田地在荆棘中。公开荒刈草，独力经营。又历十余年，粗有积蓄，始（聚）[娶]妻，即吾祖母李氏也，时年四十一矣。厥后移居毛家坝。又十余年，移南村坝，子子孙孙今家焉。当时兵燹之后，乡人存者百仅一二，而公族属无一人在者，故前后三迁，皆就伴居住，未得复业。公为人忠信、浑朴，不校是非，凡事退让。人有犯者，辄语谢之。尝谓人曰："吾昔在兵劫中，逾越险阻，冲冒锋刃，野居露处，朝不保暮，自分必死。今幸上天之眷，祖宗之灵，以有其身，得延李氏之一线，吾何求哉？吾惟有'吃得亏'三字，可以保身，可以遗后，愿世世子孙守而勿失。至于机巧变诈，是吾所短，然亦羞而弗为也。"乡里以此多之，至今称为长厚。治家以勤。当徭役繁重时，怠惰者多失业，而公未尝缺乏。遇戚党有急贫者，多有周济。以明天启丁卯（1627）年生，至国朝康熙庚辰年（1700）卒，享寿七十四岁。以孙化楠①贵，乾隆十九年（1754）貤赠美实公为文林郎，李氏貤赠孺人。子三，文彪、士逵、文彩。

（黄川模点校）

---

① 李化楠（1713—1769），李攀旺之孙、李文彩之子、李调元之父，清乾隆时诗词家、藏书家，颇有政声。

灰烬之余

（南充韩氏）流离传

（清）韩国相①

本文选自嘉庆《南充县志》卷八《杂著》，袁凤孙主纂，嘉庆癸酉（1813）刻本。该文当为修县志时，从韩氏家族文书，尤其是从族谱中征集而来。韩国相出身于南充望族，经历明末清初的战乱，所记所录，多出自亲历，史料价值颇高。

余生于明天启三年癸亥岁（1623）。越崇祯七年甲戌（1634），流寇始入境，邑人杜邦才率众御之，十七年甲申，李自成陷北京，僭号永昌。其党马科八月据顺城。献党郝云祥②志名摇旗。入夔门，破重庆，遂破成都，僭号大顺。马科至绵州，遇献兵与战，败还秦中。献党二千岁等掠顺庆。国朝顺治二年（1645）乙酉，伪都督刘进忠③、马元利至顺时，有报房殷

---

① 韩国相，号栗坡居士，顺治甲午（1654）岁贡。嘉庆《南充县志·选举》有载，其事迹则不详。南充韩氏以嘉靖兵部尚书韩士英后裔为明时邑之大族，料韩国相当出其脉。
② 郝摇旗为李自成部。自成死后，降于南明何腾蛟，后和李过在川东联明抗清。此处误把张献忠作郝摇旗。
③ 刘进忠，张献忠部将。后在合州投降明总兵曾英，再后又投降清肃王豪格，为清兵作向导，进入川北攻打张献忠部。

承祚者号显吾，三原人。降贼倚元利，为虐一时，缙绅多死其手。继而元利偕承祚至遂宁会献贼，欲尽杀川兵。承祚私告伪帅谯应瑞、冯有庆。二人奔回，逐伪官，复顺城。献贼即将承祚凌迟之。是时，城中文则一史公①，名观宸，云南石屏州人，在邑有善政，升同知署府事，后尽节城中。武则惟谯、冯，皆王阁部应熊所委署。败姚黄，诛李六，名巽德，即乾德②弟。冲甘营，拒刘进忠。进忠亦惧献贼，逃至重庆，将与曾总府英合。曾欲分之，遂来攻顺城。丙戌（1646）正月，诸生罗为恺③集义勇败之。刘遂破远山屯木坝为入秦计。至九月，拨兵守塘，住蓬邑。余于初七日偶出城，至大松垭，献贼前（峰）[锋]猝至。余夜宿火观峰顶。初八日，走赵家山。初九日，城陷，焚杀几无孑遗。贼兵屯都尉坝，历二十四日，移金山堡，日以杀人为事。备治舟楫，言取南京。幸刘进忠遣吴之茂投诚，迎肃王入川，诛献贼于西充凤凰山，入顺城，置官吏，抚遗黎。丁亥（1647）六月，官兵④以水土不便北去。有播州王祥者，遣其党王命臣岳池人。复据顺城。其始每家结免死牌一张，需银若干。其继每牛给牛票一张，需银若干。未几，而牵其牛，掠其人，掘其粮，焚其室，胥西南之民而兵之。戊子（1648）春，命臣出小林镇，与官兵战，留杜君恩南充人监营。及还，君恩不纳，命臣奔夜郎。君恩降，重庆镇卢光祖、叙南镇马化豹、永宁镇柏永馥复守顺庆。己丑（1649），斗米银十二两，觔肉银一两六钱，皆自北来者。时，虎豹入市食人。辛（丑）[卯]（1651），官始给牛种。壬辰（1652），平

---

① 嘉庆《南充县志》卷四《政绩》载："史观宸，云南举人，知县事。养士爱民。值献贼逆乱，公练兵守河。贼益进，佥谓公去。公曰：'效死勿去，奉教已从。'乃偕绅士并力守城拒贼。当时，有史公大丈夫之称。城陷，公死之。"
② 李乾德，字雨然，南充人。崇祯辛未（1631）进士，官至湖南巡抚。永乐时，升为兵部右侍郎兼右佥都御史，巡抚川南。曾指示袁韬、武大定等杀害杨展。后为刘文秀所俘，在发送贵阳途中，在犍为投水而死。
③ 其事迹不详。时南充城内诸生多有集义师抗张献忠者，如王景启、樊明善和陈奇才等十三人密招义军反抗张献忠部，失败后王氏全家三十二口全部被戮。见嘉庆《南充县志》卷七《明亡烈士传》。
④ 指清兵。

西①南下。有郝案台名浴者按临保顺，请旨补行乡试于保宁。贼帅刘文秀屯保宁梁山关，郝案台击败之。甲午（1654），渝城有翟文选、白失名来攻顺城。李总督国英破之。戊戌（1658），官兵取滇黔。康熙二年癸卯（1663）至癸丑（1673）十年间，地方少事。余于是年正月赴廷试。七月乃还。甲寅（1674）五月，大兵入关。六月，城中大火。丙辰（1676）七月，大水入城。己未（1679）冬，复惊传逃兵为乱。自甲申以来，余走白鹤山、石峡口、水磨场、荆溪、龙归院、陈潭子、双柏树、龙阁沟、螺溪坝、蒙家袋，流离奔窜三十六年，犹幸免于杀戮也。

时康熙十八年己未（1679）栗坡居士书

（陈伟平点校）

（安岳周氏）闻见纪略

（清）周于仁

选自乾隆《安岳县志》卷八，张松孙等修，乾隆五十一年（1786）刻本。本文系周于仁根据自己及乡邻族人在甲申前后的亲身经历写成，原本应保存在私家书中，修志时被采录。该文对甲申前后川中安岳一带的实情记录甚详，是一份不可多得的原始资料。

明崇祯末年壬午（1642）、癸未（1643）岁，饥荒，人多流离，有乱状，乐、安两县元气之丧自此始。国朝顺治元年甲申（1644）八月初九

---

① 指平西王吴三桂。

日，逆贼张献忠破成都，僭称"大顺"，分遣贼目剿全川。两县屠剿尤甚，积尸横野。轻则割耳鼻断手，遭刑者饮水立死。越二岁有奇，我朝大兵至，歼献忠于西充金山铺。巨贼虽除，两县尚为流寇所据，荒乱愈甚。迨戊子（1648）、己丑（1649），五谷无遗种，斗米三十金。民皆采掇草子、树皮、野果为食，绝盐味，无定居。强豪者聚啸山林，私结堡砦，号曰"土豹子"，以人肉为家常饭。又有流贼号"姚黄"二姓，大肆掠杀，所至村落一空。复有虎害，能破壁、升屋、上树伤人。樵汲采食者，百十为群，横抢张挺以行，犹多不免。故孑遗之民，尽逃散于四方。两县绝人迹火烟者二十余年。康熙二三四年间，癸卯（1663）、甲辰（1664）、乙巳（1665）等岁，始有土著数家回籍。然赋不盈十，丁不满百，难以设官。始归并遂宁，复归并蓬溪，由丙午（1666）至癸丑（1673），凡八年，陆续归里者渐多。康熙十三年甲寅（1674），吴三桂叛于滇，窃并黔蜀。赋役烦苦，剥膏脂于疮痍之余。土著又多避虐而去者，此两县之荒凉所以独甚于他邑也。康熙十九年庚申（1680），滇黔奏捷，恢复川疆，始奉旨以安岳归并乐至而设官，借道林寺为公署，历徐、郑诸令。康熙三十一年壬申（1692），始开城结茅为肆，甫有屠沽。招徕开垦，略增丁赋。然两县之元气，尚十未复一也。又历张、白、郑、程四令，前后三十余年，叠经循良之扶绥，渐见地方之起色，而两县元气犹不过十复其五耳。今康熙六十一年（1722），新令黄公以理学名儒宰兹两邑，刑清政简，近悦远来，元气之全复，可翘足而待也。呜呼！天运自有循环，而人事又能维挽，所以否而泰，泰而丰者，时有变而必通，而庶而富，富而教者，势将进而益上也。故予特就见闻所及，自荒乱至太平八十余年，节略载之简末，以为我朝昌隆志庆云。

康熙六十一年壬寅（1722）春仲朔吉文居后学周于仁谨识

（罗险峰点校）

（开县贺氏）全家殉难记

（清）贺复仁[①]

本文选自开县《贺氏族谱》卷首。该谱共五卷，贺复仁等修，民国二十一年（1932）石印本。甲申年，张献忠部攻入四川。川东最早被攻破，死难者甚多，本文即是反映当时实情的文献之一。

自古嗜杀之贼，至献忠为极。而供其嗜杀者，惟川省为甚。夫嗜杀之贼，人必自弃其生，以供其欲，非情也。苟相率归降，以图其生，适所以供其欲耳。然则生其时者，不归降，其亦可得生乎？非也。气数之厄，即草木亦为之憔悴。彼其蹂躏所及不死者，万中殆难数一。归降而死，不归降而死，等死也。而人品之高下，贵贱分焉。夫同仇敌忾，阵亡者不失其为忠。知其不可逃，不受贼污，先求自尽，亦不失其为节。故自尽者，有句云："寄语路人休掩鼻，活人不及死人香。"盖讥偷旦夕之命者，何如捐慷慨之生耶？明季谭侯[②]诣征民兵御贼，贺氏丁壮百余人与焉。与贼战于云阳，谭侯失利，师歼殆尽。吾族只余大国公一人[③]，而家居老幼男妇，见贼四路蜂起，阖族相誓殉难。近南者投河死，近北者投潭死，故今南有贺家河，北有贺家潭，以贺氏尽节处名之也。妇翁陈学山太史闻其事，赋七古云："明季献贼肆虔刘，杀人如芥鬼神愁。谭侯征兵御残贼，拣选丁壮执戈矛。贺氏男丁百余口，能卫社稷赴同仇。云阳一战侯失势，贺家硕

[①] 贺复仁，字霭堂，清道光时人。
[②] 指明末盘踞万州的谭文等地方势力。
[③] 实际幸免于难者并非大国公，而是大国公之曾孙先芳、义芳等，见《义芳公记》，载开县《贺氏族谱》卷首。

果仅存留。族中老幼妇女等,惊心寇匪遍山陬。举族羞为盗贼虏,誓赴沉沙不上浮。南有长河北潭水,两地分化作群鸥。狂客儒宗真有后,子孙不受贼刀头。至今河潭贺家号,只缘白骨寄清流。"皆实录也。仁因编辑族志,谨述登册,以俟辒轩之采云。

大国公十二世孙复仁敬撰并述

(陈伟平点校)

(宜宾樊氏)樊氏一门殉难记
(清)樊曙[①]

> 本文选自民国抄本宜宾大官村《樊氏族谱》,又见于嘉庆《宜宾县志》卷四十八《艺文》。甲申之乱中,四川官绅家族受创严重。樊曙作为亲历者,在文中对其家变记录尤详。

余家聚族货市[②],受祸于甲申(1644)十一月十六日。先是,大司马公闻贼破重庆,愀然叹息,谓刺史公[③]曰:"渝城重地,无渝则无蜀。亲戚宗族当以庐墓为依,我则宜远引,兄弟长此生死辞矣!"俄而燕京凶问仿

[①] 樊曙,字旭东,樊一蘅嗣孙。一蘅无子,以侄儿子瓒子樊曙为后。樊曙以门荫世袭指挥使。乱后躬耕乡里,友爱母弟。孙可望部伪道商国是据叙,欲害之。赖李洪霁奔走黔中,直面孙可望,才幸免于难。其子泽达为康熙辛酉四川乡试解元,康熙乙丑(1685)进士,选翰林院庶常,后为翰林侍读。曙传见嘉庆十七年刘元熙《宜宾县志》卷三十八《人物》。

[②] 货市,又名合石寺场,明时属宜宾县宣化乡,清改为宣中乡。今为宜宾县合什镇。合石寺场名见嘉庆十七年刘元熙《宜宾县志》卷十一《关隘》。其地同尹伸故里莲塘相距不远。

[③] 樊一若,字君贻,选贡,樊一蘅兄。以学博升泸溪县知县,甲申中幸免于难,后崇祀乡贤祠。传记见嘉庆《宜宾县志》卷三十八《人物》。民国资中《樊氏族谱》载:"一若以贡生任云南鹤庆府剑川州知州",故文中称为刺史公。

佛传来，司马公决意南行，携曙登舟，次于播，将趋海徼①。适先皇总督之敕至，遂留播与督师王公办蜀事焉。刺史公率亲戚宗族还，继依祖墓。贼至，举家为贼所获。刺史公（齐）[斋]食托疾，日夜诵《孝经》。贼呼为"善人"。不屈，贼亦莫敢侮。独先慈尹孺人免于难。孺人聪慧严正，素有才智，聚僮仆，保裹马，以待先严职方公②。职方公果脱虎口，措资遣力，赎刺史公及亲眷，得免死安置。职方公知乡土不可留，商于从侄秋卿公，以计出险，遂偕尹孺人潜奔司马公，赞讨贼机宜焉。余家亲戚殉难者，三十有一人，言之痛心，又不忍不志，以瞑泉台目。

族姓十一人：伯祖绉楚公讳一荃③，年七十六，玩贼如儿，叱曰："吾八弟督兵来，当碎尔骸！"贼探知司马公胞兄，害之。殁经旬，面目如生。伯祖君佩公④，年七十二，性严正，遇贼愤曰："国破家亡，分惟一死！"呼贼加刃。贼果刃之。伯父锡元公讳子玠，抱父绉楚公痛哭，贼并杀之。伯兄夏卿公，讳斗寅⑤，守母丧不去，贼戕之。堂叔祖一蓉公⑥起义抗贼，不胜被戮。诸子子瑜、子玮⑦及季男，俱殁于贼。堂叔子琇公以贼故，殁于水。堂兄斗柄公以贼故，殁于焚。仲兄斗杓公⑧集乡勇讨贼而死。

诸母九人：王母刺史公元配李孺人⑨，年六十，贼执之呼为"老婆"。

---

① 樊一蘅外孙李洪霁记张献忠正月初二日破重庆，初三日消息至叙，十二日樊一蘅送亲眷回乡下避兵。其中樊一蘅则乘机离开宜宾，从江安一路而下至滇。洪霁时年十岁，记忆不准，将六月之事记为正月。但当时洪霁与母俱在樊一蘅身边，此避乱经过当为亲见或得闻于其母。
② 樊子赟，樊一若之子，樊曙之本生父，任兵部职方主事，妻子为尹伸之女。
③ 樊一荃，樊一蘅兄，廪生。见民国资中《樊氏族谱》。
④ 樊一兰，字君佩，一蘅兄。举明经，授合州学正，按台赐匾："当代宗儒"。见民国资中《樊氏族谱》。
⑤ 樊斗寅，廪生，樊曙长兄，见民国资中《樊氏族谱》。
⑥ 樊一蓉，樊一蘅堂兄。
⑦ 两人俱庠生，见民国资中《樊氏族谱》。
⑧ 樊斗杓，庠生，樊曙次兄，见民国资中《樊氏族谱》。
⑨ 樊一若妻李氏为明嘉靖名臣李文续之女。见嘉庆《宜宾县志》卷三十九《列女》。《县志》本传云："流贼犯叙，李被执。时一蘅为总督，贼欲系诣郡邑以招之。李大呼曰：'总督公奉命讨贼，必殄绝尔类！'贼碎其尸于涂"。其文与樊曙所记不同。又《蜀碧》《蜀龟鉴》及《蜀破镜》等书言李氏乃樊一蘅之妻，实乃大误，当以本文为是。

王母大怒曰："死贼奴，我朝廷命妇，谁敢侮我！"捶贼，贼愤加害。庶祖母刺史公侧室夏孺人①，不从贼，贼多方诱之，苦之，终不从。贼大憾，悬发梁间，射数十创，复断两足而死。死数日，手犹挽下裳，不可释。伯祖母刘孺人不食死。堂伯祖母任太君割耳鼻两手死。族祖母张太君酷焚死。伯父闇生公继配涂太君自经死。堂兄斗枢②之妻徐氏斩手足死。映之妻潘氏自刎死。长侄懋伦之妻周氏投江死。

诸女五：堂姑，伯祖一蓍公女，哭夫呕血死。嫡姑，司马公四女适尹门，刺史公季女适刘门，俱哭夫绝食死。嫡妹名和贵，聘周门，投岩碎身死。堂妹闇生公长女适尹门，执义赴水死。

诸婿六人：姑夫徐世赏、刘望之遇贼格斗殒命。姑夫李合宗③、梁为宪④被执至锦城，不受伪职，戕于万里桥。姊夫尹愍起义灭贼，兵败罹祸。尹愍之叔，姑父尹长鑱⑤见父方伯公受辱，大呼曰："父为忠臣，儿为孝子！"投岩杀贼，为贼所杀。祠三十一人殉难情形也。呜呼痛哉！

方伯尹公⑥为余大父，避魏珰家居二十年，以诗文气节自负。贼将至，客劝之遁。答曰："吾岂向草间求活耶？"服朝服，开重门端坐中庭，望见贼，辄大骂。贼曰："此必尹乡官。"盖公官西安，以清直著，贼重公名，欲生致焉。肩舆以行，公骂不绝口，贼不能堪。榜掠之，骂愈厉。二妾夏

---

① 《县志》本传云："夏氏，樊一蘅妾，年二十，被贼执，厉声骂贼，夺贼刃自杀。贼怒，悬其发于梁，支解死。"
② 樊斗枢，庠生，见民国资中《樊氏族谱》。
③ 李合宗，字符我，号同原（县志本传作"字同原"，当据《李氏族谱》改），张献忠欲招降樊一蘅，而樊一蘅已赴黔中。遂将李合宗、梁为宪捉至成都。李合宗不从，与梁俱被杀于成都南门桥。详传见民国抄本宜宾《李氏族谱》之《符我公传》。传云："吾家避难莲塘，贼帅以令箭招安，催促入城。闻公为大司马爱婿，欲质求大司马。舆至成都，献忠亲诘大司马所在，答以不知。又问汝欲官否？答以不愿作贼官，且骂且唾。贼拥至南门桥，遂遇害。"
④ 梁为宪，诸生，樊一蘅婿，与李合宗同执至成都，俱死之。见光绪《叙州府志》卷三十三《人物》。
⑤ 事见《县志》本传。
⑥ 尹伸，字求求，宜宾宣化乡莲塘人。万历戊戌进士，历任承天府推官、南京兵部员外郎、西安府知府、以副使提学陕西，以参政备苏松，后任贵州威清道，因水西祸代帅受罚而罢官，后出任河南左布政。尹伸为明末著名书法家和诗人，享誉国中，在苏松时与董其昌等江南名士过从甚密，又与宜宾宦族樊、李二家为世姻。

氏、邵氏①，年皆五十余，各持杖击贼，支解而死。子长（镜）[檅]即赴义，于斯时公实不愿见贼酋，至井盐绐贼曰："我见尔主，备说尔等罪状，人人当杀！"贼惧，戕公。家人收公骸，蒿葬莲塘之北山。呜呼痛哉！

家大父司马公、刺史公与外大父方伯公，为性命交，同以家食遭国变，一则审机图存，保社稷于天步艰难之日；一则成仁取义，维名教于寇焰鸱张之时。而刺史公全身保族，不屈节，不危家，为祖宗延万年嗣续，苦心大力，更有难焉者。行各不同，同衷乎道而已！异时仁人君子阐微表幽，录大忠精忠者，司马、方伯、刺史三公自在不遗。而一时忠孝所激，视死如归，如余家亲戚宗族三十有一人②，当亦董狐、南史所不弃。兹故备志以采择。呜呼，痛哉！是余家门执不幸，实世教之大幸也耶！

（陈伟平校点）

（宜宾陈氏）无端上人避难之黔访依故人监军衷葵陈公叙

（明）无端上人③

本文及附录选自宜宾《陈氏族谱》，道光癸未（1823）刻本。该

---

① 此处所记与《县志》本传略有不同，传载："邵氏、夏氏，尹伸二妾，避难山中，为贼所执，俱骂贼死。"不似与尹伸同行。
② 其实不止三十一人，民国《筠连县志》载：尹伸女嫁筠连宦族陈登彦，甲申（1644）时，贼逼迫之，其与从仕人台之妻罗氏俱投岩自尽。又《池北偶谈》卷十一云王士禛过叙访问尹伸后裔，遇尹伸门人樊星炜，得知尹伸子嗣凋零，仅剩一孙名若鲁而已。可见甲申之变，尹氏死难甚多，几迨于绝也。
③ 无端上人：其人事迹不详，仅知其为尹伸、陈衷葵之挚友。

谱共三卷，陈先德等修。陈氏系明代遗民后裔，世居宜宾县北。陈衷葵作为南明镇守贵州的文臣，鞠躬尽瘁。谱中保留了大量他的奏章、诗文。

崇祯十七年（1644）甲申岁，自夔关失守，贼由巴渝攻成都，截杀生灵，积尸横野，山林流水皆成腥秽之气，游魂冤鬼多致凄苦之声。成都为秦时司马错所修，城池宫室称美第一，今已尽灰烬矣，况附国乎！子求尹夫子、衷葵陈公①与余隐居越溪②，水木竹石，仿佛桃源。兹岁寇入，歼我桃园，尹夫子骂贼死难，陈公先年已远任黔阳③。延至乙酉（1645），贼至我境，侵扰不次。因歌《硕鼠》之诗，欲避黔中，托庇陈公任所，遂入黔。至丁亥（1647）春，流寇又由遵义渡乌江，宵行至新添卫④。卫人犹坚义守城，拘而不许出入。至次日，龚副将匹马蹒跚，彷徨之顷，云："贼会城，将至新安⑤。"军民因之闻风溃矣。避之松牌，主唐仲家。是夜，其寇汹汹，其视惧惧，主宾与围垣之寇，有弩矢交加之声。诘朝，因协众拥至都庐⑥。其房舍颇与华人无异。忽贼檄乃至都庐，惟闻衷葵陈公监军，矢心磐石，忠贞与日月争辉，致身御贼，夙夜不遑，无惧艰险。流贼久为寒心。不数日，陈公捕贼抵都庐，贼徒四北。予始入营，与陈公觌面，公

---

① 陈衷葵，字丹向，号见素，明万历举人。任贵州总理监军道按察司佥事，前平越理民府理刑厅，行取户部郎中。万历二十二年（1594）生，谱载顺治三年丙戌（1646）十月故。而文中记事为顺治四年丁亥（1647）春，此时陈衷葵见在，故谱中所记卒年当误。
② 在宜宾县宜化乡越溪河畔，此为尹伸故里。陈衷葵也是宣化乡人。
③ 陈衷葵于甲申前以朝命任贵州平越道监军。尹伸写有《效杜工部长歌体送友人衷葵陈公监军之黔》诗赠送。诗云："丈夫慷慨，咳唾成珠铿有声。岂徒走笔，书朝记夕澹宕行。君子离明，以象日月丽天事。拔剑起视，四方震动妖星倾。雷雨翻空洗川气，蜀材磊落自泛神。程功正欲充栋楹，眼前弓箭坠飞翎。九军一握惟多智，凭轼复城先获丑。赫赫同扶周汉事，功成愿向括囊谋。得继赤松颐养备，仗藜不得遂君国。青眼高歌兮，念绕山川更无际。"见光绪刻本《陈氏族谱》卷次。
④ 新添卫，治新添城（贵阳市乌当区新添寨镇），是贵州东部重要的军事卫所，明《士商类要》卷二载："新添卫、新添驿，可防蛮子。"
⑤ 新安，即新安堡，距新添三十里。据明《士商类要》卷二记载新安堡到瓮城铺有十里，瓮城铺到乾溪铺有十里，乾溪铺到新添卫有十里。
⑥ 都庐，当指今之都匀。

遂留予营中。予告以贼入我境事，陈公深为切齿。迨戈兵稍息，陈公任新镇城。余与陈公寝食最密，安居一载有奇。益信陈公经邦戡乱，建奇勋于危急存亡之秋者，啧啧人寰不虚矣！迩年履险蹈危，正磨砺英雄之具。文经武纬，洒洒洋洋，为诗文尤工。予相与进退其间，始明其概。余之危而获安者，非良友陈公之故，胡由得此哉？

附录一：恭录贵州总理监军道按察司佥事衷葵陈公禀

恭惟总督部堂[①]名覆金瓯，功书玉帛，秩晋崇阶。荣封上级，特颁恩明。喜看丹凤衔来，屡出纶音；快睹骄骍负至，僚采庆洽，绅弁欢腾。卑职寄身营伍，愧燕贺之未遑，羁旅戎行，徒雀跃而何极！敬勒荒芜，肃陈鄙陋。借邮代候，伏乞汪涵。不宣。

卑职陈衷葵跪禀

附录二：再录贵州新镇道监军副使衷葵陈公禀

伏以大人乌府风高，雅度尝勤，吐握爵台，泽渥抡选，下及菲葑。故必上有缁衣之怀，而后下无河干支叹。自匪揄扬于齿颊，何以同升于公朝。卑职醯鸡小儒，铅刀末品，始筮仕于郎中，继佐理于平越。历任未多时，旋奉升迁之旨，知已有殊遇。谬叨副使之荣，维时捧檄南行，身尾师贞之后。驱车肆伐，深入狼虎之乡。不惮荒凉，敢辞荆棘。治郡无状，晨昏待罪者二年；报国有心，手口拮据者千绪。材非骐骥，方安分于监军；

---

① 南明总督樊一蘅。

质本鹪鹩,敢妄希于鹏举。何期恩出望外,分揣逾涯。爰丕新镇之迁,弥深负乘之恐。恭遇老大人宪台朝端硕望,名世宏猷,作翰黔阳。懋绪久昭于南国,驰声凤阙,经邦克赞乎!枫宸抱因,才器使之心,一长必纳,彰以臣事君之义;片善皆扬,如卑职以溲渤之微材,咸收参苓之末品。从今日荣沾一命,实宪台恩庇二天。觉感激之独深,将衔环于何日。敬勒芜缄,聊申芹悃。仰蕲丙照,鉴此寅衷。卑职临启,不胜翘瞻之至!

卑职陈衷葵跪禀

(陈伟平点校)

(宜宾赵氏)式九公家谱序

(清)赵暐①

本文选自宜宾《蜀南赵氏家乘》上册,赵清熙等修,民国三年(1914)铅印本。赵氏祖籍浙江宁波,明末因先祖宦游成都而定居蜀中。后家道中落,有赖于赵发祥(字式九)努力而重振,逐渐发展为清代宜宾县的科第望族。嘉庆《宜宾县志》卷三十八载:"赵发祥,字式九,年二十,当献贼之变,勇力过人,投效肃王。前后刃贼首三百余级。肃王置之左右,将不次超拔。适见王延师课士,礼甚恭,遂幡然憬悟,请就读。肃王嘉许,遂弃武从文。辛以岁贡任荣县训导。子暐,康熙丙戌进士。"

---

① 赵暐,康熙丙戌(1706)进士,江南江宁府高淳县知县,户部主事后升户部员外郎。嘉庆《宜宾县志》有传。

盖闻世族之兴废，赖有谱以传之。姓氏之嫡庶，赖有谱以别之。昉于何祖，继于何宗，发源于何地，分派于何时，俾子孙得于百世下远溯乎！百世以上之培养根本者，曰此某祖某宗之贻谋燕翼也。而继起可由是而则效矣。若余窃有感焉。余之祖先远不可稽，严君去世，余年甫三岁。先慈见背，余年一十有二。当甲申大变，灰烬之余，世谱岂复有存者？惟据长姐口授。余先本宋朝之后，高宗南渡，迁于浙江宁波府西门外。一祖肇兴，子孙千亿，名列缙绅者，先明时颇称盛焉。迄我曾祖，由浙江乙榜①膺成都别驾。莅任未久，旋即弃世，两袖清风，归榇无具。幸臬司、太守俱系桑梓，捐俸惠济。我祖募舟搬柩至叙，会奢贼叛逆，河道惊阻，寄戎两载。我祖窘于去就，不得已，卜葬于旧州乡黄葛山②，至今厥圹迷焉。加以西兵③犯顺，蜀土糜宁，因避乱于叙南边境曰建武所，买田问舍。居无何，而我祖仙游，葬于建武城东五里许，有曰铁索桥山之南，墓云孔嘉，亦莫知其所在矣。致遗我父幼失怙恃，赖叔祖视侄犹子，延师教训。面壁载载，入泮建庠。屡困棘闱，由拔贡授长寿学博。不意同年霜鬓，授威州学正，边地苦寒，望阙号泣。我父见而怜之，效古人以柳易播，而长寿遂改威州矣。到任后，冷署生寒，子衿寥落，目击荒凉，以训课为事。凡曾祖、我祖之墓碑，俱不暇计，及以故祖讳无传，圹址迷失。未几而在任告终，实赖我母扶柩归建，卜吉于珙县上罗乡曹家营地名大湾，墓近道旁，碑铭可考。哀我兄弟，更劳母氏恩勤在念，方期绳祖武于离乱之后。夫何昊天不悯，我母云亡，季弟亦逝，孟兄出赘蔡门。惟予一人，茕茕孑立。蜀南一带，袁武乘衅，杨马称戈，兵荒四起，居无宁所。不得已，矢志从戎，流落秦陇。甲胄五载，始得返辔于嘉陵间。与一二文士把臂交游，方憬然悟曰："予以诗书礼乐之裔，忽变为赳桓武夫之习，有愧先人

---

① 即举人。据同治丁卯（1867）顺天乡试赵敬熙朱卷所载履历，该族入川始祖名为赵晋卿。见《清代朱卷集成》第354册。
② 今宜宾江北之旧州坝，明为旧州乡，清为旧上、旧下两乡。
③ 即张献忠部队。

多矣！"于是，奋志攻苦，衣不解带者五年。窃尝返己自思，恐我性难化，徒深老大之悲也。适同乡名士姓李氏讳之藻①，带有乳兄家报，应试保宁②，得售南还，诱我归里。就业于门者，春秋两易而文理初通焉。(1666) 丙午岁，游泮建庠，五赴乡举，俱落孙山。甲子（1684）膺岁荐，乙丑（1685）司铎荣邑，箕裘可绍，衣冠接踵而敬承之志，其庶几乎！是盖由浙入蜀世传之大略，若夫挥廓前烈，振起家声者，端有赖于迈种之儿孙，力行为善云。

　　康熙六十年（1721）岁次辛丑乙未月元孙暐重书于江南江宁府高淳县官舍

(陈伟平点校)

（兴文陈氏）先祖书出遗嘱

（明）陈应吉③

　　本文选自兴文建武城《陈氏族谱》，清末抄本。该谱不分卷，撰者不详。自明万历年间平定都掌蛮以来，朝廷设立建武所，大量外地士兵进入兴文屯垦，陈应吉就是其中的代表人物。

　　初任四川松潘南路叠茂游击将军署指挥佥事陈：为（稍）［捎］回遗嘱，以杜争逆，以安孤弱事。窃照本官原籍浙江宁波府定海卫籍，先人以

---

① 李之藻，宜宾人，顺治庚子（1660）举人。
② 时清廷四川省级衙门设在保宁。
③ 陈应吉，浙江宁海籍，其父陈重伦以孝廉致仕。陈应吉于万历初随曾省吾、刘显征讨都掌蛮，遂以驻兵定居建武二等岩。

宦由入蜀，寄籍建武所，盖其万里孤踪，他乡寄客也。及身父母早逝，人间苦楚，无不备尝。乃业怀大志，贫贱不能移，好剑习弓马，誓不可忘。自长缨自赴行伍，血战场者四十余年。东征西讨，所获六七，给功赏赐，方才置买祖业田井数处。因黄盖腰金亦非世袭冠裳，寸土尺地皆非祖产恒业，乃性命中拔出之生芽耳。前妻曹氏所生三子：长名人贵，现在蓟镇束兵①；二子名人业，死难辽阳；三子名人前，现在居家。有何氏、张氏所生二子：长子名人龙，二子名人凤，年方七岁。在崇祯九年（1636），本宦见家门之不幸，而生人前之逆子，父母之可忧，而有人龙、人凤之幼儿，已无意功名，卸事归里。财囊无一（纹）[文]，然茅屋可以栖身，荒山可以开垦。愚夫妇只欲蔬食饮水，苟度余生，化逆子为孝子，抚幼儿以成人。幸矣！缘朝公迨照明，令主大开酬功之典，赍札到宦。何等恩隆，臣子敢不钦遵。适值酋奴发难，逼犯帝京，又不敢绥披发缨冠往救之际，奈一时盘缠欠缺，百计无支。俗眼眦睨，卒未有哀王孙而见怜者。不得已而值守叙城，典物以得价银二十两。未行已费一半，此店主闫奉尽知。及与广西范文绝同舟，至荆南分袂，仅剩银九两，比又欠管（跑）[鲍]昆玉。目击随行王宪民、徐寿春等可也。绥当隆冬雪月，主仆跟随共四人踽踽长途，恓恓丧犬。（饥）[冻]未能得被寒衣，[饿]又不得充饥腹，日夜间程，冻馁死受，所[谓]泪眼不干而肠断几回者，不可胜言也。及抵长安，而裹粮先尽四日矣。随诣部听推，岂知一日延一日，守候三载。都门何地，米珠薪贵之乡，举目无亲之地，功名未成，谁肯周济？长男人贵慈孝，蓟镇去京城四日，知父之贫，天寒差人送衣，虑饥差人送食，此天价良缘，万里亲亲，穷途之一助也。荷蒙钦试技勇，弓马、大刀、粗石叨中三场，中居一百五十名内。始登（卸）[御]览，除授前缺。夫以进京九两微顾，一切酬部清敕、勘合规仪及买冠裳、车轮、旗从等物，分文俱系借贷。遭逢叠缺，冷口残言，军兵未满八百，钱粮年经年兼散。一家数

---

① 陈人贵，由建武营籍任蓟镇都阃。

口待哺嗷嗷，不惟旧债难还，任中又累伍十余两。此苦此极，天地鬼神可鉴也。况朝廷法令森严，本宦一味淡白所守，俯仰无愧，决不肯为儿孙代牛马者。夫何一旦毒手陷害，被（效）［劾］羁留，家眷复发还乡。携回扛担，止有文卷、往来贴札并故衣。语云："穷三担。"乍见俨然钦命二品，孰不谓历任三载，宦囊可知。且世道人情，偷薄毒眼，不平招尤，势所逼效。兼王前逆子，素交游恶棍，惯荡良心，万一奸人诡惑，或谓其亲母既没，与二弟在任此中，妄指偏祜，而反为幼儿害。独不知父母之心大公无私，何厚何薄？子弟之贤不肖者，皆天也。今将先年在建武置买田地内，为王东受、陈一策、余万受、前五营曹李明田共四分，人口陈发、陈启良、价东梅、春梅、春莲、桂花、小桂共八口分，当人前自行管业。其文印堡、杭凤样、罗仲华，河下大田、又刘海坝田、又收回二等岩祖庄，当家中听用，大小人眼前总付何氏、张氏照依公平。未抚养幼子，俟长子人贵回时，听母何氏、张氏照依公平，三股均分。且长子人贵，秉性贤孝，必体父心，抚二弟人龙、人凤，但竭力事之。兄弟四人务照父事分关受业，毋得紊乱，擅起风波。想为父起家艰辛，手足弟兄之难得，即系善继善述之孝子，田地祖宗亦荫佑也。至于囊宦原无，勿生借口，是为天下好奇男子，自然不争不靠父母遗留。苦人前奉兵部题准授守备，肯改过迁善，前途有大受用处，尤未可量。恨心倘狼子是仍不孝逆子，天下后世之罪徒，陈氏祖宗痛恨于九泉者。人龙、人凤执其此遗嘱，付所在上司申诉哀鸣，自有处分。为此亲书分关，祈恳成都茂州太爷杨给批照。

（陈伟平点校）

（南溪杨氏）杨氏家谱序略

（清）佚名

本文选自民国《南溪县志·武备》，民国铅印本。该文原载于南溪和江安交界的滥坝《杨氏家谱》，被修志人采用。从《杨氏家谱序略》中可以看出清初由于人口减少所引起的田土和差役的矛盾。这为研究之后的移民大量入川，雍正初年重丈川省田土，以及押租制的流行提供了珍贵的资料。

《杨氏家谱序略》云：四川自经张献忠蹂躏后，周[①]、清中分天下，周分七省，安民护发；清分六省，安民剃发。其时，田土荒芜，听民占插。吾祖弟兄四人占插滥坝熊家湾、木鱼滩、乱石山、虎头山、孟家湾[②]等处。而地广人稀，报垦钱粮全县仅银四百余两，官府用费均派民间，夫差难当，田地无人敢受。吾祖无奈，愿出帮差银两。木鱼滩请杜门子看守，虎头山请范姓看守，余田自耕。适值大兵[③]平雷波、黄螂，夫差重叠，弃去田地一半。又因打箭炉占对[④]犯边，不胜夫差之苦，复将田地弃去，仅留滥坝、乱石山两处。观此可想见康熙时南溪社会情状。

（陈伟平点校）

[①] 指吴三桂建立的周吴政权。
[②] 以上地名皆在南溪和江安县交界附近，部分地域属于南溪县留宾里的地界。
[③] 指清兵。
[④] 即"瞻对"，此处指乾隆十年（1745）讨伐西康的瞻对之役。

(南溪何氏）何氏家谱序略

（清）佚名

本文选自民国《南溪县志·武备》，民国铅印本。该文源自南溪《何氏家谱》。《何氏家谱序略》作于康熙十五年，描述了明末清初易代之际，百姓"播迁流离""困苦凋零之情状"。

自奢酋屠戮①，城邑瓦砾，吾族逃亡殆尽。吾兄被难，先君亦于次年见背，当时吾年甫十二，孤苦万状。逮于成立，复婴②献逆蹂躏，诸将之纷争，播迁流离，以至今日。片椽尺垅，荡然无存；邻友宗亲，张目非故。入此岁来，年垂七十。前尘如梦，影响模糊。盖饱经忧患之余，心力亦苶③然耗尽矣。

犹忆先祖继宗公生先君兄弟，以孝悌忠信为序。二叔父滋，逃徙宜宾，卒葬梁江乡④；三叔父汉，不知去向。叔祖继祖、继远，族人有遇春、逢春、仁纪、洁纪、大昌、永昌、凤鸾、凤翔者，未审其齿行何代，今其胤嗣俱随劫灰荡尽矣。历代祖茔在黄葛铺老母岭，亦有祭田，为何银富、何良春承耕，今则弥望荆榛矣。吾祖父母葬西门外桂溪桥蹇家村，其地族人墓环列，岁岁清明，吾叔父兄弟祭拜于此。今思之犹昨日耳。又，吾父母合葬凤翔门外。吾所知者仅此。数典忘祖，惭恧无似，然无如何也。

---

① 指明末天启初年永宁土司奢崇明叛乱。
② 婴，遭受。
③ 苶（nié），意为疲劳，没精神。
④ 梁江乡，原隶属南溪县，现为宜宾市翠屏区凉姜乡。后文"黄葛铺、桂溪桥、凤翔门"均为南溪旧地名。

兹编以祖考继宗为始，传之子孙，俾知易代时困苦凋零之情状云。

大周三年丙辰（1676）① 端午

（黄川模点校）

（富顺杨氏）蜀难纪实

（清）杨鸿基②

本文选自民国《富顺县志》卷十六《杂异》，彭文治主自纂，民国二十年（1931）刻本。杨鸿基身为宦族子弟，饱受明末清初的动荡，其经历之曲折，见闻之惊心，至今读来仍让人唏嘘不已。杨氏的《蜀难纪实》应是其私人之作，很可能是修志时从族谱等私家文献收入县志。

思陵践阼，国事日非，大河南北，蝗旱频仍，饥民蜂起。秦陇三川诸郡鞠为盗区，焚杀虏掠，千百为群，名号不一。而李自成、张献忠，其魁杰也。丁丑（1637）献贼窃入蜀疆，杀总兵侯良柱。由巴剑入西而南，并罹其害。此虽蜀难之始，然不过所经遭其杀劫，尚未攻城屠邑也。于是，于望星关、半园关、蒙坝关、九园子诸隘增置将兵，以防自秦趋蜀之歧

---

① 康熙十三年（1674），吴三桂自称周王。大周三年，即康熙十五年丙辰（1676）。
② 民国《富顺县志》卷十一《人物上》："杨鸿基，字德公，号自怡。侍郎述中孙，三泊县令愈昌子。幼随父云南任。父卒，扶榇归至黔中，值蜀乱，侨居贵筑。方七岁，母郭氏知书，侍母课读，遂通经史、古文词。乱后归，无意仕进，布衣终生。子汝魁，庚午乡试，旋没。语人曰：'吾家受国恩厚，始愿第。欲吾儿博青衿，持里粮门役足矣！不谓其竟窃科名，其所以死也。'卒年七十四，著有《葛山集》。"

路，总名曰通邑五营。至庚辰（1640），献贼仍由丁丑盗入之途，以扰川地。《荒书》："庚辰十月，献忠自汉中犯成都，围解，逮巡抚邵捷春。"究之五营虽设，徒縻饷扰民，于防御未有毫发益也。自是，诸贼横行秦、晋、楚、豫、濠、泗间。夷陵寝，贼宗藩，在在荼毒，而当事无策。虽朝廷屡命重臣，推毂授钺，然不过收采虚声，壮献罔据，故动皆覆没，不返只轮浸淫漫延不可扑遏。至甲申（1644）三月，自成犯阙，神京沦没矣。是岁之夏，献忠自楚挽舟而上，不过数万人耳。乃越下牢渡，三峡古称天险，如蹈无人之境。六月，至重庆，一鼓破城。时瑞王自汉中为贼所逼，奔避渝城。献忠乃执王，磔于教场。时白日正中，迅雷忽震。献贼反以炮向雷电击之，其无忌惮有如此者。渝城夹在两江之间，惟西北佛图关一路，仅通车骑。贼由是路攻城，渝城之人如在釜中，无所逃匿。贼尽拘在城男女老幼杀之。其或不杀者，则断手劓刖，纵令西上，以张先声。时承平既久，沿途州县见此辈狼狈之状，莫不魂丧胆裂，避之恐后，孰敢撄其锋者。献忠驻渝杀戮逾月，鼓行而西，《荒书》："是年八月，达州兵巡道马乾复重庆，后升巡抚。丁亥，为清兵所败，战死内江。曾英部将王廷献因迎清兵入重庆。"水陆并进，陆路由永、荣、资、简；水路由中、外二水。八月，至成都，不三日，而城陷矣。先是，蜀王闻京城不守，阴萌监国之谋。巡按刘公之勃以正议格之，蜀王遂恚。时抚军既不以守御为务，而按臣则无饷无兵。数请帑于王，以资招募。王方以不得监国为憾，坚不予饷，故守备全无。及贼破渝而西，王方出镪募人乘城。人给白金五十两，应募率皆游手无赖，方授兵登陴，各怀镪超堞而去。贼至，无一人御之，故破一都会易于拉朽也。城破，巡抚刘公死之，蜀王及世子投宫井死，诸郡王、官吏、绅士、军民男女老幼并遭杀戮，惨毒有不忍闻者。献忠僭称"大西皇帝"，改年"大顺"，伪设部寺等官，以成都为西京。然而赋性不移，虽以为开基立国，而群盗之习，毫无悛改，日以杀戮为事。聚徒数十万，惟以劫掠为资，所到之处，无噍类焉。劓刖截腕者，其戏玩也。盖至是蜀难已成。然遭屠戮者，尚不过十二三耳。乃西川人性戆愚，特明顺逆，不量势力，不肯被不义之名，故其所置郡县贼吏，特以兵威迫胁，民勉听从，兵才他适，则群起而杀之。而献忠不自谓非帝王之器，无绥靖之能，反谓民刁俗悍，难服易携，惟欲以杀戮为威，而剿洗之兵四出矣。且其赋性凶躁，必时时屠剥当前，然后快意。故所遣贼将，先诫其日录所杀多寡以闻。若一日之间，所报但数十人，则终日不怡，必杀左右以泄其怒。必报杀万人，或杀数万人，然后色喜愈多愈快。如是者岁余，蜀人之存者，十仅五六矣。所杀虽多蜀民，犹无别也。于是，下令郡县勒令诸生赴伪京考试，搜求句摄，驱迫而行，皆要诸途而歼之。故蜀士之得脱锋刃者，较齐民尤少耳。《荒书》："乙酉（1645），贼以特科取士，各州县自进士至生员皆调至，杀进士举贡一万七千人于成都东门外。先逃去者，亦有二千人。"乃民难未瘳，天复助虐。凡剿洗未及，及岩穴窜匿之余，疫疠盛行，十不活一，甚有不数日而灭门者。盖至是蜀难弥殷，民之存者，十才三四矣。《荒书》："献贼屠蜀，川西为甚，川北次之，东南所过者屠。丙戌（1646）二月，补屠上南。是月，尽屠川西北州县。"人不自存，义兵四起，十百为徒，所在皆有。虽于贼无所创艾，然贼至则或逃或窜，贼退则依然结聚自保。贼反讥其无能为也，而名之曰"土豹子"。盖嘲其昼伏夜出，窃噬鸡豚，只足增嫌，于人无大损也。时弘光帝①立，南都起故辅巴县王公应熊为督师，出泸州；起故宁夏巡抚宜宾樊公一蘅为总督，出纳溪，甲申（1644）八月事。皆委以恢复之任，号召诸路，官兵义旅响应云合。于是，闽人曾英集众数万复重庆矣。《荒书》："乙酉（1645），曾英破贼数万于重庆亭溪，遁者止千人。先是，甲申（1644），马乾击走贼刘廷举。献遣刘文秀率众数万来争，乾婴重庆城固守，会曾英救至，文秀退，乾遂摄巡抚。"故弁王祥保綦江矣。抚标参将杨展出黎雅矣。《荒书》："乙酉（1645）十一月，杨展大破贼于川南纳溪县，溺死者无算。"游击马应试马与王祥、杨展均终于事明。出叙南。故弁侯天锡屯海坝，而新任川镇贾登联，以及黔楚乌合之众熊求、顾仁寿、谭得胜、莫宗文、张

---

① 原文作宏光，系避讳，现改正为弘光。

登贵、魏民望、熊小嘴辈，或称督师标，或称镇标，统号十副将者，并集川南矣。而松潘副总兵朱化龙①，后降清，复归明，为清所戮。敛兵自守。献忠招之不从，侵之不得。《荒书》："乙酉（1645），贼陷茂州。遣人招化龙令降，索印，化龙以他印与之。贼去，化龙发夷兵复茂州。案：《通鉴辑览》注以朱化龙等复龙安、茂州属之乙酉，与《荒书》合。惟《明史·樊一蘅传》以朱化龙等斩贼将王运行，复龙、茂，属甲申。而《蜀龟鉴》属之丙戌三月，未知何据。方遣贼至汶、威郡，番操兵据险。贼众见其狰狞之状，气慑心怖，反甘言啖以赏边，委数万予之而还。自是，不敢西向。贼威令所行，不过近省州县，号令不千里矣。《荒书》："时四道有曾英军重庆，朱化龙军茂州，杨展军永宁，曹勋军大渡河。"皆乙酉事。献忠自知不厌人望，终无所成，且久贼之无归也，思欲挟多金，泛吴越，易姓更名，效陶朱之游。于是括府库民兵之银，载盈百艘，顺流而东，至彭山之江口，初心忽变，乃焚舟沉镪而还。《荒书》："丙戌（1646），献贼尽括四川金银作鞘，注彭山县江口。杨展先锋见贼焚舟，不知为金银也。其后渔人得之，展始取以养兵，故上南为饶。"《蜀碧》："贼为杨展截击，焚其舟，因取银鞘。贼大败而还。"案：二书所载微异，而非因初心忽变则同。又舟为展焚与自败而焚，事实上相去不远。要之，为展截击则真，否则见贼焚舟，何以为展先锋耶？锦江可沉，又何必远之江口耶？而文络则《荒书》欠晰。自是无民可杀，乃欲尽杀入川所招掳之新兵以适意。《荒书》："又搜贼中川人与妇女并杀之，惟十岁以下方得留。"以次及楚人，次及他省之人，而后及老本焉。老本者，秦人也。其杀新兵也，先绐之曰"某日发某处"。至其日，群贼露刃，夹道林立者，数十里。所欲杀者，从中鱼贯而行，以为防其逃逸，无他虞也。及至江河之所，然后以次杀之，而投水中，前者流壅波赤，而后人弗知也。如是者数月，新兵几尽，时丙戌（1646）八月矣。乃尽焚宫殿官寺民居，火月余而行。《荒书》："丙戌（1646），献贼未出成都时，焚蜀王宫室。柱庭栏大不能毁者，聚火烧裂之。成都一空，悉成焦土而后遁。"自此，西川东南皆无贼，蜀难其或已乎。乃贾镇及十副将辈，闻贼

---

① 朱化龙，字庆云，湖南辰溪人。天启时随王三善平水西之乱，后擢左都督、总兵，镇守四川松潘。

北去，相与倡言恢省，牵率而西。凡贼杀戮之余，恣其拷掠。方至简、汉间，不虞尚有余贼，回兵一击，大溃而奔，不敢复西。而惟盘踞于资、内、富、隆、泸、合之间，日以挞粮为名，四出抢掠，其难更酷于贼。盖贼所嗜者杀人，子女之可取者取之，其马羸绫縠绮罗而外，皆非所好。虽金银重赀，献忠恐兵富而易逃也，其令挟赀者杀之，时时搜索，故贼虽见金亦取之，不专求。不若此辈，无所不欲，每得一人，榜刺炮烙，必得财物而后已，但不辄杀之耳。故民虽免于兵刃，而死于拷掠者，十常八九也。时蜀土不耕已二年余，粮罄竭，民惟拾穞谷、采野薇以充腹，已有人相食者。而诸兵搜劫无已，民不能出而求食，故不死于兵则死于饿。蜀难至斯转剧，民存十不能一矣。初，献忠之弃成都而北也，本欲归秦，不知清师已定关陇。至川北，而进退无所，回翔莫适。犹日以杀兵为事，欲杀之务尽。俾他日逃遁，无人识认也。至冬，遣其伪骁骑都督刘进忠先驱出秦。进忠见其肆杀部人，惧祸及己，因赴肃王投诚，反为向导，至顺庆而及之。献忠方结垒凤凰山。侦者报秦兵至，以为骇众，立杀之。如是者三，及大兵压垒。献忠始出帐觇望，则一矢贯咽而殪矣。《通鉴辑览》："献中矢坠马，伏积薪下，禽出斩之。"《荒书》："清取献尸，悬之枭示北门，西充人争取脔食。"贼将孙可望等搜合余众，尚数万人奔渝。上皆丙戌（1646）十二月间事。曾英不思致死之寇当姑纵之，而设伏尾击之，可数日而尽也。乃列兵江上，以遏其锋。一战而败，英坠江而死。贼众遂由遵而黔而滇焉。《蜀龟鉴》："初，献据成都，惟遵义为王祥守。可望至播，畏祥兵众，又恐他兵蹑之，径入黔，遵人得免于杀戮。"献忠死，而其众奔肃王，亦不追蹑。惟帅师自西而南，贾镇辈闻风逃遁。丁亥（1647）二月，肃王至遵义，贾登联、谭德胜诣降，绐以宴犒军，歼焉。王祥哀集曾英余众，亦数万人，由川南绥阳而复遵义。《通鉴辑览》："曾英败死，逾月，贼陷遵义。清兵追至重庆，遂入遵义，以饷乏旋师。王祥等因复取保宁二郡。"遵人迎战失利，此遵人指清兵。《荒书》："清兵至遵义，为王祥竹笆兵所败，祥乘胜追之。清孤军深入，于是杀降将十余人，乃至重庆。是年九月，清兵水陆俱下，次忠州无风渡，为（余）[于]大海、李占春所败，焚船千余，弃辎重器仗，从达州小路退保宁。而重庆尚为清守。"且以北人不宜南土，人病畜亡，遂敛兵而还。蜀土千里丘墟，刍粮莫给，径返川北，保宁从此归版图矣。《荒书》："丁亥（1647），清兵自败无风渡，退保宁。后（余）〔于〕、李、三谭及王祥追柏永馥之兵亦至，共屯重庆，川东皆为明得。"时蜀疆无寇，向之仗言恢复者皆出，而据土自雄。于是，杨展据嘉定，省东州县、上下川南皆其属，《荒书》："展丙戌屯嘉定，四川大饥，展休兵耕种，粮食充足。其后波及四方，李占春与成都一带皆赖展粮。故嘉定最饶。先丙戌十二月献贼未诛时，展前锋至保宁，清兵入，展引还。丁亥，清兵至嘉定，展坚守五日。清解围去，展遣兵相追，清兵疲病，展亦无粮而返。八月，屯田成，遣裨将往成都招抚残民，给以谷种。民始见稻，以为奇物。时米皆出土司，雅州有大渡河、越嶲卫接济，米一斗银十两余，嘉定三十两，成都、重庆五十两，保宁赖清运陕西之粮，亦十余两。"惟永、泸不与焉；王祥据遵义，以津、合、彭、黔为边境，而时扰于境外；侯天锡据永宁；马应试据泸卫，而时往来于泸、富之间；曾英部将（余）〔于〕大海、李占春据涪州之平西坝，上而长、垫，下止醴、都，以北则以近清而不敢问，其忠、万则为忠州世弁谭文、谭（宏）〔弘〕及谭诣号三谭者所有。其他聚一乡、保一砦，或孤立自守，或遥附于他人者，固难仆数也。使其各保境安民，积粮养士，以待时清，则蜀难从此亦可止矣。无如此曹贪乱乐祸，不肯少悛，日寻干戈，忍相吞噬。当此千里无烟之日，孑遗落落，值其蹂躏者，吁天罔应，入地无门。人生至此，生趣尽矣。奈之何乱兵之祸未终，姚黄之难复及耶！姚黄者，本流贼别部，亦起于延庆。诸郡有（埽）〔扫〕地王、夺食王、满天星、飞行十里、小红娘诸名，最为猥琐，其众亦不如自成、献忠之强，而专己横行，不相附丽，其行径与献忠小异而大同者，以杀人为寻常，所独者以索财为痼癖。自献贼方炽之日，已入蜀疆，特以势力相悬，不敢向迩。惟萍荡于巴，闻重、夔诸郡，边秦之兵杀劫为资，及众"众"当作"重"，指清兵。兵已驻保宁，复不向北，渐流而东。至是，民尽食穷，搜括无所。乃由梁、垫、涪、彭、南、綦诸郡邑，自东而南。己丑（1649）之春，《荒书》："己丑（1649），清李国英已官巡抚，仍屯保宁。先是，丁亥春，李入成都，旋去。戊子（1648），仍屯保宁。东至顺庆，西至中江。自什邡以西，叙府以南，则杨展屯地。"遂至叙、泸之邑。于时地不耕已五年，民之仅存百一。戊子之冬，《荒书》："戊子冬，州县王公士庶冢墓皆遭发，十余年未罢。"乱兵之害方稀，残民远求豆麦，刀耕火种，以为自是或可少延。乃豆麦甫实未成，而姚黄猝至。夫以长林丰草，鹿豕纵横，寥寥孑遗，何难伏匿。不知姚黄掩捕搜索之功，不特献贼之所不能，即向之乱兵亦有所不逮。盖此日之黄姚，已无不饶于财者矣。获人而拷掠，所急在于得粮，粮不可则杀之以充食。民之仅存于百一者，至是又死过半矣。至是，蜀难已极，无可复加。民之存者，百不一人。若能完其家室者，千万中不一见也。鸡豚绝种已数年，斗米数十金，耕牛一头售银三百两，皆遵黔重利轻生之辈远贩而至。加以数年，断绝人烟，虎豹生殖转盛，昼夜群游，城郭村墟之内，不见一人驰逐之，其胆益张，遇人即撄，甚至突墙排户，人不能御焉。残黎之多死于虎，又一难矣。人生至此，宁复望再睹天日耶？迨至孙可望自滇据黔，可望先由遵义入黔，旋入滇，降于明。《荒书》："庚寅，遵义、重庆属明。"《通鉴辑览》："戊子，四川地归于明桂王。庚寅，秋九月，可望遣刘文秀渡金沙江，出黎州，趋嘉定，禽武大定、袁韬，遂据蜀。初，桂王遣李乾德入蜀，说袁韬取重庆。袁、武久驻重庆，食尽。乾德说嘉定杨展资之食，已而乾德利展富，构韬杀之。案：顺治六年乙丑，吴三桂取成都、重庆、叙州，故《辑览》云袁韬取重庆。"辛卯（1651），遣兵逼遵。王祥兵溃自到，《通鉴辑览》载此事在庚寅秋九月。于是有遵义刘文秀自建南出黎、雅，此即上注所称渡金沙。出黎州事，惟杨以属于辛卯，与《辑览》异。杨景星展之子。奔投保宁，下兵谓刘文秀。犍为，擒袁韬先系姚黄贼。而降武大定，李自成部曲。再合遵、渝之兵东下。（余）[于]大海、李占春放舟而奔楚，降于清。他如三谭、天锡之辈，或降谭（宏）[弘]、谭诣、谭文尽降文秀。或遁。案：以上各节，《通鉴辑览》及《明史·樊一蘅传》均属之庚寅，与此异文。又《辑览》："文秀既据蜀，旋还云南，留白文选守嘉定，刘镇国守雅州。辛卯三月，清兵南征，文选、镇国战败，清遂入嘉定。明巡抚范文光、佥都詹天颜均不屈死。"自此三川之阻兵者皆尽。虽杀运犹未尽，民难犹未弭。《荒书》："壬辰（1652）三月，吴三桂入成都及叙府。八月，刘文秀围叙府。三桂军没，北去，驻保宁。"又《辑览》："五月，文秀由永宁出叙府，白文选由遵义出重庆，会于嘉定。十月，文秀进据成都。癸巳（1653），吴三桂还汉中。时清议弃保宁，巡抚李国英以能拒守自任，乃如故。丙申（1656），刘文秀出四川。丁酉（1657），清兵入贵州。刘文秀还滇，令曹勋驻守成都。戊戌（1658），曹勋辞兵权，文秀死。"以上并《荒书》。而回视向之日月，豺虎霜雪，衣裳倾耳戴目，东窜西奔以赊须臾之死者，已不啻水火衽席之不侔矣。迨己亥（1659）、《荒书》："己亥，清巡抚高民瞻入成都，总督李国英入重庆。是年，谭诣杀其兄谭文、谭（宏）[弘]降清，全川是年皆为清有。"庚子（1660），归于一统，蜀民始有生全之乐焉。即今休养五六十年，而元气未复，诚古今之所罕见！余本蜀人，生逢其世，幸赖先人之荫，孩提从先君游宦滇南①。迨复故乡间，视故垒遗垣，白骨如霜，弥漫蔽野。故老指之曰："此某贼兵之所屠也。"颓垣断壁之间，血痕犹赭白，曰："此某贼某兵之所污染，为游戏者也！"城郭村墟，惟余瓦砾，曰："此某贼某兵之所焚毁者也！"甚而破釜败缶之中，髑髅犹在，曰："此姚黄或饥民所食之弃余也！"至今思之，犹为心悸。故详忆见闻，传之笔札，事皆考实，言非无稽，将来有事蜀乘之君子，或见斯编，不以人废，得荷兼收，非欲补掌故之遗，或可证传闻之误云尔。

（罗险峰点校）

---

① 时杨鸿基父杨愈昌故于任，其有赖于其母郭氏抚育成人。民国隆昌《郭氏族谱》载《祖姑郭氏传》云："继开公女，知县杨愈昌妻。年二十八，昌殁于任所。时值荒乱，流贼四起。氏奉姑与幼子，扶愈昌柩至贵筑，不能归。姑殁，备极辛苦，纺纴自给，知书史，课子鸿基学。乱后归，年七十卒，入祠。"

（隆昌张氏）遗事记[①]

（清）佚名

本文及附录一选自隆昌《张氏族谱》，民国十四年（1925）石印本。该谱不分卷，张懋伦等修。八石粮张氏为明时隆昌大族，其后裔有清初著名的文人张邦伸。附录二选自张邦伸《锦里新编》。今将两书中的相关内容录出，以便对照研究。

明季国变时，九世祖文碧公[②]已先逝，胡氏祖母同子应玉、应星家居。应玉[③]年十四，娶荣昌喻尚书[④]孙女。一日，净面失金环，寻觅不获，责婢。婢匿张家庙内，夜静，忽见灯火辉煌，谍报张献忠已破夔门，限七月某日[⑤]屠隆昌，鸡犬不留。诸神像皆仓皇失措，议远避。川主呼婢出，曰："汝非张氏婢耶？告尔主，贼兵将至，急逃遵义可免。"婢曰："金环何在？"曰："汝家花颈鹅食之矣，剖鹅自见。"婢告喻妣，剖鹅视之果然。

---

① 此文内容又见张邦伸所撰《锦里新编》卷十四《异闻》。张氏家族祖籍湖广麻城县孝感乡，自洪武四年入川开基四川隆昌县八石粮。后有分支迁入汉州后营，即张邦伸之祖。此事又见本谱之《尔玉公遗训》，其载："当明季国变，流贼入川。甲申秋陷成都，分道屠戮，吾族人被害者不下千余。吾祖弟兄早卒，醒义、乐义公等幸神灵指导，因金环告变，急逃遵义、仁怀等处，散而居之。十数年，公等由遵义还，至泸州柑子坝被劫。又因土寇未平，连年荒疫，遂居柑子坝五年。至康熙初，海宇升平，始回故土，盖二十年矣。其辛楚可胜言哉！且及时荒榛蔓草，如人无人之境，公弟兄仍散处近地，惟吾父以先人邱墓所载，独于大屋结茅屋垦土而居者五年，醒义公始回故地同居。"
② 张松亭生张明川，张明川生文璟（字辉斗）、文玻（字晓三）、文碧（字珩玖）。文璟生应枢（字虔约）、天酬；文玻生应翼（字醒义）、应玄（字乐义）；文碧生应玉（字虔佐）、应星（字连义）。
③ 张应玉，字虔佐。子志贤，后居汪家坝。志达后居汉州。志仁居彭县。其兄弟张应星之子张志瑞也迁入汉州，是为张邦伸之曾祖。
④ 明刑部尚书喻茂坚。
⑤ 《锦里新编》作"六月"。

因即日携家赴遵义。行至泸，喻妣苦跋涉且惧贼遽至，曰："我尚书裔也，国乱如此，何以生为！"因投河死①。应玉、应星奉母胡孺人及族众逃至遵义，获免于难。照录汉州旧谱。

附录一：张家庙记
（清）张邦瑞

《礼·祭法》：有功于民之神则祀之。神之有功，立庙宜然，奚足异乎！然是庙也，何以云家？盖成于一家之手，非若他庙之募化金赀，集众腋而成裘也。名曰家庙，志别也。溯自明万历九年（1581），吾先世祖松亭公家甚饶，好善敬神，创建张家庙，祀川主、土主、药王三神于中。至崇祯甲申（1644），先世祖妣辈净面失金环，责婢。婢惧匿张家庙，夜见庙烛辉煌，诸神若聚议然。一神蹴婢曰："汝非张家婢乎？汝主代有善行，盍归告之献贼已破夔门，杀运将至，惟遵义可避。宜速行。"婢以失环告神，曰："汝家花颈鹅食之耳。"婢归告祖妣，杀鹅而环在焉，乃大惊骇。遂逃遵义府，得免于难。承平后，回故土，俾我辈得守先人基业，皆神灵之赐也。醒义、乐义公辈由黔归里，先人所建，既为贼毁，无所存。至尔金②、尔玉③二公析产，以庙基原为神像所栖，乃除留地基并前后左右田土一段，为异日重建地。时徭役繁重，弟兄两人支持无暇，是以有志未竟。迄雍正十年（1732），子恒④、子贞⑤二公克承先志，捐修上殿，而庙貌乃

---

① 族谱载喻氏殉节，溺泸州江中。
② 张志明，字尔金，系张应翼之子。
③ 张志斌，字尔玉，系张应玄之子。
④ 张鑑，字子恒，系张志斌之长子。
⑤ 张钦，字子真，又作子贞，系张志明之长子。

兴。乾隆八年（1743），吾叔开芳公①协同邦聪②、邦玫③复修下栋及左右两廊，而庙益大。庙中诸神不惟明清鼎革救我先世，至今水旱苗蝗，降祥降福，有求有叩，则灵后之人当春秋匪懈，祀事不忒，且勿以神道为远焉。可耳。

乾隆六十年（1795）仲秋月上浣张邦瑞④谨识

（陈伟平初点，罗险峰再校）

附录二：《锦里新编》第十四《异闻·张家庙》

先伯祖母喻氏，明荣昌尚书喻公茂坚孙女，先伯祖珩玖公应玉配也。明崇祯十六年（1643）归珩玖公，妆奁甚盛，有婢侍巾栉。一日，净面失金环，找寻不获，疑婢私藏，将责婢。婢惧，逃匿宅北张家庙内。庙祀川主、药王、土主，夜静忽见灯火辉煌，谍报张献忠已破夔门，限六月某日屠隆昌，鸡犬不留。诸神像皆仓皇失措，议远避。一神曰："庙有生人气。"一神曰："张氏婢也。"呼之出，饬曰："归告尔主，贼兵将至，急逃遵义可免。"婢曰："贼不至遵义乎？"曰："有高崖神把关，贼不能破。"婢曰："我主人金环何在？"曰："汝家花鹅食之矣，剖鹅自见。"婢归告喻氏，剖鹅视之果然。因即日携家赴遵义，获免于难。予先世世居隆昌八石粮。张家庙，七世祖松亭公所建也。松亭公祀神甚谨，故获此报。庙在八石粮宅北一里许。

（陈伟平点校）

---

① 张铭，字开芳。张志斌之三子。
② 张邦聪，系张应枢之曾孙。
③ 谱中未查到此人，待考。
④ 张邦瑞，张鉴之长子。

下篇　塡川篇

遗民复业

（宜宾彭氏）明德祖遗嘱

（明）彭明德①

本文选自宜宾《彭氏族谱》，咸丰三年（1853）手抄本。明末彭氏第十世祖彭明德因官湖广承天府留守司总镇都督佥事而滞留湖广一带，侥幸避过蜀难。事后，他对祖先事迹和明末四川的社会情况进行了回忆，后由其侄玄孙彭家驷抄录入谱，名《明德祖遗嘱》。

吾幼年时闻族伯讳仲义号复吾者云：我彭氏宗谱先年遭兵火遗失，无可稽考，祖贯江西南昌府南昌县，不知鼻祖讳号，亦不知几世祖于何时迁移湖广黄州府麻城县入籍居孝感乡。至洪武太祖奉天承运，驱逐胡元，扫荡群雄，廓清中土，命大将傅友德督师由陕西陈仓、阶文取四川。当日不知何故，将孝感乡百姓尽数发随傅将军从征入川。蜀主明玉珍纳表投诚，平定之后，将孝感乡随征者俱留蜀中开垦当差。入川始祖彭善字庆余号力斋，于下南道叙州府宜宾县入籍义合上乡，住居潮坝双石铺两路口大塆，

---

① 彭明德，字大政，明诸生。因平蔺援黔特授守备，后升湖广承天府留守司总镇都督佥事。樊一蘅部下云南屯田都督佥事彭明扬系其堂弟。

古名刺竹沟①，与富顺、荣县相接壤。通族住宜、富两县地方，置买田地，应两县差徭。始祖颇知地理，阴阳二宅俱□选看，故子孙蕃衍，富贵悠长。一支子孙住居大塆，一支住本塆后坳，一支住卷洞桥，一支住双龙庙上一带，一支住双石铺前后左右，一支住尖山，本塆至彼处百余里。有迁南边六县②者，相去隔越窵远不得周知。宜、富两县田地膏腴，水旱无忧，先年（陈）［承］平之时，每亩价值纹银八九两，至天启元年（1621年）奢酋反乱后，每亩减至五六两，价重粮轻③，上则每亩载粮米二升二合，中则每亩载粮米一升八合，下则每亩载粮米一升二合，每年每亩收谷五石或四石不等，每粮一石额征银九钱□零。本县十年大造审丁，照粮摊丁，每粮两石摊派一丁，额征银五钱九分零。吾族系甲户，三里里长姓罗，与本族比邻而居，田地相连。每年解粮系当年里长收解，一切杂差使用俱系里长自费。甲强里弱，衙门一切使用不敢科派。甲户每年正月开征丁银，里长送油票至本族户，首家随侍酒饭一餐，送六七呈银一钱。八月开征大粮，送油票亦侍酒饭，送时银一钱，除此之外并无所费。四川通省无南漕二粮之苦，通乡居住俱是瓦屋楼房，人烟稠密。同族同居一处，外姓不许掺杂。凡出门往集场市，或至附近亲友之家，或本族另居伯叔兄弟子侄之家。极热炎天必着衣帽，蓬头短衣不敢出门户。人口熙熙暤暤，耕读为业，乃文物礼仪之乡。四川一省，惟川东与川北之人奸滑刁恶，上下川南与川西之人忠厚淳良，川东川北淳良者少，川南川西刁恶者少。吾罹贼难，侨居蕲州三十年，看来蕲、黄之人虽刁，不过言语利害，不似蜀中之人阴险狼毒，不可与处。吾命舛错，流落异乡，道路阻塞，日夜忧愁，怀庐墓之思，急欲还乡，无奈西山贼阻。及至贼平路通，而所积还乡资斧，年来尽被经纪扯拽，豪里揭借弗偿，苦无盘费，局促难归。癸（丑）

---

① 今在自贡市仲权乡境内。
② 即叙州府所属长宁、庆符、高、珙、筠连、兴文六县，因在长江之南，俗称"南六县"。
③ 此句与前文矛盾，录此存疑。

[巳]① 孟秋，始接堂弟明奎号星灿寄来家报云："川中遭八贼张献忠杀戮甚惨，又染瘟病，百姓死亡十存一二。本家父子兄弟子侄少长家眷所幸未遭掳杀，多亡于疾病。"闻此惨苦，肝肠碎裂，方赴衙门告追经纪豪里扯拽借贷银两，以为归家盘费。不意滇南之变，停止词讼，道路仍复阻梗。底定不知何日，归家未识何时。朝夕思维，无可奈何。吾年八十有二，桑榆之本恐一时不能言旋。参吉生长于楚，不知家乡本塆宗族支派，祖父所遗并自置庄田地土产业，纪叙要略以备回籍查考。始祖墓在本塆对门彭家嘴，甲山庚向，有碑。高祖墓在本塆后坳上复吾住宅对门，有碑。曾祖墓在复吾住宅对门，有碑。祖考墓在本塆对门王武伸右山，有碑。显考妣墓在江家边陈卷住宅后山，有碑。

此伯高祖明德公宦楚，兵荒阻路，不得归家，遗嘱其子参吉公者。以其有关宗派，存之。后还纪有田宅在某处若干块等，其田地最多，开载最悉，文长先人删去，不悉载。侄玄孙家骊识。

（陈伟平点校）

（巴县程氏）程氏、吴氏、张氏三姓还川谱序

（清）程一宾等

本文选自巴县《程氏族谱》。该谱由程一宾创修于康熙年间，后由程翼武、程正朝等续修，现存为道光年间抄本。程氏祖籍河南，明初经麻城孝感乡入蜀，定居于巴县。崇祯甲申（1644），程氏族人程

---

① 原文作癸丑，但崇祯至顺治时期并无癸丑年，疑当为癸巳（1653年）。

正祺避居黔南，其子程一宾于清初康熙年间返乡。除本文外，谱内还保存有程正祺《黔南避难诗》和《程家庵佛堂记》等珍贵史料。

其序曰："激和裕后，世代继谱人程一宾、吴文辅、张朝三为三姓原属至戚，子孙务敦淳厚，永遵遗德，共襄教化事。窃惟三姓祖宗系湖广黄州府麻城县孝感乡籍，寓四川重庆巴县居住。历代以来，耕读相继，淡泊传家，系无或紊。前遭明季甲申之变，屠戮殆尽。叨获默佑，避居黔南，继嗣各有一二。世谱上辈咸和，幼来有未尽兹者。仰赖大清定鼎，蜀民叨乐升平，是以三姓等仍携老扶幼，迤逦［还］宗。数十年开破荆棘，枵腹垦荒，千辛万苦，稍荷起色。淳厚朴民，惟勤耕供赋。今蒙本县仁主善展仁政，苏敛残困，上垂好生无疆之福，下施爱民如子之诚。万姓颂德，恩霁普照。孰意民生逢审窃，身不安室，恐违德化，乃率三姓宗亲永结和好，齐集共议。偶值三月之惊，若不预为团聚，以致匪类莫辨，是予三姓联姻之所惧深者也。况自今东作正殷，西成仰赖，春耕既失，秋廪何望。幸蒙仁廉颁示团户以避时惊，咸邀再造之恩，使民得东作之望。但为宗亲零星，四野山林，满（日）［目］荆棘，稍有失色，负归祖念。是以激率三姓联姻共襄齐集，庶时惊得以生。谐而长幼，每遇春秋二节，宣俸圣谕条约。得知化育，尊卑有序，礼仪勿失。间有痴蠢，教愚化贤。世世相传，代代继续。无失祖德之深心，无违先圣之教化。亲贤远愚，务所必振。若再相沿不举，愈见愚卤甚矣。今则开陈条例，每岁常行德化，人人得以知敬，纪纲得以严饬。倘有违悖面是心非者，轻者凭长处罚，重则鸣公惩究。公令森严，三尺有在，恪遵戒饬，激切举行，永垂不朽，是以为序。

圣谕：孝顺父母，教训子孙，尊敬长上，各安生理，和睦乡党，毋作非为。

三姓名号：程氏族长程一宾，长子程安国、次子程安藩、三子程安世，仝侄程鹏、程诰。

吴氏族长吴文辅，仝侄吴正邦。

张氏族长张朝三，长子张明宗、次子张明理、三子张明时。

大清康熙十二年（1673）四月二十四日三姓公议仝立。

（陈伟平点校）

（威远殷氏）天政公捐业存孤传

（清）殷良弼[①]

选自殷家山七修《殷氏族谱》，民国十年（1921）铅印本，全一册，书中描述了当年战乱中的艰辛生活。殷氏始祖殷士起，明末由湖广武昌府迁四川威远县。

尝观周之兴也，兴灭国继绝世者数十，其子孙卒享国八百余载。读书至此，未尝不叹，昌人后者未有不昌其后者也。如我三世祖天政公，其行有相合焉。旧乘云："公生明清之际，戎马仓皇，举家星散。其季父义俸公避难峨眉，中途病故。婶夏有妊，无所依赖，不得已，乃再醮杨氏，生子登甲。及前清定鼎，再传至仁皇帝康熙二十四年（1685），登甲还宗，维公已六十有二矣，慷慨割桊子林业百余亩授之。"考蜀历史，献贼之难，蜀民百不一存。嘉定杨展与夹江令王合峨眉万年寺僧，募死勇力拒，得

[①] 殷良弼，谱名淑义，字作霖，号佐高。同治甲戌（1874）张之洞岁试入第一，光绪丙子（1876）补增廪，丁酉（1897）岁贡生，注选训导，曾任自流井邮政局长。

免。登甲之存，或以此欤①？夫余生劫后，人鲜知书，公独能收复遗孤，锡之田，俾乃叔禋祀不艾，非深明大义者计不出此。我族蕃衍二百余年，保母职是故耶？后有欲昌厥后者，尚其以公为法焉可也。

九世孙良弼谨志

（李东点校）

（威远王氏）王氏族谱序

（清）王瑜等

选自《威远县西乡王家场寺王公田祠次修族谱》卷一。此谱初修于清乾隆三十五年（1770），续补于嘉庆十九年（1814），次修于民国七年（1918）、十三年（1924），四卷，石印本。王氏，明初由湖广入蜀，落业威远西乡兴集王家场，明末蜀乱，四散避难，死亡过半。

初修叙一

（清）王瑜

夫谱者，所以谱其姓并谱其名，传世系于来兹，使子孙世世相守也。

---

① 杨展据峨眉万年寺抵抗张献忠部，不少百姓避难于此。这在川中不少族谱中都有记载，如民国四年（1915）资中《樊氏家谱》序：“崇祯庚辰（1640）之变，献贼屠蜀，鬼哭神号，吾族杀掠殆尽，所孑遗者独宗朝祖避难嘉定峨山之万年寺，蒙天默祐，不绝一线之延。我朝开国，得回桑梓，开垦原籍。”

稽吾祖发籍太原，游宦楚省。自明初由麻城孝感入蜀西川，迁业威邑西路益昌乡土名台子塆、天井塆二处，爰兴市镇曰王家场①。当斯时也，创修寺观，铸造钟磬，名讳多载，称盛一时。而官、王、李三氏一姓之说，世代相传，果何自而云？然知其时纵无谱以联之，而析姓原始尊卑，上下世系次序，当亦昭然可据，炳若日星矣。后遭张逆屠戮，先人各奔他乡，骨肉流离，生余锋刃，言之可为于悒。幸国朝定鼎，顺治甲午岁（1654），吾胞叔曾祖重臣、祖登佐、堂叔祖登玉同归梓里，经理田园，以复先人之旧业。因谱牒散亡，世系莫考，靡特官与李之脉派弗得其详，即吾王氏之世系，几无得其梗概。适康熙癸亥（1683），先父统一，得游泮水光于前，欲以裕于后，不禁欣然殷序谱之思。尝命家之子侄孙辈来前，谕之曰："尔等亦知吾家之世系乎？考万历十四年（1586）王家场寺之钟磬，有远祖诏之、坤之二公，诏之落业台子塆，成业于此，坤之落业天井塆，成业于彼。然虽彼此异居而脉派相传，实同渊源也。第恐世远年湮，久而无据，汝曹当急于谱勉成之，以遗后人，无或紊焉。"瑜虽聆其言，然未遑任其事。至乾隆癸亥（1743）冬，先父不禄，次年甲子（1744），恭逢元旦，少长咸集，尊卑并列，虽不敢曰人文称盛，而丁口繁息亦祖宗之荣也。因忆先父之言，遵纂以成其志，庶上以继往，承先人之遗泽；下以开来，启奕叶之宏图也。是序。

乾隆二十年（1755）乙亥岁季春月朔日七世孙瑜谨识

---

① 王家场，位于今威远县镇西镇中心村。

初修叙三

（清）王连

且夫谱之作也，传世系分支派，使著于后代，而子孙得以明之也。忆吾家由湖广入蜀，落业威远县西路益昌乡，兴集王家场。当斯时也，人文崛起，颇称繁族，前留有谱，志之详矣。是以伯曾祖珍臣，以举人拣任云南省云南府禄丰县知县，后升大理府知府，闻川变未归。惟连曾祖林臣，由贵州营伍得任千总，功升参将，休职，于康熙甲子（1684）入籍下南永宁道泸州，卜业大屋基。厥后，连复置业分水岭①，于今三世，俱葬于斯。连幼习孔孟，壮入胶庠。木本水源，未尝一日忘也。爰值乾隆九年（1744）甲子至威邑，游观先茔，穴固美矣，遍览前址，地更佳焉。因思大难之后，回籍卜居者，良自正多，而在外落业者，亦复不少。第恐代远年湮，难以稽查，烦我族中后有纂谱者，使世世子孙彼此往来，此吾之所深望也夫。

乾隆十年（1745）乙丑岁泸州七世孙连谨叙

续补叙二

（清）王廷润

家之有谱也，不徒为之著其姓、纂其名，所以收族也，型孙也，明所自也。宗之有祠也，非仅为之粉其墙、广其厦，所以敦伦也，饬纪也，志

---

① 泸州分水岭，位于今江阳区分水岭镇。

不忘也。俾老老幼幼咸知本源支派之分，子子孙孙常怀俎豆仪文之典。然则谱与祠其可无耶？吾王氏自明洪武间，由湖广黄州府麻城县孝感乡入蜀，卜居威邑西乡王家场台子塆历有年，所祸因明崇祯甲申（1644）鼎革，张逆入川，屠戮凶残，几无遗类。吾族死亡已过半矣，而得免刀兵者犹有四五焉。幸国朝定鼎，越甲午（1654）回籍，或迁业天井塆、李家坝、石子塆，各有坐落坟园，而本源则一。惟吾五世祖登佐由雅州府荥经县止戈街归来，寄居高楼子。庚子，独建台子塆房屋，拜扫墓田，佑启后裔。嗟乎！乱离十载，犹得归回故里，聚首家庭，亦可想见先人斡旋福泽之厚，忠厚培植之深也。一传太高祖统一，得游泮水，尝训子孙抚族属曰："吾家自兵燹后，前谱遗亡。此时虽缺略不详，而推其绵延脉派者，惟诏之、坤之祖也。"再传三叔高祖瑜，见子姓略繁，丁口渐衍，因考王家场寺钟磬，有诏之、坤之祖于万历十四年（1586）率众同造名讳次序，编若谱册、昭示后人。迄今荥经县鹿角坝、灌县崇义铺、泸州分水岭、富顺大板桥以及峨眉、彭县等处，咸知王家场台子塆为一脉所发焉。厥后叔曾祖若宏、堂叔祖汝修、祖父锡侯协率族众，将坟原禁外柏树卖价，置买田土，修建宗祠，每年春秋祭享，岂非率亲率祖，无悖仁义，以昭兹来许哉！今秋堂叔文钟言及旧谱，命润踵成。润不思浅陋，爰为集成谱牒，并序其事，使世世子孙得识本源，交相传说，庶见我王氏之脉派耳。

嘉庆十九年（1814）甲戌秋十一世孙廷润谨叙

（陈廷德点校）

（江安陈氏）凤春公自撰谱序

（清）陈凤春

　　本文选自《陈氏族谱》。该谱由陈凤春创修于康熙年间，咸丰十一年（1861）陈明良续修，同治五年（1866）陈定龙再誊，1998年陈师友再誊录，手抄本。本谱最大的价值即陈凤春序，其中详细叙述了其避难贵州、回乡创业的经历。尤其弥足珍贵的是，文中保留了反映明末江安里甲赋役情况的珍贵史料。

　　余于庚午（1690）孟夏之初，仰卧之余，辗转反侧。念昔先人，耿耿不寐，如有隐忧，恐后世子孙之失其谱序也。盖"春祀秋尝垂万古，左昭右穆序源流"，古礼然矣。曷不录为谱序，授之子孙，使识高曾之渊流乎！余原籍系湖广省麻城县孝感乡人氏，因洪军造反，赶至四川泸州江安县四团山①住居，原系绵水里十甲里户，经管钱粮壹百陆拾柒石有零，分管甲首开列于后：

　　一处大庙罗观风、罗秀风，正管甲户；

　　一处任家岩任启富，正管甲户；

　　一处水碓滩方村，正管甲户；

　　一处高山堡郑族，正管甲户；

　　一处殷家埫殷时宇，正管甲户；

　　一处水泡油张寡婆，正管甲户；

---

① 地在江安县大妙、底蓬乡一带。以下地名多在附近，不再详注。

一处韩家岩韩族，正管甲户；

一处落诳口罗铁匠，正管甲户；

一处铧头季段文举，正管甲户；

一处河北宝华山刘太宇，正管甲户；

一处在城郑家街，正管甲户；

一处前庵滥田坝，系本族，已粮；

一处佃户在县袁生员一族，佃粮户；

一处张村李茂宇，佃户；

一处王村王三位系本族已粮户；

一处怡乐口张胜吾，佃粮户；

一处土木桠任高，佃粮户；

一处小河观音阁杨族，佃粮户。

共载粮壹百石有零。本族粮陆拾石零。其田交界处所，东抵陈国坝、陈阁尝、小河陈守恭屋基址，并无混乱。南抵杨村，西抵旧赶场坝耿家巷，有公田相杂。北抵大风窝，有池祖公坟，与一甲叶、九甲蔡田交界。岩上龙君庙起，至滩子口簸箕寺后坝止。凡有未开不书之处，即有指明后辈。不意甲申（1644）大变，张贼入川，屠戮之惨，仍因饥馑，碗米三钱，颗粒如珠。种种苦楚，不堪尽述，及□父子不相见，弟兄妻子离散之日也。自大难平成，族内寥万中存一。幸吾父子叨入营武，幸（杖）[仗]天地恩佑，祖宗有灵，父子以苟延残喘，于壬辰年（1652）得归，故土辟，吾父后将本族四至田地、坟冢、山场，逐一指点明白。吾父不幸于甲午年（1654）身故，抛吾母子，三人竭力耕田，以充日食。吾母于壬戌年（1682）告终，此吾父母生寄死归，幸晋余韵于渐及余之身，生长子陈纲、次子陈纪、三子陈经。今蒙子孙兴旺，螽斯衍庆，庶几可告无罪于先人矣。余今年老，日月逝矣。岁不我与，诚恐后裔莫知其由，今将祖父母、伯叔、侄子阖族开于后：（世系略）

翁鸡屯、野猪窝一带：

一龙潭水葬祖坟处，不许人进葬；

一桠石窝祖坟与上城同山有墙界；

一罗锅山嘴祖坟一处，系是守仲君福；

一小池祖公坟与一甲叶、九甲蔡交界。

本境天祠祖门首水井田起，至小河坎军田止，倒石桥上面后冲一段，已舍入天祠，以作常住，不得外人子孙侵占。发洪誓，原另镌碑记，永远垂古。

以上六大房盖一支，均同先脉。几为谱序，传留后裔，世世孙无相失也。诚开视读知而如先人于不朽焉，则幸矣。是为序。

庚寅年（1710）孟夏月上浣谷旦

（陈伟平点校，罗险峰再点）

（泸州罗氏）重修家谱序

（清）罗声腾

本文选自泸县海潮镇高店铺《罗氏族谱》，光绪四年（1878）刻本。反映了罗氏由明代入川，明末避难于贵州，清时返乡创立家业的情况。

宣宗成皇帝壬寅（1842）秋，先君万伦公增建祖祠，继修宗谱，数阅月告成。间尝示腾，曰："我祖自江西吉水迁楚，明嘉靖初，自楚麻城迁蜀，隶籍泸阳。某山某水，先代所开创也；某宅某墓，前人所卜筑也。"腾闻之，毋敢忘。所慨者，明季迭警烽烟，谱帙遗失。自入川之祖而上溯之，杳不知嫡派之原始。爰按淞溉旧谱，备访蜀楚两地罗氏。越廿余寒暑，广为辑订，乃知先世肇自北齐荣公，即淞溉谱世系所载，仕于隋之监门将军者也。荣公子艺，字子延，大业中虎贲郎将。唐武德初，诏封燕王。太宗晋开府仪同三司。艺公子成，锡爵越国公。成公子通，通公子章，世笃忠贞，勤劳军国，爵世袭。厥后，臣于开元朝，有罗公远者，皆荣公所派衍。远公性好道，隐罗浮山，别号罗浮先生，生子三：曰波、曰海、曰江。波公早夭；海公亦好道，逐迹溟海间；吾嫡祖江，重武略，殉国难。妣氏，李唐之宗女也。砺节守志，抚海公之子兆熊公，承祧易其名曰兆伦。越后梁、后唐，而晋、而汉、而周，递经五代，泯泯棼棼，谱系残缺。至宋末，有伐扬公，亦本于监门将军。扬公不乐仕进，寄居林泉，而与李公光扬、谊属邢谭最笃。李公没，无嗣，公有子三，以一子承李氏宗。古云继绝世，惟公有焉。迨元季变乱，李氏已派衍三传，吾祖笃念本原，仍复归宗罗氏，名曰宗圣。圣公无出，先祖抚异房宗贤、宗道、宗学为嗣。道公学公，又乏嗣，惟贤公生三子，曰洪祧、恢祧、续祧。洪公、恢公三传不振，而续祧公生二子：长复亨，次复先。复亨公生继源公，复先公生继周、继圣、继贤、继永四公。此即明代入川之祖也。永公早没；继周公生之浚、之慧；继圣公生之聪；继贤公生之明、之智、之华、之富。建业泸西北五十里之高店铺，卜居风溪沟。耕食凿饮，萃处一堂，诚幸事也。不意天启元年（1621）秋九月，永宁宣抚司奢崇明据重庆叛，旋陷泸州。我之聪公同伯叔兄弟之浚公等逃难四方。迄崇祯二年（1629年），奢逆伏诛。其时，季房之天福公等，徙居宜民乡文家坝段家村。惟之聪公与之浚公等，仍复本业。屈指聚而散，散而聚，虽久经跋涉，而尚获团（员）[圆]，固亦差堪自慰耳！乃崇祯十有三年（1640年），献贼劫泸，知州苏琼死之。戎马仓皇，人民逃窜，堪叹！之浚公之子天荣、天贵避难于贵州仁怀县二郎里鹅项岭白马庙，寄居八载。荣公夫妇俱没，贵公年十六，独居异地，望断家山。洎乎康熙九年（1670年），贼氛（梢）[稍]

靖。公与妣氏来于秋八月初旬，负子金榜回籍，访其旧业：高店铺，吴姓占踞；风溪沟，金姓占踞；罗家塆，侯姓占踞。茕茕孑立，依叔之慧公而居，另开朱家嘴为业。若夫之聪公之子天和公夫妇，避贼于富邑下西路钵鱼铺姜家塆，自食其力，而天和公不幸告终，风雨黯然，山川惨淡，妣氏韩母子三人郁郁焉忍耐居此。及康熙廿余年间，携子金莲、金玉还乡，幸脱虎口余生，得以复业罗家嘴。呜呼！计自隋唐及清，尔来一千有余岁矣。其间正闰凡几？治乱凡几？我祖越历常变又凡几？倘非祖德渊深，宗功荫远，后世子孙犹得歌于斯、哭于斯、聚族于斯，有是事乎？岁丁卯（1867），腾附堂叔祖儒修公等领袖展修祠宇落成，遂毅然抱修谱志。奈人丁繁衍，远近不一，非仓猝所能就绪。况复闻继贤公后云礽林立，虽仅同郡异乡，而一无所识，心窃恨焉。己巳（1869）秋，偶遇继贤公之九世孙贤峰，谈及本支所系，俱不能无感。今春清明节，宗祊奉祀，继贤公之十世孙朝选、十一世孙廷弼又忽焉来祠。噫嘻！山河间阻，其不相往来已二百余载，而乃涣者萃、断者续，藉非祖宗灵爽于冥冥中默为呵护，乌能有此？此诚莫之致而致者矣。丁丑（1877）之夏，腾集议修谱，族人亦乐捐赀。馆课暇，特将各房生没年限，依次觏缕，以付剞劂。谱成，谨序本源，以弁于首，俾吾族览斯谱者，朗若列眉，庶不忘其宗派，而腾亦勉副先君之素志也。至若光耀前人，丹黄谱帙，尤有望于后起者。

继圣公九世孙声腾谨，光绪四年（1878年）戊寅岁九月上浣吉旦

（罗险峰点校）

（隆昌徐氏）靖祖遗嘱

（清）徐靖

　　本文选自隆昌《徐氏族谱》卷一，民国二十年（1931）石印本。谱分两卷，徐邦烈等修。徐氏祖籍麻城孝感乡，始祖徐贞入川先定居泸州公子山，再迁富顺象鼻山，最后定居隆昌徐家堰。

　　因甲申（1644）六月大变，己丑（1649）分离，迨本朝定鼎，于顺治十一年甲午（1654），父创业于北乡任家坡，人烟稀少，荒芜难归。延至康熙三十三年甲戌（1695），邑侯温公①招抚填实，新民请示安插，络绎不绝。余思先人故土坟墓难忘，于丙子（1696）冬开砍，建立茅屋，丁丑年（1697）垦荒。三十七年戊寅（1698）秋七月旋祖，父子离祖屈指四十四年甫归。当斯时也，予乃孤身孑立，满目荒郊，丰草连天，长林蔽日，披荆斩棘，虎啸豹鸣，身寒腹馁，万苦千辛，始获睹天见日。辟荒成熟，迄今又十年矣。承先启后，遗子四人，长子不禄，幸有长孙。蒙雍正盛世，渐入佳境，回思桑榆暮景，岁不我增，是以请凭族亲人等，临田相验，彼此均匀，此系秉心权度，至公至平。嘱授尔等偈曰："而今而后，兄弟既翕，和乐且耽。子子孙孙，振振纯纯。位禄名寿，代代昌荣。人兴财茂，

---

① 即温凝命，广东河源进士，康熙四十四年（1705）任，见同治《隆昌县志》卷三十五《职官》。咸丰《兴宁县志》记其为兴宁人，并载其传："温凝命，字象先，赋性冲和，恂恂儒者。年十五失怙，事母至孝。康熙戊午（1678）举于乡，绝嚣经以训子弟，尝曰：薛河东谓'干谒有司，亦是失身'，我辈宜书座右，故生平足不履公庭。出宰四川隆昌知县，时兵燹之后，户口凋残，命招徕安集，数年间增至五百余户。三十九年（1700），王师征挞箭炉，命时兼摄荣昌，措办有方，不误公，不扰民，秩满内升宛平。輦轂之下，百务丛集，命以敏捷当之，无不迎刃解者。属山东大饥，民就食京师，雇车给粮，全活还乡者三千余口。以过劳获病，假还，明年入京，卒于邸。"

福寿康宁。书此遗尔，永远为凭。"时雍正十年壬子（1732）吉日。

靖祖遗嘱，旧谱皆无，岂传写脱漏，因循不录，遂失之耶？抑前未收入耶？第未知其实。今于姚家塝本源家中发现，故辑录之，以补其缺，使后之人有考览焉。邦谷识。

（陈伟平点校）

（荣昌敖氏）帝锡敖公传

（清）姜锡嘏

本文选自荣昌《敖氏族谱》卷一《传序》，敖翊臣等修，光绪庚寅（1890）刻本。敖氏祖籍江西高安县，明初入川定居荣昌县。敖氏为荣昌世家，其曾在明末因张献忠之乱而遭到屠戮，乱后部分后裔才回到故乡。族谱内有大量反映清初荣昌社会实情的内容，本文就是其中代表性的一篇。

公，吾外祖也。少随母氏归公，公辄抱置膝头，教以《千文》《唐诗》。时命对字句，应声而成。稍长，习贴括，公命题陈艺，称许不容口，谓吾母曰："此子不凡，必成吾家宅相者也。"乾隆辛酉（1741）秋，省公疾于寝所。时为言一生险阻备尝，安得大手笔略述生平，俾艰辛不泯于后，惜老病不及待耳。是冬，哭公于次。越庚申（1740），入庶常，馆东谷。舅氏以书来，云："吾父弃养二十年，甥今居史馆，其为吾父作传，以光家乘。"嘏念外祖生前厚相期许，敢以不文辞。

谨按公姓敖氏，讳诒庆，字帝锡，行九。世为荣昌人，原籍江西之高安龙城，入蜀久，子姓繁。曾祖讳万仞，妣但。祖讳文麟，字两江，妣吴。当明隆、万承平时，家最富，乐善行义，人称不衰。父讳惟诠，字调枢，明选贡，历官贵州永宁军①粮府同知，妣何、郑、喻。子四：长谦庆，何出，岁贡生，南部县训导；次诚庆，岁贡生，蒲江县训导；三诩庆，岁贡生，营山县训导。公其季也，皆郑出。永宁公以流贼祸烈，退居难以自存，率家避地遵义，房族同徙者十数家。迨至圣清定鼎，有献贼余党蹂躏于前，西藩吴逆横暴于后，兵燹多年，崎岖奔窜无虚日。康熙二十年间，川省大定。公于时年最少，随父兄旋里，则有本境杂姓先已纵横插占，恃无粮籍可稽。敖氏业最广，不能受廛卜居焉。公以前朝宦裔，读书应试，欲不与较而势不得止，愤然曰："诸兄励志科名，以承先绪。吾不与若辈力争，不如讼也。"遂率房族中兄弟子侄数人捐资，历控县、府、院司不得当，乃控至川陕总督衙门。有马某诉称敖姓九贡十八秀，恃势强争。部堂集人案坐，堂皇谕曰："两造各执有司，以劫后无凭，文契均失，姑为迁就。试问所争土名？"众姓对云："敖家坝。"部堂曰："据此，尔众不能与敖姓争。"遂以三字定案。上起铜鼓山，下至铜鼓镇，原业断归敖姓。缘明世族大，田多实，非浮冒，然呈控只数人，至此复业者乃数十家，本族之得以蒙业而安，皆公胆识过人力也。公归以腴田，先族中人，退居旧屋祖湾等瘠土，且曰："吾法孙叔敖，请寝丘意也。"公以诸兄及犹子成名登仕，书香继起，有人以诸生老，谓："为善最乐，人生各行其志耳。"公一生事迹在复业一案，其他不能尽述。妣氏杨早世，继郭。子二：毓著，岁贡生；毓熏，庠生，杨出。女一，郭出，适姜，即吾母。孙五：懋祖，庠生；延祖、申祖、昭祖，廪生；馨祖，庠生。曾孙某某，不具列。公于康熙五年丙午（1666）八月初七日丑时［生］②，终以乾隆六年（1741）十月二十五日巳时，葬五台山麓，乙山辛向。

---

① 今为四川叙永。
② 原文缺"生"字，据文意补。

论曰：吾闻之外祖帝锡公曰："《易》之《屯》云：'天造草昧，君子以经纶。'至哉，言乎！"当明季流贼纷扰，吾蜀受祸尤惨。姚、黄、李、张交讧，献贼为甚焉。我朝甲申定鼎，乙酉（1645）王师歼张逆于西充①。该逆余党散布为害，七家构衅，干戈日寻。康熙甲寅（1674），西藩吴逆变起，计数十年，爝火劫灰之未熄，豸牙虺毒之方张，真有目不忍睹，耳不忍闻，为《蜀碧》所未尽及者。洪维圣祖仁皇帝庙算宏远，申威挞伐，不数年，函夏无尘，声教四讫。可知草昧经纶，惟开天之圣人能手造之也。以上所云公述遭遇与见闻，为眍垂涕，而道感颂皇仁之拯溺亨屯，浃肌而沦髓也。谨追述之。庶后之食德服畴者，咸沐浴德化于百有余年，又复以引以翼迓亿万世无疆之庆也。猗欤！盛哉！

赐进士出身翰林院庶吉士加二级外孙姜锡嘏顿首拜撰

乾隆二十五年庚辰（1760）嘉平月谷旦

伏读姜太史传序，至国初复业一案，乃知高祖帝锡公之大有造于族姓业。嘉庆中犹于二伯父时中公楼上见呈词及有司批示甚多，其他笔迹，予少未能省记。后读书应试，宦游数十年来，不知故纸安在矣。公占故业后，居旧坝祖湾，以膏腴田亩公之族中，自愿瘠土，故至今子孙犹世守先畴，益以见我高祖之诒谋远矣哉！

光绪四年（1878）三月翊臣附志，时年八十有二。

（陈伟平点校）

---

① 原文有误，张献忠死于大顺三年（1647）。

（江津杨氏）慕生公传

（清）杨懋璋①

本文选自江津《杨氏家乘》，民国三十三年（1944）铅印本。该谱分为三集，杨镇沅等修纂。杨氏是明代江津的名门望族，在甲申时，族内人士纷纷避难遵义。杨慕生即是其中之一，尤其是他回乡后，又经历了复产之争，反映了清初移民社会初期土地纠纷的实情。

太高祖公讳作极②，字慕生，明崇祯时人。年方八龄，随父母避乱走黔中。遇途贼猖獗，遂奔散。祖伏山间，觅草根石苔为食。时贼以竹驱人，同行三十余辈佥遇害。祖以年幼得免，既与父母合，泣道其故，叹异久之。遂留黔，未几，愧生公殁，葬遵义凤凰山。迨我朝定鼎，得享承平，祖乃哭拜父茔，声动天地。憾不能扶柩归里，惟奉母氏并岳母，邓、阴孺人及祖母复归仙池。时王纶如公亦由黔归，以至戚相关，有绣衣之赠。祖归后，摒挡家务，清理旧业，惟李姓所占大屋祖田可归，而绣衣庄为吴姓占去难复。爰理之官，不直。赖邓、阴孺人代理耕耘，祖因数质于县，乃得断还。故至今清明必祀邓、阴孺人者，报前恩耳。后人食先德，服先畴，当念祖人绝处逢生，危地能存，此中有天幸焉，非智力所能为者。况祖于流离颠沛中，口不绝吟，归过洪洞，遇龚（荀）[笋]湄③先生，即延至其家训课。后辈盖其学优也。小子耳！食其事恐久而辄忘，因

---

① 据族谱，杨懋璋，贡生。
② 杨作极先世自江西南昌迁入楚之麻城，再于明初迁入四川金堂，继又迁入江津县福奠坝。
③ 龚懋熙，字孟章，号笋湄。他曾避难黔中，其间经历见本书《笋湄公略述》。谱原文"笋"作"荀"，据县志改。

略记之,俾为子孙者知所自云尔。

再元孙懋璋谨述

（陈伟平点校）

（宜宾侯氏）准侯天锡子侯拱贞回原籍部票

选自《宜宾白沙乡石盘上侯氏支谱》,光绪辛卯年（1891）刻本。该谱分为三册,侯钺等修。谱内主要记录了明末名将侯良柱之子侯国藩后裔的发展情况,此外还收集了许多与侯氏家族相关的文献。尤其是洪承畴发给侯天锡之子侯供贞的部票,真实记录了当时清廷对南明投诚部队的处理情况,具有较高的研究价值。

旨钦命经管五省内院洪①：为给照事。

本部经师贵州,据投诚永宁侯天锡管下大营官张应魁禀称：魁主侯天锡被李定国拘留云南,遗有幼子侯拱贞及主母老幼家眷住镇西,恳祈给票,准领家口人等回四川永宁州永乐甲水田寨大寨枞溪地方旧庄等情。

查前总兵侯良柱原系本部院总兵,今侯天锡之子侯拱贞既系良柱嫡孙,应准给票。仰永宁天锡之子供贞及下官张应魁等,准执票赴镇西带领拱贞家口人等,前回四川永宁永乐甲水田寨大寨枞溪地方。其侯拱贞等原有房产地方,该复州县所查明,仍归还为业,不许豪强霸占借端欺凌。侯拱贞、张应魁必要遵依守纪,不许沿途混带家口无干人等,及本部院旧属

---

① 即洪承畴,顺治十年（1653）清廷任命洪承畴为太保兼太子太师,经略湖广、广东、广西、云南、贵州五省,总督军务兼理粮饷。

为名，于本部院地方欺上凌下，自取罪戾，后悔无及。俟到彼日，将此票交四川住据官司，转缴本院，即军前查销。

右票仰投诚侯天锡之子侯拱贞。准此。

顺治十五年（1658）四月二十八日　定限日月缴

（威远李氏）康熙三十年荣县（恳）［垦］荒执照

选自威远县镇西镇高嘴山《李氏家谱》，民国四年（1915）铜活字本。李氏原祖籍江左，洪武年间迁楚之麻城县，明成化、弘治年间由麻城迁四川威远邑南。按民国十六年（1927）金花凼总祠载有分支祠、会共十八个，高嘴山世爵公系其分支祠。

嘉定州荣邑正堂陈①：为恳恩赏示（恳）［垦］荒事。

据东里②民李世爵③词称，民先年入赘濮门，抚子承差，今子业已成立，但田地褊窄，不敷耕种。兹有连界地，名筒车坝，田八块，土二块，东至何福田，西至古器山，南至官河，北至石子岭为界，实系积年官荒。眼同户首邻佑公估上田一亩、中田一亩、下田二亩，中地一亩、上中下田地共五亩，共载粮七升九合。民情愿开（恳）［垦］耕输，以活家口，恳乞俯准赏示，以便开垦，遵例输粮。中间并无以多报少、熟冒荒、情毙诉状是实等情。

---

① 陈谟，德安县举人，清初荣县知县。见道光《荣县志》卷二十七《职官》。
② 东里，即今威远县。当时威远属荣县。
③ 李世爵（1645—1712），名爵，字亨枝。明末因张献忠部及姚黄余焰鸮张，为祸严陵（原威远），其父瑞芳与族叔自京子率众抵抗，后知力不敌，逃窜川东遵义。李世爵生于遵义县东乡通平里，后回籍威远，为镇西镇高嘴山李氏一世祖。

据此，除取户首邻佑结状存查，外合行给示，为此给本民前往筒车坝，照界开（恳）[垦]，遵例输粮。地方棍徒毋得恃强阻（恳）[垦]，本民亦不得藉端越界，各宜凛遵，须至告示者。

康熙三十年（1691）三月十五日告示给本民

（李东点校）

（泸县聂氏）康熙四十七年四川学政王奕清访求前贤后裔榜文暨聂允恭呈文

本文选自泸县《聂氏族谱》，民国三十八年（1949）石印本。该谱分为上、下两册，聂纪贵等修。聂氏自元末入蜀，定居泸、隆交界之处，是当地望族。族谱内保留了大量地方文献，较为重要的便是康熙年间四川学政王奕清为了稳定四川局势、笼络民心而颁发的这份文告。

钦命四川提督学院王名奕清①：为访查先代名贤子孙，隆作育以昭鼓励事。

照得蜀自蚕丛既开之后，山川钟秀，代有伟人，固已照耀丹青，楷模奕冀。而前明盛时，名臣辈出，著风采于朝廷，普恩膏于郡邑。勋名理学，并著芳规。廊庙山林，同垂不朽。本院入蜀以来，到处访问，遇康成

---

① 王奕清，字幼芬，号拙园，江苏太仓人。明万历首辅王锡爵后裔，王时敏之孙，王掞之子。康熙三十年（1691）进士，翰林院编修，康熙《钦定词谱》主修。康熙四十六年（1707）提督四川学政。见《清圣祖实录》。

之里，望古宅以凭轩；拜有道之阡，读残碑而下马。高风未远，仰止伤殷，况其子孙，可不厚加存恤？但丧乱洊经，沧桑非旧，世家阀阅，百不一存。虽有苗裔，亦多降在编氓，困于冻馁。子文无后，何以劝善，深可悯叹！

惟此示仰各属儒学官吏及士民里甲等，如有前朝著绩名宦、大儒嫡派世系，细加查访，并许本人即赴该地方官具呈，取据乡里及该学印结，申详到院，以凭量给衣顶守祠，以示激劝。倘能奋志象贤，缥缃重叠，务定加格优录，毋使坠厥家声，遂使善人无后也。如有大胆里甲及无赖棍徒冒名投报者，一经本院访闻，或波及旁人，首告立拿，重处不贷，须至示者。

康熙四十七年（1708）闰三月十九日

为汇陈废忠，恳恩垂悯，以光前人事情。

缘先祖绳昌娶妻郭氏乏嗣，取胎生胞侄因心为子。曾祖绳昌奋志诗书，绍接前代，于辛酉乡荐第六名。每负经济，恒存精忠。缘以奢寇大叛，以致富邑之民屡遭屠毒。曾祖纯昌买士散金，发谷募众，帅义师与贼血战，奋勇复城，因此捐躯死难。先朝垂念摧肝之烈士，裹草之英雄，蒙授司丞，兼荫百户。是以祖因心承世袭，受国恩。少慰忠魂，生死衔结矣。不意蜀川劫运屡逢，复遭献逆，故家世族零落晨星。生祖避难夜郎。于庚子岁本朝定鼎，生祖同生父归里。缘以数年流离之后，诗书荒残，实为编氓。生父璜生允恭，次允严，俱属襁褓，遭家不造，生父故物，生祖亦相继见背。生母江氏念先人余荫，坚节柏舟，三十余年苦节教生，甫叨镇雄府庠，蒙去任钱父师垂怜正气，取登《叙郡全志》矣。继而生母江氏复丧。生虽一介寒儒，犹知矢志家训，以期无坠先绪。今逢宗师大人考取叙郡。生子元良与弟允严子镐、孙正应童试。又蒙垂念前贤，恐有湮没，示谕举陈。生元良具呈，富顺县儒学由府已经投报。今复谨备履历并荫袭，系祖因心亲书，结状札付端委，敬陈天览，伏乞垂怜曾祖绳昌初登贤书，使笃忠悃，捐金散谷，志已无家，募众血战，身惟许国。怜废忠之子孙，俾流落之故家，得沾光泽，并载宏恩，则世世顶祝矣。为此具呈。

康熙四十七年（1708）四月初十日，聂允恭具呈

学院牌示：即传富顺聂元良、宜宾余起鲲、永宁唐尚诗、唐兴诗面试四人并进。

（陈伟平点校）

（泸县苏氏）康熙十年苏文贵复业恳恩给照禀状

> 本文选自泸县《苏氏族谱》，民国十八年（1929）石印本。该谱不分卷，苏启元编修。苏氏原籍泸州，明末避乱入遵义，康熙初复业。该家族后裔苏山为清末民初泸州著名的文人。

具禀状人苏文贵禀：为仰体招徕，照复业恳恩给照事。

身等　名家　口因荒乱逃避　省，无盘费弗能还乡。今蒙轼台差人给贤济，方能复业在于泸城何家沟、小乡苏窗浊处，修房两间，垦荒度日，照恩个三年当差。惟恐势豪诈害驱逼等情，叩乞爷台金批印腊，永杜患害。顶戴衔恩，激切上禀。

计开

苏文贵男妇二口

父母子女奴

左邻右舍　结保人

康熙十年（1671）岁运辛亥三月二十七日投

（陈伟平点校）

（江津张氏）南明永历十年江津张学彦、张亿开垦执照暨顺治十八年张学彦释轻诉状

选自江津仁怀《张氏族谱》，民国二十二年（1933）石印本。甲申之变后，南明和清廷都施行招民复垦的政策，促进了乱后社会的恢复。本次所选的文章正是当时南明和清政府施行相关政策的直接见证。

遵□照开垦执照式

四川等处承宣布政使司：为遵开垦荒田给照，永远乐业事。

该本司具启前事：窃照蜀川沃野之地，自天威荡定以来，多方绥抚，哀鸿渐集。又蒙榜谕，凡开垦者永为己业，故一时复业之民，勉力开垦。自今太平已定，而后至者往往妄认熟田为祖业，彼此相持，遂致争讼，因而居民迁徙不一。缘繇启奉旨开垦荒芜以作己业，已有榜谕。尔再通行申饬各该有司，不论士民，有力开耕的，即给照永远管业。如奸民见田地垦熟，妄认原业的，即拿来尽法处治。仍将本犯家产籍没，入伍当兵，绝不轻贷。该衙门知道，敬此敬遵。

今据江津县民张学彦、张亿开垦田亩，照例纳粮，永为己业。如有奸

民妄称原主争讼者,许本民执此赴有司官遵行究治,决不轻贷,须至执者。

计开:

一户重庆府江津县民张学彦、张亿,开垦地名老鹰山荒田一分耕种,载粮玖斗四升二合。

右照给张学彦、张亿收执

永历十年(1656)六月二十三日典史　填给

布政使司亮

诉状式

诉状人张学彦:为恳恩垂悯孤弱,批释赏轻,贫民得安事。

蚁自开垦以来,多蒙洪恩浩荡,颇得过日,人多种广,承顶一股,不难当差。迩来蚁子张琳随得外母继子张亿出外贸易,侄子张璧孤弱无靠,只妻单夫,耕种不敷,应门无童。夫耕妇爨,尚难糊口,在别户口尚有帮贴。蚁系单丁,难承一股。诉乞天台恳恩赏批,或承半股,或帮别户,以苏穷困。况人单役繁,实难顶戴一股门户,祈释轻半股,夫妻感恩万重。急切上诉台前施行。

准张璧同胞叔学彦合户,当纳田地粮饷,平认夫差,无论一切使费银两,学彦出七股,张璧出三股。如璧抗违,将批禀明,赴县处治,本府自有法度。

顺治十八年(1661)正月三十日上诉

(陈伟平点校)

招徕填川

（成都巫氏）巫公讳锡伟老大人家传

（清）杨作舟

本文选自咸丰《巫氏族谱》，转录于《成都东山客家氏族志》。巫氏祖籍粤东，雍正初入川创业，后逐渐发展成为成都东山洛带镇的工商业兼仕宦大族。

巫公讳锡伟者，粤之长乐人也。其始祖罗俊，为有唐名辅，封镇国武侯。五世祖子肖，崇祯时官新喻知县，累赠户部湖广清吏司主事。厥考象凝，喜读书属文，屡应童子试，卒不得志于有司。配张氏，生公兄弟三人：次锡俊，贸易入蜀；季锡佐，同堂奉养。公幼而卓荦，嗜学工书，明阴阳历数。事亲以孝闻，然亦数可不遇。既而，象凝公弃儒，乃师计然术，为山水游。尝以数艘浮海，将遍历外洋。适飓风作，漂泊于闽之漳州，遂惊悸失性。漳州尹文移至粤，公不分雨夜驰至。则象凝公已有病，而囊中亦空。知被舟人窃去，乃控于府及诸大宪。时象凝公狂甚，见人即斗，人无敢近之者。公恐有不测，曰："财物易得耳，吾亲何可久羁此耶？"遂不俟案结，而奉以归，家亦由是中落。旋里后，公竟以防闲得罪，不能见容。因念锡俊在蜀货殖获利，于是以奉养事托锡佐。百舍重茧，携妻子而入于川。其初寓荣昌东关，后徙永川之王家坪。当是时，茹荼集蓼，褐被萧然，八口嗷嗷，惟余赤手。然公虽在贫困迁徙中，而嗜学之志如故。后以诸子渐长，乃晓则贸易于外，晚则篝灯折荻，以书课之，口讲指画，一室声琅琅，尝达旦不寐。又念远离父母，无以承欢，因竭力经营，薄于自奉，期积金以献之。一有所得，即付便鸿呈进，以助甘旨。洎乾隆壬戌（1742），其弟锡佐来川，询之父母无恙，公甚喜。比及辞归，则尽倾囊金付之。逾年，故里书来，始知锡佐未及抵家，而象凝公已卒。公徒跣东向，擗踊号泣。既力西至简州，呼其弟锡俊东归。适锡俊他出未返。公无可称贷，仍累然号泣于蓬荜中而不能归。后数年，家稍裕，乃束装返粤。则锡佐已迁广州，而张孺人亦下世久矣。公满目萧然，感极而悲曰："父母丘墓，乃遗弃而如斯耶?!"即诹吉告象凝公夫妇之垅，而奉其骸骨以葬于川。其后有子六，皆成立，能继其学。至乾隆己丑（1769）乃卒云。

  赞曰：昔曾子锄瓜，曾皙挚之仆地，夫子谓参为不孝。善哉！圣人之教，而公乃深有得于此焉。何者？闽海之役，父以昏瞀而不知，子以防闲而杜患，慈与孝固自存乎其中也。公当其时，浸假循定省之微，依依不去，则不惟无以成其亲而厚其身，将亦不能守其旧庐。如乃弟之流落矣，乃公则奋然远举，创业川东，成其身，而不遗弃亲。此非好学敏求，而有闻于圣人之教者，曷臻此哉！

  华阳县附学生员杨作舟顿首拜撰

（陈伟平点校）

（成都万氏）蜀中始祖万公讳安静和立大人行述

（清）万新成

> 本文选自成都《万氏族谱》，宣统元年（1909）抄本。万氏始祖万安静，本为山佣，为人勤朴，入川创业，历经磨难，是东山客家先民的典型代表。

安静公，国朝康熙时人也。生于粤之嘉应州长乐县。弟兄四人，公行三。生平耿介自持，性刚直，无隐行，大有古人浑噩风貌。虽不甚魁梧，而举动行止皆庄重，如大家少年。有四方志，但因于贫而不遂，苦作山佣者二十年。知故国不能发迹，遂于乾隆六年（1741）辛酉岁，慨然暨刁孺人携长故，辞粤迁蜀。时公年三十六，刁孺人年二十二，长故仅二龄。一行三人，征途落寞，行李萧条，跋涉五千里，直抵川西成都县之凤凰山，编茅而处，是为我蜀中之始祖也。时钱不满千，米不盈斗，以公负贩谋生。虽不举火者屡日，亦不改廉介之行，宁可忍饥，并不赊人一文账。越二年，贫不可支，乃迁于简邑之凉风顶。越一年，又迁于萧家沟。有富翁万康吉者，爱公忠厚，认为族，遂佃其业而居焉。康吉为人宽厚，怜公贫，时顾恤之。于是竭力躬耕，不分旦夕。虽聊堪度日，而新之诸父辈弟兄七八人相继出世，食指日繁，依然四壁萧然。幸新之大伯父桂芳，克承公志，父子勤劳备至，一家始得免冻馁。迨稍有所积，买一牛，爱如珍宝。时有邻人欲归粤省亲者，多方措办数十金以作路费。被盗者余啯噜所窥，与其伙共议偷之。公闻之，恻然不忍，欲走告邻人，则恐盗以白刃相仇；欲不告则忧邻人受害，终不得归故乡。彷徨半日，奋然曰："与其坐视邻人受害，宁我受其害。"遂奔告。邻人感佩而防之。盗不能偷，知为公所告，誓必报之。次夜至公家，穴壁偷牛去。公明知盗之报仇而不获其赃，亦无可如何。有（邻）[怜]公受害者，劝公指名禀盗。公白："是吾自取，何尤于人。"亦安受之而不悔。人皆目公为长者焉。居十六年，迁于百工堰。新之家严始出世。越二年，复迁于山泉铺。以三两六钱银，佃李姓之业居焉。于是矢志兴家，劳而不倦。新之诸父辈渐成人，长者为佣，少者为牧。时工资甚薄，兼菽粟贱如泥，每斗价不值四十，故所获无多。家人恒不得一温饱，有十余岁未见袜袄者。或怜公曰："君贫至此，怨乎？"公曰："吾分耳，又何怨。"越数年，工资渐多，菽粟渐贵，而家遂始有矣。公亟为新诸父等置衣服，毕婚姻，事事不辞劳瘁。厥后，又添佃邹姓、袁姓业，在袁家沟作酿酒生意。数年中，经营顺畅，稼穑丰亨，或力田畴，或为贸易，或作艺工商旅，遂觉有人物蕃昌之象焉。时公年近古稀，依然躬耕不辍。诸父等劝公与刁孺人坐享清福，勿为劳苦也。公弗听。及七旬晋一之年，因刈草饲牛坠于崖，几至绝命。半载力痊，仍欲躬耕，诸父等力劝乃止。家人念公苦，每食为之设酒肉。公止之曰："我生平不嗜酒肉，所嗜者惟糖食与蒸糖耳。尔曹为我设此足矣，何必酒肉。"又尝呼家人戒之曰："吾老矣！不能耕稼。尔曹须勤乃稼事，慎勿以家少有而遂偷闲也。"于是家人皆体公志，又佃得曾家沟田地，作三处耕种。数年蓄积丰盈，诸父辈因刁孺人辞世，乃谋迁于凉风顶阎庐而处。时愈见丰亨，家道遂称饶裕焉。时新之诸父皆毕婚，诸孙辈绕膝者已六七矣。公惟含饴分甘，曳杖观桑麻，优游乐太平而已。厥后有疾将终，呼家人谆谆训诫曰："人生处世，宜俭勿奢，宜廉勿贪，不可以贫富易节。我生平未尝食百钱之食，衣千钱之衣。虽备尝辛苦，然有借必还。惟少年在粤时，欠人汤圆钱三文未开。而其人远徙，遂不得还，至今尤耿耿也。此外，并未欠一人一文。今而后吾知免，夫愿尔曹勿负债不还，以致后世作人牛马。想当年，艰楚万状，只谓尔曹得衣食，不致骨肉离散，于心足矣。何敢望成家创业，了予平愿，而子孙满膝下焉。是今日之所有，皆出望外，则天之所以予我者，不可谓不厚也。我复何求？但愿尔曹，体我忠厚传家之志而勿替焉，是则我之所深幸也。"言讫而终，享寿八十，而须发犹未白云。

（陈伟平点校）

（成都范氏）对扬公烝尝簿序
（清）范对扬

本文选自 2014 年六修《华阳范氏族谱》卷一。范氏祖籍粤东，入川始祖范璧，字对扬。范氏是成都东山望族，有清一代科甲绵绵，是成都东门外的望族之一。

乾隆五十二年（1787）春正月，惟时风日暄和，门庭吉蔼，幽兰丹桂，丛生阶除。老夫故而乐之。忽转而自叹曰："嗟哉！我生几何，顾安得长此矍铄以聚首乎？古之人贻缺孙谋，以燕翼子。我亦有子，我亦有孙，如之何其狃目前之安，而忘身后之计耶？"爰口授侄孙祖武，命之书以告儿曹。曰：古者农安于田，聚其族而居之，足以供祭祀，谋事畜。然世代日远，子姓益繁，则彼此各不相谋。我祖文正公，立义田千亩，泽及一族。凡冠婚丧祭，鳏寡孤独，皆有以赡养之，天下称仁焉。余惟凉德，力不能及一族。而一身以后之事，不可不及吾而为也。顾吾为之，而后之人或等诸弁髦，渺不知所自来，岂不负此婆心乎！由是抚今追昔，而己历之艰苦，有不能已于缕述者也。小子其听焉。余生东粤，诞康熙六十一年壬寅岁（1722），皇考钦若公，妣氏廖。先大父时家颇饶裕，而先公性最豁达，不治生产。余自甫离襁褓时，家贫如洗，其饥寒不堪悉述。既而长兄金娶嫂张氏，次兄锡娶嫂徐氏，相继析爨。惟三兄璋、五弟玉与余一人俱幼稚，相依膝下。奈三兄年方弱冠，卧床三载，而左足伤毁。五弟又幼弱多病，服劳者惟余一人。又不幸饥馑连年，呼庚癸而无应，绝粒而濒于危者数矣。先公于是乎蹶然兴曰：丈夫志四方，岂必恋恋桑梓。吾闻西蜀天府之国也，沃野千里，民人殷富，天将启吾以行乎？于乾隆六年辛酉岁（1741），先公始率男五人，空身进川。至叙永厅永宁县，长兄、次兄又各糊口他处，惟余兄弟三人佃田耕种。当日之拮据捋荼，戴月披星，其勤苦只堪自喻也。赖祖宗之灵，饔飧幸而不缺。七年壬戌岁（1742），为五弟娶妻王氏。癸亥岁（1743），老父始亲归故里，接得慈母及两嫂至永宁县，复合为一家。又至丙寅年（1746），为三兄娶媳童氏。余方议婚，尔亡母曾氏，厥考讳公仁，颇为永邑名族。尔母生于雍正己酉岁（1729），怀抱中自粤携来。幼而知大体，恭俭孝慈，其天性也。自是婚娶已毕，老父思为莺迁计，丁卯（1747）春，挈家属移（自）[至]华阳，在石板滩佃李姓之田。岂意皇天不祚，老父于是冬即世。戊辰岁（1748），二兄仍分爨别居。壬申岁（1752），三兄、五弟亦分居。长兄谓余曰："胼胝勤劳，以图产业，皆吾弟力也。兄不敏，谋生才短。幸从弟后以固吾圉耳。顾余则何敢居也。"丁丑岁（1757），始买张姓之田，与长兄同居。至甲申岁（1764）分爨。丙戌（1766）买冯姓之田。所分产业，俱并与长兄。丁亥岁（1767），移家至此。数年间，屋宇修成。癸巳（1773）冬，老母在吾家病革。爰执手而命之曰：'吾自为尔家妇时，食贫居贱，遭逢多难，弃其故土。其间迁徙无常，尔父又厌世早没。托神天庇佑，尔兄弟各置田产。今年逾九旬，五代一堂，愿毕矣！第吾生赖尔，死亦未能离尔，尔勉旃。'母没，兄弟谋以其积金二百，悉为丧葬费焉。厥后，三兄子起鳌，五弟子起豹，移业他所，悉以其产归我。己亥岁（1779），在太平桥买李姓田地。至癸卯（1783）之夏，而尔母已亡。所谓恐惧与之，安乐弃之。忍令若曹享其逸？殆有如文正公所云者。兴言及此，可胜忾悒哉！去年乙巳岁（1785），接冯姓田地镶界。今天子五十二年，岁在丁未（1787），余年已六十六矣。兄弟嫂娣无一存者。惟留此衰朽之身，硕果不食，亦安用哉！余所重念者，生尔兄弟六人，惟五男云程与其季云从业儒，余皆力田。去年秋（1786），亦幸见云从入泮。余思人生处世，非耕即读。求富求贵，两不相悖也。但兄弟终有析居之时，得毋各谋其私，以致痛痒不关，情意疏阔乎！此烝尝之田，余所以必立也。自立之后，使人皆之重本原，睦宗族，慈卑幼，志功名，务勤俭，达知天下，道不外是矣。盖亦义田之遗意云尔。勉尔儿曹，当思成立者，难于升天；复坠者，易如燎毛。今兹之田，试问何自而来乎？非老夫之备尝艰苦，为后人计，而始创此乎！嗟乎！桑榆暮景，爱莫能助，言有尽而意无穷。惟愿尔曹之箕裘永振，无改父道，则幸矣。事由我创，抑有昔而始有今，故语不厌烦，以为小子金鉴也。序述已毕，谨陈其事如左。

（陈伟平点校）

（成都陈氏）宁相公家传

（清）郭杰樽

本文选自成都东山黄土场《陈氏族谱》。谱不分卷，撰者不详，清末抄本。陈氏祖籍本粤中长乐，雍正年间入川，曾在荣昌县暂居。陈氏是明末清初动乱后较早开辟东山的移民之一，通过该文可以一窥清初东山地区开发的实情。

余主凤梧书院①时，闻陈生言，其祖有宁相公者，生于粤。父天锡公，纯正文雅，补长乐县弟子员；又慷慨好施，积而能散，为一时所推重。妣氏蔡孺人生子七，公行三。公生最诚朴，少从父学。稍长，命务农，竭力耕田，以供子职。及父卒终丧，始有四方之志。（雍正）［康熙］壬寅（1722）七月初九，携子迁蜀，奔走八千里，且艰赀斧，子幼累重，备经险阻之苦。至冬，抵泸州乡镇烧酒房②。居岁余，以俗薄，且耕种亦不如意，遂弃去。来成都，注意于东北之横山。甲辰（1724）七月，徙至戴家沟天锟公家，即公幺叔父也。蒙顾盼，处其家一载，而公不敢恃以为安。常游览诸山，遍察人情风土。一日至马家山下，观其俗，咸敦朴，不事浮华，且青山耸翠，古木交辉，有一览不尽之概。乙巳年（1725）七月十八，公遂佃其田而迁居焉。顾其地荒废久，荆棘纵横，耕植颇艰。而公奋然暴霜露，芟夷垦辟，携子终日力作山中。凡木有碍于耕种者，尽伐之。既伐，命子负而鬻于省，朝去晚必归，其励志勤力，皆此类也。闻公与诸子出作，家中忽失火，还救不及，室庐器具，燎无一存者。其时无居可居，不得已，寄处邻之门外别室，亦诚贫无立锥矣。而公恐惧，修省亦不懈。积数岁，家资稍裕。始与诸子完配。越雍正甲寅（1734），置业于黄土场老鸦林，而居处仍在马家山。值农时，亲率诸子下治其田，暮复归山中，往还跋涉，劳不惮也。又闻公居山时多猛虎，日入则闭户。虽畜犬不敢听其宿于外，不然，则为虎所噬。其出耕也，所过皆长林丰草，时亲见猛虎卧道傍，偶一鸣，声震地，疾走吓汗，其惊险如是。后迁居老鸦林。至乾隆乙丑（1745），公始命诸子各爨。越乾隆壬申（1752）而公卒，寿八旬有八余。所闻如此。昔柳玭云："余见名门右族，莫不由祖宗忠孝勤

---

① 即今成都洛带小学的前身。
② 实际上为重庆府荣昌县磁窑里烧酒房，因为荣、隆、泸三县地界犬牙交错，导致移民对地理概念模糊不清。

俭以成立之，莫不由子孙顽率奢傲以覆坠之，成立之难如升天，覆坠之易如燎毛。"今观宁相公者，其成立匪易易也。是在为之子孙者，能思创业维艰，世守而光大之，以毋俾覆坠焉，斯称贤子孙矣。

记名知县、前荣县教谕、己酉拔贡、乙卯举人郭杰椁拜撰

（陈伟平点校）

（成都戴氏）荣玉公传

（清）戴宝琛

本文选自成都《戴氏族谱》，民国乙亥（1935）石印本。戴氏祖籍广东嘉应州长乐县，康熙末举族来川。戴荣玉本是原乡的一名塾师，到四川后半耕半读，设帐育人，其事迹详载于谱中。

太高祖荣玉公，戴氏居川之始祖也。国初时，川省罹献贼之难，人无遗类矣。幸平定后，楚人入川者最多。然大兵之后有大疫，大半不得生全于其地，故康熙圣主休养而后川省土俗平静，吾太高祖始迟迟来川也。夫来川，犹先有高祖廷彩公之来川，视其田肥美，民殷富，且风俗淳朴，始回粤奉太高祖而同来川。然则太高祖之来川，大有造福于川省之子孙也。今之履厚席丰者不皆受太高祖之赐与？太高祖生于康熙丙辰年（1676）五月二十九日申时，卒于雍正二年乙巳（1725）二月十四日巳时，十六日辰时即殡葬于金堂西门外龚家营马堰侧，庚山甲向。李祖妣生于康熙丁巳年（1677）八月初五日子时，卒于康熙辛卯年（1711）八月十九日申时，葬于天回镇邱家山皇恩寺后，有方碑子氏之墓为记。光绪十九年癸巳

(1893）仲春裔孙宝琛因溯戴氏入川，遂志太高祖原委云。

附录：廷彩公传

且人有大造化者，历艰难而永不辞；有大才情者，历艰险而亦不避。我高祖廷彩公者，生于康熙丁丑年（1697）十一月初二日戌时，系广东省嘉应州长乐县黄龙约热水湖住居人氏。戊戌年（1718）随外祖李成梧、成桐来四川永川县寄居半载。己亥年（1719）复回广东，八百平湖，三千长坂，征尘扰扰，逝水滔滔，其艰为何如，其险为何如，非有大造化、大才情者能往来跋涉于川省内外地乎？然高祖本深恋乎川省者。庚子岁（1720），同父与星弟六人至金堂县古桥赁屋而居，经营货殖之事。己酉年（1729）遂佃回村礼拜寺张姓田耕种。癸丑年（1733），又佃大堆子宁姓田耕种。至乾隆三年（1738）遂迁于成都县金沙庵，买田宅数处而遂大振家声焉。夫前此所谓有造化者，高祖公初不自知也；有才情者，高祖公亦不自觉也。至此兴家立业，获有田园，高祖公诚有造化人也，有才情人也。无如精力耗多，享年不永，竟于乾隆十六年辛未岁（1751）三月二十日酉时告终，年仅五十四岁。二十七日未时安葬于田边，乾巽向。至壬申年（1752）二月二十八日迁葬于往家埂地名大树山，庚山甲向。温妣生于康熙五十三年甲午岁（1714）正月初二日丑时，系江西省南安府上（油）[犹]县淡坪隘广田保芋坑人氏，于乾隆五十一年丙午岁（1786）九月初五日未时，在成都县西门外五甲还淳乡金沙庵侧近老屋辞世。十月二十六日修建道场，与彩公一同追荐。冬月初二日告竣。至五十三年戊申（1788）三月丙辰初十壬申癸卯时葬于新屋侧，艮坤兼寅申向。后收筋迁于华阳县东门外白光寺鲁溪河地名王家塝安葬。嘉庆二年丁巳（1797）五月乙巳初二辛丑日辛卯时改立乾巽兼巳亥向。同治甲戌年（1874）四月己巳初八日起筋回，至十三乙酉日乙酉时与彩公筋同时合葬于王家埂彩公原地内，立庚山甲向。坟前后遍植柏树，至今苍翠蓊郁云。

（陈伟平点校）

（新都温氏）文英公事略

（民国）温兴恕

本文选自新都《温氏庆余祠族谱》，民国十二年（1923）石印本。温氏祖籍江西省南安府上犹县（今赣州市上犹县），是地方上的强宗巨族。《文英公事略》不但记录了清初赣南地方社会赋役承担的情况，还为湖广填四川运动提供了生动鲜活的案例。

始祖讳圣远，字文英，赣之长宁县人也。父耀源，生四子：长圣通，次圣达，四圣遵，公行三。生而颖异，壮气宇。七岁从族庠润藻公肄业，即器异之。康熙朝，忽遘家难。初，赣州漕运温氏以轮运次。康熙五年（1666），族举公父耀源领运。运资绝，告济族人，无应者，乃赔之。十一年（1672），轮运复值，举族畏避，仍领运，赔如故。十三年（1674），公年十三。族笃儒之子误服毒死，罔捏公父，遂构讼。越五载，始息，家道遂落。是年冬，移居上犹县龙头村。岁除，以黎祁供祀。豆腐相传为汉淮南王所造，名为黎祁，又名来其。公时年方弱冠，喟然叹曰："愿后世子孙，毋忘今日。"我族元旦素食，志所感也。三十七年（1698），轮运又值，公继领运。水涸船滞，寄四十余袋于同运李氏船。李背约，如数昧蚀，复迫讼半载。家愈落，阎里朋侪，皆为公忧。公宴如也。三十八年

(1699)，母氏刘孺人卒，哀毁过礼。四十一年（1702），设教龙头村，指使循循，人皆称之。五十年，父耀源公卒，毁瘠尤。六十一年（1722），公去犹邑，乃率家入蜀。雍正元年（1723）四月，购新都王姓宅，遂家焉。即今庆余祠老屋也。公子三：长世明，次世朗，三世清。孙十二：文琇、文珂、文珑、文玫、文华、文珂、文瑚、文学、文和、文琮、文芳、文兰。三年，命世清回籍，率二女暨外孙邝建祥，并文琮原配陈氏来川。十年（1732），命世明经营祠宇。越五载，始竣。时年公羹尧督川，示丈田法。世朗精算术，命作苦柘弓，置田十有八顷。家遂起，无矜容。是年冬，命世朗率文珂回吴，祭祖修墓，族人争羡之。公性朴，好施与，尤喜奖励读书。乾隆二年（1737），亲睹文华入泮。嗣后，人才辈出，科甲蝉联，皆公积累之报。二十一年（1756），圣通公孙文质，圣遵公曾孙光圣来川，始知圣遵公孙有明高者，乾隆初窃葬其父重山于耀源公墓。历数十年，族人无敢发起奸。时公已捐馆八年矣。二十六年（1761），文瑚、文珂、文琮同文质、光圣回吴，令改葬。不听，文瑚怒掌明高，且亲质公庭。得直，断令改迁。既决，竖碑垒墓，以垂不朽。事毕还蜀，往来万余里，风波不警，实吾祖灵爽式之也。历今二百余年，瓜绵瓞衍，丁口以八九千计，祖德宗功，邈哉远矣！癸亥冬，族谱告成。谨节录先辈所书大概，以为后世子孙告。俾知祖宗创业，艰苦备尝，敬宗睦族之心，益当油然而生也。

（陈伟平点校）

（新都廖氏）太高祖体用公家传

（清）廖守诚

  本文及附录选自新都《廖氏族谱》第一卷。该谱共五卷五函，廖春海等修，民国十三年（1924）石印本。廖氏祖籍广东兴宁，入川定居四川新都石板滩，其后逐步发展成为成都东山客家望族。

  公讳明达，字体用，可卿公之孙，以敏公次子也。生康熙十年辛亥岁（1671）十月十三日亥时，世居广东嘉应州兴宁县上蓝埔廖氏之余庆祠。康熙初，台湾有郑氏之乱，以敏公应募出征，公时甫六岁。及以敏公从征未返，长兄奉母命至台湾寻父，与父遇，遂留不归。公年稍长，季弟明勤尚幼，然彭祖妣则已渐老矣。当其时，贫如洗，菽水不继，公竭力经营，奉养无缺。娶妣薛，以克勤俭相助。既壮，市盐于潮，以资供膳。盖公素朴厚勤直，孝友性成，故为人慷慨激昂，行方志大，虽贫困不随俗俯仰。时粤荒旱，公家徒壁立。岁且暮，族中强横者擅卖祖茔，公阻之不能。众分金与公，公忿而掷之，且斥曰："吾虽贫，不忍与亡此血食也！"除夕祀先，复对祖诅詈之。于是强横者闻之忿甚，朋殴公，聚议将溺公于水。公闻之，知强悍者不可与居也，遂于元旦率妻子，辞祖竟去，时雍正四年丙午（1726）春也。公年已五十有六，次子寿廷年十六，三子杰廷年十一，季子谦廷仅五龄。公出门携钱四百，濡滞辗转，迄岁暮始至湖广。初，公长子凤绚于雍正二年甲辰岁（1724）先至川，颇有余资。思蜀中土旷人稀，地多腴壤，货物滋殖，衣食易谋。因寄书告公，劝来川。公得书，意尚未果也。洎恶族见陵，乃决意来川。至荆门，即以书致凤绚，令其来迎。而凤绚得公书，遂取所佣资来迎公，与公遇于荆门。越丁未（1727），遂抵川，过绵竹，至什邡之新市镇。日就晡，露宿郑姓墙下。且遇郑翁出，见公，询所自来。公俱述之，翁知公非庸人，谈甚洽，因留公辟后园荒地，舍公于碾舍，借一破釜为炊具，公遂安焉。适年屡丰，麻麦有秋，公及诸子垦蓄播种，力作维勤。五年之间，遂得百余金。公以祠墓在粤，絜眷东归。而长子凤绚、次子寿廷以川中财货易殖，不愿还乡。屡劝不获命，诡曰："固当归，宜辞别族人之在蜀者。"公允诺，凤绚因先道其意于伯父明瑜公之居新都磨子桥者。明瑜公因劝公勿归，顺便置业于新都繁阳山下，时岁在壬子雍正之十年（1732）也。公乃止，因徙居繁阳，课子耕作。至乾隆丁巳（1737），遂买简州孙家嘴业。越癸亥（1743），又买华邑之新河堰、杨家坝等处业，时公年已七十有三矣。当是时，家既裕，公与薛妣偕劳安居，子孙盈膝，颐养之暇，怡怡如也。逮乾隆十七年壬申岁（1752）二月初六时在申，公乃遐升，享寿八十有三。薛妣后公十六年而始终焉。

赞曰：高祖以掷金之故，受恶族陵，率家西向，间关万里险阻，艰难备历矣。卒克创业成家，开基西土。今后嗣瓜绵瓞衍，加以孙锐膺通守之任，得赠奉直大夫。既富且寿，非盛德至孝上动苍昊，何以获福！若是方公始营新河堰宅，有真武庙当其前，卜迁之兆，曰："吉宅既成。"后遂为公祠，春秋享祀，非公之盛德至孝，足感神明，又何以获地利若是！由是言之，天佑其祚，神相其宅，地效其灵，皆公自致之，非偶然也。孔子称："禄位名寿，可以大德。"必之，公殆近之矣。

元孙守诚恭撰

来孙春海参订

附录一：高祖妣薛宜人传
（清）廖守诚

宜人姓薛，粤之兴宁人。归我高祖体用公，生四男二女。女在粤时嫁已毕。自康熙丙午偕高祖，携三子来川，蒙犯霜露，不惮艰险。夫妇辛苦垫隘，疲劳至矣。然屡经空乏，卒无怨言。后至川，又勤俭操作，家虽富，未尝以所有骄人。时简州杨家坝有两薛，其家亦自兴宁徙来者，于我祖妣盖母家族属也。薛生登鳌之祖父薛翁曾与诚言："闻其父老云：'祖妣当日于其家尚相往来，俱好无间。'"祖妣同胞有一妹，闻在兴宁，年幼未字。时有星士至门，祖妣母令其推算两女子生辰。星士推毕，因叹曰："可惜！森森两玉笋，但生墙外耳。"后，长女适我高祖，季女适陈氏，两家俱富，有其后嗣，且功名不替，为乡间甲族云。

赞曰：天佑盛德，必生盛德之人以配之。故得嘉耦，成子姓繁衍妪续，以富厥家室，俱非幸致也。《易》曰："男正位乎外，女正位乎内。男女正而家道正。"诚于祖妣亦云。

元孙守诚恭撰

附录二：高祖进毂公家传
（清）廖春海

讳进毂，字彩文，号凤绚。世居广东之兴宁县上蓝埔，太高祖体用公长子也。太高祖家贫，公年未弱冠，为乡塾作炊。偶携弟寄食，为诸生诟詈之。公念父母之菽水无资也，诸弟之嗷嗷待哺也，而粤又地狭人稠，且连岁荒旱也，恒郁郁。闻蜀中地旷人稀，岁丰稔。流人至者，咸得意，辄欣然愿往。雍正二年甲辰岁（1724），邻人有入蜀者，公毅然偕行。至则佣于绵竹某糖房，年余有所积，则寄书太高祖备述蜀中丰乐，不如弃旧乡而迁乐土也。适太高祖于丙午（1726）春，已挈眷来蜀，行抵湖广，岁暮赀罄，留滞荆门，倩人寄语公。公闻知，请于主人，取所佣赀往迎。主人念公勤谨，予资逾所值。公星夜驰赴，五年春，与太高祖遇于荆门，遂扶持父母，担负季弟至蜀。至则谒明瑜公于新都之磨子桥，将仍往绵竹寻旧主。过什邡之新市镇，遇郑翁留太高祖辟后圃，公既托郑翁以父母诸弟，仍佣工于旧日之糖房，以所偿所逾值。会连年丰稔，太高祖耕稼有获，念蜀虽乐土而坟墓族姻皆在粤，决欲南旋。公不忍拂父意，又粤中土瘠，物力维艰，不若蜀中丰富，与其归而仍困也，不如置产于此为长久计。乃请于太高祖曰："今归不再至，盍往新都一别明瑜伯乎？"太高祖许之。因商诸仲弟昌文，与明瑜公定计留太高祖。至新都，明瑜公固留太高祖，曰："同堂犹同胞也，况异乡相值，亲爱尤笃乎！弟既决归，不可复止。然恋恋之情，予有难已。且强弟作经年留，愿勿辞也。"太高祖安之。遂谋之明瑜公，密置产于新都繁阳山。既成，而后禀命，太高祖乃不果归，因家焉。厥后家日裕，产日增，不数年，置产至六千亩矣。太高祖念母墓在粤，当迁于蜀，命公还粤负骸来川，卜葬于繁阳山下。公又念姊亦同胞，复迎长姊、次姊及二姊丈同居于蜀。至乾隆五十年（1785），公卒，享寿八十岁。后以孙贞松贵，貤赠儒林郎。公身不过中材，而沉毅有为，敦孝友，笃忠信。与诸弟居，推逸任劳，怡怡如也。知季弟为父母钟爱，尤善视之。第令入塾从师，不预耕作事。娶钟，先公卒。继娶刁，有子六：君扬、君举、君援、君招、君振、君拔。女四：长适罗，次适陈，三适黄，四适严。

赞曰：今人坐视父母饥寒不能展一策，反怨父母不为作家者，比比然也。公海滨一孺子耳，不忍父母憔悴忧伤，奋身出门走万里，卒能肇立鸿基，广有田宅。虽曰："抱有为之才，值有道之时，故能成"，而实由孝友之念笃也。闻公分爨时，诸弟悉谓今之丰盈，非公不及，此请以腴田四百为寿，而谦亭公持议尤力，公卒固辞不受。后嗣子孙或有为区区田宅而纷争构讼者，闻公之风，亦可所返矣。

元孙春海恭撰

（陈伟平点校）

（金堂陈氏）巨振公传

（清）陈钧[①]

> 选自民国抄本金堂《陈氏族谱》。该谱不分卷，撰者为乾隆甲戌科进士、清代四川著名文人陈钧。陈氏祖籍粤东长乐，为书香世第。雍正初入川定居金堂，仅十余年陈钧就中进士，成为清代四川闽粤客家中进士的第一人。

文翼公讳基，字巨振、乐只，行一，文英公之长子也。母巫孺人，生公于康熙十五年丙辰（1676）六月十一日午时。公幼而颖敏，长而刚毅，体貌魁伟，严重不苟。生十余岁即失所恃，事庶母所如生。从游名凤，学既成，历应童子试，不屑缘夤，与当事戾，盖恃势然也。时文英公欲为按

---

① 陈钧，字璇图，号陶万，原籍广东惠州府长乐县油田约三家村，雍正中随父兄入川，开基成都府金堂县牟池塔。乾隆九年（1744）甲子科四川乡试经元，乾隆十九年（1754）甲戌科进士，历官雅州府教授、潼川府教授。陈钧博学多才，名重当时，著作甚多，有《补敬斋集》六卷、《偶闲录》二卷、《旋乡纪事》二卷、《搜余杂记》二卷、《春秋小纪》一卷、《雅州府志》二十卷、《天雅传信录》二卷、《纲目节录》二十卷、《医纂》四卷、《地理管见》四卷和《陈氏家谱》八卷等。

例入国学,终不就。既而遂厌《诗》《书》,不事《诗》《书》者数年。族中人有拉之教授生徒者,以不乐烦剧□□为。当是时俗尚堪舆,与闽越往来诸游士不绝于门,卒□□□美穴而迁。公乃从事青乌家言,得所传,日遨游于山岭水湄间,审观山水性情,素称高明者不能过。于祖父母及父母各宅兆皆为斟酌改迁,无不适所宜。然若延请效用,不之往也。性少刚亦近急,恶恶甚严,里中人言行背谬者不得近,近即面斥无所容。然言简而捷,理真而确,有不决事叩之立剖,雀角事质之立断。里族间遂惮其严,无不心服者,故常敬信不疑。惟不治生,居平独坐高楼,穷年不出,钱谷与人不立券,稼穑雇工不少督,数年不计锱铢,不履田亩,以故中年稍歉。富则不骄,贫则不谄,刚劲之概,终身不移焉。何无粤地人满,水旱频仍,人情风俗陡然一变,分居入蜀者不下数万户,而胞弟东升公①先至蜀之金堂矣。公念时事之变而疾物情之不古处也,骨肉之分离而思与聚处一方也,于是率焉兴动,不与人谋,遂于雍正十二年(1734)冬举家而入蜀焉。初,公之未入蜀也,遥闻诸侄在蜀者窘乏甚,而欲有以提携之,至是以常相教诲,兄弟子侄日夕往来欣如也。公既入籍金邑,年已六十矣,所置田产足供衣粮,付之子孙,不甚拘束,特入城市与所善相谈笑。居则以格言教训子孙,而夙昔刚方耿直之概,老而益坚,往来交接如故。不少损身,无病不服药,日饮数杯而已。居蜀十四年而终,寿七十有四,时乾隆十四年(1749)正月廿三日也。乡人私谥曰文翼。

(陈伟平点校)

---

① 东升公,讳堂,字巨构。陈钧之父。

（金堂李氏）迁蜀记

（清）李兴瓒

选自清末金堂《李氏族谱》，手抄本。李氏祖籍福建南靖县，雍正时迁居四川金堂。李氏的迁川经历曲折，至今读本文也能深刻体会到移民迁川的惊险和不易。

先父李公讳成光，住居福建漳州府南靖县永丰里梅垅总竹塔甲板寮中村福兴楼。祖母信娘黄老太君，母氏黄。届时人稠地窄，族戚人等有自川西来者，言川西土广人稀，民淳俗厚，可以安居创业，以图久远。与子、妇商议，遂欲往川。子、妇对曰："一家六人，老母今年已七十有七矣，长孙名快，方十二岁；次孙名赛，方六岁。长孙媳汪氏方十岁，如何去得？往川非三日之程，而有三四个月路遥。"祖母曰："我虽年老，身还健康，可以去得。夫同伴往川之人，家家有老小，余独何忧？苟天假我以年，至川多享几载。即天不假我以年，至川少享几载，若尔子孙得其好处，我心慰矣。何必因我之老而不往！"时有女嫁在天岭脚萧姓，相距四十里，闻知偕与子同来，苦为劝留。本族叔侄人等俱再三劝阻，祖母为子孙久远之计至切，遂择吉于雍正六年戊申（1728）正月二十二日起程。五月初至湖广归州香溪，川水泛涨，舟只难行，暂住月余。祖母于此抑郁得病，服药无验，于六月十二日辰时，昏沉不省人事，稍刻乃苏，问子："今至川西，还要几日？"子曰："还要月余，方才到得。"祖母曰："若是三五日得到，阎君虽定要我此时死，我必要与阎君说情，放生数日，送尔子孙到川西。我死也才甘心。"子曰："母病至此苦甚，切勿挂虑子孙可也。"祖母曰："我今死后暂葬于此，不可随即火化我骸，待至三五年间，来搬我骨骸至川安葬。今尔子孙至川，异日巨富巨贵。"言毕辞世。登即虔备衣衾棺木安葬，立石为记。至六月下浣，开舟而行到归州城北河湾。七月初旬，父染病在身，服药罔效，于七月十六日午时，又辞世矣。夫恸祖母之哀未歇，而父其如此，不重可伤哉！只得虔备衣衾棺木，讨地安葬毕，立石为记。吾母见我弟兄年幼，实无如何。八月初旬，开舟西行，不料次弟名赛偶得病，于八月二十六日，到巫山峡口下夭亡。夫恸祖母之故，旋恸父之故，其惨痛甚难言，至此而又失弟，不禁深悼痛哉！无奈在河边坎顶安埋明白，即开舟而行。当斯时也，零丁孤苦，不甚凄惨。不久，予身得病，几至垂危，至川乃痊，实难吾母之支持，每给承头雇船之人包揽生理。羁绊至十月十六日，到成都府金堂县万安乡火葬山族叔祖润秀家中安身。十一月中旬，乃请道士敬设道场三日，追荐祖母、先父，同还库钱。启程计有银一百五十两，至川西止剩五十两。至雍正八年庚戌（1730）十月，同润彩、润德叔祖合买老完山邓家营田地一分，载粮九钱三分五厘，三股均分。筑室安居，渐渐过日。但祖母与父之骸，尚在湖广归州，母子日夜挂虑在心，惟恐坟墓倾圮，记毁迹湮，难以稽寻，心中耿耿，顷刻难宽。雍正十二年甲寅（1734）十月，至湖广归州搬祖母与父亲骸上川。途中自思，当初葬祖母之际，只谓其骸有我父来搬，谁想父骸亦并我搬，往复流连，不觉恻然动念，潸然涕下。搬至川西己业安葬。至乾隆十五年庚午（1750），回福建原乡。辛未年（1751），搬贞满郎公骨骸上川，本县香炉山预买之地安葬。回溯当年祖母与先父迁蜀之志，途中所遭之境，谁不惜哉！而后之子孙，可不黾勉耕读，鼓舞上进，以副先人之志哉！夫祖母、先父之深恩大德，固种种可思；懿行佳言，难以枚举。姑就迁移在途，临终之语，辞世之所，长孙兴瓒援笔志之，以垂不朽！

（陈伟平点校）

（金堂李氏）五公履历[①]

（清）李时华

本文选自金堂《李氏家乘》卷二，嘉庆十二年（1807）刻本。该《家乘》半页十行，版心有李氏族谱字样。正文中间夹杂着大量白页，以供后人填补。全书分二卷，分装3册。第一卷为镇平县（今广东蕉岭县）金沙乡湖丘墩李氏在粤各房的详细记录，第二卷则为四川五大房世系。该谱作者为湖丘墩李氏第十一世孙李时华。李时华，字应俪，号春园，是乾隆甲午科（1774）四川乡试第八名举人，特授四川直隶茂州汶川县教谕。李时华本为金堂籍，但借籍华阳，以华阳庠生身份中举。作为入川第三代（实为第二代），李时华对于父辈入川历史非常熟悉，又在族中功名最高，故为父辈记录履历非其莫属。出于纪念父辈入川之苦，教育后代勤奋发家的目的，李时华于嘉庆十二年（1807）修谱时，特将《五公履历》附入族谱内，流传至今。

---

① 湖丘墩李氏入川除十世魁（字松泰）、成（字辉泰）、慎（字梅泰）、兴（字玉超）、祥（字玉芹）五兄弟（即《五公履历》的主人翁）入川以外，族中其他族兄弟也从镇平或台湾接踵而至。如十世新泰于乾隆初入川；十世浩泰于乾隆十三年入川；十一世应科于乾隆十一年入川；十一世瑞全于乾隆九年入川；十一世应进于乾隆九年入川；十一世善华等四兄弟于乾隆九年入川，十一世应震于乾隆九年入川。他们大都聚居在金堂、简阳、中江交界之地，互通音讯，相为倚靠。李氏五公为了定居四川，先后数次来到四川访问亲朋、考察四川情况，最终决定放弃镇平及台湾家业，举家搬迁，其过程之曲折，令人感叹。李氏家族到了第三代开始便逐渐发迹。第三代以李时华（举人、教谕）、李珖贤（州同）为代表，人文鹊起，廪庠不绝，田土倍增，成为当地赫赫的客家望族。

我先公①兄弟六人，其六早故，原住嘉应州镇平县金沙乡湖丘墩②。人稠地隘，朝夕仅可自给。先王父捐馆，芹公③年甫十二，超公业儒出就外傅。松④、辉、梅⑤三公谋他适以图安全，白先王母。先王母曰："诺。"梅公乃航游台湾，喜其土沃气温，择地于凤山县⑥。侨寓耕作，经营十载，稍有所积，欲归家完娶，而松公往继其业。越康熙六十年（1721），台湾朱一（桂）[贵]⑦作乱，松公随道行公⑧，伏义驱贼，履险蹈危。幸事平，温旨优奖，复理原业。当是时，闻四川人稀地饶，辉公偕芹公往川游览，常依新公⑨家。久之，虑老母悬念，兄弟束装旋梓，而新公夫妇伤离群孤立，日夜涕泣不食，因遣人追至重庆。辉公令芹公还川与新公合伙营生，而自归家，随即往台省视松公。由是，松公与辉公循环往来。梅公常在家管理，兼作油商，以资用费。夫台湾俗浮靡，游是邦者，多流荡忘返。三公少壮，托处历有年，所皆勤俭贞一，不染污习。故能买庄积谷，每反未尝虚载。迨家室粗安，兄弟婚毕，房屋修，田园扩，因思台地险远，往返

---

① 成公，字辉泰，天浩公之次子，李时华之父。
② 金沙乡，县南四十里，十一社曰：东坊、矮岭、塘福岭、石窟潭、南山嶂、隔塘、西坊、彭坑、塘角里、大塘面、石峰径。见乾隆《重修镇平县志》卷一《村墟》，潘承焯、吴作哲编。五公故里金沙乡湖丘墩，从地理方位来看，应该属于清代镇平县金沙乡的东坊社。
③ 谱名祥，字玉芹，天浩公之五子。
④ 谱名魁，字松泰，天浩公之长子。
⑤ 谱名慎，字梅泰，天浩公之三子。
⑥ 凤山县，原为明郑时期的万年县，康熙二十二年（1683）平定台湾后，改为凤山县，管辖今台湾高雄、台南部分地区。
⑦ 原作"桂"，今据《清史稿》改。
⑧ 道行公，谱名矗，字直三，号道行。湖丘墩李氏第十世孙，台湾南部六堆客家组织第一任大统领。因平定朱一贵之乱，受封汀州千总。后改任四川，后裔也随之入川定居。见《六堆客家乡土志》，钟壬寿编，1974年，台北常青出版社，第173页。"康熙六十年（1721）夏，台湾朱一贵倡乱，破城府。镇人耕种凤山之李直三等，纠镇平及邻县近万余人剿逆，销田器为甲兵，分设七营，立参谋主之。与贼六战，杀万余人，贼大溃。王师继至，直三等随营助击，生擒一贵于凤山西港下，贼悉平。提督施琅会各大吏旌其里曰'怀忠'，名其民曰'义民'，各给外委、都司、守备、千把总职衔。部颁功，加守备札付一百一十五人，加功加外委把总数百，俱列部册，候缺叙用。是役也，镇邑授守备衔者得一十八人焉，曰刘定贤，漳州镇标中军守备；曰李直三，汀州右营千总。"见乾隆《重修镇平县志》卷五《人物》，潘承焯、吴作哲编，乾隆四十八年刻本。
⑨ 新公，即新泰公，天浩公之兄天渊之子，先入川。其后裔居金堂县淮口附近。

艰难，得辉公言及芹公书，谓四川亦称乐土，乾隆甲子（1744），遂议超公往川采买。适芹公还，省亲旅次各道，未获相遇。至家居数月，即返川。乙丑（1745），超、芹二公于成都府金堂县长乐乡积善桥①，买得易姓田地一处，约次年毕价。事妥，二公偕归。家报至台，松、辉二公遂退台庄，松公犹以事留台，辉公以庄直归。直，庄价也②。近（夏）[厦]门，忽旋风作，旁船冲击，其声如雷，经日夜不息。公惊怖默祷，忽他船系绝，疾驰覆，公船无恙。覆船人以计陷具控，福建观察③审结无事，辉公然后得归。丙寅（1746），梅、超、芹三公以田价来川，依期交楚。芹公留川，而梅、超二公归。时松公在台亦还，遂变卖故乡田宅。乾隆十二年丁卯岁（1747）七月十八日，辉、梅、超三公奉母挈家并携先王父金骸徙蜀。松公以屋价未清，犹留故里。至川开基定宅，择吉于戊辰年（1748）三月十八日寅时，起造行墙④。是日，超公启程，复旋梓与松公夫妇偕来。自此，母子兄弟乃获聚首。但初至川，言语俗情，诸公未能骤通。芹公在川久，最熟悉，故内事诸公主之，外事芹公主之，皆适其宜。乾隆丁亥（1767），以人众事繁，将田地房屋从容商酌，五股均分，不用外人参议，并无乖戾诟谇。凡此皆先公兄弟之阅历，予小子所常忆不忘者也。呜呼！音容莫觏，芳型可溯。松公丰仪清雅，举止端庄，与人恭而有礼。辉公忠信仁

---

① 金堂县有名积善桥三处，根据地图和舒毕生先生实地考察，《略历》中的积善桥属于长乐乡，而且在赵家场附近，赵家场距县城七十里，故《略历》中所指当是第三处。《金堂县志》卷二《津梁》，谢惟杰，嘉庆十六年本。
② 庄直，指"田底"，也就是将荒地开垦为水田所费的工本。在清代初期的台湾，土地所有权是属于闽南籍地主的，而佃户则多是广东来的客家人，形成"闽主粤佃"的现象。由于久佃成业，客家人手中的田底可以买卖，当佃户不再耕种之后，就会从地主那里得到对田底的"补偿"，也就是庄直。参见《清代南台湾的移垦和客家社会》，李文良著，台湾大学出版中心，2011年7月版，107—123页。
③ 福建观察，即福建分巡兴泉永道。雍正五年（1727），取消厦兵备道，而将原设泉州的兴泉兵备道衙门移驻厦门，改名为分巡海兴泉道。雍正九年（1731），改为分巡兴泉道。雍正十二年（1734），增划永春直隶州归兴泉道，改称分巡兴泉永道。乾隆三十二年（1767），加兵备衔，称福建分巡兴泉永海防兵备道。乾隆三十七年（1772），改名为兴泉永道，一直到清末。清代广东客家移民往返台湾，官方规定必须到厦门盘验，给照。
④ 行墙，风水术语。在搭建好柱子和地梁后，所砌的第一块砖，称为行墙。

厚，不欺人，人亦不欺，恒爱人，人亦恒爱。梅公天性峭直，不事矜饰，每食喜酒而未尝失德，遇事敢言而未尝招尤。超公笃学，少从邑庠邹表兄讳曰华，继从邑庠林讳有学，后从邑孝廉温讳应德①，志一功勤，行端语信，乡先达咸器重之。中年佐理家务，夙愿未遂；晚年董教家塾，启迪不倦。稍暇，则与诸昆弟论时事臧否，道故乡兴衰，雍雍如也。芹公年十九来川，与新公合耕力作，和好如手足。完娶后，犹与新公一家。及母兄来，乃分异。生平俭以持己，和以处众。凡族邻争论构讼，多以公言而解纷焉。五公之行与事大略如此，予恐后辈不知先人之拮据勤劳，因序族而撮其所闻见者，登诸家乘，俾后世无忘而勉励哉！

嘉庆十二年（1807）仲夏月望六日时华小子谨志

（陈伟平点校）

（广汉张氏）汉州龙井堰世科公来川序

（清）张诗圣

本文及附录选自汉州《张氏溪南祠族谱》卷首下，宣统三年（1911）刻本。张氏祖籍福建南靖，属于漳州客家人的一支代表。在乾隆年间，张氏家族先后有数十人先后入川。张氏曾在广汉城内修建了联宗祠，名曰溪南祠。

世科公，闽人，曾祖永华公子，曾祖妣陈孺人，先世居南靖县墩尾庵

---

① 温应德，康熙乙酉（1705）举人，任临淄知县。见乾隆《重修镇平县志》卷五《人物》。

侧。生四子，公居其长，次登俊，三世明，四世煌。乾隆丙寅（1746），永华公殁。是时，家值中落，而陈孺人矢志抚孤，坚贞立志。闻川省田地肥美，耕种可居。乾隆十七年壬申（1752），孺人乃率子世明、世煌来川，将所有之物出售，措办路费，仅得银一百余两。初至金堂县西江河摩池塔，佃田居住。是时，祖父世科公同父辈尚在靖邑之黄泥岭小山城，地角天涯，母子暌隔，云山万里，目睹心伤。此陈孺人为后辈之图谋家计者，亦可谓深且远矣，亦可谓劳且瘁也。乾隆丁丑（1757），因命世煌回闽省兄，谓川中田地广阔，耕种倍利。祖父科公即商远行，于是退佃收押，仅有银四五十两。戊寅（1758）正月，同世煌来川。斯时，祖父科公年四十有一，祖妣蔡氏年三十有四，父嘉爵公年十有五，母林孺人始有九岁，祝姑年十有二，二叔嘉宾公年仅五岁。七人同伴，徒步而行，乘舟月余，山川悠远，节俭费用，一路辛苦，难以言述。至四月二十日，始至西江河，与曾祖妣陈孺人共居焉。自时厥后，所余之银无多，拳拳自守，左筹右算，勤耕苦读。积至秋后，佃耕未遂，虑家用甚繁，难以支给。祖父科公乃谓明、煌二公曰："汝二弟早到川中，风土人情更为熟识。"又相访于金堂之山田地土。科公曰："此地劳心费力，且少收成，不择土地，何庸远来？"只得向两辈、祖母商议，始往汉州王家营，询问族叔祖斗、泰二公，乃当罗姓之田耕焉。祖科公计银无几，何能资用。幸泰公之子少龄公，族谊情深，费用牛只，均能通融，兼教以种叶烟之法，任为己事。科公曰："少龄贤侄，如此一岁丰熟，将债还清，免受人辱也。"不意连年天旱，有种无收，朝夕不遑。内勤纺织以供油盐，外则佣工以买薪米。苦积苦聚，将债还清。庚辰年（1760），三叔嘉瑞公出世。辛巳年（1761），曾祖妣陈孺人卒于西江河，享年六十有四。癸未年（1763），歉姑生。是时，明、煌二公将丧葬办毕后，遂分爨，各创世业。于是，退佃收银，二股均派。煌公未娶，仍回闽省，往台湾居住，后闻已终。明公无依，遂与煌公同宅而居。是时，明公年四十有余，娶赖氏，生二女而已。乙酉年（1765），钦姑生。不数年，祝姑于归曾姓。家业稍顺，银钱出借，累年生息，又押田耕种，渐积有余银。庚寅年（1770），二房登俊公于闽省卒。丁酉（1777）冬，初买罗姓之地，开塘取水灌溉。戊戌（1778）秋，祖科公卒，享年六十有一。生前劳苦勤俭，成家未及一载而终，诚令人念之而叹其未享一日之福也。庚子（1780）冬，三房明公卒，享年四十九岁。丙午（1786）秋，母林孺人卒，享年三十七岁，传二子一女。戊申（1788）秋，二叔母黄孺人卒，享年四十九岁，传四子一女。继叔母刘氏传四子二女。吾父生于乾隆甲子年（1744），继娶吾母秦氏，生于乾隆戊寅年（1758），生子一名诗贵、女二。嘉庆元年（1796），开卖狮子堰水田。前后相继数十年间，共置有一千余亩之多，建造瓦屋数院，三房各分水田四百余亩。父与叔俱存，祖妣蔡孺人犹康健在堂，携孙负曾，和顺一门。不意于乙丑（1805）冬，无恙而终，享年八十余岁，生三子，见十八孙、十一曾孙。然则祖母蔡孺人，虽享高年，而我父奉养之心犹未满也。但念我父生我弟兄三人，姊妹三人，宗支血脉历百世而常传也。至若我父忠厚存心，勤俭启业。两母继助，课读教耕，柔俭之德，合族钦重，皆称其德配焉。更可幸者，嘉庆二十四年（1819），恭逢皇上圣寿，蒙请恩荣八品寿士，举族相贺，何如也于道光元年辛巳（1821），因老寿终。圣也能不穷源溯本，上思祖父创业之艰辛，下示子孙守成之不易。倘后世不忘根本焉，吾门不胜庆幸也已。

后嗣诗圣敬撰

附录：汉州溪南祠大会编年序

（清）佚名

古语云：根深者叶茂，源渊者流长。斯言也，惟祖宗功德为尤著。夫报本追远，典重蒸尝，蒸尝克大，故观叶者可以知根之深也；睦族敦伦，礼崇祠祀，祠祀克修，故溯流者可以知源之远也。吾族世居福建漳州府南靖县之南村，国朝定鼎以来，先后入蜀者数十家。自乾隆十三年戊辰（1748），在忠公、连峰公始倡议兴会建祠崇祀，先祖因谋诸伯叔昆季等，俾照丁捐银，叠上三载以为基本，加之借放生息，以为累积，此冬至会之由起也。乃初年犹踊跃赴公，久之有入利留本者矣，又久之有本利俱无者矣，凡二十一年而会银之散滥及半矣。二公于是虑之。乾隆三十七年壬辰（1772）始置基地于州城之东偏，明年癸巳（1773）算账，公议凡族众欠项，俱算至本年止，以后不起利，每各欠项许其作四年摊还。至丁酉年（1777）冬至日止，务要清澈，此欠账牌之所由悬也。于丙申年（1776）建祠后堂及大门费千金，留余资再积至甲辰年（1784），约计之银已几万，而实在足靠者，仅五千缗。二公乃思祖宗之所望于子孙者，莫先教养，于是有奖资读书、赈恤孤老等条，而著为定式也。丁未（1787）始建中堂，未毕，兼买罗家碾田地一契，暨东门街基菜园地。己酉（1789）复造两厢及东街铺面。惟时公银虽费用几尽，然祠宇辉煌，俎豆馨香，而所谓根深叶茂，源远流长者，殆益蒸蒸然日上焉。嘉庆五年（1800），连峰公没。又五年，会内始积银七百有余，与元祥会合买新都独河桥田，一契三十九亩零。嘉庆十三年岁在戊辰（1808），培修祠宇而在忠公即世，于是合族公议，跻在忠公、连峰公二主配享南坑祖，示不忘本也。十九年修罗家碾河堤，费若干。越三年，移修房屋，费若干。嗣是费用之繁，颇甚于昔，犹幸执事等之善于经理也。二十三年（1818）买欧家堰谢姓田，一契六十五亩零。道光四年（1824）又买欧家堰谭姓田，一契二十五亩零。二年买王家营义冢地六亩八分，明年又镶独河桥田一亩六分。道光十七年（1837）买新都吴姓田，一契五十二亩，又连买祠侧张姓街基三契。自嘉庆二十三年（1818）以来连买田地街基数契，亦连修佃户房屋及街房并祠内横房，其间借贷不下千余金，幸能渐次偿还，所有未即还者，以祖宗之灵，执事之力，根深而叶茂者不复虑其拔也，源远而流长者无复忧其竭也。本年又买新都陈姓田，一契四亩零。迄今瞻祠宇之巍峨，思前人之功德，览祀田之广廓，念前辈之勤劳，未尝不慨然曰：孝思之笃、贻谋之远如二公者，可谓盛矣。我族执事等固守成者也，然业未成，不易守。业既成，尤不易守。以二公之德器才智，创始于前，迨及身没，而犹以未尽大备者，俟之后人。则夫我族后人递传而为守者，宜如何谨凛也耶！惟祈光前人之大业者，必追前人之风徽也，于是编而记之。

（陈伟平点校）

（罗江范氏）诚创谨睦公行述

（清）范宣高

本文选自罗江《范氏族谱》，范师宣修，道光十八年（1838）刻本。范氏祖籍广东嘉应州兴宁县，始祖范养源携全家迁入四川荣昌，又再迁罗江。谱内记载了许多范氏家族在四川开基立业的故事。

诚创谨睦公，粤人也，宣高祖，美公子，字养源。甫二岁失孤，母适廖，无依，常托季父麟公。及所长，廉而洁，刚而毅，虽贫废读，常以孝弟忠信为主。以故贩酒为业，无市利心意，阔如也，每为亲友所重。娶妣何孺人，亦洁清自爱，与公同志。生男三：长君会公，次作会公，次韶会公，皆彬彬有父志，事详三公行述中。女二：长适邓，次适曾，无忝妣训，无忧祖心，用是永永年代，服我成烈焉。初雍正间，粤大饥，公闻蜀丰稔且人稀土沃，乃鬻宅于族人，得金十两余。于丁未（1727）春携家人妇子由嘉应兴宁入川，路经江、广、云、贵等处。资斧缺如，夜宿旅邸，有同寓者失金九十余两，妣何氏沐浴拾之。商公，公曰："取与由人，富贵在天，贪天不祥，夺人不义。且我纵子身无助，忍以区区者丧其良心，伤厥后人哉！急予失金者，毋自污。"竟慷慨付之。当是时，饥寒交迫，客路增悲，自春徂夏，始抵川东荣昌何家崖，佃曾氏田宅，艰屯十六载，积金五百余两，乃相宅于罗邑东村御营坝，与堂侄合伙买雷姓之业，公年已六旬六矣。越八载，始造老屋两正横，陆续买业三契二庄。非公之荒作，孰克与此者？然迄卓卓者，其性极仁，心尤孝。每逢寒食，则东向长号，以不能拜扫为憾。草创后，即于城南奎阁间，置业数处，费金千余，永为子孙追养之地，世世勿替云。惟公生而孤苦，长而困陑，卒能砥行励节。上承义田之风，下启报本之意。虽古之肩大任、肇鸿庥、以豪杰自命者，不多让矣！宣不敏，敢以祖之懿行，观缕悉陈，以扬光烈，以永后昆。使吾族睹斯言，而不生其孝思者，固宣之罪也；使吾族睹斯言，而克动其孝思者，非宣之功也。是为述。

附录：仁厚勤裕公行述

（清）范宣高

仁厚勤裕公，养源公高祖公长子也，字君会。少时依父居粤，见人读书辄好之。甫八岁，始令就学，即以忠孝自期，不屑与碌碌者伍。然贫无资，恐累父，未几废读，经商贩酒为业。有余则以奉亲，使父母有忘贫之乐，昆弟有相爱之道，族党中亦无间言。雍正丁未（1727），公年十九，闻蜀地饶年丰，禀父同行，偕弟与妻，负其宗器，入川东荣昌。贩布耕田一十六载，往返多艰，足中微疾，无惰容也，无懈志也。当是时，荣昌旱，曾姓田无余水，秧种难下。先祖命公学屯田法，因多输少，以盈济涸。五月中旬，天大雨，四境无秧，独公全种获收。数年间，积金若素丰者。壬戌（1742），落业御营。公乃愈勤愈俭，上继父志，下襄家政，创基业，开鸿庥，使汝南门高，公力居多云。抑闻公体胖多须，静气婉容，每当大任，不避艰险，黜纷华，淡利禄，务农桑，谨节用，崇信义，敦礼让，雍雍然有乡先生之风。《易》曰："君子以果行育德。"殆公之谓欤！

（陈伟平点校）

（罗江魏氏）瑞锦公传

（清）佚名

本文选自光绪罗江《魏氏族谱》，魏绍文等修。魏氏祖籍广东嘉应州长乐县夏埠，是当地有名望的大族。康乾年间，仅夏埠魏氏迁入四川者就不下数百家，魏瑞锦就是其中之一。

魏瑞锦，字不争，必越长子。公行一，原籍广东省惠州府今改为嘉应州。长乐县清化都横陂约下埠甲人[①]。自公父母早亡，兄弟地狭人稠，兼之雍正四年（1726）粤省饥馑，民不聊生，公乃令四弟瑞兆公于原籍看守祖业祖坟，同二弟瑞兰、三弟瑞光公入蜀开基。于雍正四年（1726）十一月二十二日，至重庆府江津县地名七里岗，耕三载，亦无余积。又于雍正七年（1729）己酉岁七月十二日，迁资州资阳县东乡下三里地名安子沟，耕种六载。后又于雍正十二年岁次甲寅（1734）四月初八日，再迁天池寺，耕

---

① 今五华县横陂镇夏埠村。

种七载。自此，兄弟家足，颇有积储，后乃于乾隆五年庚申岁（1740）正月初十日，迁绵州罗江县葫芦嘴西流沟，买周子胜田业一处，价银一百八十五两，造瓦房一座。按公精通堪舆，尤娴命理。自雍正四年（1726），弟兄入川羁旅之时，即令长子若松担荷衣物。公于街坊课命营生，故途费不致空乏。及其由江津、资阳天池寺买业于罗江县葫芦嘴也，日则有事于堪舆，夜则留心于垅亩，其辛苦亦难备尝矣！至于开荒田，营大厦，克勤克俭，除一除三，以公当日受无穷之苦，使我后世享无穷之福，庶与迁岐之公同其行踪云。公生于康熙二十年辛酉（1681）十一月十八日戌时，卒于乾隆十八年癸酉（1753）二月二十五日子时，寿七十三，葬于葫芦嘴石湾魏氏小坟坝。李妣生于公同年八月十九日巳时，卒于雍正九年（1731）辛亥八月初九日申时，享年五十一岁。先葬于资阳东乡下三里，乾隆六年（1741），迁葬罗江县石湾后，公与妣同碑共墓。

诗曰：饥寒交迫无人问，弟兄分离断旧情。骨肉千秋难相会，后代万载不知音。

（陈伟平点校）

（简阳钟氏）增补公入川履历
（清）钟世锜

本文选自简阳《钟氏族谱》续卷二，钟世锜撰，光绪十九年（1893）刻本。钟氏祖籍广东长乐，此履历为其入川始祖钟宏予的口述自传。

曾祖宏予，我派入川始祖也。原籍广州嘉应州长乐县黄龙约陂下，系明茂才乃肖公曾孙，明经进士捷先公之孙，清处士维一公长子也。幼，读书聪慧。年十八，因父病归奉佐理。父年五十四下世。妣氏杨，幽闲赋性，慈惠宅心，生子四，均赖祖母杨爱戴周到。仍遵旧规，凡娶妻二年，能勤俭，即命别业耕稼。公娶李妣，生子六。时粤大饥，庚子（1720）愈甚，家计日渐萧条。缘捷先公当日，本富甲乡里，为学问淹博，殚见洽闻，兼通礼乐。又值芹香四代，州尊、县尊知公甚悉。是时，甚重宾兴，每当举行，必聘公指示一切，遂称"循郡大宾"。既为上官器重，名震一邦，学士文人往来日密，应酬日繁，以故弃业偿债，仁者有时不富矣。维时，食齿繁重，然皆务正业，自食其力。无如连年遭旱，祖母深虑公儿多受累，又深喜其志洁行芳，可作世业。时伯恭敬孚怀光，家人颇少，惟公人多，殊难俯畜。母连命三次上川，公哭泣不忍别，未行。母窃思："长子素有孝心，惯听母言，随命随作。今不如命，谅是我说顾他儿子，他便不往；还须说要顾我，他便会行。"一日，召公近前，曰："母命你上川不去，倘我儿孙都像邻家饥饿涂地，我纵饿不倒，亦会气倒。你若不放心，留你第四子玥服劳，遗一角田土。又有三个胞弟照料，如何为我多活几年，你都不去？"公应声曰："母提醒儿了，儿速治装就道。"及退，长子瑅公禀曰："盘费不足，奈何？"公曰："此地饿莩塞道，无从出备。刚才祖母所云顾她多活几年，想此言却又不得不走，在丰熟地方自可积钱。"时公胞叔德贞闻知，及堂弟光上、衍上十余人，俱约同行。届期，拜别祖宗慈母及三弟族众等，始行。至湖广浏阳县，行囊果空。光上弟知之，向同行告曰："今日少住，待宏予兄与幺叔拨得路费，方可行。"公阻之，曰："切勿！切勿！兄恐上川无钱还叔，自贻伊戚，况此行兄问心无愧。谅无折磨，且我杨舅爷先年移家到此隔县三里，访得伊家自有主意，可积钱上川，不过迟来三四年耳。各位前行，不必为我忧。但至蜀，或佃或买，务择仁里，莫居闹市，又莫太远，以免他日完粮过税、考试下场，嫌其路远。"说得大众欢忻而别。是日,予公父子在途踯躅,谈论杨舅爷家,适有过客问曰:"得毋即杨四广东之家乎?"公曰:"是也。"随行数里,抵家。舅甥相见如故,询及合家至此何干,答曰:"母命上川,至再不忍不行。明知盘费不足,却不便久住,致贻母忧。今行囊已空,恳舅筹划,但出力挣钱可也。"舅曰:"汝意纠缠搁程,属在甥舅,应赠路资,不过十余串足矣。"公辞曰:"钱为国宝,不可轻用,用则必还;不还,未有不殃及其身与子孙者。"舅曰:"虽系国宝,却是通宝。"公曰:"正面是通宝,反面即为归身。如忠臣良相,终要顾主。甥上川,万里迢遥。顺则回粤省母,可还舅钱;不顺则不知下落。舅虽慷慨,甥恐无还。冥中受害,万不敢用。"舅曰:"要如何方可用?"公曰:"要自己挣的,方可用。"盖以此地颇丰,人皆游手好闲。若果能出力,无有不挣钱者。舅于是匀空屋二间,与公子妇安宿。遂奋力斩荆披棘,樵采三年,铢积寸累,盘费已足,可以启行。忽思庚子别母时,都说上川。谁知在浏搁延数载,应回粤禀知母亲。辄取银一锭,化珠十颗,便母零用。及抵家,母见极欢,问之,尚在浏阳。母曰:"闻汝此言,不惮千里禀母,知汝真爱母!"心诚留恋数日,仍回浏经营旧业。除路资外,尚有租本,谢别舅家情义方别。行四十余日,到简东会龙桥处,今作凤集书院,屋左石墩上研房内宿一夜。次日,公至店子沟。登山一望,见上面山高富厚,层峦丛翠,意注在斯,便不欲行。遂至踏市下榨子字库边香蜡铺内坐谈。店主始知公姓钟,来自广东,昨日方到,寻佃业室。铺户款茶,上沟突来一人称香蜡,问知同宗,亦来款茶。公细究宗人,宗人便说:"佃居肇祖山南方姓业室,我只种得一半,意欲分半招佃。来看者俱是异姓,不便同居。如不弃,随便来看。"公闻言,应曰:"今尚早,可即去。"及至一看,田土俱好;又看宗人,内外忠厚老实,可同居。伊将业室,匀作两股,毫无欺心,各出佃钱五串、押租钱三十串,立约成交,无中证。公曰:"二人同心,其利断金,即书天理良心见证,可也。"遂命瑅公将行李运至新居,佃押楚给,仍剩黑巴巴银一百两，可抵钱八十串，以备家具一切费用。抵年，公心颇安。因想到庚子冬（1720）起，至今雍正元年（1723）癸卯，三年中未知年来岁往，今已坐定，可蒸黄糕一笼，学学过年。除夕，将完婚时父所置衣帽穿整祀祖。翼日，备礼与宗人拜年。越日，又整服备礼物及黄糕，与方老贺岁。方老见公气度雍容，倍加恭敬。又见黄糕，不知何物，应如何调任。公说明，方老尝之，大喜，疑公系大家，命婢奉于茶。公不亢不卑，其仪不忒。方老见公，有胆有识，老成练达，随时亲敬，事必请命，甚至家事亦托。遂各处赞称予公精明可学，又称琞与琮忠厚笃实无比。次年，方老之至亲住杨李沟姓杨者，极仁厚。公直聘琞与琮贸易米谷粮食，奈此地无行无市，要运至土硚沟场，卖与安岳、乐至盐商盐贩。来时担挑黑盐，归时运挑白米。杨将米粮交琞、琮二人出卖，钱收齐，除饭食若干，剩钱若干，一一楚给。杨极喜。因土硚沟风俗人情俱熟，盐价低昂，贩商早为通知，便与杨筹商：盐价低，即将卖米之钱多买运回杨宅。将钱数交清，杨更喜。又蒙吹嘘"盐好，又不抽秤"，只卖方、杨二家族戚之盐都够了。每挑盐赚脚价钱一串，抵年积钱百余串。次年，仍旧做去。人皆知琞公心平如水，时常有人寄信要盐，即命挑脚送去，均是现钱。抵年，又积百余串。第三年，土硚沟场有客回广，将盐店屠行一并出顶。方、杨二人知琞公有钱，力为玉成。琞公不允，后又与予公说明，只顶盐店，不顶屠行。谁料顶后通街屠行无几，众皆怂恿无已，又将屠行并顶。是年，盐店颇好，屠行极盛。抵十月，共积钱三百余串，并前所积，共六百余串。冬月，琞公闻粤大旱，归禀父母。予公听之，泣曰："丰年都怕饿，岂有凶年不饿坏者。"即收拾行李银两，召长子琞曰："我回粤省母去了，我季子琼，来年还要读书，事事照前，勿昧天良！"行至浏阳，具礼物到杨四舅爷家酬情。宿一夜，便走。至长乐一问，无恙，只干得别县。公心稍宽，抵门拜谒老母。母见公心广体胖，公见母身体康强，不胜欢喜。三弟及合族俱来问候。母曰："儿似富厚还乡，快说我听，以宽母心。"公一一说明，共积钱六百余串。母曰："才四五年，如何便有此数？"公将癸卯冬入川一切行止细说一遍，母极快。叙毕，伯叔兄弟告退，母子同席谈论不休。公复问母："我胞弟景况何如？"母曰："寅上、信上颇好，惟我幺儿明上，人多难养，怕会说不出来。"公曰："母漫漫说出，儿会解母忧。"母曰："我怕幺儿会饿死，此忧如何解脱？"公曰："他都晓得做活路，便不怕受饿。以儿想来，只要母舍得幺儿，引上川合爨同居，就把母忧解了。"母拍案惊曰："母老至七十七岁，未闻兄弟分居多年，尚有合为一家者。又未见兄有资本，弟无分文，兄愿弟合为一家者。是说来宽我心的。"公曰："母若不信，明日请庠生达上弟来书合约。儿有资本六百余串，弟无分文，随兄到川。异日如有家业，照我儿七析之。"母曰："救伊活命足矣，还说分业，这到随便。你宽厚待他，但言书立合约，恐欠妥。儿待我有番孝心，母信得心过。但明上子孙入川，或不听教育，就较难讲了。还是照老分约，他今无聊，跟到你来。听教则留，不听则逐。伊有何据，如此更妥。"说定。母曰："我想此忧无计可解，今闻儿言，天宽地阔，心且欢乐。苍天有眼，当使儿重重富贵、代代荣华，这是一定的！"赞毕，抵除夕，陪母过年。明年丁未（1727）正月朔四日，族戚来放火炮道喜，母亦欢然，煮茗酬客。公引弟明上，合家拜别祖祠及杨妣，始同行来简。举家喜气相迎，谓庄务有叔佐理，生意有叔经营。连做七、八年，至乾隆丙辰元年（1736），人知公积有资财，举荐柏树塆看业。路过方家当门大矼，方老知之，便欲将公所种之业售公。午后，即邀两造相契之。李、屈、廖三位为中，备烟茶，在伊当门矼边等候。俟予公至，便搜怀中有文契否。公曰："我去买猪架子，不是买业。"方老曰："我与阁下相好，今日好机缘，套吉不来，凭大中人说合就是。"屈于彼此摩手，言曰："主客相契，心口如一，凭我中证裁夺，便可成交。"方留进屋，中证即命书就文契，议明脱业喜钱，并包价内直书时值田价银五百两成交，次日明界，价银一盘楚给。至乾隆戊午三年（1738）十月初旬，公陟屺望云，心惊眉跳，感母年经八十，恐有灾星，便回粤省母。至腊月初六日抵家，不料母于初四日未时仙逝。公呼天抢地，几不欲生。寅上、信上两弟泣曰："妣已云亡，不得复苏。当以祭葬为重，问长兄事如何行？"公曰："母恩似海，子罪如山！丧具以礼为本，今已涓吉祭奠，岂容疏忽！"时庠生达上弟在侧，助言："合礼便是。"复请弟成主，徐问兄曰："母病未经寄信，如何适逢其会？"公曰："十月初旬，兄在蜀，心战胆寒，因此回粤。"适相遇寅上，曰："母念兄三次，恐不复与兄重相会也。"讵真母子一气相通耶！达上曰："正所谓咬指痛心，曾子孝是也。"又问："买业三次，可打谷几许？"答曰："一千五百余挑。"达上曰："叔母向恐幺儿饿死，兄赐洪恩，至今享福。母在九泉，佑尔获福无量，可为预卜。"言毕，便治丧事祭奠。后公庐墓七七日期，期满，达上曰："兄已半百，过此恐难聚会。钱可积，书宜读，门风要紧。此数语，兄回川必常挂齿颊，以训子孙。"公亦托达上，曰："此处尝会，祠墓均赖弟竭力扶持。"公于七期满日，算明费用给楚告别。至期，引第四子名琦者，拜别祖宗，哭泣母灵，辞别老幼内外归蜀，告知季弟明上与儿孙成服，复理旧业。时琦公已二十岁，公六十岁，心厌尘嚣已久，窃思："盐店、屠行生意颇好，第恐后人瞒心昧己，纵饶裕，必不长久。到不如生意莫做，依祖规矩，耕读传家，自有出头日期。"于是，将盐店、屠行出顶，其器械大半相送。不日顶出，将钱收回。从此，家务亦极顺畅，资财日见丰饶。于是，领租本出佃田业者四人，乾隆六年辛酉（1742）关伙，又置方家沟下节地方。九年（1744），将前买肇祖山南茨蓬塆，荆棘砍开，烧瓦十数陶，又砍柏树作檩桷。岁丙寅（1746），修建大厦五十余间，次年丁卯（1747）落成。适季子璞举茂才，州学正堂素书林公，中麟老师，并为凤山书院山长，即璞之受业师也，登堂称庆，执公手赞曰："老封君辞羊城，游雁水，十五年发富，廿四年发贵。在封君亦不图美之至于斯也。"缀联赠云："别梓里而置业蜀都，箕裘克家，果然门闾高大；苦芸窗而列名泮水，衣钵传世，行看科甲绵延。"

越四年辛未（1751），公七峡都人士，乐为称觞，锦屏彩帐，不及备录。自是年高财茂。次年关伙置业，而领租本佃耕者，亦络续置业。至七十六岁，将祠堂业室作七股均分。年八十，恐儿孙无传授、无法度。爰以己意，命外孙文生陈钟代书遗嘱一篇，已载谱中，为子孙世守勿替。次年辛巳（1761），值公八旬进一。先将屋宇整洁，门前竖桅。第五郎珑授恩进士，长孙佳圣入国子监。至腊月十四日，见宾客续集，仪物丰美，又见赐进士出身潼川府教谕眷晚陈钧①先生钤印匾额曰"熙朝瑞气"四字，极喜。旋命人备香水沐浴其身，更换新制寿衣、寿冠。试穿看合式否，免致临时周章。坐在中堂，言论不休。时言"为我母难未免过费"。又恐客众以致简慢，且言"光上弟待我以心性，伊入川在简西陶家沟发迹。凡伊子孙至，须另眼相看"。又言"及明上弟，因余二次回粤省母，以解母忧。引伊入川，亦佃田土，共得一百三十余亩，可对我母而无虚假待弟之心。第看伊后裔，恐有将落之虞，香火定附我侧，莫负我引他来川心意"。言至戌时，话不根舌，霎时西归。噫嘻！喜尽忧来，当沐浴换衣时，公觉知生知死。皆缘公平日立心制行，均系顺天理、合人情，得母心以为孝，故临终周详如此。又得六男及孙廿四人，俱在送终。且得寿仪什物、猪羊席棹、酬宾款客及七七致祭，思敬思哀，随分自尽。倘非值寿辰，焉得祭仪如此办得齐整顺畅也。回忆公自康熙庚子，至雍正癸卯元年（1723）入川，前一日至简东踏市，次日便佃居肇祖山南，旋又买得，迄今已一百七十余年。自乾隆十一年丙寅修屋，至今一百四十九年。祖屋虽昔年已作七股分讫，后并归予祖，传下后裔八代，尚有小富小贵。约计入川以来，瓜瓞绵绵，举茂才、食廪饩者十余人，援例授职者二十余人。此予公于母赠言"若合符节"。锜思高祖母之言，悉由予公于仁、义、礼、智、孝、悌、忠、信，毫无欠缺，故能其应如响，非具私心而誉之也。后之子孙，舍是将安归乎？故道光廿一年（1841）辛丑，锜集族谱聊陈大概，族中父老俱

---

① 陈钧，号陶万，祖籍广东嘉应州长乐县油田，雍正初随父入川，后中乾隆甲戌（1754）进士。

谓能陈祖德、颂先芬，而锜父朴齐公独抑郁于怀。回家向锜言曰："谱之集成，可称善本。但予公入川颠末，汝尚不得其详，未曾表出，以为子孙法。"因为锜一一备述。盖以瑅公随公入川，身历苦境，至晚年患风疾，卧病三载。朴齐公日侍左右，瑅公与朴齐公言甚悉。锜闻此言，不胜歉然，抱憾五十余载。今闻祠内续修谱牒，补缺有时，爰作予公入川履历一篇，补入谱内，以为后裔典型。今锜年八十有八，笔墨荒疏，未能畅发，爰述其大略如此。

（罗险峰点校）

（简阳钟氏）敬录宏予公遗嘱

（清）陈钟

本文选自《钟氏族谱》卷二，光绪十九年（1893）刻本。《遗嘱》是钟宏予年八十时对儿孙们立下的为人处世、立业兴家的训谕。

宏予老人谕尔世世子孙：古之士庶祀先，则必有寝。故我将此来川经始，创建之屋，上下厅堂，提留作祠，以为世世追宗荐祖之地，并以存我入川创始之迹，永不许你们分占。如你们有志，异日各置有业，各修有屋，能全将此屋基址、房廊田土，并作为蒸尝，更为尽善身。你们承先人血食，务须世世追念，保守勿失，乃不负我立祠至意。至若为人，第一要孝父母，友于兄弟。父母生我身者也，不有父母，何以有身？况生我以来，不知费了多少劬劳，方得我成人。切不可成人之后，能自作为，辄逞己能，就把父母抛却。凡事务要禀命，饮食供奉务要恭敬。即兄弟已经分爨，有力者尽当供养，各尽孝道，切不可拘定轮分，以致父母冻馁。亦要曲体其心，承顺其志，切不可一些儿恼了他气。若有一些儿恼了气，即是不孝了。至若那顺妻逆母、厚子薄父之人，直是天地所不容。你们定当谨戒！兄弟，手足也。须如手如足，乃为兄弟。切不可因小事就面红面赤，切不可因家财致起争端，切不可惑听妻言，反把骨肉疏了。须想那家财，是身外物。有则相共，无则亦可，力争岂能敌我一体。妻妾是异姓人，我富贵，他便顺我；我贫贱，他便怨我。我若早合眼，他便丢我。岂能敌我同胞？你们于此处，务须识破；倘识不破，就不免兄弟争竞起来。且致父母生气，不惟不友，亦且不孝。想我当日在粤，兄弟已经分爨，迫于饥寒，不得已，奉母命移家入川，尚留一子，供养祖母。厥后，我在浏阳，父子卖柴。至蜀简，二子贩盐、佣工，稍挣有钱，不惮千里之远，亦不拘论兄弟、轮俸尝，三番怀归省亲，直至送老归山而后已。我待诸弟，从无怨尤。至季弟，是我回粤，携他来川，同居同食，照股析产。又恐他子孙，不能守成，尚嘱你们存他香火，附于我祠。这都是你们晓得的、听着的。你们世世子孙，处父母兄弟，要学我这样才好。若有不孝不弟之子，为父兄者，不得容隐宽纵，酿成后患、如自己不能约束，即当告之族长，唤至祠内，对祖重重责罚，庶使一族知警。若有大不孝者，即凭族众置之死地，亦所应尔敦宗睦族，所以联一本也。你们日后宗支蕃衍，都要一体相关，不得以少凌长，以下犯上，及以老压少，以大欺小，亦不得因小忿就生嫌隙，就有天大不平事，只合投鸣族长。族众在祠理论，千万不可告状。若理论后，理屈者不肯甘服，族长即当面斥其非。如伊执拗告状，合族就公廪他无理。至有不投鸣理论，便私行告状者，有理亦为不孝，无理者合族亦必公廪他。毋庸姑纵一人，以致后来者效尤。但族长族众亦须秉公理论，是则为是，非则为非，切不可顾那边体面，就为着那一边。受这边私贿，就偏向这一边。若有这等偏而不公，并两面二舌，唆弄是非者，我在九泉之下，定要摆布他。日后不得好结脚，子孙亦不得昌盛。各积私财，最是坏家之事。大家积私，只知顾私，就不管公众的事务。甚至小手小脚，偷偷摩摩，良心就从此坏，家道就从此衰了。况那私财，顷刻就要销化，岂能过世你们子孙？永世均不可各积私财，以蹈此弊。打牌掷骰，亦最是败家之事。我祖传家以来，家中并不许干此事，亦并无一人识此物。你们传家俱要照样，永世不可效俗繁华，以为留宾宴客讲究脱白。恐怕引坏子孙，日后倾家破产。试看那倾家破产之子弟，其始未必就会玩耍大钱，亦由于家中常有打牌掷骰之事，故渐引入深以致此耳。至若与赌字相连，那嫖字更是损坏阴骘、贻害累世的事。你们务须自己禁戒，亦要时常提撕子弟，千万不可犯此。男女有别，所以避嫌也。故我祖传家，内外界限最严。男子十岁以上，不得入内；女子十岁以上，不得出外。嫂叔不相通问，翁媳伯婶不相授受、不相深谈。亲戚往来必谨，雇工不许穿门入户，偕耕共作。你们定当效法，门风最是要紧的事。世有以妇女出众为大方者，直是不晓事向的。更有妇女登场看戏、入庙烧香，最是第一不美事。近日世道繁华，所唱的戏无非是艳曲淫词，妇女见了，易以触动淫心。况抛头露面，未有不被人瞧看，被人言笑。且被人调戏，就恐怕弄出多少不好的事来。你们定当禁戒！禁戒！至若三姑六婆，实为淫盗之媒，切忌不可使他入门。即妇女非属至亲，亦须禁止，勿使常常来往，恐防引诱透漏诸弊也。耕读传家，我祖家法也。故我来川这般辛苦，都要教子成名，课孙诵读。你们世世子孙，无论贫富，俱要送子读书，使他知道义理，学做好人，方成得一个事业，且不致浪费银钱。试看那不读书的人家，不但粗蛮，不知礼义，子弟出来飘流浪荡。虽家累千金，不旋踵而销亡矣。亦不得因未成名之故，遂淡了送子心肠，那读书求敦实行，不单为着功名也。"有田不耕仓廪虚，有书不读子孙愚"二语，你们须当三复。一家之计在于勤，成家之道在于俭。不勤不俭，都是致穷之道。你们子子孙孙无论为农、为工、为商贾，都要勤快，衣食乃足，切不可诿之于命。那大富始由命，小富还由勤也。使用亦要俭约，不可见人家食好饮食，便要办；穿好衣服，便要做；住好房屋，便要修；使好家具，便要置，以及一切应酬，可省便省。须想我赤手来川，苦挣苦积，才买有这点田土。就是有了田土后，依然操作如初。其家常日用，亦不过（疏）[蔬]食布衣土屋而已。你们千万不可忘了我。若有为老的，稍涉懈怠，稍完脱白，即开子孙之渐，日后就不可救止；若有年少子弟，自恃才华，自逞风流，辄厌薄祖宗，土条鄙陋，就游手好闲。日完讲究奢华浪费，损我家风，以致倾家破产者，我在九泉之下，定不喜悦他的。总之，为人务要立志，人能立起志气来，则获富在此，获贵在此。即身居贫贱，亦可谋衣谋食，徐徐发达。千万不可因贫贱之故，把志气丢了，去学那邪教，做那匪徒，以及为娼为盗为皂隶为俳优等等下流。丢宗卖祖，惹人耻笑。若遇有此等人，你们族长族众定当唤至祠内公处，永世不许他入祠祭祀。我在九泉之下，也还要暗暗诛灭他的。居家为人之道，难更仆数。全在你们多见多闻，然学好去歹，大半不出我的话下。你们定当将我这手卷好好收藏，世世流传。到每年祭我时，择一声音响亮的子弟，明声朗诵，逐一讲解。庶使人人知所警觉，切不可忘了。若家抄一册，贴在中堂，时时触目警心更好。

乾隆廿五年（1760）腊月十六，宏予老人，年八十，命外孙金邑庠生陈钟书于中堂，付与子孙，世世存留勿失。

（罗险峰点校）

（简阳黄氏）雪村老人自述

（清）黄雪村口述　汪潄芳[①]代撰

本文选自《简阳县志》卷十九《氏族》，林志茂等修，民国十六年（1927）铅印本。雪村老人名黄云亮，祖籍广东惠州府永安县，乾隆年间随父入川。在自述中，黄云亮将自己入川和创业的经过娓娓道来，以亲历者的身份，将一个移民的真实心态展现在世人面前。附录选自民国《简阳县志》。

雪村老人尝读东汉史：关西杨公守涿，性公廉，不受私人谒，至子孙蔬食步行。公尝曰："使后世称为清白吏子孙，以此遗之，不亦厚乎！"襄阳庞公躬耕岘山之南，刘荆州表就候之，问："何以遗子孙？"公曰："人皆遗之以危，吾独遗之以安，未为无所遗也。"关西富贵，襄阳贫贱，虽各不同，而同积善以遗子孙则一。老人鄙民也，未有爵位，不敢与关西齿。而行谊薄劣于庞公，无能为役。然承祖父农贾家世，更历艰难，不敢自暇自逸。今老矣，窃思树先德，以遗后人，亦庶几古人之意也。老人姓黄氏，名云亮，字雪村。先世广东永安县人，祖讳子仁，生诸父五人。家贫甚，父玉成公年二十余，旅食西川。身亲农作，积佣值之羡余，作小商贩，以权什一之利。如是数年，稍有余赀，束装南旋，偕母氏，奉先祖母来川。佃田耕作，播迁无常，备尝艰苦，以免于寒饥。老人兄弟六人，老人最长。先君性刚，课诸子读，尤严厉。老人承父志，萤案鸡窗，恒攻为

[①] 汪潄芳，简州人，清代四川著名诗人。

诸弟先。显质性椎鲁，不能弋取科名，仰答庭训至意。然于诸经亦粗知句读，为文章略解古人途径，间亦好青鸟家言。终其身，未尝不从事笔墨间也。老人席父业，以勤俭治其家。久之，买田于简州南关外龙桥铺近地，至今居焉。先君晚年自以为贫所累，侨居异乡，不获岁时，展先人之邱墓。言之辄为邑欲还乡，徙先祖父母之殡，来葬于蜀，以年衰不果行。先君没后，老人以乾隆四十五年（1780）回粤省墓。越明年（1781），携先祖骸骨，来川安厝。其后二十余年，以粤乡诸父之没者，或无嗣、或有嗣者，亦贫困流离，窀穸不修，蠲祀殆绝。乃于嘉庆七年（1802）再扫粤墓，遂出橐金，营葬诸父，并代葬外戚之丧者数家。越明年回蜀，凡再为粤游，道经黔楚豫章，往返万余里。其间山川险阻，风餐露宿，所历可惊可愕之状非一。而老人心力，亦几尽瘁矣。老人好读书，自念家世寒素，已承父后，再世经营，衣食裁足，礼仪当兴。故于子弟立学校，择师傅，具脩脯诸事，乐此不疲。而其所以为教，尤于尊祖敬宗，收族之大者，三致意焉。今老人孙曾，森森如立竹。仰事已毕，俯畜方蕃。惜子弟之读书，尚未能自拔于名场，以偿老人毕生不遇之志，是固吾之德凉祚薄当然。虽然明经以取青紫，是薄俗之论也。凡我子孙其上者，讲明乎祇父恭兄之则，博观古人嘉言懿行，以淑其身而传其后。而其下者，亦有所励戒，弗纳于邪。读书本意，不过尔尔。善继吾志者，盖在此不在彼也。况今盛明之世，若其经明行修，又安见青云之无路耶？老人生乾隆十一年（1746），距今道光九年（1829），已八十四春秋矣。崦嵫暮景，无复有为。然默念平生向善之私，所谓思贻父母令名者，自少至老，未尝敢忘。故窃取杨伯起、庞德公，以善遗子孙之义。自述生平阅历之艰难，宅心之朴忠，传之子孙，以为老人之家训可也。老人死后，书此纳于圹，为老人之墓志，亦可也。

附录：民国《简州志》卷九《孝义传·黄云亮》

黄云亮，字雪村，简南新市铺人。父宏琳，粤东永安籍，雍正初，入川农耕，小贩数年，积赀回粤，携家来简居焉。生子六人，云亮其长也。少颇嗜书，为文亦有途径，屡试未售。父晚年每以故乡道远，岁时不能祭墓为恨。云亮于乾隆末年回粤，不畏险难，屡受惊惶，卒负祖骸骨，至简厝葬。后二十余年，云亮念粤中诸父，死亡略尽，子嗣零落不堪，又于嘉庆初，再扫粤墓。因出橐金，营葬诸父，并代葬外戚之丧者数家。云亮以道光丙申（1836）卒，寿九十一。子其璋、曾孙绍衣并另有传。曾孙绍恒事详《善行》。

（陈伟平点校）

（简阳陈氏）宏典公谱序[①]

（清）陈一新

本文选自简阳《陈氏族谱》，光绪八年（1882）刻本。陈氏祖籍广东嘉应州长乐县，其祖宏典公千里入蜀，在简阳县鸭子堰定居。

今夫敬祖宗，序昭穆，溯源流，明世系，莫大于谱。谱之由来尚矣。

---

① 该文又收录于民国《简阳县志》卷十九《氏族》；现根据光绪《陈氏族谱》校订。

第修谱者固宜远绍而旁搜，犹贵按支而切脉。稽我陈氏自先代受封，不乏贤哲，延及后世，亦多伟人。在周朝则有陈满以国为姓，即今河南陈州，此受封发脉之祖也。至后迁移江南颍川，则有实公焉。后又迁移江西吉安之太和县，则有元美公焉。迨至元朝则有贽公，出仕广东循州儒学正堂，遂在兴宁长乐二县开基立业，生子传孙，均胡公一脉之后裔也。至大清朝，则有由粤迁蜀之宏典焉。公昆仲七，行一，子六。其在粤时，虽有祖业，公虑其褊窄，恐无以为子孙久远计。闻有人自西蜀归，因往问焉。访知西蜀田地肥美，风俗醇厚，遂欣然有迁蜀意。于是父子商议兼谋之族众。维时，公之胞叔泮若公云："侄欲往蜀，须将己所分田地出售作费方可。"典公云："已下微业，欲存弟等名下，永作清明祭扫之需。"泮若公又云："侄有此孝心，入蜀自然发达。"公又谋之神，求得谶云"铁船过海难为保，滥桨轻摇遇顺风"之句。公于是与妣朱氏携六子三媳，于清乾隆二十年乙亥岁（1755）告别，起程到川。在鸭子堰居处创业。厥后嘉庆十年乙丑岁（1805），在杨李沟买有烝尝一股，载粮九分，系公教学数载存积束脩所买，以作公之祀典焉。窃思公至自粤来蜀，不惮山川险阻之劳，而念昔先人独仿义田赡族之众。公之孝思，何其笃也！且考之谶云铁船，虽难过海，而桨遇顺风可卜，利有攸往。公之感孚，何其诚也！此不独祖宗保之，即神亦佑之也。况来川勤俭持家，业买数契，累仁积德，贵显一孙。今后嗣复保世兹大，用光前人之业，不愈见公之令德，有以贻厥孙谋，永垂不朽乎！兹因公之末孙，六房族众欲修族谱，商叙于新，并备述公之来历，用是敬弁数言于谱首。至若公之敦节俭，重诗书，明礼让，教忠孝，及为人正直公平，品行端方，后世子孙必有念念不忘、代代流传者，新不必为之赘云。

  乙亥科副榜陈一新敬撰，道光三十年（1850）岁在庚戌上章阉茂孟冬月旁死魄

（陈伟平点校）

（简阳王氏）入川始末序①

（清）王中羡

本文选自简阳《王氏族谱》，同治十一年（1872）木刻本。该谱卷首一卷、世系四卷，王中美等修。王氏祖籍湖广永州府零陵县，康熙末入川创业。该谱序详叙了王氏入蜀的经过，内容生动感人。

从来创始者难，继守者亦不易，若我联祖②之由楚入川也，其创始诚有极难焉者。何难乎？凡事属始基，有志而有财用者尚难，有志而无财用者则尤难。爰祖之在楚也，始幸父母③俱存，兄弟无故，而家资耽泊。既而玉妣先逝，丧葬诸大事毕，家计渐渐萧条。昆季虽有四人，恒产仅余八亩，历年来耕三无余，八口有欠。仰事俯畜，煞费踌躇。因以八亩之田交与叔季二人在家耕种，供养高堂，聊承菽水之欢。伯仲二人外出佣工，沾体涂足，且糊妻子之口。劳苦不辞，衣食难措。日夜思维，欲共居于楚，则饔餐之需莫继；欲就食他邦，而父子之恩难割，是一难也。父母兄弟一堂相商，权遵父母之命，且从二人之言，轮④、运⑤二公在楚守旧，以事父母；瑞⑥、联二公迁蜀谋新，以求生活。倘得佳境，父子重逢，后会有期。择于康熙四十七年戊子（1708）九月启行，家辞父母，别潇湘而遄征路，

---

① 原文标题为序，整理者根据文中内容拟此标题。
② 王昌联，字尔芳，号宪荣，行二。
③ 王国相，王昌联之父。王国相娶妻玉氏、陈氏。玉氏生昌瑞、昌联。
④ 王昌轮，王国相之三子，陈氏出。
⑤ 王昌运，王国相之四子，陈氏出。
⑥ 王昌瑞，王国相之长子，玉氏出。

偕伯兄望西蜀以遥临。肩舆五岁幼儿，皆因糇粮少裹。背负百斤行李，怎奈囊橐无余，又一难也。最堪叹者，杨氏祖妣有刚有柔，以一人而兼双身，千里迢迢，不畏山川之险；风尘仆仆，何辞跋涉之劳。时有禄祖①于月则十，于日为五，清气成形于楚邸，崧岳降晨于舟中。河水浴，体河伯护持，风霜不侵，母子太平，此生人之异事，是尤难也。以至阅巫山，渡巫峡，历夔关，两岸猿声，啼酸他乡之客；轻舟万重，波惊失路之人。早行夜宿，一步一趋，经月余而初至资阳。居数月而继移简东，始寄迹于五甲地名滑浸沟。室如悬磬，家无斗筲。外无期功强近之亲，内仅应门五尺之童。欲从乎耕，奈无十亩之田；欲学乎商，又无百金之本。另佃小沟，茅屋三间，菜园两席。弟兄二人贩盐营生，买下乐邑，卖上汉州。其中三百余里程途，鸡鸣而起，日入而息。春日融合，听布谷之催耕，闻子规之啼血，怎学得田家有乐；夏日可畏，汗流背浃，那能及坐贾之安；秋雨霏霏，路泥滑滑，荷笠挂码也要去；冬日烈烈，飘风泼泼，冒霜踏雪亦不辞。四季辛勤，其为家室之计，不可谓不苦矣！假使内助无贤，外积内漏，其家亦难望兴。若杨氏祖婆，三奇得位，四德兼全，其勤俭作家，尤为王家第一。不但宵而纺织，布粟有余，而且昼而灌园，麻麦蓬茂。内外同心，四时虽无闲暇之日，数年颇积有用之财。下育儿女，岁月悠长，衣食喜其无缺；上念父母，楚蜀暌违，定省深愧久疏。双亲在楚，虽有叔季供养，未知兴衰何如。孰料轮、运二公命途多舛，在楚三五年中，失弃八亩之田，搬移广西全州。居三年而陈妣②亦故，丧葬全州，家资无几。彼时，轮、运二公意欲（俸）[奉]③父入川，联公早已备办路费，复楚迎亲终养。不期而遇，此虽天凑其缘，亦联公大人孝感所致也。父子重逢，兄弟无故，一乐也。接转原居，父子兄弟，夫妻子母，同居一室，供养八

---

① 王仕禄，字文宜，王昌联次子。
② 王国相之妻。
③ 原文作"俸"，据文意改。

载，以终天年。生尽寝膳定省之礼，死尽哀痛葬祭之诚，孝子之事亲终矣。当斯时也，际斯境也，维天爱孝，维神钦孝。皇天不昧苦辛，吉人自有天相。凡有所为，西成东就，北达南通，数年间，积金数百。雍正五年（1727）始落业于滴水岩，瑞公亦落业于骑马湾。轮、运二公虽无恒产，亦有恒心。兄弟四人各立志向，弃商从耕。惟我联公大人，世业更大，出息不小。尤幸时和岁稳，物富财丰。八年（1730），又买八面山。越数年，又买高滩沟、马家庵等处田房数十契。由今溯昔，联公入川之初，空乏其身，必先苦其心志，劳其筋骨，贩盐卖以开创之。及入川之继，乃有德有人，有人有土，有土有财，有财有用，以大发之。先难而后易，先事而后得。创始之难，诚哉实难也！

又何以见继守之不易也。盖守成无人，守固不易；继守有人，而人不皆贤，而守成亦不易。旷观往古，按之当今，厥父母勤劳稼穑，厥子乃不知稼穑之艰难，乃逸乃谚，则虽家累千金，不再传而家声辄败者，亦往往有之。则虽创始有人，而继守不易有人也。若我王氏才能之祖六七作。福①、禄二祖自幼由楚入川，犁云锄雨，戴月披星，以善继于前。三、四、五、六、七祖来川生长，生众食寡，为疾用舒，以继守于后。耕读为本，勤俭是尚。读者日就月将，耕者斯仓斯箱。乾隆二十年前，金、简二邑业创数千余亩，八面大厦，房建六七余座。六房同居一村，家家殷实，人人老成。其尤盛者，五公之贻谋颇大，四公之谋猷更嘉。饥岁买业三四契，太守拟百万之称；丰年收租五六千，乡里致三多之庆。不但财发，而且人兴，以致登字俳二十八公叠起，人怀敦睦，家诵诗书，富之教之风，食足礼兴之象，几复于三槐之盛矣！猗欤休哉！何家声之隆欤！所可惜者，桃公大人天资聪敏，文学兼优，有志观光，无寿延世。登班、朝班诸公亦多读经史，久习文艺，富而未贵。其如科甲之未开何？因于乾隆三十二年

---

① 王仕福，字文泰，王昌联长子。其余分别为：三子王仕禧、四子王仕礼、五子王仕禓、六子王仕䙆、七子王仕桃。

(1767)入国子者六七人，享上寿者数十人。当此之时，虽不得其名，必得其寿，亦足幸为门庭光。为此春酒，四方来贺。宋邑侯之奖励，急公尚义；谢翰林之赞扬，同袭乌衣。其他德寿齐荣，三槐叠见，盛代方平，栋宇辉煌。极娑同荣，褒嘉何多也。美哉！斯时乐处熙暐之中，同享荣华之境。人寿年丰，国恩家庆，何莫非先祖辈善继善述之风规也。以致嘉庆初年，风淳俗美，人物咸亨。虽未创新，尚皆守旧。自是朝字班八十七昆复起，长厚老成者颇多。幼年轻浮者复不少，皆因世风不古，人情夸诈。骄奢怠惰者有之，博弈饮酒者亦有之。及至道光年来，凡一切冠婚丧祭，衣食宴乐，应酬往来，靡不奢华，而家产渐次颓靡者，亦无不有之。而俭以守旧，勤以创新者，亦多有之。以迄于今，中字班二百三十八人，天字班四百二十一人，文字班三百三十三人，明字班数十人。族大人繁，世远年湮，凡族谱内之仲叔季弟，幼子童孙，有田可耕，有屋可居者，皆先祖苦创勤守之业也。后孙等得今日饱暖，每饭莫忘。享目前之丰亨，当思图报。

今于家乘之修，羡不愧庸陋，缕呈联公创始之难，群公继守之艰，载诸简端。俾后之读是谱者触目感怀，不忘祖德于万一焉。幸甚！谚语云："创业难，守成难，知难不难；读书好，耕田好，学好便好。"后生辈苟有善学者出，能体先祖忠厚传家之道，厚道待人之心，品正行端，去奢从俭，勤耕苦读，耕者富有万钟，读者雁塔题名，大而忠孝节义，小而功名文章，恢复先绪，此则愚等所深望也夫。是序。

十六世孙中羡撰

（陈伟平点校）

（绵竹彭氏）亿璋公由粤迁蜀行述

（清）彭有亨

本文选自绵竹《新纂彭氏宗谱》首册，彭正邦等修，民国二十七年（1938）铅印本。彭氏祖籍广东省潮州府丰顺县，雍正初迁入四川。谱中详细记录了彭氏入川经过，以及创业、争水和建会馆等事迹。

从来木有本而枝叶茂盛，水有源而流派久长。如我高祖永超公讳万能，谥纯义；祖妣严孺人，谥柔惠。自广东延年公分派而论称十六世祖，世系昭然矣。就四川发迹而言，称一世始祖，宗祧无紊也。少时，闻先祖训曰："十六世祖万能公生五子：长亿茂、次亿武、三亿魁、四亿璋、五亿圣，原籍广东潮州府丰顺县上嶂背老屋角浐溪社侧近居住。"永超公、妣抚养五子成人，相继完婚。我亿璋公、邹孺人在粤东时生二子：长成文公，生康熙五十年辛卯（1711）正月十五亥时；次成秀公，生康熙五十六年丁酉（1717）冬月廿二辰时。时永超公夫妇先后寿终，扶柩安葬嶂背乡吉山之阳。后因人口浩繁，五房合议分爨。各房分受老屋角房屋数间，山沟田数亩。我祖亿璋公生有大志，居恒与兄及弟议曰："吾闻大清定鼎后，流寇渐平，献逆伏诛。今上有招民填蜀之诏，且其地田肥美，民殷富，黄帝苗裔，蜀山氏古国也。予意弃广东入四川，营抱布贸丝之业，以为何如？"佥曰："远适异国，匪我思存。"亿璋公心不然也，既而曰："迁地为良，古有明训，苟有益于身家后世，何必恋恋于桑梓之邦？"退而告邹孺人曰："上川一事，予计之熟矣。所虑者父母坟墓须常挂扫，祖堂香烟莫忽焚献。我将分受田房压与伯兄季弟，所获压金以一份作路途资斧，一份助祠墓蒸尝。此行也稍有积蓄，当迁父母金骸归葬蜀地，父子同乡，殁存均慰，固所愿也。"爰择吉雍正五年丁未（1727）二月上浣，挈眷启行。临发之日，诸姑姊妹、伯叔弟兄饮饯于郊，既承众情，泣别就道。公则身肩行李，不辞路远山遥；妣也褓负其子，不畏任重致远。时成文公方十岁，步健能走。成秀公尚未成童，举步（为）[维]艰，负走几里，自行几里，行行止止，无任恓惶。亿璋公劳之来之，徐徐导引，暮宿晓行，往过来续。既而入江西，达贵州，至湖广界。回首故乡，天涯遥隔；顾瞻周道，路阻且长。而行囊告匮，举目无亲，议将待年妇谢氏女子，鬻与他人。邹孺人泣阻之曰："子柔顺，吾不见忍其离易也。"公曰："父母之心，人皆有之，今日之事，实逼处之。"遂将谢氏女转托别姓，获聘金十两，日用川资，赖以接济。南越三楚，西抵四川，宿合兴店逆旅。主人张成元见公魁梧，从而礼貌之。叩公奚自，公曰自粤东来。主人曰："不远千里，将托足于乐土乐郊耶？"公曰："地有肥硗，人有良莠，择仁而处，谈何容易？"于是，自川东上川西，过夔关，历蓉城，逾绵州，走绵竹，观其形胜，相其阴阳，远接龙山，近连象岭，绵江环其左，洛水绕其右，与凤闻于形家者说适符，乃止于新市镇丰顺店。此雍正五年丁未（1727）五月十六也。时则蒲风和畅，月色光明，灯花结彩，预报祥征。邹孺人夜梦二童拜手膝下，醒以告人，皆曰："弦弧佳兆也。"亿璋公莞尔笑曰："今夕何夕，尚慎旃哉！"然一则以喜，一则以惧。喜者，喜其妻孥完聚，扁担尚存，可以肩挑贸易，不至束手无策；惧者，惧其地无立锥，瞻乌爰止于谁之屋。以其时考之，亿璋公年四十三矣，邹孺人三十七矣。在人皆将曰："老夫耄矣，无能为也。"公亦曰："不比后生年富力强。"适有先来此地一老乡亲名陈全福，在粤时素与公善者，与公佃屋。是年六月十六日，佃碾石桥董世成房，仅堪容膝御风雨而已。自是日夜辛勤，佣工贩米，由微至巨，积少成多，渐有子荆苟合之象。雍正十年壬子（1732）五月初十辰时，生三子成荣公，公念生财大道，耕读为本，九月上浣，佃邬家碾附近郑相富田房草屋三间，楼门一座，水田二十余亩，勤勤耕获。此乡人士行霸恃豪，每以白眼视公，我亿璋公弗较也。雍正九年辛亥（1731），为成文公完婚，妣王孺人，后生八子。亿璋公仍率成文公经营庄稼，籴谷贩米，农商两务。久之，家计益完美矣。田主见公善于居积，又增拨水田十余亩与公耕种。乾隆二年丁巳（1737），为成秀公完婚，妣曾高易孺人，后生四子。成秀公亦发奋勤耕，但此田年增压金，名虽为佃而实作压，主贫而客富矣。是年，买郑姓田房五十余亩，后陆续买田数十亩。乾隆十六年辛未（1751），为成荣公完婚，妣刘孺人，后生三子，乾隆十八年癸酉（1753）成荣公游泮。先是，乾隆元年丙辰（1736）三月初十辰时，生幺子成华公，读书至十五岁，公命弃学务农。乾隆七年壬戌（1742），亿璋公措银六十四两，邀乡亲偕成文公往粤迁移永超公、严孺人筋骸。次年，回绵奉安宅近。嗣与吴、何两姓买东林寺侧近阴地，卜吉乾隆十八年癸酉（1753）十二月廿二合墓安葬，未山丑向。乾隆二十年乙亥（1755），为成华公完婚，妣廖孺人，后生二子。乾隆二十一年丙子（1756），买三河口史姓田六十余亩，后又陆续买田数十亩。乾隆二十二年丁丑（1757），祖姑母于归林府，婿名朝凤。祖姑名川英，因入川所生得名，生子林观保，今已亲尽情疏矣。乾隆二十一年丙子（1756），我亿璋公与郑、俞二姓买南华宫地基十余亩。亿璋公捐银一两二钱，建修会馆。成文公复捐银二十五两，成秀公捐银二两五钱，成荣公捐银八十两。乾隆二十五年庚辰（1760）功竣，街乡人咸曰：“此彭、郑、俞三姓一大功德也。”乾隆二十六年辛巳（1761），因前所买下段田屋，公欲亲耕，命成秀公、成华公经营庄稼。成荣公设教课徒，兼习举业，奈家务羁縻，劳心焦虑，遂上达终一秀才而已。惜哉！惟成秀公素业耕耘，生性刚烈，人号长年首，又号拳技师，史霸王之所畏也。成秀公于史家沟，面骑沟搭枧，度水灌田，史姓常来毁坏。成秀公怒，腰斧而前登，高呼曰：“来折枧者，请尝吾斧！”诸史畏避，莫之敢撄，乃庀材鸠工，修筑石枧，照常放灌，至今赖之，皆成秀公力也。亿璋公以婚嫁既毕，子平愿了，仓积箱盈，财聚丁添，顾而乐之，爰命成文公总理家政，藉纾挂虑，优游涵养者数年。公生平秉性中正，善于居室，乡党宗族皆称为勤笃长者。乾隆三十五年庚寅（1770），又买邑北大峰包侧刘姓阴地。次年辛卯四月十一巳时，因老寿终，享年八十七岁，距生于康熙二十四年乙丑（1685）七月初四卯时。当弥留时，召成文公弟兄榻前，嘱曰："吾殆将终矣。昔年星命士谓我是离乡富贵之造，故不惮跋涉，去粤来川。今虽未成大业，而田有两庄，屋有二院，基础立矣。尔等宜勤俭持家，恢宏先绪，至广东祖坟尚待培修。尔等能继志述事，以成吾志，吾当含笑九泉矣。"言毕而瞑，呜呼！痛哉！是年冬月，安葬大峰包，地亥山巳向。邹孺人于乾隆三十九年甲午（1774）十二月初五戌时因老寿终。临诀遗嘱一如亿璋公所言。次年安葬三河口侧近，地辛山乙向。乾隆四十年乙未（1775），族众敛银八十两交乡亲专人回粤整修祖坟，并为质廷公、柯孺人建树墓碑。成文公、成秀公、成荣公、成华公均列名碑面，而在粤之生员、国学一同勒石，我亿璋公生平素志于以完成。先年，为四房分爨析产时，老屋田宅分作二股，三河口田屋分作二股，凭阄拈定，毫无强弱。乾隆四十三年（1778）戊戌，成华公入国子监，继振先声，以视成荣公身列胶庠，扬名显亲，非即邹孺人夜梦二童之征耶？道光二十九年己酉（1849），合族商议修整祖坟，卜吉八月十九酉时迁葬邹孺人于大峰包，与亿璋公合墓。内用柏木漆棺，外用火砖灰砌，石板盖面，乾山巽向。及葬，四方来观者皆曰："彭氏迁坟改葬如此，其慎且坚，无惑乎子孙繁衍也。"除祖坟穴地外，新拓余地所窨四窨，公议批价四房阄拈，附士昌公坟左第一穴，作价九十九钏，系有学拈定管业；第二穴作价五十钏，系有爵拈定管业；第三穴作价三十钏，系有纶拈定管业；右面附士明公坟侧一穴，作价四十钏，系有宽拈定管业。各穴地价当即给清，入官公费。其佃房前面新修横瓦房二向，除用外余钱四房均分，合同载明，永远遵照，此外均不得再行进葬。约而计之，现在田宅二百余亩，现在子孙三百余人，向所区画维殷者，今皆如愿以偿。安富尊荣，福寿全归。猗欤休哉！非我亿璋公福洪志大，孝友两全者，曷克臻此？囊者伯兄季弟安土重迁，亿璋公竟以上川白手成家，遥忆故乡，时深仰止。今虽时移世迁，然遇一在粤乡亲，未尝不探访家声以慰立爱惟亲之雅。客有告予者曰："丰顺县之宗族虽赋瓜瓞绵绵之韵，浒溪社之宅舍几致彼禾黍离离之歌。"吁！嗟乎。不承权舆可慨也夫。而我亿璋公创业如彼其艰也，兴家若此，其盛也。由是观之，自粤入川者矣，如我亿璋公者几人哉！迄今四川绵竹子孙称永超公为始祖，是犹广东丰顺县子孙以子顺公为始祖。子顺公以上以延年公为始祖，始祖前后各有始祖，盖因其地与其时而异，其称十世百世，其揆一也。夫创业尤贵于守业，兴家莫善于处家。如我曾祖亿璋公、邹孺人得非能守处者乎！亨生晚世，未承欢于曾祖膝下，不获目睹其仪型，而祖与父尝言及曾祖之行状，亨闻而知之，流连于怀而不能去，故详记其事略，以便后世子孙咸兴水源木本之思，同报祖德宗功于万一已耳！是为序。

  时大清咸丰元年岁次辛亥（1851）蒲月上浣，曾孙彭有亨谨识

（陈伟平点校）

（资中陈氏）绣尧公传

（清）陈元隆

  本文及附录选自资中《陈氏族谱》卷一，宣统元年（1909）木刻本。该谱共三卷，陈元隆等修。陈氏祖籍广东惠州永安县（今紫金

县），雍正初入川。两文充分反映了清初移民垦殖和发家致富的情况，尤其是对研究广东客家和四川糖业发展的关系具有参考价值。

高祖公讳绣尧，其先粤人也。昆季二人，弟彩尧，公居长。元配申孺人，生四子：长云荣、次云华、三云富、四云贵。世居惠州府永安县双下约龟湖村堂肚里①，地狭人稠，不足以供家人生产作业。暨先父母没，公行年三十八岁，愤然远举，于雍正丁未岁（1727）正月初六日，携家而西，至四川内江县佃居崇林铺桂花湾罗姓业。父子五人勤耕力作二十余年，积有余金，买业于西乡安贤里地名戴家沟②而迁居焉。又数年，公念家乡寥远，先茔未修，思欲还里，谓诸子曰："广东风景，二三子颇知之，惟季子稚来在襁褓，迄今力壮，可从我归故乡。"一省先人之墓，乃启父母骸骨，囊载而归，更卜窀穸而葬于资州之东三里地名白坟坝③，买有祀田，以供春冬祀事。噫！公诚人杰也哉！弃故土携妻子数千里来至蜀郡，环堵萧然，资斧无几，乃能自食其力，积（株）〔铢〕累寸以襄大业，为后世子孙基，夫岂不贤而能之乎！又况由困而亨，年臻颁白，不辞况瘁以收父母骨，尤仁人孝子之用心也。呜呼！为善获福，理之常也。以公之勤苦好义，创业垂统，生享其福，没延其祀，而子子孙孙咸食其德。天之报施善人，岂或爽哉！

赞曰：古公迁岐，始开王业。我祖来川，实有令德。孝慰先灵，基垂奕叶。克俭克勤，有典有则。贻厥子孙，率履不越。瓜瓞绵绵，簪缨弗绝。

元孙际隆拜赞。

---

① 今广东河源市紫金县水墩镇归湖村。
② 今资中县和威远县交界附近。
③ 今资中县陈家镇。

附录：乃升公传

（清）陈元麟

公讳乃升①，号应昌，云贵公长子也。生性灵敏，倜傥不羁，年十五，即能御外侮焉。及长，为人敦伦好纪，好交游，擅才华，长言语，仁而爱人喜施，意豁如也。先公当廿龄时，援例捐监。其时监贡颇重，而又得公之才能以济之，故宰是邑者，咸与公相友善，且倚长城焉。举凡家族大局，与夫乡邻之诟谇纷争，无不赖公撑持排解。里党中望若神明，奉若蓍蔡，咸谓太丘长复生云。公尝读《货殖传》，慕陶朱公之为人，于是以糖务客于渝。渝之贤士大夫皆以义气多公，故公虽布衣，而门外常有长者车辙。初渝之糖务积有陋规，凡初入是业者所费不赀。适其时，宰巴邑徐公②与公莫逆，公为力陈其弊，大加改革，铸铁碑立成案，至今尤为业糖务者所嘉赖焉。公之遗泽，可谓远矣。公历年来积有多金，或勤为子孙计。公慨然曰："积金不如积德，况吾薄田，足供饘粥，敝庐可避风雨，何必区区为后人虑哉！"乃散其金于乡党宗族，汉之苏广不能专其美于前矣。盖棺之日，远近来吊者，车马相属于道，其至诚感人为何耶！语曰：挥金如土，重义如山，公之谓欤！

玄孙家麟敬撰

（陈伟平点校）

---

① 陈乃升，为陈氏入川第三代，陈绣尧之孙。
② 徐丰，会稽人，嘉庆十三年（1808）巴县知县。

（安岳杨氏）入蜀途程①

（清）佚名

本文选自安岳《杨氏族谱》，民国二十四年（1935）木刻本。附录选自资中《谢氏族谱》，民国九年（1920）木刻本。两姓皆自湖南新化县迁入四川。在两谱中最为珍贵的就是入蜀途程，详细介绍了清代湖广等地移民迁徙的详细路线。

新化县起程，出西门、大洋坪过渡、华香岭、黄杨山、大坪铺歇，八十里；龙洞桥、罗冲铺、笋岩山、朱溪、两下江歇，九十里；硐头坪、分水界、溆浦、桥江、溆浦县、五里亭歇，八十五里；兰木铺、小江口过渡、青江坪、邹家坡歇，九十里；雷家坡、八斗场、辰溪界、青水冲、芒江县②、仙人桥、火麻塘分路走左、槐花驿、小田塘歇，七十里；石门塘③、板桥塘④、包家塘、回溪塘、石垭塘、刁巴塘歇，八十里；火烧塘、七里塘、沅州府、竹坪塘、岩田塘、冷水塘、小栗子关歇，七十里；大栗子关、便水、对火塘、蜈蚣关、波州、新村、新店子歇，七十里，分路左手，田塝过渡、湖广贵州分水界朱家场，歇，六十里；小坳、马鞍场歇，六十里；的约连、打三湾、黄坪庄、羊佑岭、客楼场歇，九十里；小鸡公山、苟子场、大鸡公山、风水

---

① 康熙十年（1671）实行《四川垦荒升用例》，对地方官员按招民耕垦的成绩考核，能招徕三百人入川即予升用。康熙二十六年（1687）的四川一片荒芜，人烟稀少，没有生产生活条件，湖南农民杨世圣等不可能自行前往安岳，他们不知路线，更没记录地名、里程的条件。据杨氏后人称是从招民的官差处抄来，康熙二十九年（1690）传给杨世贤的。
② 湖南无芒江县。今有芷江侗族自治县，古沅州府治设于此。
③ "塘"为清代地方设立的基层邮传点，约十多里设一塘。
④ 从沅州府地界入贵州省石阡地界，入川黔官道上的板桥。

坪歇，六十里；杨溪石阡府管、龙洞、板桥、鸡冠山、长兴塘、桶口过渡，歇八十里；一盆水、任家场、合朋溪、长宁坝、何家湾、七生铺歇，六十里；坟坝无店、峰岩场、巡检司、大堰塘、黄心树、白洋坪歇，五十五里；半边街、扎龙塘、鱼牮沟，过头寸星子歇，八十里；正场、过税遵义府管、岩孔歇，六十里；黄鱼桥、婆罗场①、郎山分路、五里坎、新场歇，七十里；板桥②、白石口、桐梓县、麻里湾歇，七十里；元田坝③、箱子坪、一堖三坡④此坡五里、新店场歇，八十里；蒙渡塘过船、大锅厂、小锅厂、七阵溪、三元坝⑤、松溪场歇，六十里；上松坎、酒店场⑥离贵州地，至四川界、安稳塘⑦挂号、黄泥坳过渡，歇，赶水一百里；鬼见愁、常税坪、东溪⑧、金土地、鱼梁坡、黄金坪、七子桥歇，一百里；綦江县、明夜途、古佛坎、关圣场歇，一百里；平石河、黄泥场、塘牮河过渡、河边场、李明坝、七里江歇，八十里；油溪⑨过渡、无滩场⑩、倒马坎、陈家场、马银桥歇，一百里；永川县、蜘蛛铺、耗子场、单石铺、牛尾铺⑪分路左手、双路铺⑫歇，八十里；龙水镇、大足县、中件场⑬歇，九十里；高坪铺、孔雀铺、清流场⑭、石羊场、高桥歇，九十里；灌子河、流湖铺⑮、走安岳县歇，七十里；永兴铺、鸳鸯场、板庙

---

① 又做波罗场。
② 板桥，在遵义至桐梓间。四川綦江以后地名在现今地图可查。
③ 今桐梓县处米镇元田村。
④ 又做夜郎三坡，在桐梓县夜郎镇内。一脑三坡，当时以湖南口音所记录。
⑤ 今桐梓县三元乡境内。
⑥ 又作酒店垭，在今桐梓县尧龙山镇境内。
⑦ 今桐梓县安稳镇。
⑧ 今綦江区东溪镇。
⑨ 今江津区油溪镇。
⑩ 江津油溪过长江是吴滩，至永川途中的陈家场今为陈食场。
⑪ 永川至牛尾铺在古东大路上，今有牛尾铺村，与大足长河村相近。
⑫ 从牛尾铺右分路向北，经双路铺、龙水镇、大足，上小川东路（又名东小路），为去安岳的捷径。双路铺今为双桥（区）镇。
⑬ 大足中件场，现为中敖镇街道的部分。
⑭ 大足至石羊之间的清流场应为青油场，后称青龙场。
⑮ 安岳流湖铺即今之永清镇。永兴铺在今安岳县岳阳镇永兴村内，与古鸳鸯场相邻不远。鸳鸯场今为鸳大镇鸳鸯村。1932年设鸳鸯乡，1937年改名鸳大乡，在安岳县城西北10公里。古代永兴铺与鸳鸯场均属安岳县10个乡之一的附郭乡，民国以后改属今之岳阳镇。岳阳镇古属在城乡。

子、堰田沟①落业，四十里。行程三十一日，途程二千三百五十里。

（陈大雨点校）

附录：（资中谢氏）入蜀履历附程途
（清）佚名

　　蜀自献贼之乱，蚕丛鸟道，久绝人烟矣。康熙三十六年（1697），诏楚民填蜀。我大田②七房奉诏来者四百八十余人。报垦资中者数人。我高祖尤劳瘁也。详述履历，见当时独善孙谋；并志程途，愿后世无忘祖步。

　　康熙四十四年乙酉（1705），高祖尔占公夫妇，留伯曾祖龙公居守大田祖业，遂携家来蜀，挈子女及媳各四人。初至资，寄居高山观古刹，即插占桐子口之高家沟。既以其地水夹山高，且近城。其六年，迁于安岳县赖兴乡之圆坝场，旋复还资。先是，李公祖朝居石板滩上流张家街，公戚好也。公以事诣李，李力劝公垦业，从之，遂举家来，主于李，曰"越小溪"。斩荆刺月余，得古屋，知为郑氏，故业今俗呼为"郑家沟"者，以此报垦。归适村中，桂花盛开，香闻数里，因更名"桂花村"，定世居焉。

---

① 杨世贤为了赶上《入籍四川例》"凡流寓愿垦荒居住者，将地亩给为永业"的时机，于康熙二十九年（1690）从湖南省新化县，赶赴四川省安岳县永兴铺鸳鸯场板庙子堰田沟落户。其后裔一部分，于民国二十年（1931）移至大足县龙水镇蓑衣坡（今属大围乡）。

② 全名湖广宝庆府武冈州龙管乡一都仁龙里野鸭甲大田。谢氏始祖谢君富本为江西吉安人，因从贵州安顺府太守任上解组归乡途中，见此地山水秀美，遂定居于此。

附：入蜀程途

大田至高沙市三十里，洪江二百四一里，黔阳县六十里，沅州府九十里，新店子一百里，朱家场七十里。贵州界：马鞍山六十里，王平庄五十里，风箱九十里，龙潭六十里，文家店五十里，风岩六十里，正场一百四十里，卜老场①五十里，转龙场四十里，桐梓县七十里，锅厂五十里，松坎八十里，界牌三十里。四川界：黄泥坳三十里，敢水②二十里，蛇皮滩二十里，铜鼓店三十里，三角塘六十里，桂花村六十里。共计二千三百二十里。

（陈伟平点校）

（威远李氏）相儒公遗嘱
（清）李高辉

本文及附录选自威远县桥凼村斑竹林《李氏家谱》，民国十三年（1924）石印本。李氏入粤始祖李藩，宋绍兴进士，绍兴二年（1132）由福建原清流播迁广东揭阳后，绍兴五年（1135）迁长乐（今五华县），后裔李春华南宋末又回迁揭阳，明初李子高再迁回五华县。本文主要描述李相儒携家迁四川威远县和田地分配七子情况。

---

① 安岳《杨氏族谱》作"破脑场"。
② 安岳《杨氏族谱》又作"赶水"。

父李相儒，今年将耄矣。予生平阅历，犹堪追述焉。苟不悉数之，恐世远年湮，子若孙未知予勤劳刻苦之心。

父生于粤东惠州府长乐县陂下四栋老祖基①，后分河洞尾居焉。予生不辰，夙遭闵凶，孩才一月，慈母见背，零丁孤苦，最为难堪。及长而有室，一索而得男，屡索而屡得。斯时也，生之者寡，食之者众，饥寒之日多，饱暖之日少，予亦有去志焉。第父母之邦，人所难忘，谁不恋恋此都？孰克郁郁适兹土也！至康熙壬寅（1722）、[雍正]癸卯（1723）之间，天时不顺，饥馑荐臻，四方之来川者，不知几千户矣。予亦不得已而挈妻携子，而迁于四川成都府内江县西乡②，暂托足焉。维时佃田批土，穷且益坚，不坠继述之志；老当益壮，宁知白首之心。栉风沐雨者几年，披星戴月者几年。因年积累，由始而少有。于乾隆九年（1744），买得嘉定府威远县南乡③斑竹林田土一处，始得有宁居焉。然竹篱茅舍，非所以安上而全下也。又于乙丑年（1745），建瓦屋一座，所以妥先祖之灵、安子孙之身也。继自今子孙日益繁，费用日益广，虽欲共灶而不可得也，爰将所买斑竹林田土八分均分，粮银八分平纳，各照分关管业。其高冲所买田土一处，生为口食之资，死为殡葬之具，千古烝尝祀田，或有分者，后必不昌。其芦稿冲所买田土一分，系柏久以下六兄弟④备价所买，长房松久不得而混分焉。若夫长男松久多一分者，非偏私，古所谓长房田也。其余诸子，亦不得而争夺焉。父今将耄矣，故嘱咐之尔等：各立其志，各增产业，丕振家声，光大门闾，庶不负予勤劳刻苦之心也。日后毋得强凌弱，众暴寡，和气生财，千载昌盛。以是为嘱。

在场见嘱：弟秀凤，侄先联、楠久、梅久，母舅：陈自越、陈自昌

代笔：弟庠生高辉

---

① 老祖基，今广东省五华县安流镇。
② 内江西乡，今内江市中区朝阳镇。
③ 威远县南乡，估计属笔误，民国时实为东乡。
④ 六弟兄，即柏久、槐久、桂久、梓久、棕久、标久。

乾隆十六年辛未岁（1751）十二月初四日立遗嘱

附录：相儒公行略

（清）佚名

相儒公，为人力敦长厚、度德守分，有古人恬静之概迹。其生平、立身、行己、处世、接物，无不可为后人法也。当日者，囿居桑梓，家事萧条，肩担度日，其困苦难堪几何年！迨康熙己亥年（1719），盛祖①率俊、任二公②自粤迁蜀。维时，松久公③奉盛祖随俊公远适川省，翔视乐土。及辛丑年（1721），松公归告。即于壬寅年（1722）挈家播迁四川，驻足内江县西乡安贤里圆山子冲尾④，尝耕居焉。惟想关山难越，知公栉风沐雨、备历艰辛者，几经风月矣。于是由困而亨，于清乾隆元年（1736）落业四川上南道嘉定府威远县东乡斑竹林⑤，为子孙久远之基，册名李向耀。乾隆八年（1743），屋宇鼎立，为安上全下之谟。公立遗嘱备记于后，毕生阅历甘辛茹苦之境，昭昭可按。其有高冲田土全分，载粮八钱，公凛凛致嘱，提出作为公千古烝尝，命子子孙孙世守勿替。其为后世计者，至深且远也。公乃四川创业始祖也。妣陈妙仙，仁敬孝慈，温恭懿惠，自粤而蜀，力尽内助甘苦，备尝丝粒之训，常肃闺门勤俭之语，久铭子心，敢曰女中君子也。

（李东点校）

---

① 盛祖，即李奕盛，相儒公之父。
② 俊任二公，即李俊儒、李任儒。二人裔世居内江。
③ 李松久，李相儒长子。
④ 圆山子冲尾，即指在今内江市中区朝阳镇太仆村5组周家桥。现桥已毁。
⑤ 斑竹林，在今威远县界牌镇桥函村10组。背面建有李家祠堂，后改平安村小学，现祠已毁。

（威远周氏）周氏粤东迁西蜀七言律
（清）周朝珍等

  选自威远县龙埝村石坝冲《周氏族谱》，光绪三十年（1904）手抄本。周氏始祖周仁德，宋末元时人，由福建宁化县石壁乡迁粤之五华县，后裔周廷琮清代迁入四川威远县。

其一 　　　　　　　　　　　　　　　　　　　朝珍作
  祖脉原传自粤东，宗支发派若无穷。姬山西去家声远，汝水南来世泽洪。历代馨香垂德厚，三迁统绪庆功隆。渊源不昧尊亲道，蛰蛰兴歌谱国风。

其二
  祖德宗功庆泽长，于今西蜀俾流芳。承先不昧姬山耀，裕后常增汝水光。播迁越移绵世德，经营卜筑报馨香。箕裘善继前人绪，丕振家声万代扬。

其三
  木本水源百世崇，馨香一德昔传东。渊源有自濂溪合，脉络分明汝南同。继往开来仁德广，承先启后孝思隆。于今西蜀尊亲族，欲识先人谱牒通。

其一　广东 　　　　　　　　　　　　　　　　抡元题
  祖脉原来实系东，箕裘远绍记功隆。三迁统绪人才盛，百代宗支谱牒通。汝水波翻承世泽，姬山挺秀耀家风。仁德开基绵后裔，岭南公所庆斯螽。

其二　姓周

缵绪簪缨世泽长，声称作述古来扬。一门相继为君相，八士同登坐庙廊。蛰蛰螽斯垂后裔，绵绵瓜瓞迪前光，服畴食德家声振，历代名卿数周行。

其三　上川

长乐安居历有年，琮公偶把远方迁。同胞接踵西川地，两弟犹留东粤田。祖冢暌违难祭扫，家乡望断莫云烟。离别故里情何极，只得殷勤抚二弦。

其四　离兄弟幸生有二子

我祖抛乡甚惨然，痛令伯仲信常传。音书捧读衷肠叙，手足相思泣涕涟。别后千辛谁识苦，承先二子算为贤。严陵自北基初创，石坝冲头乐永年。

其五　入川人财两发

既尔成家在朔方，油糖粉酒费畴量。光前世业为耕读，裕后贻谋肯构堂。惟荐馨香勤报德，更尊亲族俾流芳。于今西蜀人文蔚，兰桂盈庭百代昌。

其一　　　　　　　　　道光甲辰岁邑庠生礼备题

锡姓于今近万年，宗功祖德庆无边。姬山世泽长江海，汝水家声并地天。那愧螽斯联四韵，都成麟趾咏三篇。原来忠厚开基远，昭代遗风到处传。

其二

仁德祖先发粤东，绳绳蛰蛰到今隆。三迁异地非辞苦，一本支流但显崇。有谱斯能昭祖讳，无牒何自记宗功。周家孙子真蕃衍，序族方知处处同。

(陈伟平点校)

（威远夏氏）夏氏始祖一通公行述
（清）康宣

本文选自《严陵夏氏重修族谱》卷二下。该谱共五卷，现存三卷，夏士琼等撰，同治十二年（1873）刻本。夏氏祖籍湖南衡阳，入川至威远县定居。夏氏在清代一直主持威远铁厂的事务，对地方社会影响巨大。

始祖一通公，字君臣，曰翰公次子，生于康熙七年己酉（1668）十二月二十四日午时，湖南省衡阳县生长人氏。自幼勇力过人，智能出众，身长六尺，长面骨脸，细眼三须。为人心志精明，性气公直，不屈于物。始以读书未成，乃学武艺，精通算法，长于格斗，能餐升米猪首。因家贫母故，伯仲分爨，田地窄狭，乃自奋曰："大丈夫有志创垂，当驰驱四方，谋其远大者，以为子孙计。岂可守此区区以终老乎！"乃将祖业让与伯兄，尽室徙蜀，行年三十八岁。于康熙之丁亥年（1707）冬月十八日开船，于戊子（1708）之春，抵资州之海面屋基暂住，佃耕一季，意在落业于斯，而囊金不敷。复觅于威邑之新乡，离城之八十里观音滩王家湾，而喜曰："是地偏僻一隅，而山水耸秀，地土优渥，可以永子孙也。"乃商之地主罗姓，倾囊数十金兑焉。于己丑（1709）之春，帅诸祖驱虎豹、辟草莱而居。日勤开垦，数年间得以积余，复置土河沟、太平桥等业。雍正初，奉旨安插，难民恣肆，弱者辄为所逐。公乃往来荣邑，与诸难民讼斗，势无少屈。至雍正七年（1729），奉旨征丈，复出身办公，算法居首，与二邑诸豪杰齐名，人皆畏之，乃得保全诸业，以分给诸祖焉。原配王氏，生六男二女。享寿六十有八，于乾隆丙辰年（1736）十二月十八日亥时，终于观音滩住宅正寝，葬本乡之申家湾飞凤山，丙山壬向。

赞曰：贤者不囿于地，而能顾盼千里，出其经纶，为子孙造无疆之福。今公往矣，迄今睹观音滩土河沟等处，起阴阳流泉，人物山水，莫不超然出秀。公于荒墅深林之中，虎豹群游之际，卜而择之，非具卓识巨眼，其能辨此哉夫！亦可想见其为人矣。

临溪康宣拜述

（陈伟平点校）

（内江冯氏）入蜀来历

（民国）冯锡馨

本文及附录选自内江《冯氏族谱》，民国石印本。该谱共四卷，冯锡馨等修。冯氏祖籍福建上杭，康熙末由闽入蜀，是清初内江地区最早的客家移民之一。

据草本所录，汉、德、云、清四祖名玖、瑚、瑞、佩，原住福建省汀州府上杭县平安图乡财溪村尾秧田角下。因人稠地狭，兵乱繁滋，斯时伯祖明玉已故，汉、德、云、清四祖以此地不可久居，向母李孺人筹商往迁蜀地。母氏欣然，时年七十有五。遂于大清康熙五十年辛卯（1711）八月，捡束行李，上奉老母，下挈妻孥，迁四川省直隶资州内江县东乡观音里镇龙桥居住，置买田业一庄。又于康熙五十一年（1712）城内小西街置买祠堂一座。来川六年，母年八十有一寿终。三年丧毕，德玉公思念祖父祖母与父亲坟墓在闽，无从祭扫，乃于雍正元年癸卯（1723），率云玉回闽，将应元祖考妣与胜兴祖金骸，一同搬运来川。应元祖与廖妣合葬土墙房后，申山寅向。胜兴祖与李妣合葬汪家冲后岔，丑山未向，俱竖有碑为记。

旧谱存疑云：千一公迁广东，千二公迁〔和〕平县匠洞，惟千三公未去，仍居财溪村，似属我房之祖。今在芋荷沟应春公后裔登贵祠处，藏有冯氏雁塘谱，考得千一公确是我房之祖。旧谱所录皆非，附著于此，以绝疑义。

附录：入蜀祖汉玉、德玉、云玉、清玉合传

（民国）冯锡馨

入蜀祖汉玉、德玉、云玉、清云四祖名玖、瑚、瑞、佩，以付公之子，福建汀州府上杭县人也。生于闽，长于闽，其嘉言懿行早见重于闽，不卜可知矣。四祖最有硕见，奉母李孺人于康熙五十年（1711）自闽入蜀。斯时伯祖明玉已故，伯妣谢氏孀居，携二子辛龙、三满来川，过浙江龙泉县①，遂依舅家，不复偕来。惟四祖及四祖妣，汉玉公子可宪，德玉公子可荣、可圣，倭迟道路，有所不辞；寒苦风霜，有所不避。不知车马之烦怠几何，日月之递迁几历，而后至于汉安也。夫远适异地，昔人所悲。四祖乃于数千里外营广厦，置良田，为子孙开不朽之基业，其有猷有

---

① 此处可能有误，不符合入川的方向，应当是江西吉安府龙泉县。

为，为何如也？夫岂不贤而能若是乎！当入蜀之初，窃念我身在蜀，祖父在闽。毛里属离，乡关远隔，谁非人子，此情何堪！乃迟之十年，德玉祖率弟云玉将应元公考妣及胜兴公金骸迁至内江东乡，觅得吉地，妥为安厝，而仁孝之心方遂，其用心亦良苦矣。虽往来旅况，顿觉堪悲，而不忍忘亲之心油然而生，其劳苦何暇计及哉！爰为之赞曰：四祖孝念，独一无双。自闽入蜀，道阻其长。甫定居止，旋念故乡。乃祖乃父，隔离堪伤。见人祭扫，碎裂肝肠。惟德玉祖，复整征囊。率云玉弟，返赴闽乡。祖父金骸，负来内江。卜来吉壤，气聚风藏。窀穸营缮，封树精良。清明日暖，虔修豆觞。垂统创业，世兆炽昌。野开田宅，邑置祠堂。将享不忒，后裕前光。孝思维则，奕叶流芳。施于孙子，长发其祥。

七世裔孙锡馨沐手敬撰

（陈伟平点校）

（内江钟氏）伯佑祖房入川序
（清）钟炳朝

本文选自内江《钟氏复周祠族谱》卷一，钟泽南编，民国二十七年（1938）石印本。钟氏乾隆年间由广东长乐县迁入四川资州。在资州地区，钟氏以农落业，以贸发家，其发展的历程是众多广东客家移民开辟四川的典型案例。

当思入川之源，自十五世余祖妣也。余祖妣生三子：长文明，次文通，三文亮。弟兄年幼，因伯佑公亡故得早，昌奇公又亡，丢下余祖妣母子四人，家寒无依，衣食艰难。祖妣遂离广东而迁于四川，至四川省叙州府富顺县下北路朝天寺竹山下原有亲眷缪姓家下暂住数载。祖妣劳苦，文明、文通、文亮弟兄俱营工度日，勤俭自持。始佃耕石桥马车湾，耕种数载。又迁于过河湾，佃业耕种，稍积余钱。至乾隆五十二年庚戌岁（1787），在内江县西乡安乐里地名杨家湾，当得黄姓产业一分，价值一千四百钏文。乾隆辛亥年，文明公回广东培整祠宇，并及鉴公坟茔，买有田土一分，地名良宁围关里，送亚七经岗丘一节，并及圳塘上丘一丘，共容种子二升正，载官民米六合正。此田土交与原中缪君用子孙耕种，以作每年祭扫焚献，不称租利。但祠宇系先年与缪云汉、缪英才同买共立，逢中破分，在吾祠左，安妥祖宗。吾祠又托叶富兆、陈宏清、缪声性、族中堂叔祖朝俊、粤俊、璈俊六人一同照映。日后子孙或有回粤，本源可知，恩德宜报。文明公将祠墓之事交清已毕，离粤回川。弟兄商议在威远县东路隆会乡地名坳口塘，当得倪姓产业一分，价值钱一千三百钏文。嘉庆九年甲子岁（1804），在富顺县下北路富义乡地名李家冲，买得艾姓产业一分，价值银二千两。嘉庆十三年戊辰岁（1808），在内江县西乡安乐里地名柑子湾，买得何姓产业一分，价值钱一千六百钏文，系文明公子孙管业耕种。李家冲田土左股，文通公子孙管业耕种；右股，文亮公子孙管业耕种。后世子孙须知立业之祖，入川之源，宜报宗功于万一也。前八世祖贯公在广东省琴江都周潭约田背所置产业，因子孙各居一方，无人承管，乾隆甲戌年（1754），伯振公回广东出卖此业，价值银五十两，将银带至四川资州内江县。乾隆丙子年，伯运公、伯佑公两房子孙商议新立册名钟复周，买得城内大东门桂湖街基址一所，立为祠宇，坐北南向，丙山壬向。前至城墙，左右至垣墙为界。祠后瓦房一座，共十二间，前至街中，左右檐水所滴为界。乾隆辛丑年，文亮、亮建、再朝公孙三人承首经修祠宇，每年清明冬至祭祀焚献。又买得凤窝赵洪鼎阴地一所，系伯振公一房。又在西门城外学院街买得房屋一座，前至街中，宅后熟土两段，至大河边左右窨石为界，系伯振公项下所买。既后无人承管，遂归祠内子孙管业至道光丙午、丁未两年。亮、璡、捆朝、镇顺公孙三人承首补修，辉煌祠宇牌匾。至同治十二年癸酉岁（1873）五月三十日，捆朝、炳朝、廷旺三人承首培整宗牌及匾，于此录出，以为后世之鉴，不没前人之功也。

十八世裔孙炳朝谨识，大清同治十二年癸酉岁（1873）闰六月吉日

（陈伟平点校）

（蓬溪奚氏）岁贡生方左公传
（清）陈殿飏①

本文选自光绪三十二年（1906）刻本《蓬溪奚氏宗谱》上卷午集《志序传记》。该谱分上中下三卷，内又分数集。谱内文献丰富，尤以清代著名诗人奚大壮的文献尤多，可补公藏之阙。

公讳汉文，字方左，遵义廪生。迁蜀后始任岁贡，候选教谕。公父仕陵公居贵州遵义通平里万亨庄，生方左公兄弟三人：长汉广，字为政；仲汉清，字九河；季即公也。九河公赋性豪侠，与世多龃龉。以避难来蜀，偶经潼川府蓬溪县，见县境人烟萧索，会邑令徐缵功下令召集流氓开垦，给为永业，九河公即自首认粮。旋回遵义议迁。方左公秉性诚笃，坚欲守先人坟墓，不肯轻去其乡里。九河公以计迫之始行，凡旧有之田庐、器物，皆举而弃之，捧奉先人木主十余座，徙居蓬溪东乡姬家坝②，地滨于

---

① 蓬溪县贡生。
② 现划归潼南县。

涪。涪左之地皆为奚氏所有，其他居民多自两湖迁来。是时，飞鸿遍野，绝无弦颂之声，惟方左公素裕于学，深沉经史，作文尤有古大家之风。弟兄三人同居，子侄辈十二人，孙辈四十二人，济济一堂，无有外傅可就，惟公从读。赖两兄经理疆界，纲纪家政，公得以尽心教授。邻境子弟之英者，亦多负笈来游焉。人皆称涪左之文教，惟自公开其先云。所尤异者，国初定鼎，邑中学额旧只八，石公子孙两派列胶庠者十四人，几足两榜，其子辈如人英、人念、人哲、人显、人卓、人瑞、人鹏是，而人哲尤以岁贡实授綦江教谕。其孙辈如文龙、文梶、文明、文密、文蔚、文言、文渊是，而文梶尤以增生晋封奉直大夫。三传至继辙，则以举人任知县。四传至大壮①弟兄，或捷南宫，或绾县符，或理蓝政，或为府贰。奚氏之盛至斯已极，推其源莫非公之教泽有以贻之也。蓬溪东乡以科甲世其家者，人咸以奚氏、蒲氏并称。蒲氏以拱辰开其端，奚氏则以公倡其首。旧志比拱辰为蓬溪之文翁，如方左公者，又何多让焉。

（陈伟平点校）

（荣昌罗氏）汉槐公墓志
（清）李国崇

  本文选自荣昌《罗氏族谱》，清末抄本。罗汉槐祖籍广东嘉应州长乐县，乾隆年间迁入四川。罗氏经历奇特处在于历经迁台和迁蜀，将17世纪客家人的两次重要移民活动串联了起来。

---

① 奚大壮，字止安，号雨谷，清代巴蜀著名诗人。嘉庆乙丑（1805）进士，担任过湖北应城县知县和兴国州知州，著有《雨谷诗集》等。

尝考古之传记，有所谓奇男子者，如翁可当之矣。盖人生席丰履厚非奇，而山贫而富则奇；安土重迁非奇，而自近而远则奇；且履常处顺亦非奇，而由危而安则更奇。准此以求备之者，世不多见。

惟翁系雍正四年丙午岁（1726）三月初一日辰时，在广东省惠州府长乐县水寨约太平甲沙葛村曾公陂横岭下老屋建生。及稍长，家无担石，贫莫聊生，计不得已，爰禀高堂，出外贸易。仅携数金，远适台番，航海跋涉，以权子母。自乾隆八年癸亥岁（1743）出行，其住外邦三载，虽居奇颇多，屡欲归省，奈海帆不顺，久滞行旌。迨乾隆十年乙丑岁（1745）元宵之辰，始获顺风归家。见者莫不喜出望外。而公复不私其所有，除资本外，概将余金分润族亲，了无吝色。已乃洁修，随奉肥甘，周旋膝下。凡养生送死，无不自致，情及孝服方阙。又因家计维艰，将业寄托亲族永为祭田，持众所饮赆金，于乾隆三十七年壬辰岁（1772），偕佳偶陈孺人及其家君，年方九岁，褓负而行，由粤抵蜀。始居荣昌吴家铺，旋移城内大南街，持筹握算，创业开基，共举三子。复为长君援例太学，兼命孙辈或士或商，日新月异，买店数契，置业数处。其传家有道，无不可为后世法。厥后躬历三朝，目睹四世，寿享八十五龄，于嘉庆十五年庚午岁（1810）十二月初一日酉时终老牗下。

合而观之，翁始也家无立锥，继也田连阡陌，是贫而后富，一奇也。生长东粤之区，终处西川之地，是自近及远，二奇也。外越东海之破涛，内遁巫峡之险峻，是履危能安，三奇也。具此数奇，古之所称奇男子者，其在斯乎！至若生平轻财重义，忠厚以存心宽，恕以待人。余与翁产业毗连，世相交好，令嗣孙又从余游，因得悉颠末，而为传其奇如此。

铭曰：峨峨高山，活活流水。中有奇人，葬此吉址。马鬣既封，牛眠足齿。积厚流长，永锡福履。

嘉庆己卯科（1819）举人、候铨县正堂竹轩李国崇拜撰

（陈伟平点校）

（荣昌李氏）万玑公传

（清）李士薰

本文选自荣昌《李氏族谱》卷首，同治六年（1867）刻本。李氏祖籍湖南永州府东安县，康熙年间来荣昌开基立业。李氏谱内不但记录了各种序传，还记载了反映移民社会初期错综复杂的移民关系的内容。

公讳万玑，字秀恒，康熙辛卯（1711）自楚入川，家于荣昌三块石江河沟①。公性淳朴，躬自厚而薄责于人。时族有元祯、元禧者，以公忠厚，奠宅居中，常有吞并之意。因谓公曰："左蒋、唐两姓，祯足当之；右毛、万二家，禧可御之。"心异言甘，殆诱公也。公受两房欺凌，每欲离乡他处。及置产华阳，请中向两房承买沟业，而元祯、元禧复掯卡。公莫何，于亲友处借偿田价，终无怨言。继岁旱，族人霸沟水，公畏之，莫与争，乃夜间潜行放水，为族人殴伤，茫茫然归，谓家人曰："今夜病矣，予两臂跌伤矣。"即觅药疗治。可未几伤愈，谓子载柏、载梅曰："畴昔之夜，为族人殴伤而不汝告者，恐汝因此构讼，致汝弟兄耗财也。今事过伤愈，其毋语。"公德配季氏，性贤淑，年四十有四，病卒。公只身独处，终岁清斋，每岁于岩洞子诵经一二月为常。至岁余，荷锄平道，日炊途，夜寝室，而终行不倦。没年七十有二，葬老宅后祖顶山下。先是，公之执斧斤以入山林也，伤左指而血溅地。公覆土以掩之，久之而土加长矣。公由是

① 今重庆市荣昌区安富镇境内。

卜斯焉。倘所谓天之以吉地报吉人者非耶！薰生也晚，不获亲睹其容，然尝得诸父老传闻，窃聆其忠朴醇厚与其生平行事，而后叹公之待人宽而恕也。迄今瓜绵瓞衍，子孙曾玄不下二百余人，或身荣国学，或名列胶庠。非公忠厚之持家者，远乌能致近，今之衍派者长耶？丁卯（1867）冬，谱牒落成，薰慨慕流连，历叙颠末，因为公传，并附以诗曰："平生忍让著天机，厚朴如公世所稀。两臂独伤仇易释，只身孤处性难移。佳城卜吉原情致，履道修平在岁余。念厥先型差足慰，延绵世泽德长垂。"

娚孙邑庠士薰香山氏顿首敬撰

（陈伟平点校）

（巴县赖氏）遇顺公入川落业原序
（清）赖遇顺

本文选自巴县《赖氏族谱》，光绪二十年（1894）刻本。赖氏祖籍粤东兴宁，乾隆初入川，定居巴县，是较早一批在巴县创业的客家人。

尝闻万物本乎天、人本乎祖，故《礼》曰："乐乐其所自生，礼不忘其本也。"况当迁徙之余，有去国离乡之感，不亦劝人以水源木本之思乎？窃维我赖氏本脉系轩辕黄帝二十一代孙武王之弟颖王，封于赖国。后世因战争之乱，避秦灭姬，改姓更郡，子孙因以为姓焉。居颖川，迄后庄公、遇公居松阳，江东知府启奏改为松阳郡，颖川、松阳皆一也。迨生齿日繁，散居九州，原基由河南分派江西、福建。祖六郎公生子二：长虞宽，次朝美。朝美公生子一，号明佐。明佐公生子三：长显佑，次显益，三显吉。显吉公生子五：长千三郎，次千五郎，三千六郎，四千七郎，五万一郎。千五郎生子三：长添德，次懿德，三文德。只皆详其本派，他未及叙。文德公系明朝福建汀州府永定县居住，继徙广东嘉应州兴宁县南厢长兴围。前代世系久而难考，遂推文德公为一世祖，二世法高，三世中兴，四世象峰。始与各房商议立簿书、捐生息，选族中殷实者执存，出其余积，置买白墓岭八岭塘长兴围等处田土，以为清明祭祀之需。更立条规，就添丁者，出银一钱。至十年上坟领胙，有进庠捐监者，给花红银叁两叁钱，旌表节孝亦然，大则必增厚焉。由是各加奋勉，蓄积愈多，买基址于兴邑城东塞动口，创修宗祠，于冬至日聚族备牲，以承祭祀，较昔时更一新矣。五世为儒公，踵而行之，于长兴围处多买祭田，地名岗尾墩椣坡角。当斯时也，牺牲既成，粢盛既洁，庶几可以无憾。六世光宇公，讳鉴尤，虑后起之不振，于传家分产时，提心鸡社侧高坡子，椣坡角四处田业为祭田。祭则照丁分胙，其燕翼之贻，继继承承，绵于无替。自是而曾祖而祖及父，家声依然如故。父讳曰奋，号聚励，嫡母陈氏，生兄维瑶，号乾益。予则继母罗氏所生，连遭饥馑，家贫无措，幸兄饶裕，将受分田业卖兄管理，于乾隆甲戌岁（1754）二月，舍桑梓而入川，落业于重庆府巴县孝里九甲地名沙田。自买此业之后，建修房廊，种树数十根，以培其基。抚其今而追往昔，未尝不三收而流涕也。当入川时，关山跋涉，困苦怆惶，未暇携谱。设代远年湮，虽有孝子慈孙，不忘源本，其孰从而考据？执此而远故里，不诚可以联世系而辨亲疏乎？予虽远适，予实有后望焉。

皇清乾隆二十年乙亥岁（1755）孟夏月遇顺笔叙

（岳精柱点校）

（巴县赖氏）赖氏族谱序

（清）赖辛化　赖辛贵

本文选自巴县《赖氏族谱》，光绪二十年（1894）刻本。赖氏于清乾隆甲戌年（1754）自广东嘉应州兴宁县入川巴县孝里。明朝时期，该族从福建汀州府永定县移广东嘉应州兴宁县。

盖谱者，系也，正所以系一本之亲亲矣。缅我维珊公，由粤入蜀，卜居巴邑孝里九甲名沙田。况当迁徙之时，有去国离乡之感，未能携谱牒，第述其略，笔之于书以授。父辈曰：吾先人久在河南、江西省，岁序云云，遥不能记忆。其在福建者，虽能记忆，亦略而不详。惟就本支所派者，历叙其源流，使后世子孙见而知其所自出也。但初入蜀聚首，曾无几人，仅生子四：长天与、次天赐、三天翼、四天爱。当四人成立，分产而后，时值年荒，幸天爱稍裕，而长三人并将受分基业出售于天爱管理，一舍桑梓而入南川，一离故都而徙云南。要皆无有谱牒，其各以予之笔录为考究焉可。然吾祖与父之言其大略如是。吾父天爱公行居第四，生予兄弟二人，一生辛苦倍尝，复能保全斯业，后欲光照前代，创修家乘而竟有志未逮焉。当吾父去逝之后，惟予二人奔营家务，黾勉同心，遂将沙田为先人故迹，议作宗祠，以示不忘本之意。又欲往粤东省坟墓、考系图，创修谱牒以垂诸不朽。孰知生齿日繁，世事羁身，徒存虚意。迄今兄及弟也将将迈矣，弗能为也。倘不及时编次，设代远年湮，不将繁然而无纪乎？爰即祖父所贻簿书详加考订。自福建以来，并入川而后，历代源流及落业事迹，与名号妣氏生迁卒葬载成一册，以昭兹来。许诺后世之子子孙孙，有能丕振家声，动木本水源之思，培修祠宇、续修谱书者，本维珊公原序并予二人草格出此示之，庶几数典而不忘其祖云。

大清道光十八年（1838）岁次戊戌嗣孙辛化、辛贵谨识

（岳精柱点校）

（重庆吕氏）嘉会公传

（清）吕明杰　吕明俊

本文选自重庆《吕氏族谱》，民国十六年（1927）石印本。该谱不分卷，吕明俊等纂修。湖北黄陂吕氏家族从康熙末年吕世宾开始，先后有族人陆续经商渝城，其中以吕嘉会最为闻名。吕嘉会生于乾隆中期，入川大概在道光年间，他以负贩起家，渐成巨富，在渝城绅商中名声鹊起。吕氏家族的历史不但充分反映了清代中叶以来一个移民商业家族的艰苦创业史，也反映了清代重庆府商业的兴衰更替。

公讳嘉会，字以文，号辅仁，楚人也。世居黄陂邑西育猴子山老屋湾者，公恰是地生也。公少时怀大志，尝以承先启后为己任，性至孝，能博堂上欢。同胞三人，公居仲，孟朴季幼，公独颖慧。出外就傅，过目辄不忘，塾师目为大器。清嘉、道年间，鄂地早兵燹，公家被焚掠，饔飧难继。菽水承欢，更直家运不辰，椿萱并谢。公节哀顺变，葬祭尽礼。时公年甫十六，见家境日窘，生活维艰，势难深造儒业，乃决心就贾，以逐什一之计。间闻蜀川富饶，古称天府，惟道途巉岩，行旅裹足。公志坚力毅，不辞劳苦，弗计险途。自荷湘竹一束，行李半肩，即行首途，道经巫

峡、夔门，历经山岖水险。公自叹曰："蜀道诚难，他日若得志，必凿滩浚河，以利交通。"公抵渝，甫卸装，即入商场，学负贩。未几，业成，往来川楚间，岁无宁日。卒于重庆开设益美商号，对人接物，诚信履谦，商界咸尊仰之。公握算居奇，亿则屡中，获利蓓蓰。始还乡，完娶陈氏，生子二。陈氏殁，复在渝娶郑氏，生子三。公奔走川楚数十年，蓄资数百万，于渝黄两地各置田宅，一则光恢先绪，一以垂裕后昆，策划精详，思虑周至。既了向平之愿，更贻燕翼之谋。分配五子，各给田房，无厚薄，惟益美商号提作郑氏赡资。生有养，死有归有志者事竟成，实不负初心也。公好义急公，遇求贷者，倾囊不吝。至公益慈善，举办者不知凡几。惟川河凿滩，夙愿未偿，乃请鄂督提奏，公愿捐款一二百万以成其事。讵知修短遇数，天不假年，覆旨未颁而公已仙逝矣。幸三公子月舫克继父志，奉旨凿浚，川江之将化险为夷者，皆公之赐也。公年七十有九，殁于重庆小梁子街自宅，葬于城南李家田湾。楚蜀两地子孙繁衍，是由公之德泽所教。今因重修族谱，追忆发祥先祖创业维艰，积德匪易，故作是传，以光先德而垂后裔，盖亦未忘木本水源之义焉耳。

民国纪元十七年（1928）戊辰岁季冬月，曾孙明杰、明俊谨识

（陈伟平点校）

（巴县李氏）蜀川渝州官庄始祖敏葵公记
（民国）李嘉猷

本文选自巴县《陇西李氏族谱》，民国二年（1913）木刻本。该谱共八卷，李嘉彩、李嘉猷等续修。李氏祖籍广东嘉应州长乐县，雍

正年间入川来巴县开基立业。

敏葵公，字纯益，秉性孝友，念先迪后，生于粤省嘉应州长乐县。德配彭孺人，内助外备。雍正四年（1726）饥，公年三十四，将田宅嘱交长兄彰，以祀祠墓。追荐祖先七日毕，择吉十一月十八日启程迁蜀，携彭妣、一女、三子祥、云、兰同仲兄汉、嫂温氏、四侄震、发、明、梅，各六人。公捧香火迎祖先。越次年（1727）春前三月廿五日，解束带作舟资，横渡岷江抵渝城，程行数万里，炉内香火未断，即今安置祠内之炉也。公同汉公初寓永川凌家场①李家嘴，至十月，徙巴县白市驿②玉皇观徐家湾。次年正旦，涉驿溪取鱼，拾得数十串黄钱。佃耕三载，汉公去。公耕十九年春，又生三子茂、荣、华，完娶即另耕，时年五旬有余矣。移佃龙凤场③任家坝业，每于农隙，日常购市米二斗。鸡初鸣，即挑渝出售，彭妣肩送二郎关④、亮风垭等处。黎明时，始至归。乾隆廿八年（1763）冬，公寿七十有一，渔鱼至下石桥，偶见官庄⑤宅业，离城非遥，实便利市，罗星塞水，阴阳俱美，田俯溪岸，无忧干旱，溪系泥底，鱼渔不尽（1766）。又二年（1765）十月，成买官庄谷田百九十石，价银千六百两。次年，迁于斯，并饬六子同处一室，以娱天伦之乐。将业分六子，各耕卅石。提留大田一丘，约十石自耕，后作蒸尝。又思宅宇当移左去十余丈，随即延师卜建中堂于古墓处。师欲拆墓以立宅，公曰："吾本自粤来川，愿后炽昌。墓为主，我为客，不如再移半位立中堂以全之。"是于农隙后，亲率六子办理木石泥等项，几及十年，方将宅宇移修落成。入宅时，年已八旬有二矣。兹特详列，以志之不忘云。

---

① 今在永川区临江镇境内。
② 今为九龙坡区白市驿镇。
③ 属巴县直里六甲，今为九龙坡区金凤镇。
④ 今在沙坪坝区山洞街道境内，为巴渝古关。
⑤ 今在九龙坡区杨家坪附近。

民国二年（1913）癸丑冬纯益玄孙嘉猷谨记

（陈伟平点校）

（云阳涂氏）功亮公传
（民国）涂凤书

本文选自《云阳涂氏族谱》，民国十九年（1930）木刻本。云阳涂氏于清乾隆二年（1737）自湖北蒲圻入川，落居云阳。文中记载移民插占土地及官府署券的情况。

公讳弘亮，字功亮，湖北武昌府蒲圻县人。先世居江西南昌，元末讳本任者迁湖北崇阳县。明洪武三年（1370），再徙蒲圻西乡王佐山，是为蒲圻始迁祖。九传至公，皆能以耕读世其家。父斗云公，生子四：伯曰弘济，叔曰弘真，季曰弘规，仲则公也。食指繁，地窄，岁获不足以赡事蓄。于是，仲父元起先徙蜀，季弟弘规迁潜江，公以乾隆二年（1737）携子开盛入四川。四川经明季流贼之乱，杀戮惨酷，居人死亡殆尽。川东各属尤空旷，草蓬蓬然植立，弥山蔽谷，往往亘百数十里无人烟。康熙中，地方既敉平，大吏乃招两湖农商实之。荆楚间人前往懋迁及占垦者，所在多有。占垦者至，则各就所欲地，结其草之末，广袤一周，为此疆彼界之别。占已，牒于官，官不问其地方数十里百里，署券而已。后至者，则就前者贸焉。官则视值之多寡以为差，就其契税之。公之夔州云阳县，时占垦之例久废。居数年，县之西九十里有彭溪，西南流入江。公缘溪上下相度久之，独爱老龙坪山水之胜，曰："是足以长子孙也。"购地一区，议值六百金，罄行箧，只得其半，给之。族子开宁先来，商于云阳小江市，往贷之，不获。乃与鬻者约，当返于楚措赀偿君。鬻者诺，遂挈其子归蒲圻，为娶妇焉。寻病卒，葬大坡中包。配刘孺人，先卒，葬向家湾。赞公曰："公崎岖入蜀，创业未成，遽正首丘，然至今子孙蕃昌，阡陌栉比，固皆公之余泽滂沛也。"公启族于蜀，而蜀之子孙以道远不获岁修春秋祭扫之职，此举族所感慕愧叹者也。

（岳精柱点校）

（璧山陈氏）儒玉陈公传

（清）常廷旌①

本文选自璧山《闽籍陈氏族谱》第二卷，民国三年（1914）铅印本。该谱共有八卷，陈溯东等修。陈氏祖籍福建龙岩，是清初较早开辟璧山的移民之一。

公姓陈氏，讳元珍，字儒玉②，闽龙岩州人，先世多以学行显。公生而魁梧，倜傥有志概。幼读书，不沾沾事章句，常曰："学为身心，岂以博闻誉取功名哉！"既冠，且读且营，家计素贫，食指众，皆仰给于太先

---

① 常廷旌，河南襄城人，乾隆十九年（1754）甲戌科进士，乾隆三十一年（1766）任璧山知县。同治《璧山县志》载："常廷旌，河南襄城人，清璧山知县。每当课士，辄以孝经、性理、圣贤，谆谆讲谕。在任数年，士风淳谨，民俗渐更，邑中称治焉。"
② 陈儒玉，龙岩州龙门里一图一甲洪畲大池村人氏，于康熙五十七年（1718）带族人迁入四川。

生振勋公①，公故不敢自逸，以代亲劳。年二十四，丁父忧，哀毁骨立，附身附棺，必诚必信，人称知礼。嗣是理家务，事无巨细，必躬亲之。张太孺人②悯其瘁，且冀稍自休以教诸幼弟。公故不敢自诿卸，有刻暇，即教幼弟以孝友、勤俭、立身、处世之道，卒皆得以成立。年二十九娶孺人雷氏，既贤且孝。公既获内助，益得经营于外。三十七，执母丧，尽哀尽礼，一如丧父。

方是时，公昆弟四人，从昆弟二人皆同爨。内外数十口，田庐不能赡。闻蜀土广人稀，乃谋挈家迁焉③。卜居于兹，辟荆棘，垦田园，构祠堂，营舍宇，规模粗具，聚族以居。于是择俊秀者命之学，其余习农工及贸迁，各有专业，家无游手。一门之内，教先率谨，秩然蔼然。盖公年五十，忽一日大恸。弟侄惊问，故公曰："先人坟墓在闽，岁时缺祭扫，吾安能觍然食息于此？"急促治装归闽。营祭毕，迁祖父母、父母之骸来璧改葬。且夕诣祠堂，洒扫焚香，虽时值倥偬，未尝忘也。

公为人质直好义，治家公平，处世诚信，尤乐观正士。虽自奉俭约，客至，必竭情相款。遇贫困，多方救济。邻里有争者，公至，辄一言立解。晚年善堪舆，世俗贪求牛眠，往往侵逼古坟。公乃愕然曰："欲求福地，先坏福田。纵得福地，亦开罪古人。"其见理之明多类此。年七十五，精力犹康健。及寝疾，一弟外出，家人欲趋召之。公曰："吾左手痛，弟必将至，无庸召也。"未几果至，欢爱数日，乃卒。有子二：长曰维忠④，字国钦，癸酉选拔，遂宁县教谕，恭逢覃恩貤赠公修职郎；次维恕，字国

---

① 陈振勋，号立兴，陈儒玉之父。雍正元年（1723）陈儒玉回闽将其骨骸带回璧山校东门外冯家山安葬。
② 张氏，儒玉母，雍正元年（1723）儒玉回闽迁其骨骸于璧山北门外龙梭山。
③ 当时入迁者先后计有：儒玉之叔陈振万，儒玉亲弟陈杰玉、陈化玉，陈伟玉儒玉堂兄弟陈像玉、陈开玉、陈佐玉、陈佑玉、陈伉玉、陈偕玉、陈彩玉、陈连玉、陈登玉，儒玉之堂侄陈国祥、陈国柱、陈国檀等。
④ 儒玉长子，六岁入蜀。曾就读成都锦江书院，四十一岁考中选拔，赴京朝考二等，授遂宁县教谕。后丁忧回籍，执掌本县书院。又曾任新繁县教谕，七十岁致仕回籍。

士,处士。

论曰:尝观人处,家庭间虽同父之子,往往相怨相尤,阋墙构变,此《角弓》所由作也。公独合群,从兄弟共爨数十年无间言,甚至流离播迁,相依不舍,非其至性有大过人处,何克至是?固宜和气致祥,家声丕振也。丙戌春,予奉檄来璧,得与国钦先生游,并悉其家同居已五世,而都人士以公来谒者咸啧啧称公贻谋之善。不置予既为表其闾,因次其行事为之传,匪直表扬德徽长吏之责,抑将俾阅斯传者,皆知有所矜式云。

(陈大雨、陈伟平点校)

(隆昌陈氏)高飞自记

(清)陈高飞[①]

本文选自隆昌《陈氏族谱》,民国二十五年(1936)石印本。陈氏乾隆初年由粤迁川,定居叙州府隆昌县。本文详细记叙了陈氏入川第二代陈高飞回乡省亲的经历,对于考察当时移民落籍科考、入川通道及原乡风情等都有一定的参考价值。

予自乾隆四年己未岁(1739)考入隆昌县学第七名,至九年甲子

[①] 陈高飞,字鹏振,邑增生。《族谱》行传载:"于乾隆四年入隆昌县学,四应乡试,两荐闱卷,两列优等。买业千余亩,创宅二三座,又修录族谱,并立敏、润二公蒸尝,以及土地、文昌诸神会规等项,逐一详明,毫发不乱。其贻谋之恩,真是昊天罔极矣。"其父润吉,于雍正元年(1723)二月初九日自广东嘉应州长乐县曾大塘起程,带高飞兄弟等入川。几经迁徙,于雍正十三年(1735)秋九月始买隆昌陈家湾田业。

(1744)二月十七日,乃我显祖讳其敏①九十一诞辰,只期旋乡,先谒烈祖,后庆显祖之寿。故预自癸亥年(1743)九月二十四日启程,至十一月初八日,到嘉谋兄家中②,并邀回乡谒祖。其时,伯父文龙③尚在,即命次子元标④,长孙南英同予旋乡。十一月十五日,自伯父家古田,由上犹、南康县过去二十里黄泥巷,合进川大路。至二十四晚,即到长乐县城中。适遇阖邑通族重修祠堂⑤造成,二十日吉期归火,一同谒祖。至二十七日晚,回至私宅曾大塘。祖父已沾病,难以起床,尚幸语言清醒。即命予兄弟作速谒祖,不然恐寿终。众兄弟人等即代予备办。至十二月初四日,先谒石下坪众祖。礼毕,即回上曾大塘⑥岭下对门长兴围谒祖。至初五日,又同去大塘径拜扫十世祖元学公墓。但自上犹县古田启程时,文龙伯亦稍染病在身,故元标叔侄恐惧,不敢久留梓里,即于初十日回程。延至十七八到家,伊父文龙伯,亦既殡殓在柩,只候伊子孙回归埋葬矣。二十日戌时,予显祖父其敏公亦寿终正寝,即接起追修填库开奠。予因要赴甲子科(1744)乡试,即于三七后,正月十六日启程旋蜀。备载于此,以俟后之子孙侄孙有志读书、潜心好学者,知予履历大略云尔。

到水岩下古田途程:自龙泉县⑦管下磊子前地方,随水跟小河上去,茶亭分路,问走左安墟⑧白云嶂下,去金脚盆⑨,不必到水岩下,先问古田,途程日半。

敏公即今葬在富隆交界石滩口向水上者,乾隆二十年(1755)始接

---

① 陈其敏,本名僩,谥文靖。《族谱》行传云:"公为人恬静谨守,文章明爽。督理家政,毫发不乱。修辑族谱、烝尝会簿等项,逐一详明。生于顺治十一年甲午(1654)二月十七日辰时,卒乾隆九年(1744)十二月二十日戌时,享年九十一寿。"
② 陈嘉谋,庠生,生一子:良标。
③ 陈文龙,字天瑞,配江氏,生二子:嘉谋、嘉谟。
④ 陈嘉谟,学名陈元,字元标。武庠生。
⑤ 系长乐县陈氏联宗祠,在长乐县城小教场。康熙初创建,此次为重修。
⑥ 在今五华县小都镇。
⑦ 今为江西遂川县。
⑧ 在今江西遂川县。
⑨ 在上犹县。

上来。

(陈伟平点校)

(隆昌董氏) 董子能传

(清) 秦先明

本传录自同治《隆昌县志》卷三十六,同治十三年(1874)刻本。传主董子能在康熙初年奉朝廷招安四川之诏,由湖广来川创立基业。

董子能讳兴贤,原籍湖广宜章人也。父名荣阁,生子能兄弟八人。独子能自幼杰出魁梧,有过人才干,慷慨慕义,具果毅心胸。最爱恤者孤寡,独不畏者强横。奈家贫,学而未成,惟躬耕孝养以事双亲。

康熙初年,朝廷有招安四川之诏,遂奋然曰:"大丈夫志在四方!岂郁郁久居此哉?"于是挈家人入川。路过广安,遇同乡友三十余人悲啼一处,子能就问曰:"尔等先来,必得乐土安居矣。何尚仓皇失所如此?"众告以报垦斯土,已经栽插一年,忽被豪矜何某者霸占,欲将我辈尽行驱逐,因此含冤未伸。子能唏嘘叹息者久之。于是挺然出力诉,经前抚军年公批查核实,而三十余家尽得安居无恙。子能寸土不受,一介不取,乃迁处隆昌东乡之柳(汁)[枝]湾,卜居闲僻。越三年,复归楚,迎母贺氏偕兄弟八人来隆,分以田宅,不稍吝惜。地固近场市,凡市中穷苦者济之,游惰者规之,施棺木于贫不能葬者。作乡耆三十余年,排难解纷,秉公持正。乡人素悦服。历来邑侯如房、赵诸公,咸旌以联额,且素性酷爱读书人。尝对予言曰："吾等来川，岂徒温饱哉？必须读书明理，以光宗祀，方了吾念！"乡里中读书能文者，俱以优礼待之。其妻杨氏，亦能相夫教子，里中称贤妇人焉。子五人，皆成立，诸孙亦奋志力学。孙讳维新者更潜有得，早食国饩，当事悉以国士期之，要皆子能积原流光之征也。《易》曰："积善之家，必有余庆。"子能之谓欤！年七十三卒，葬于周兴场右莲花山。予自幼为所敬礼，又属在姻娅。其生平行事，无不童而习之。今董族谱成，予乐得而传之。

(罗险峰点校)

(宜宾李氏) 大定公传

(清) 李正彩

本文选自宜宾《李氏族谱》，光绪八年 (1882) 抄本。李氏祖籍楚南，康熙年间迁入四川宜宾。谱中记录了李氏家族在四川落业生根的具体经过。

严君讳大定，字仁元公者，奇伟人也，品谊魁梧，丰恣清丽，才德兼隆，志行幽静，其蔼然和平，气象真有大过人者。皇父讳玉生者，薄有家资，公乃躬亲稼穑，稍暇则从事青箱，手未释卷，日记千言，尝言："诵读勤劳，当如负薪。"楚地老人无不器之。迨至王父于戊子岁(1708)迁蜀，维时叙郡田野未辟，新民考试维艰，公叹曰："生不逢时，徒抱经济。"遂废业入府幕，其是非曲直，不徇私，每遇事，必竭诚周全，郡中士民多赖之。晚年归乡，乐善不倦，修建文昌宫于宅后，延岁贡生熊设馆居焉。命伯兄祥力于耕，仲兄荣勤于读，其操心劳而用意坚者，诚以为公之志虽未遂，冀吾辈□□□□□□，仲兄荣因诵读忧思成疾，公自制金飘叶感人之词，□□□，之熊亦告归，临别复赠公行乐谱，今刊家乘，公于是益进于善。乡中有场名永兴者，公虑四民杂处，首建关圣殿之外，复修彩台。邑令田闻公督修，亦捐俸助金，且赠公匾额于殿内，曰"仁德流芳"，迄今存焉。即龙窝寺之经楼、凤凰寺之佛殿、九里溪之桥路、吊黄楼之渡舡，其因功之所以及人者，在在皆事。公纯孝，遇王父疾，必亲汤药而夜不假寐。公性友爱，季叔顽悍，多方训导之，及分居犹恋恋不忍，其家居什物悉与之，毫不取焉。或誉之曰："见利忘义者比比皆是，居独不以财利易其心，真仁人也！"公愀然正色曰："使吾世子孙毋相效尤者足矣，安望不誉之乎！"公性直，乡邻有斗者，公辄以诚意盛之，其忿立解。前邑令曾与公相善，妙于堪舆，适令勘踏，亲为公指穴曰："汝后葬此，当有大风雷兆"。后果□□□□。丁卯年（1747）五月初六日酉时，公殁。己巳年（1749）二月初三日戌时及葬。郡之缙绅之贤者□□□□□□□□四方来吊者，无不挥泪。迄今乡人偶语及，靡不太息，殆公之感人者深也。想公之奇伟，忆公之德行，罄纸难尽，秃颖何穷！适男续谱书，滴泪和墨，以志其行略云。

（陈伟平点校）

（宜宾凌氏）永泰公由衡迁蜀叙略
（清）凌配祖　凌孚祖

本文及附录选自宜宾《河间凌氏族谱》。谱不分卷，创修者凌配祖等，续修者凌受松。凌氏祖籍湖南衡州府衡阳县，自康熙末入川。凌氏家族从普通农民起家，至清末上升为宜宾著名的科第世家，涌现出以凌心坦、凌心垣、凌万铭、凌春鸿等知名人物。

夫子孙之富贵，皆祖宗之余泽也。先祖辛苦备尝，后人数典忘之乎？我祖忠厚传家，积功累德，善行难以枚举，若不及今述之，恐代远年湮，亦无所考也。

公由湖南衡州府衡阳县钟江乡信义里①，于清康熙六十一年壬寅岁（1722）入川。誉公字永泰，号正甫。妣王孺人生四子。长立珍，字奇也，妣邓孺人，即我祖也。公孝友谦和，公平正直，廉能乡里。曾当行数载，与人称银，毫无阿比，或称数次，少则以米添足等分，共约米若干以除之，最公最便。有戥子于五两处，形如追蚕，因用之者众耳。公直廉能，其累可见。享年四十四岁，卒，厝月形山，丙山壬向。永公次子立南乏嗣；三子立璜，字奇玉；四子立斌，字翰程，配罗孺人。其年元旦日，永泰公向神求签，判曰："五月十四日灾难出。"罗孺人果于是日赴塘水没，其后家人众来家抄毁。我祖不胜其扰，父子祖孙始有迁蜀感想。时永泰公同王孺人俱七十余岁，只依靠两孤孙，长大庆，字载锡；次大广，字载岳。当王孺人染病沉重，载岳公左右扶持，亲尝汤药，昼则力田稼穑，夜则扇枕温席，如是数旬不懈。王孺人卧床不起，夜尽常谓载岳公曰："我生平敬守礼法，孝慈无亏。曾记当年，送汝弟兄到馆，仅对先生曰：'耐烦教诲，不必在打。'先生对曰：'甚好，甚好。'今果如此孝养，不愧送汝读书矣。"木盆子也要沉，比载锡公；瓦盆子也要浮，比载岳公，言必发达也。王孺人卒于康熙五十九年（1720）七月初七日子时，享年七十二寿，未入川，埋衡阳。载岳公亲往南岳山庙中求签，签曰："团圆月被云遮，明中暗暗阴似勾金。"公会其意。坐宅地名大岭檀山嘴，左有一檀树，

---

① 今湖南衡阳市衡阳县渣江镇附近。

枝叶浓阴，与签兆符合。遂择日伐檀，安厝树下，丙山壬向，立暗碑为记，刻上载锡、载岳二孙名。不数日，有至感夜闻鼓乐声，见有旗伞形，盖吉穴也。时载岳公年方八冠，岐疑不凡，见诸叔已入川不返，与载锡谋奉祖入川，计犹未决。因避罗氏之祸，始欲迁地为良。于时永泰公有四女，深念八旬老父万里难行，苦留三日三夜，以两孙年幼，如水上浮萍，存殁无靠。永泰公曰："吾家孝弟相传，素守古风，汝勿多言。随孙所之，便可落业也。"已早知孙之必能成立也。载岳公上川时，凡债主皆请到开清。两公遂奉八旬老祖，五十一寿孀母及室颜孺人，携长子德华字仲辉、次子德茂字如松，同兄长载锡及室刘孺人，长子德荣字仲耀、次子德萱字仲俊等公，一路扶持，竭力不怠。永泰公常跌足，寸步难行。载岳公为祖肩舆，负祖前行数里，复转回挑行李与母偕行，轮流转运。相交互迁三日，公足疾仍愈，其诚载岳公之孝感也。同时上川有姻亲何姓颇富，投店或前或后，决不讫怜。康熙壬寅岁（1722），途中过年，家家爆竹迎岁，一家老幼旅店凄凉，莫甚于此。次年雍正元年癸卯岁（1723），至川宜邑老杨坝①。永泰公即于七月初一日巳时捐馆，享年八十寿，遂坟老杨坝，艮山坤向，为后嗣发福之冢焉。越一年，岳公与载锡公分爨，各分账柴、酒、米数十筒。载岳公独负养母。邓孺人淑德懿行，难以枚举。雍正三年（1725）冬月，有邓氏后族一弟自楚来川，得叙殷勤。且喜且悲，从容曰："我前后二家，大事完全，乐如何也！"次年丙午年（1726）正月十七日寅时告终，享年五十三寿。且载岳公善农业，至川见田地荒芜，以布鞋易新镰一把，载芟载柞。为农师不数年，在施家坝②买田地一股，遂迁坟界内，立丙山壬向，亦为吉穴。公坟相三人，未习堪舆，地无不吉，非有神助，焉能若是？公不惟孝道克敬，而弟道益敦。载锡公生四子，有意迁居。公时时温喻，不忍远离，朝夕相依，其亲爱为何如也！所犹不可及者，在家

---

① 今宜宾市翠屏区明威乡老杨坝，旧属于象鼻场。
② 今属宜宾市翠屏区宗场镇新屋村。

无事，买"四书"一部，时时诵读并课儿孙，常言："书极有味农事也"，而有儒风矣。至精算数丈田亩，在雍正六年（1728）开文丈田，众丈手皆不能投册，惟公投册不差分毫。众以为公直，推当乡约。数载，遇人有事，即为劝解，从不入公门，此奇技异能也。所以邑侯冀见，才能过人，修城独任公管账。好渔利者甚多，公洁身辞去，非义不取。公自楚来川，年方二十七，至四十时，已买租数百石矣。长嗣仲辉公等能承父志，公即逍遥梓里，以悠游卒岁。常谓人言及上川辛苦，辄下泪数行。享年八十八寿。公之遭遇，启谋后裔，谁不动心落泪者乎！

上川始祖永泰公嗣裔六世孙配祖、孚祖遵府君遗嘱志，大清道光二十九年己酉岁（1849）三月作

附录：四川珍、志两房序

家乘之修，非徒杨风乞雅，鸿词锦句，以为美观也。实以支派分衍，其地甚睽，其情甚涣。睽者不能使之萃，而假此以萃之；涣者不能使之孚，而假此以孚之焉。余族家乘一修于乾隆庚申，再修于乾隆癸卯，兼收并采，靡有缺略。迄于多历年所较，例三十年一修，则过期矣。合族长者督修，各房户首选择能者以任其事，凡经纂修校阅以及督修、缮修，悉得其人。而又虑远莫致之，于合族中择其老成持重者，不问亲疏，跋涉山河，收罗其地齿录。而以往川为任者，则汉效、万金二人。盖四川省叙州府宜宾县，余族七摊文宁之裔孙立志、文和之裔立珍，自清雍正年间移居其地，前谱编载甚详，兹值三修，犹宜备载，故不遽弃也。效等自川归来，将两房齿录交入祠内。余等阅其编，见夫齿录繁衍，文经武纬，继继承承，代称甚美，不禁喜甚。而效等且告之曰："凡两房之功名利达者，皆食租衣税之家，所谓既富方谷焉。"余等喟然叹曰："一年之计在树谷，

百年之计在树人，惟不失谷之计，故三耕余一，而富有日新。惟不失树人之计，故阅世生人，而人文蔚启。今两房兼之。"方兴未艾，爰于丙戌岁从原讫委，编修无遗，序象传赞，录列不少，而于立志、立珍两房更作序以志之，以示不忘尔。

道光六年丙戌岁（1826）三修衡阳凌氏族谱谱局撰

（陈伟平点校）

（宜宾唐氏）世系入蜀记
（清）唐祖让

本文选自宜宾《唐氏族谱》，民国二十三年（1934）石印本。该谱不分卷，编者未详。唐氏祖籍湖南衡阳，康熙末入川，定居宜宾县旧上乡天星场龙头山，是宜宾县北部湖南籍移民中的科第大族。本文系其后裔对入川经历的回顾，反映了唐氏由楚入川，并发家致富的历程，具有一定的研究价值。

余族明甫裔也。先世居江西，明洪武四年（1371），明甫公由江西迁湖南之永州东安县公和中乡，家于麻塘焉。明生仁瑞公，瑞生法进公，进生行暹公。暹五子，志胜其少者。继是汝惠公、景瑚公、朝喜公、表公、一选公、宗兴公、明公、祚禄公、应虞公，奕叶十有四世矣。暨国朝康熙岁庚戌（1670），声科公生。越明年（壬子）[辛亥]（1671），声远公生。科公三子，孟生俊公，丁丑岁（1697）生颐公，季生灏公。时丁男之住于麻塘者，以数百计，艰为衣食谋。科公素有迁蜀志。迄癸未岁（1703）杪廿四日，公携妻弟与子，负升斗粟，度除夕于舟，资斧窘甚。公善织，藉贸布为糊口资。至川之梁山县，税宅打银沟，复生二女及熙旭公。公犹有访乐土意，遂至大祝，继至叙府，寄居鲁家园。及戊戌（1718）春正望之四日，始家宜邑旧上之王家嘴。居无几，复卜创于龙头山。颐公居之，躯甚伟，有勇力，性严正不苟，品学兼优。试不第，身为刀笔吏。人有以累德为嫌者，公曰："代盲人导路，哑人传言，何累乎！"而凡闻雀角鼠牙事，公必冰释之，故遐迩多德公。至晚节，别业于天生馆，著有遗嘱及家训数则。恒以宗祠未建为忧，岁癸巳（1773），捐金督工。阅两秋霜而祠竣，集族人立神主祀之。丙申岁（1776），公捐馆。妣氏王生三子，达公行末，性至孝，凡视形听声类，皆人所不能及，而笔墨不能罄者，友于亦笃甚。伯代析爨，契券成而公犹茫然，膏土腴田，任其取携，竟三易券而定，戚里亦为公不平。公漠不介意，躬亲耕作，善居积，惜物力而不吝。人知慈成于性，负而不偿者数百金。公窃效冯骧入薛故事，然无市义心，而药以活人，棺以泽骨，老无倦志。生平最喜饮，多羸疾，途劳过则喘，来往仿函谷之骑。于子姓伦理事，锐身任之。初，应虞公与刘氏妣墓无志，颐公欲往镌之，不果。显荣公送谱来蜀，询其墓，以无志对。公于乾隆庚戌年（1790），携子侄往，志其墓而返。妣氏王，亮公、文公、圣公、贤公其子也。让于诵读暇，校阅家乘，深虑入蜀颠末，荒而无考。二公行述，美而弗彰，故不敢以固陋为嫌，谨志其概，以为异日重订谱者，有所访云。

道光二十六年（1846）寒食之前二日十八世孙庠生祖让记于菊庄书屋

（陈伟平点校）

（宜宾赖氏）程祖妣传[①]

（清）赖晓帆

  本文及附录选自宜宾《蜀南赖氏增删族谱》，光绪十九年（1893）石印本。谱不分卷，赖晓帆编纂。赖氏本籍福建武平，乾隆中由闽入川，先后在川、滇一带经营山货、靛蓝业，逐渐发展成为叙府巨商。

  入川祖妣程太君，文桥公元配也。公卒于闽，妣于乾隆己卯年（1759）二月十九日，率子由汀州府武平县米坑村来川至资州居住。庚辰（1760），迁云南大关四季坪开设蓝厂。湖公未娶身故。学松公娶吕氏，旋亦弃世，遗子天寿。学升公妣氏刘，生五子：天洪、天章、天恩、天锡、天开。嘉庆己未（1799），复迁川省叙州府宜宾县黎汤乡之上渡[②]置业居住。是长者贸易，少者课读，家渐饶裕，又置数产。嘉庆辛酉（1801），五房各受爨黎汤[③]、旧下[④]、本城居，将走马街铺房做尝业。至今事经百余年，人历八九代，无敢紊乱。惟冀自今以往，子子孙孙永守勿替，则根源业茂，世代遐昌矣。

---

① 原标题《由闽人蜀派衍开基录》。
② 今宜宾南岸上渡口。
③ 宜宾县旧乡名，主要在今宜宾赵场镇附近。
④ 宜宾县旧乡名，主要包括今天宜宾旧州坝、象鼻、金坪、明威的部分区域。

附录一：遗嘱

（清）赖学升

尝思创业艰难，虽由宗功祖德，守成不易，端赖子肖孙显。追念吾父文桥公生于闽，卒于闽。母氏程生吾弟兄三人，吾居其次。因乏遗业，湖兄营生于外，吾掌持于内，供给母弟。及乾隆戊寅（1758），兄自川归，与母谋迁。己卯（1759）二月十九日，母子由闽来川，至资州暂住。庚辰（1760），迁云南大关四季坪开设蓝厂。不意是年七月，湖兄即故，而松弟喜外游。斯时也，吾与老母两人茕茕孑立，形影相吊，吾亦历尽艰辛矣。幸天眷佑，家获小康。乾隆三十年（1765），吾年已三十九矣，母命受室刘氏，炳麟公之次女也，得生五男四女。迄岁在乙未（1775），复携眷迁川南叙州府宜宾县黎汤乡麻柳莆①置业居住。乙未（1775）母寿近九十，四月初八告终，安葬于宅后。吾大事毕矣，所生男女九人，俱已婚冠，吾子平了矣。今年已古稀加五，岂能长存乎！因思生齿日繁，树大则分枝，水流则分派，是所必然者也。将吾所创田地、房屋、提走马街铺房为公欸，其余五股均拨阄分而弟兄。分后各管各业，毋得竞争，则和气致祥矣。勉之！勉之！勿废吾命。

---

① 又作麻柳铺，在宜宾南岸铁路桥附近。

附录二：武昌公墓志

（清）叶维枢

公讳学升，字武昌，闽之武平人也，生而岐嶷，长而端厚。张魏公之学问诚意一言焉，君实之平生不欺二字。事母程太孺人，无声能听，菽水偏甘，庆慈竹之阴浓，爱萱堂之春老。须富贵于何时，藉贸易以为养，缁衣游子尚沾南海之尘，芋熟巴人初识西州之味，乃至资州求溪场居焉。既而爪印未停，巢痕又换，访牢哀之旧国，入蒙叚之故区。盖抚夷四季之坪，实滇省分防之所，设靛厂逐什一之利。卅年羁旅犹作寓公，百计经营，初安地著。是迎母程太孺人至滇，种子母檀栾之竹，尝小人请遗之羹，承欢养志，靡不至焉。然后贩竖心灰，菟裘念切。乾隆乙未岁（1775），复由滇迁蜀，即今黎汤乡麻柳铺是也。买邻千万，种竹二分，略营潩下之田，已过中人之产。公德配刘孺人，中馈称能，内则无忝。后公仙逝，享寿九十，葬宜邑天池乡合石头①。梁鸿妻老，尚庆齐眉；令公孙多，但能点颔。公艺之居九世，遂蒙天子之知；荀叔之子八人，爰表高阳之里。太府旌其庐曰"寰宇熙春"。君府称乎万石福，已备乎九畴，此公之流泽芳长，亦天之报施未艾者矣。

公以嘉庆（己）［辛］酉（1801）②捐馆，葬庆邑三甲永宁乡凤凰嘴③，令子孙辈惧潜德之不光，伊贞珉之有赖。龟趺如故，翠剔苔痕，马鬣重封，黄焚墓顶。将以岁之仲冬日更建新碑，属枢铭其事。风生石马，原非诔墓之虚文；技类雕虫，并少如椽之妙笔。惧不足以传公也。

---

① 在宜宾市西郊两路桥，今墓保存完好。
② 原作"己酉"，查嘉庆无己酉，又查行传，其故于嘉庆六年辛酉，据此改。
③ 在今宜宾市翠屏区南岸赵场境内。

铭曰:"不隐不仕,亦贾亦儒。命安货殖,德薰乡闾。贻孙翼子,源远流长。乡名永宁,山名凤凰。"

宜邑举人姻再晚叶维枢顿首拜撰

(陈伟平点校)

(宜宾张氏)衍祚公入蜀履历[①]

(清)张泽融[②]

本文选自宜宾《清河张氏族谱》,清代手抄本。张氏祖籍广东长乐,历经艰难险阻,才于雍正三年(1725)迁入四川。

闻之诸父老云,因叙述衍祚父子入川来历一事。

衍祚公系粤东惠胡道嘉应州长乐县黄埔坝南楼桅杆树屋基[③]居住,原有田产,可种三斗谷种之宽。方其迁蜀时,其计原出于刘孺人,而公初不作是想。孺人于是向公而言曰:"汝不迁,汝可与二子之幼者,保守故土,我率二子之稍长者迁蜀!"公乃性柔力弱人也,自思孺人既迁,而二子之长者亦去,恐己与二子之幼者难以撑持,遂谓孺人曰:"汝迁,吾亦偕,汝俱迁矣。"于是,改子厚坟及林孺人坟,束其骸于行囊中,择吉启程。

[①] 原无标题,现标题为整理者所加。张衍祚,生康熙十八年(1679),雍正乙巳(1725)入川,卒于隆昌,后子孙迁葬于宜宾。妻刘氏,康熙二十六年(1687)生,卒宜宾。生五子:廷广、廷善、廷俊、廷耀、廷华。

[②] 张泽融,号月池,道咸时人,监生。衍祚之五世孙。

[③] 长乐县乡里有东南西北四楼之分,黄埔坝是南楼辖区内的一村,故此处地名颠倒,应该改为南楼黄埔坝为是。

临行时，犹以大壅数个及一切器具放在楼中，嘱族人为之看守，曰："我之迁蜀，时到其地可好，我则不返；如其不好，我不久必返，无寓人于我室，毁伤器具。"家门老幼等送诸门外，遂欢然告别，同道而行①。及行二三日，有追及者而言曰："汝之所取，非汝之坟，乃吾之坟也！"公取诸囊而还之，公返复取其墓。行下江西，而廷耀公适遇麻疹，族店保养四十余日始行。由江西过诸省郡至重庆荣昌，行李萧然，囊中乌有，空乏其身，仅剩钱百余文，麻纱、线子几斤。惟不能佃田，抑且无以佃地，乃于场边拨空房一二间，暂为住足。因问俗故，始知某公家最富，收租数百石。其人赋性仁慈，乡里称为长者焉。越一二日，正值某场贸易之期，乡里蚁聚。而某公亦赴市，有与衍祚公相者，私指恩公以告曰："此即某人也。"于是，衍祚公向前揖而尊称曰："某老爷寿福，请用茶。"某恩公谦言曰："不敢。有言即言，何用茶为？"衍祚公再三恳请，而某公始入茶轩，公尊之上座，茶巡三盏，衍祚公起立拱手而言曰："垂怜远方之人，闻君仁慈，愿受一余恩！"其恩公含笑而言曰："有言情坐而言。"公将广东至四川苦况叙述一番，言毕，伏乞恩公之谷卖一二石以力贩米计。恩公曰："要买就买一仓，奚足为？"衍祚公曰："我羁旅之人，实属无本。"恩公曰："汝无本，岂遂不可求利乎？尽管来整，但将卖米钱照时价偿还谷本，其利息以归汝，且一切用具用我的。"将一仓之谷，照价合断，任公整卖。其时谷价甚低，仅可值钱四五百钱一石。未几，而谷价稍增，约可值钱八九百一石。父子方虑谷价未交齐，恐恩公之食言也。乃德之施自意外，出有袖金与恩公买谷者，而恩公答竟无谷矣。其人曰："公某处有谷若干，何为

---

① 《张氏族谱·廷广公行传》云："余闻之诸父老云，廷广公先世居粤东，家中落。国初康熙时，张贼焚叛，道为之尽赤。庙谟湖广患水一带人民提补四川，兼及各省愿赴者，听其自便。旨下四方，闻风而至者，山陬海筮，九州八寅，咸知是焉。五十四世祖妣刘孺人，因萌迁地为良之心。衍祚公始豫，继而决。遂于雍正三年乙巳岁，挈妻牵子，举家六口，自粤入蜀。其时公年尚幼，万里追随，风尘劳攘，备尝艰苦，经其百折不磨也。羁栖时，常有闻鸡起舞，坐以待旦之势。跋山涉水，来荣邑。先以贩米稍获利益，继而耕田更得赡给。其年虽少，已自成人，能不自匪薄，崭然见头角，众谓曰：张氏有子矣。"

出此言也？"恩公曰："彼一仓之谷已卖与张某矣。"其人以恩公为寻常相时射利之人，曰："闻张某并未交价。"恩公笑言自若曰："钱虽未交，价已合断；谷虽在仓，言犹在耳。且我不计其钱有无，而即以谷卖与张某者，益怜其忠厚，而欲使稍得一分之利。虽谷价稍长，正彼之命与时，亦天之默佑善人，而吾人之初心慰也。若见利而不义，寒盟背约，而另卖他人，即无以对张某而拂天之意，并违吾之初心。吾誓不作负心人！"而欲怨其人，亦服其长厚而去。衍祚公将此一仓谷整完，约赚钱数十千文，已喜不胜喜也。而恩公施泽，更有无加已也。一日谓衍祚公父子："既喜理生易，性复忠厚，且治家俭约，将来正不可谅，我某处有不腴之田一股，汝愿耕乎？"衍祚公曰："承恩人庇荫，耕田固所愿也，其如欠少银两何？"恩公曰："汝尽管去耕，每年纳租之外，稍付银利，谷亦甚无凝，且农器耕牛，吾宫中物也，汝但取而用之可也。岂待与百工交易，致汝父子惮烦哉！"于是，衍祚公父子遂耕田来为业。噫！若恩公种德未艾，如是所谓有道仁人非耶？乡里咸称为长者宜。计衍祚公父子居荣、隆两县，生前殁后共计十六年，赚钱数百串。幸而衍祚公殁于其时，由时大曾伯祖廷广公与所认家门张周、张扬等，四方探访田地。先于叙州府较场坝观看。其张贼叛乱之时，未远乡村则井里寥落，人烟萧索；城市则宫室残毁，铺店摧颓。不特城外屋宇即无，城内正街亦稀稀散散，有铺店不多，而店子之后，尽是空地。如北街后上鲁家园、下鲁家园一带，全是荒墟荆棘，蓬蒿、葛麻、粑茅林属丛生其间。即吾祖奕发公弱冠时，进城往米，彼都人士老成练达者，尚且劝曰："此间他日必为铺店，坐房今尚便易，何不置买以为将来计，而况采访时在数年之前，不尤便宜乎？"然廷广公亦料将来必为名区胜地，曰："此地太近城市，久后人都繁杂，蹂难不堪，后世必为子孙忧，况且他年花街柳巷，恐子弟立脚牢，必为此匪引诱。此刻便易，吾不取也！"继又于南邑李庄坝河观看，其地亦甚便易，而廷广公则又曰："自吾父吾祖溯高祖以上，奕世相传，叮咛告诫，皆曰：'近城市口岸大路、水边数者莫买，岩边、河坝二者莫买。'"其时李庄坝有草店十余间，十余家仍属丛丘。廷广公曰："此地终久闹杂，吾仍不取也。"乃于凉姜乡梨子湾置买欧姓田业居住。此谓前人种树，后人遮阴，仰为廷广公兄弟，其维子孙永远永久之计，何其思之详而虑之深也。计买梨子湾田业用钱数百串，与张周、张扬同买分耕，各执分关管业。家祖则同龛不同炉，彼供在中间及右边。吾族供在左边，一龛中凡三香炉。可笑者，张周、张扬等见吾族日新月盛，暗易彼炉于左，而移吾炉于右，吾族之盛如故也。移吾炉于中，而移吾又于右，吾族之盛仍如故也。如是者不一次。当移炉时，吾祖奕桓公等或一时遇着，非相争即相詈。曾不数年，张周、张扬等不幸，将业售与吾祖。又买黄葛坳一契。又数年，始分居，大曾祖廷广公坐落黄葛坳，廷善、廷俊与吾曾祖廷耀三公坐落梨子湾。不数年，廷俊不愿田地而愿银钱，将业并于三公。廷俊公遂于长宁县武宁乡买三江地方屋基，居其产业便宜，田土肥美。当其初年兴旺，较宜邑三房尤胜。至其中年，家落业售，奕良公迁回宜邑高洞乡大鸣滩居住。道光十余年身故，葬吾祖廷耀公后嗣地界龙门嘴观音滩松树坡。其有奕桓、奕升、奕泰三公子孙，嘉庆间犹往来于宜邑。道光时音信少通，咸丰时又闻三公后嗣犹有兴家业者。于幺曾祖廷华公弱冠时，虽迁梨子湾住，犹与廷广公长子奕隆公至隆邑诵读，从家门廪生张际隆肄业。此人精医理，人未有死于四五年之后，彼于四五年之前审脉即之知。且能闭户静坐室中，使人于室外步行三周，彼身在室内能知步行三周之人年纪若干岁。隆邑县主曾以"药王"目称之。故廷华公诵读时，审脉即之知寿不永，而隐语以劝曰："驽马恋栈，游子思乡。贤弟乃能割不忍之爱，负笈远来，固人之所以难能者也。但汝春秋方富，兼之天性卓荦不琼，取青紫如拾芥耳。胡不归家，奉养萱堂，和乐手足，优哉游哉，聊以卒岁？数载后，再来诵读，亦不为晚。"廷华公闻先生言，如梦初醒，不啻鹧鸪歌罢，南人归思愿顿兴；铁笛吹残，楚兵战气忽散。治装归来，欢娱如也。乃夫人言中，大暮果临。

甫及半载，而竟以殇告也。惜哉无嗣，葬于梨子湾青龙山脚下。窃思吾族自乾隆辛酉六年（1741）落业梨子湾，迄今一百二十年，亦云幸矣。追述前人自粤入川云耳。

衍祚公后裔泽融谨识

（陈伟平点校）

（南溪钟氏）入川始祖成酉公家传

（民国）钟朝煦

> 本文录自南溪《钟氏支谱》，民国三十年（1941）石印本。该谱不分卷，民国南溪县知名文人钟朝煦编撰。钟氏祖籍福建武平县，入川始祖钟成酉由闽至蜀，再由蜀至滇，是清初开拓川滇的客家移民的代表性人物。

成酉公，字嘉兴，福建省汀州府武平县城南乌石崇人。祖宋中书令银青光禄大夫讳秀，自闽长汀县南岭阱萩坑徙家于此。秀祖友文，宋丁未进士，官御史。友文弟友武，庚戌进士，官大中丞。弟友勇，丁未进士，官光禄寺监厨使司。弟友盛，己酉举人。兄弟立朝以耿直闻，会神宗御极，王安石行新法，兄弟皆忤安石，解职归身。后，复有奸臣媒蘖之，诸子俱易姓名他徙。友文子密，密二子：秀、季。季徙上杭梅溪寨，秀徙武平乌石崇。秀生四七郎，宋主簿。四七郎生时忠，宋潮州府程乡县训导。时忠生伯三郎，江西上饶县县丞。伯三郎生明一郎，明一郎生友声，友声生龙旺，龙旺生广，广生继声，继声生惟厚，惟厚生显玉，显玉生坤用，坤用生鼎誉，鼎誉生良泰，良泰生美予。美予卒，葬冷洋泾，四子曰：嘉酉，字辛酉；嘉兴，字成酉；嘉盛，字自酉；嘉凤，字得酉。兄弟俱老于乌石崇，葬乳洋，而成酉公独以大清雍正八年（1730）入蜀。

成酉公少任侠，里中豪杰皆与游，以故落其产。时福建耿精忠反正后四十年，休养生息，户口日增。会乡人有自四川来者，盛言川中土旷而美，气候良适，经流贼蹂躏后，一大县裁数千户，客自楚粤赣闽至者相望也，皆插地为界标，得有其土地权，以故客至日众。成酉公夙壮游兴，心艳之。美予公卒，乃自决肩担挂杖，以雍正八年（1730）二月，自乌石崇拜祖墓，辞兄弟，别妻子启行。诸兄弟虑道远难达，思留阻之，而成酉公辩给滔滔，如悬河泻水，诸兄弟卒无以难也。

既行西北，逾羊石隘①，出福建界，至江西之会昌折而西，泛贡水抵赣州。扬舲北行，过吉安临江，寓南昌一月，泛舟北出湖口达九江，乃溯大江西北。道黄州，舟为风浪簸，两昼夜几覆，或劝之归。既闻汉黄人家蜀者，得善地方，群相庆也。乃自奋曰："闽宁不楚若者益！"西道武昌、荆州、宜昌，浮三峡而上入蜀，历夔、涪、渝、泸而至叙州府下游一百二十里之南溪县。

时南溪城西畴沃衍，南北五六里，东西十数里，皆钟氏布居，业耕植。闻有异乡客同姓自南海来者，争具酒食，导至家，叙宗谱辈行，问讯异域状。成酉公故雄于辩，酒酣耳热，纵谈鄱阳、长江之壮阔，夔、巫之险峻，及故乡岭以南沿海风景奇诡如画，妇婴环坐，听着皆蹲蹲欲起舞。既罢酒，群来相挽留，而公既失初望，又闻川中皆清丈田亩，地皆有主，且归途囊金罄矣，复爱南溪山水明秀，土人朴诚，遂赁宅城西江干以居，种菜自给。暇则具钓竿坐江石上，对青山自怡。

居一年，谓所亲曰："性不乐农，吾欲为兵则非其时，盍商以救贫？"

---

① 羊石隘在江西赣州府会昌县东南七十里，为闽赣间往来要道。

遂西上叙州，溯金沙江上流贩运，往来中都蛮夷司副官村①。越口横江，因遍历觇其山川风俗，形势险要。时马湖府西南地甫辟，土著蛮时旁扰要劫，行旅稀简。公出入丛岩密箐间，备盗贼虎狼蛇虿，胆日益壮而囊橐日益丰。

乾隆二年（1737），公忽思家，径乘舟由故道返福建乡里。至则配王孺人已前卒，族党姻娅易其半，相识若隔世。自诧曰："古人言：'城郭尤是，人民非。'昔闻其言，今观其事！"居数月，携一子一女复束装抵蜀，由是老蜀南。子金珩，女适马氏。继娶王孺人，生四子：金璋、金珍、金珑、金瑚。购田与云南昭通府永善县属珍珠坝②，育子孙以老。

（陈伟平点校）

（泸县陈氏）上梅公入川履历③

（清）陈文新

> 本文选自泸县《陈氏族谱》。陈氏祖籍广东永安（今紫金县），入川始祖陈上梅本为山佣，以种菇为业。雍正年间入川定居泸州。

王父讳上梅，广东永安县九了树乾田圆大塘肚④人也，生于康熙四十

---

① 在云南省绥江县南岸渡口，旧属马湖府平夷长官司。马湖府，雍正五年裁撤，地入云南昭通府及四川叙州府。
② 今属云南省绥江县南岸镇。
③ 原无标题，整理者据文意补加。据谱文云该族谱由于各种情况，残缺不全，后经过多方努力才于2008年编成新谱。
④ 该地在广东省惠州府永安县金鱼约，见顺治《永安县志》。

二年癸未岁（1703）十二月初八日子时。梅公于十六岁失怙恃，与胞叔廷球公、叔母石氏同餐未分。王父有大志，年十八岁进山放香菇。年二十四岁，时值雍正四年丙午岁（1726），永安县禾出栋而无谷岁钱。叔侄田土房产出卖作路费，八月举家入川。十月，到泸州会文乡冒将湾。在七姑夫巫贤锡家寄居，路费用尽，只剩钱八十文。王父幸遇原乡盟兄张大哥出资本，贩烟过富顺。两月，长钱数串。叔侄即出随租钱一千文，佃汤家山河毕湾龙九安田土耕种。球公染病，其子上梓方九岁，上桂三岁。庄稼衣食，全望王父一人供给。时米价六七文钱一升①。货物贵，亡父贩油、贩烟二年，衣食富饶。用资本银三十两，贩猪过南溪，长钱亦一二十两。居数年，上梓、上桂渐渐做庄稼，王父仍然烟油生理。年三十，方定亲，遇温母三十四岁方娶成亲。嫡母温氏，广东惠州府永安县横坑约官山嶂祭塘上温公叔明公女也，生于康熙六十年辛丑（1721）十月二十七日戌时。叔明公早故，年七岁同母缪氏，兄温绍芳、绍荣、绍洲于雍正四年丙午（1726）来川泸州衣锦乡②石岗山居住。自此，上梓娶冯氏，上桂娶罗氏，亦各受室矣。因上梓性拗，球公与王父叔侄分居，各分银一百二十两。球公父子移居西边，租朱文通田土。王父仍居汤家山，叔父侄各分居住矣。王父独自经营十余年，累积七八百两金。年四十五岁，因原配温母连生四女郎，有一子文发。温母仁良慈义，数次规劝亡父纳宠。年四十七岁，乾隆己巳年（1749）正月，王父往叙永县打鼓场③娶姚振成之女为庶，其年二月归家，治酒宴客。同年，温母十一月二十四日子时生嫡子文会。次年庚午年五月十六日辰时，姚母生庶子文新，亡父不胜之喜。是年八月，亡父即回永安县省墓，见兆，有不安于心者，遂将先骸俱迁四川泸州卜地。辛未年正月（1751）中旬，起身回川。三月底，舍其年谷贵，将前数年之

---

① 乾隆初，粤省永安的米价和川省相差甚大。据民国永安《高岗陈氏族谱》载：乾隆中，永安米价已达百钱一斗。
② 今在泸县嘉明镇境内。
③ 今为叙永县打鼓镇。

蓄变钱千余。明年壬申，即创业泸州衣锦乡孙坝黑虎寨。癸酉年（1753）八月上庄。其时，球公父子家方三四百金，叔母石氏亦故。越一年乙亥年（1755）十二月二十五日，姚母生文兴。丁丑年（1757），修老房子，三年功竣于己卯（1759）。亡父五十七岁，五月二十日子时，姚母生文盛。辛巳年（1761）十月二十一日，姚母生文珑。亡父满六十岁时，堪称家齐，广积余粮，训读诗书，力持勤俭。六十二岁，甲申年（1764）十二月二十一日，叔球公故，享年八十三寿，亡父为之服齐哀三年。至七十时，田庄数处，粮四百石余。亡父常言："为人自身不贵，要为封君，必按科举惯例。"七十三岁乙未年（1775），文盛捐大学士①。其年六月，亡父染病。次年七月十四日，乾隆四十一年丙申岁（1776）九月二十一日晚，命子媳俱到卧前，遗命："和气兴家，勿积私财，勤耕读，戒奢华，力持节俭。"十二月二十一日酉时，子媳孙俱在，一一在前送终，享年七十四寿。二十八日，葬于老屋场，酉山卯向。后迁葬于月岩寺地界欧菌，辛山乙向。越数年，打为学田。亡父生平恭敬孝义，果断诚实，躬行勤俭以创业，先苦后甜，所谓生于忧患，而死于安乐也。他创业重纯，人赞有过焉者。至若永安县贫葬之祖骸，俱迁来泸州卜地，以安厝者，非诚心诚笃者，不能也。亡父姊妹四人，长姑适熊安吉来川，三姑适钟来川，四姑适徐文纬在永安县。男女十人，长子文发，媳邹氏；嫡子文会，庠生，媳温氏；庶子文新，庠生，媳黄氏；四子文兴，媳谢氏；五子文盛，监生，媳余氏；六子文珑，庠生，媳李氏。长女适熊栋元，次女适黄元惠，六女适黄崇成，幺女适贺朝华。亡父教训甚严，一闻厉声，即出和言相劝，唯恐笞儿等，乃其慈祥惟然也。年五十七岁，亡父捐馆舍，仍命子文会、文新读书；年六十二岁，乾隆四十六年辛丑年（1781）嫡子文会进文庠；年七十一岁，乾隆五十五年庚戌岁（1790），庶子文新进文庠，文珑进武庠。自此，文武皆有，而嫡庶和好，内外无间，皆其德也。生平无大疾病，七十三岁，

---

① 民间说法，实则为捐国子监生。

偶失一跤，方行扶杖。

嘉庆十七年壬申岁（1812）春正月，庶男庠生文新志，庠生文会录谱

（陈伟平点校）

（泸州高氏）泸州南门高氏家传
（清）高楷[①]

选自《泸州南门高氏族谱》卷四《家传》上，光绪二十二年（1896）刻本。高氏是清代泸州著名的科第世家，其中高楠三兄弟更以文名蜚声蜀中。谱中家传生动描写了清初泸州地区由战后残破逐渐得以恢复的过程。

太高祖总戎公传略

公讳洁，黄州麻城县孝感乡人，相传康熙初官宜昌总兵。吴逆三桂叛，荆湘震动。公随某将军防剿，出驻某隘。同城知府某，旗人也，通贼失所守，既知贼不成，反告公通贼。公于是获咎，知不可辨，使长子时茂公携家人入蜀，曰："但埋首草茅，胜富贵蹈祸机者多矣。"次子某公幼在襁抱，同官友鞠抚之。公既及祸，久之始白，予荫以幼子袭焉。其后，高祖母居南门外时，有六品冠军弁沿访踵门，手族谱一册，曰："此主人特

[①] 高楷，字竹园，光绪元年（1875）恩科举人。曾任容城、涞水知县。

遣送来者。"询主人谁何，则曰："黄州高姓，名某，字某，太夫人宗亲也。今赴官普洱，本拟亲至泸一见，期程迫切，不得绕道，求此故弁赍以来。"时吾家贫甚，仅矮屋一间，而床榻灶盎之属，咸在焉。高祖母以纸封裹之，置灶上茶叶篓中。数年，毁于火，遂不传。所谓主人，即叔高祖，当时托友抚之成立者也。至总戎公生卒年月，妣配氏族皆失考。

六世孙楷曰：清臣公事略，吾家祖若父母相传如此，楷尝考《圣训》《东华录》《圣武记》诸书皆不载。夫官至专阃，冤至伏法昭雪，至赠荫宜无不载，而卒无考，何哉？然吾高祖以来，诚直不妄语，且本支嫡祖，必不以虚词饰也。古今史乘纪载漏逸者多矣，未可拘此议也。

高祖父时茂公传略

公讳尚志，字时茂，生卒皆失考。公为总戎公长子，入蜀居永川高家店。时吴逆初平，蜀中招徕开垦，湖广、江右、粤西东人至者络绎，多取道永川。公因设饭店谋生，没葬麻柳河。伯曾祖守其业。道光十五年壬辰（1835）①，吾祖八十矣，迎奉公木主。永川全盛从兄赍送来泸，今供奉南门宗堂者是已。妣氏庞，生子二：长公居永川；次耀公，泸州房祖也。

高祖妣庞太夫人事略

高祖妣庞太夫人，康熙十六年丁巳（1677）正月二十四日巳时，生湖北武昌府署，武昌府知府洪德公胞妹也。既长，归我高祖父时茂公。相传

---

① 道光十五年为乙未年，壬辰年是道光十二年，原书有误。

始祖总镇公被害，高祖父奉遗命携眷入蜀避难，居永川。高祖没，曾祖光远公卜居泸，遂迎太夫人来泸。所居虽茅檐草舍，必洒扫整洁；虽荆钗布裙，不坠大家风范。年既老，亲邻女眷至者，不裙不见。所服青麻布裙，阅数十年如故，弗之易。尝曰："吾生长仕宦，幼习礼仪，敢稍逾越乎！"太夫人卒于乾隆五年庚申（1740）十二月初四日，享寿六十三岁，葬南门外瑞鹿坪，俗名舒屋后。其前即武亚元督标副将舒公跃龙屋也。

曾祖父光远公传略

曾祖父讳耀，时茂公次子，康熙四十六年丁亥（1707）十二月十一日午时，生于永川高家店。公初迁居泸州南门，时泸市井萧条，草木荒翳，故仍贸易永川。吾祖宝仁公年十龄，自泸往省，公曰："汝诸兄来，皆有钱物赐之。今汝来而吾适窘，独无以赐汝，愧汝矣。"临行持铁锁一具，赐曰："此锁我常用，汝异日兴家聚财帛，即以锁焉。"宝仁公拜受归，佩用终身，曰："见锁如见吾父矣。"后迎养于泸，乾隆三十九年甲午（1774）十二月十八日寅时，卒于泸州南门，葬文昌祠，享寿六十九岁。妣氏王，生子五：位升、位荣、位华、位富、位贵。

曾祖妣王太夫人事略

曾祖妣王太夫人，讳必升公女，生于康熙六十年辛丑（1721）八月十三日申时。太夫人外家姓冉，与吾母王太恭人外家同，而曾祖行二，人称妣为高二婆，亦与吾母同，亦一奇也。时家犹贫困，太夫人煮豆豉，以粗瓦小盘摆列门外小案以售。又善编制竹笠售之，而苦无竹。南门外瑞鹿坪，舒家园也。当时树木葱茏，竹阴苍翠，命吾祖乞买焉。舒太夫人知曾祖妣之贤，又怜吾祖年幼而孝也，亲指引至后园，而令其子助砍竹以赠。其子即督标参将武亚元名跃龙，州人以其盛德，称为舒幺公者也。当是时，泸州只东门外有瓦舍数间，州牧尚无衙署，赁居民舍，街衢丛草没人。太夫人所养鸡鸭，皆游食于外，夜宿草丛间，抱卵育雏而后归，其荒僻如此。曾祖妣卒于嘉庆六年辛酉（1801）九月二十日午时，享寿八十一岁，葬南门外黄州义园右山。其地当时属东岳庙，吾祖以油十斤易之者也。后数十年，寺僧出售坟左右田地，吾母王太恭人欲买之为宗祠，而苦无赀，以劝从兄镛。不果，而黄州商人始买之建义园焉。太夫人画像今供蕙泽堂，广额丰颐，见者咸称福寿云。

（陈伟平点校）

（长宁黄氏）黄氏宗祠祠序

（清）黄星垣等

本文选自长宁县开佛乡黄氏宗祠内保存的清代木刻祠序。该祠序雕刻在12块长约2米的楠木板上，原嵌在黄氏祠堂壁上。祠序中详细记录了黄氏由粤迁川的经过、宗祠的管理、子弟的教育以及世系等许多丰富的内容。

盖闻莫为之前，虽美弗彰；莫为之后，虽盛弗传。但世远年湮，未获亲炙，何由悉述。回忆少年，于诞节婚祭，闻伯叔父言及祖考之来历，其时入于耳，未载于谱。今虽不得其详，犹可述其大略。

我祖考宏彰公，年方九岁，雍正甲寅（1734）偕父震仁公、胞兄宏玉公，自粤入川①，托足南邑。是时，父谋食于外挂面，母勤绩于家，稍长佣工，母曾孺人茹苦含辛，至于成立。继而有志货殖，经营市镇，且善持筹。不数年，家渐裕，而仰足以事矣。不意菽水未承，杯棬莫饮，二十三年之恩德极深，五十七岁之光阴何促！曾太婆故。然犹幸者，椿林尚茂，荆树方荣，弟兄完娶，家室咸宜。由是，新立户于南溪县上桂里洞子口母猪凼，始有立锥之地焉。迨祖年二十七岁，祖妣一十五春。适值乾隆壬申（1752），而茂伯符震索之一（下阙）矣。越丙子（1756），而盛伯占坎索之再矣。是年，吾祖弟兄分业，各立其志。时祖父贸易市廛，人皆足信。祖妣内助贤淑，家遂颇饶且也。忆则屡中敬戒，无违相敬，如宾克谐以孝。不料，癸未岁（1763）曾祖震仁作古，寿享八十九龄，时称三朝元老。吾祖既尽慎终之礼，犹怀追远之心。公与兄议立家会，各派钱四千二，每年除用生息，以为后日祭田之计。人子之道，尽于此矣！以视世之忘厥本根者，不大相悬远哉！乙巳年（1785）伯祖分析尝田，收去钱八千四，祖谕伯等务成吾志。又由甲申（1764）至甲午（1774），相继而生我父弟兄姐妹，历年之焦思劳力，不知其几何矣！祖因人繁齿众，移窄就宽，爰弃上桂里，置买高熊里②业滩子口荣建华屋居于斯。后己酉（1789），移葬曾祖妣于宅右，癸山丁向，修砌坟茔。于时乙未（1775），诸伯克体父志，仍复半耕半贾，愈见余一余三。欲免南溪夫马，置买长邑粮田。岁在丙申，始买黑洞坝。越癸丑（1793），承接龙门田，皆上腴也。又况风醇俗美，祖喜乔迁焉。但家居两地，时往时来，来则背负，去则肩担，勤劳辛苦，非至极耶！以故膝下子女，男选淑慎，女配英才，训子训孙，教耕教读，一时人文蔚起，家声丕振。非由我祖之善于诒谋，曷克至

---

① 黄氏祖籍广东省嘉应州长乐县蓼湖坝井头坑。黄震仁于雍正甲寅（1734）入川，到叙州府南溪县上桂里洞子口开基。

② 属叙州府南溪县。

此哉！当此之际，吾父弟兄，方幸椿萱并茂，庆溢门庭，齿德俱臻，声称里党，无何吾祖寿届古稀。乾隆末年乙卯（1795），祖妣竟奄然长逝耶。斯时也，祖伤失偶，而谁为言笑；子痛失恃，而孰倚门闾。呜呼！北堂见背，不觉暑往寒来；噫嘻！南极生辉，无如形单影只。虽口体之奉不缺于晨昏，而喜惧之心当怀于顷刻。未几，而嘉庆六年辛酉岁，（1801）春，葬震仁公于中峰寺塔山，丁山癸向。秋，买黄葛坝四合头业。吾祖窃心焉喜之，不意喜出望外，忧从中来，比莱子之行年，才增七岁；方太公之钓渭，尚少三龄。祖遂怏然辞世，父等抱恨终天。虽已殡于山冈，尚未寻其吉地。七年壬戌，迁葬周祖妣于干坝王骨头山，丁山癸向。后至戊辰（1808），卜吉安宁桥罗家山，迁葬祖骸，亥山巳向。三处坟茔，镌修碑志，而万古之佳城，由斯立矣。然则吾祖非所谓生顺殁宁，克昌厥后者哉！虽然吾祖之事既毕，而吾伯父读《常棣》兄弟既具之诗，窃因之有感矣。斯时辛酉（1801），盛伯居属南邑，难以往来。于是弟兄酌议舍彼即此，移居本邑黄葛坝与黑洞坝茂伯，龙门田崇叔相近。丙寅（1806），修三合头精伯居住。戊辰（1808），买河嘴上业，壬申（1812）修造。吾父林一迁居五处坐落，近则鸡犬相闻，远则崇朝即至，相亲相爱，随时可叙寒暄，尽性尽伦，异地常同寝食。田园虽云少有，而生齿日见繁多，爰集议分业，对祖拈阄，兄友弟恭，各喜原居之地，无犹贰好，终免迁徙之劳，尤谨遵遗命，预除桐子湾业谷租三十余石，以为每年完粮祭墓之需，余积修祠，以继父志。议立条规，轮流经管。九月二十日祖诞，清算至道光乙酉（1825），买万年桥业。迄壬寅（1842）出售桐子湾，买黄葛坝，数契谷租六十余石。历年来谨守成规，罔敢易法。所惜者，吾父伯叔弟兄先后继亡，有志未逮。至我星字辈二十六人，目今所存者七：星朗、星显、星瑞、星垣、星德、星连、星文。体厥祖之志，昭前人之美，约议修祠，以妥先灵，以敦雍睦。春祭之日，晨则各处祭墓，午则同归祭祖。曾太婆墓另择吉祭。其祭礼务须丰洁，酒酌宜从简办，则坟墓不失拜扫，宗祠日见荣盛，立为永远攸规。奈些些钱谷不能堂构维新，仍将四合头房屋鼎新革故。自戊辰（1868）正月兴功，至三秋告竣于焉。香龛壮丽，祠宇辉煌，血食绵延，蒸尝久远。从兹秋霜春露，登堂而共效趋跄，更冀孝子慈孙感德而无忘祀典也。

孙星垣愧不能文，聊将曾祖一脉略纪其梗概云尔。至若心性言行，持身处世，胞伯精一公已叙于家谱，爰为之述曰："我父年甫九岁，偕祖父母与伯父来蜀，晨夕之间，菽水有承欢之爱，徐恭笃敬顺之诚。我父为人，性本刚毅，恶厌纷华，忠直朴实，勤俭谨慎，和睦族亲，敦厚邻里。至与世周旋，善不欺而恶不畏，亲君子而远小人。经营贸易，可称屡中焉。且性敏好问，虽未诵习诗书，而日用目前文字亦颇通晓。凡训子孙，与人谈论，虽未尽堪程序，亦庶几不失为格言。至我母氏无愧内助，慈孝温惠，颇知三从，井臼亲操，纺绩时勤，持家有道，所以创业于南长两邑，田地约有数百余亩。迄后弃南邑之田，而安居长邑田业诸处。庶几岁时伏腊，弟兄济济，以偕来丧祭冠婚；子侄熙熙，而毕集一堂聚首。其雍睦为何如哉！"

震仁公葬塔山，余永俊送阴地合约：坟前后左右，各除二丈为界，去礼银九两正。曾祖妣葬滩子口，坟前四丈，坟后十四丈，左右各三丈五尺，有预除约合同为据。

宏彰公葬罗家山，罗禹阖族送约：上顶心乙丈二尺，下顶心乙丈八尺，左右顶心各乙丈五尺，礼银拾六两正。

周孺人墓王世龙卖约：前后左右各三丈，艮①八刄②。复卖界，上抵山顶，下抵水脚，左右各五丈，载粮艮五刄八厘。

祠堂原以享祀蒸尝，和睦后嗣，固宜秉公执正，非徒壮观瞻于一时也。我祠内每年石，永为蒸尝公用，非后嗣所得而私。从公则协力同心而

---

① 意即为"银"，民间俗字，常见于功德碑中。
② 意即为"两"，民间俗字，本为那字的左部，常见功德碑中。

和睦，有私则吞谋浸漏而生非，甚有恃势倚强，欺忠挟朴。或口说冲挪而心怀负骗，或明言借买而暗实贪婪，以致奸巧者阴谋诡计，诚实者碍口惜情，种种弊端往往然也。自此，每年卖租，定要价清塲谷。其钱除用，有余交妥实者，以便支用。不论尊卑老幼，务必各守规矩。倘有以公作私，欺心利己者，定遭祖宗谴责，阖族且得而诛之。其有条规并列于后：

一议五房于九月二十日，迁会首五人，拈阄经管上坟、宗祠、祭祀。内议一人管钱账，毋得推诿。

一议祠堂焚献香烛、钱纸，值年预办交佃。每月灯油乙斤，每年茶供叶子贰斤，烟纸四合。早晚香灯给工钱壹千文。新年点灯三夜，给工钱贰百文。腊月挂纸，值年来祠拿香烛钱章。惟滩子口坟远，给钱乙百。礼物、柴钱随带。各处坟茔，务要子孙亲去，毋得着外人了事。每年大粮，值年务早完纳，以体完钱粮，以省催科之谕。

一议元旦来祠谒祖会年，值年早办茶食、柴薪交佃，桌凳、碗盏，佃上预备。议工钱四百。至会首五人，务要亲来经理。进香者肃整衣冠，以昭诚敬。

一议春祭上坟，定春分前后数日。择吉不得迟延。上滩子口坟，五房轮流经管。值年务于祭祀日注明各房去数，以便备办酒酌。但晴雨不测，随值年候晴明日去。远者不能通信，毋得异言。

一议春祭日晨早，祭三处坟。子孙钱封随送祠焚化。年七十及文武绅耆，坐轿上坟，给工钱八十文。滩子口，给工钱乙百六十文。内外坐轿来祠，工人有席无赀。

一议各处上坟，值年与工人来祠。早膳、抬盒、经理祭物。祭毕，仍将原物交，还毋得漏弊。

一议每年春秋祭祀，上坟祝文、撰书，共给钱一千文。

一议祠内或费用不敷，酒酌简淡，族内人等不得妄言。九月二十日秋祭，庆祝祖诞，各房来者皆理事之人，算明账簿，交迁会首，即桌席少办,亦系体贴蒸尝,以图绵远。迨储积有余,春秋二祭阖族燕饮,岂不盛哉!

一议文武进学,来拜宗祠。会首备办棹席,给喜钱乙串。待请下学之日,送衣帽钱十二千文。补廪者给钱四串,登科甲者给银二十四两正。

一议祠堂招佃,除留中堂五间,下厅一间,随时洒扫,毋容不肖子孙估骗占扎。倘有此等,斥逐之。

一议会首五人,议一人执掌钱簿,或独自买货,或众口赊物,登簿计数,不得以少报多,有钱即便付结。如公众未便,或垫或冲,暂则还本,久则行利。其有将己下该欠嫁祸蒸尝者,苟免刑罚,焉能逃祖宗之谴责乎!

一议族内贤愚不一,至有不务本业,妄作非为者,移害族内,皆由不听父兄约束。阖族公禀听便。

一议春祭宗祠,来者均有棹席,厨下值年经理,无事者免进,各宜自爱。值年卖谷,价值令族知之。如价涨迭,毋得反悔。

一议我族衍派,一脉渊源。异姓之人,则非一脉。今有随母为继子,与乏嗣抱异姓为子者,俱属异姓,不得将会首钱簿迁伊执掌,紊乱宗支。

一议祠堂钱谷,除春秋二祭以外,完粮一切费用,公项如有存积,议买田地亦可。不买,商议均分亦可。至黄葛坝及黑洞坝二处蒸尝,永不出售掉卖。

一议口角有关宗祠者,值年了结,不可推诿。如值年不能了结,族内有能了结者,公议伊调办。有明知自可了结而佯为不知,以推值年者,不可。此系公事公办,一切使用,毋致私贴,但无工贽,则阖族同心共睦,亦以壮观宗祠矣。

一议祠堂招佃,择勤朴者。其田上田,年租年清,不比下田,量年收谷。所议顶租合宜,并无少让。倘有少欠,扣顶取回,毋得估耕估佃,异说生非。

一议族内或遇鳏、寡、孤、独，困苦至极而身故者，给棺木钱二钏。如不肖者，分文不给。

一议族内外年进八十者，春祭之日，俸养膳钱二千。遇皇恩报者，帮补钱四千文。

一议族内老幼，要镌神主位者，于中堂左右妥修。

星朗、星连、星德、光清、光干经修宗祠，议立条目，虽未尽，善业已成规。后有志者，再加轮奂，益著宏猷，实厚望焉。

以上条目，五房公议，但人心难测，贤愚共鉴，作圣者为族增光，作狂者为族减色。若不肖之徒，我族中断无此辈，不过预为告戒耳！至有孝子贤孙，克恢先绪，垂裕后昆，不惟祖宗光远有耀，即我族亦存殁均感也。岂不懿欤！

大清同治七年岁次戊辰九月吉立

大印敬书

耆英精一公创字辈及训子侄诗列左：

一星光大，家瑞维章。龙元凤玉，万世汝芳。

草草题诗寄后生，从师诵读要存诚。鸡窗日日书为亩，雪案时时笔作耕。两耳休闻窗外事，一心宜遏世间情。坐怀不乱超贤哲，秉烛无私入圣明。须念囊萤功愈密，还怜挂角业尤精。若然造得功成候，桂馥芹香达帝京。

肄业芸窗贵志坚，休将岁月任虚延。行文务用生新句，作赋毋须袭旧篇。宜仿立深门外雪，当思读积帐中烟。日严三省希舆氏，时凛四箴学子渊。万斛珠来由砚宙，千钟粟出在书田。一勤天下无难事，功至名成快乐仙。

俚语谆谆训竹林，须除佻达养清心。循规蹈矩纯其德，越检逾闲损厥阴。褒贬篇中分善恶，劝惩册内别贞淫。肆行无忌真堪戒，放荡不羁实可禁。自是端庄乡党重，由来正直鬼神钦。及时更应殷勤学，一寸光阴一寸金。

茂一公，年八十二。蒋孺人年七十八，吴孺人年四十九。男星明，唐氏；星发，马氏；星魁，丁氏；耆员星朗，颜氏、陈氏；星亮，张氏；星显，朱氏；星瑞，张氏。孙光朝，段氏。共廿七人①。

盛一公，年七十六。丁孺人，年八十。男星隆，唐氏、卢氏；星耀，陈氏；星泰，伍氏、万氏；星华，张氏；星照，严氏；星斗；星秀，旌表张氏。孙光云。共十二人。

精一公，年九十四。马孺人，年八十二。男星彩，戴氏；星铟，叶氏。孙光远。共八人。

林一公，年六十八。张孺人，年八十。男监生星连，郑氏；监生星垣，钟氏；星旦，张氏；星台，曾氏；星蔚，郑氏；星德，钟氏。孙光景，旌表李氏。共十八人。

崇一公，年七十九。刘孺人，七十五；艾孺人，六十一；梁孺人，五十一。男武生星琦，雷氏；星能，张氏、罗氏；星腆，叶氏；星文，曾氏。孙监生光璠。共三十四人。

（陈伟平点校）

---

① 因原木板有残损，故人数与统计有不合之处。

（宜宾郑氏）历年置产记

（清）佚名

本文选自宜宾《郑氏族谱》，清末抄本。该谱不分卷，撰者不详。郑氏祖籍福建长汀县，乾隆初入川开基宜宾县。

郑玉蔺公入川[②]，乾隆十五年（1750）在叙州府宜宾县天池乡地名银子塆[③]买姚姓田地一股，价银叁佰叁拾两正。吾祖生下三子：长房永清、次房永源、三房永洪。同居至乾隆二十年（1755）岁次乙亥，田地踩平为三股均分。后至乾隆四十八年（1783），三大房子孙遭天年一顺，人口盛多，三房子孙商议，将祖业卖于姚姓，价钱陆佰叁拾吊正，三房均分。吾祖永洪生下四子：长房宗远、次房先远、三房福远、四房金远，弟兄勤俭和气，佃田耕种。至于嘉庆九年（1804）宗远、先远、金远三人鹏买天池乡水溪井李姓田地一股，价银叁仟壹佰陆拾余两。三房福远嘉庆十三年（1808）在银子塆自买唐绍先田地一股，价银壹仟四佰伍拾两正，后买唐姓一股，价银叁佰贰拾捌两正，以作烝尝。道光五年（1825），又在天池乡地名银子塆自买贺良恒田地一股，价银壹仟壹佰两正，买回祖业。祖公先远平生为人，其劳勤历况，瘁蔑加者何也？盖自幼失怙，家道寒微，饔飧莫继，故与人牧牛三载，佣工度日，身壮力强，自为载芟载柞，风雨不辞；或耕或耔，寒暑不计。苦尽（难）[甘]来[④]，然后菽水稍给，藜藿堪

---

① 原无标题，现标题系整理者添加。
② 郑玉蔺于乾隆初自福建汀州府长汀县迁入四川叙州府宜宾县天池乡。
③ 今在宜宾县菜坝镇境内。
④ 原作"难"，根据文意改。

充,孰知也。嘉庆十九年(1814)复买埂上安姓田地一股,价银壹仟余两,又买水溪井李姓田地一股,价银壹仟余两。复至道光十二年(1832),买桃屋基张姓田地一股,价银壹仟余两,共七契,买全总共费银叁仟有余。吾祖先远言自年衰,力迈以综理,请凭亲族,将自所置田地三处,瓦房四向,余银壹仟有余,派作七股均分。

诗曰:新春无乐清闲处,空向世间白云非。望断长江归大海,父母已死难回头。

(陈伟平点校)

(中江陈氏)康熙四十一年中江陈大贵来川落业照票

本文选自现代抄本中江《陈氏族谱》。该谱所载内容应该是从更古老的版本转抄而来。谱中载其入川始祖清初自湖南武冈州来中江插占的照票(插占凭证),反映了当时移民插占的实情,是不多见的珍贵文献。

照票

潼川府中江县正堂徐①:为恳赏给照,以使落业事。

---

① 徐湘,浙江监生,康熙四十一年(1702)任,见李星根《中江县新志》卷四。

本年二月十一日据新民陈大贵享前事等情到县，据此合行给照。为此照给陈大贵，执照前往中村，顶接孟华原载四坐落观音堂东五坎，东至官山界，南至上西界，西至大山顶界，北至河溪界。悉照所分，界北承顶落界业人等毋得阻址，本人亦不许额外霸占，如侵损坟毁坏萌水。如违，不准顶接，仍行治罪。准至照者。

右照给陈大贵。准此。

康熙四十一年（1702）次（乙酉）[壬午]① 二月十四日

联票

中江县地字第壹百贰号

四川省属潼川州中江县：为广布皇恩，核定版籍，以清疆界以垂永远事。

照得川省田地未经丈量，以致民间界址互混不清。奉旨命钦差来川查丈，令民自行丈量清楚，开明坐落四至，填注亩数，遵照题定新例，按亩科银造册送部。所有填证双合县票，合行给登。为此票给此户收执照。后开顺亩银数按年完纳至联票者。

一户陈大贵坐落观音堂，东至观三分水界，西至山岭分水界，南至小溪界，北至沟界。

中田肆拾伍亩三分，应缴丁粮银壹两柒钱玖分伍厘肆毫。

下地玖拾亩贰分，应缴粮壹钱贰分三厘肆毫。

荒下地捌亩，己未年起科，应缴丁粮银玖分七厘六毫三丝。

雍正捌年（1730）九月初一日给

---

① 原作"乙酉"，康熙四十一年为"壬午"。

中村清溪里业户陈大贵执据县行

（陈伟平点校）

（资中陈氏）福建龙岩州移民陈颐珍分爨阄书

　　本文选自资中《星聚祠陈氏族谱》卷二，陈永泰等撰，民国二十四年（1935）石印本。陈氏祖籍福建龙岩州，康雍乾年间族人纷纷入川，后在资中建立总祠"星聚祠"。

立嘱约：

　　父，颐珍，生有五男：长东阳、次献廷、三湧廷、四仑辉、五皓临，俱已长成婚成，分爨定立阄书：因丙申年（1716）长男带次男徙居四川，将伊分下田产卖出，银两予亦措置，银两凑付往川创置基业。当日立约，日后弟兄俱往俱回，新旧二处存家基业仍属五房有分，有约存照。今年，予与次媳、四男搬往川居，将予抽存田产卖出，银两带往四川增扩基业。家后留三男孙观官、五男孙水生兄弟以承先祀。其田产除伊阄分下外，家留田租七拾肆桶零分，递年二房轮流收管，以为蒸尝祭扫、应答公务之费。此系五房公物，在家之人不得肥己，在川之人不得分卖。若观官、水生兄弟亦欲往川，约二十年内应将分下产业尽卖，带川归众，川中产业许照均分。盖和则致祥，此予所惓惓以昌后者也。恐口无凭，因请亲戚房亲人等前来，当面嘱咐。立约三纸，在

　　川三房共执一纸，在家二房各执一纸存照。四段开列于后：

　　山尾束树垱田，租叁拾七桶斗八桶，牲三支。

一段本措左边长丘近厕池一节,又水路丘外石边路下一丘,又与尧明左边分一节,共租一拾八桶三分共八桶。

一段籼寮背田,租三桶三分三厘三毛老斗六桶。

一段山尾墓塘,租六分斗八桶。

一段老江厝背,三年轮一次,又与景玉、纪孟三股均分。

一段油草堀,租八租升。

一段南庆楼门口左边禾程下田贰拾丘,三年空,一年轮,后英耕。该一桶五分,轮茂英耕该一时桶。

一段南庆楼门口塘,租拾桶。

一段花门头并下坝碓寮头,共租七分九厘。

一段山下洋垅内新开田,租五分。

再嘱:日后子孙有进文武泮,捐贡监者,将尝租抽出四拾桶,连收二年,以共八十斗八桶,以为衣衣冠之资。批照。

五房众遗后楼厝共三十四间七分半,厕池五口,熏房一间未曾均分。批照。

日后四川省人回家者,回川盘费系在家之人备送。在家之人往川者,回家盘费系在川之人备送。再批照。

外亲:代字郑夐村,郭炤东、郭始东、张腾九、郭湖官同在。

房亲:储成、辉廷、有成,同在。

大清雍正四年(1726)岁次丙午秋九月日立,写嘱约父颐珍,次男孙宜禋、三男孙观官、四男仑辉、五男孙水生,同立。

(陈伟平点校)

（江津陈氏）陈永茂、陈永盛承领田谷以照抚祖墓贴

本文选自江津《陈氏族谱》，民国抄本。陈氏祖籍福建汀州府永定县，于乾隆年间入川落业。该谱内不但记录了陈氏历代世系，还记录了从陈氏家族有关的契约和民国时间陈氏联宗会的情况。

立承贴人陈永茂、陈永盛弟兄等：蚁父演昌先年承领陈必瑚名下有祖坟二十余穴，并无同姓异姓相连。于康熙六十年内有必瑚合家往川居住，将祖坟山岗又有田皮土名坐落棺材窝，又一处蓝山里，又一处水口塘田三处，共计田皮①老税三称正。当日必瑚拔出，经众亲朋，本族演昌等念在叔侄情分，意愿承领所收田皮之谷，以为看管祭扫之需。至于乾隆十年十二月内，必瑚子男永松同侄宪仲转回汀州上杭县牛口隘小地名雷公灶，择日子修正祖坟。永扬叔又从必瑚手内拔出田皮，托付陈永茂、陈永盛弟兄依然□□看管祖坟，日后不敢失落，亦不敢侵葬。有外人侵葬，永茂、永盛等执字寄书，经众亲与之理论，送官究治。恐口无凭，立出承领字存照。

凭证人：

廖上稳　廖学山　廖学坤　陈竹林　钟洪光　赵伯熙　赵伯海

赵启山　赵伯龙　赵龙生　巫佑山　潘为兰　刘世泽

刘凤启　笔仝在

乾隆十年（1745）十二月初九日立出承领贴人陈永茂（十字押）、陈

---

① 此田皮与田骨对应，指田土的使用权。

永盛(十字押)。

(陈伟平点校)

(资中陈氏)乾隆十一年陈氏兄弟分单合同

选自资中《陈氏族谱》卷一,宣统元年(1909)木刻本。陈氏祖籍广东惠州永安县(现紫金县),雍正初入川。该文反映了清初移民入川前的准备工作。

立分单合同:兄弟陈玹尧、陈绣尧、陈缙尧、陈缜尧、陈缌尧五房,有祖如焕公遗下尝田六斗正,历年祭祀。今因嗣孙殷繁,不能群居享祀。兄弟商议各生其志,将此田留存壹斗,土名土地背并栗子树下二处,共种籽壹斗正,作为祀扫。五房有分,交于原乡兄弟掌管看守坟墓。其余五斗,请得房族到场,腴硗匀搭,五房均分。每房壹斗。叨祖遗拨有富贵泰吉昌五字为阄,经族告祖抱阄,依阄各管。合同五纸一样,各执一张,永远管照。二房绣尧捡得昌字号,系堂肚里井下贰丘并坡口头上丘壹丘,共种籽壹斗正。伯侄管业,日后不得争竞。各执为照,如有异言,鸣族攻责。立合同是实。

房族:弘尧、缉尧。
在场:族正公王辅。
执笔:房长子昱。
乾隆十一年(1746)丙寅岁十一月三十日订,合同兄弟五人实立。

(陈伟平点校)

（新都钟氏）四川省成都府新都县乾隆二十七年文亮叔祖手书

（清）钟文亮

> 本文选自江西上犹《钟氏三修族谱》卷一，钟家远等修，民国二十五年（1936）刻本。清初以来，不少移民都留下了与原乡的通信，可谓是研究"湖广填四川"的第一手资料。而钟文亮的信件无论从篇幅，还是内容上来看，都是其中的典型代表。

从来无关谱系者，即晤对而淡漠；谊属天潢者，室虽远而恒思。予与诸祖弟兄辈天各一方，睽违亦既多年。然相隔者，势也；而相同者，心也。知此，则予与祖叔兄弟辈，其情可得而言矣。予昔到川，家道之盛衰，祖叔兄弟辈谅必熟悉。今已四十余年，殆未必尽喻矣。予为祖叔兄弟辈一一道之，可乎？

予自康熙乙未年（1715），父亲统家往四川省。到川之时，典得成都府新繁县张、侯二姓之田，托天之福，屡年利盛，家道渐丰。予父归梓之后，雍正五年（1727）始创基于成都府新都县新村二甲三牌，户名钟世昌，即作予父名矣，余方得考试。迨至雍正九年（1731），蒙周宗师取入新都县学，身入胶庠。虽曰文章奇异，实由祖积宗修。时家中人丁蕃衍，难以共爨，余父兄弟不得不分其居。余于斯时，时至运通，初接岁考一等补增。乾隆二年（1737），蒙江西抚州府人陈宗师一等一名补廪。因是声名洋溢，教化大行，负笈相从者三四十徒，约计教读一十六载，供奉束脩，较之他人糊口，更高一筹矣。

予伯叔兄弟自分之后，散处别县，或典田，或制产，养不一而均能各守先业，衣食丰足，并无落人之下。进川之日，男妇女丁仅一十七口，至今屈指计算，已有百余人。家资虽未甚厚，而男女丁盛亦可犹人。予身生五子六女，婿渊者，俱是阀阅之家，且不必论其详细。而四媳陈氏，其父甲戌进士，现任雅州府儒学正堂①。予今已有男孙七个，论品格，殊觉超常。予祖母谢氏，于雍正丙午年（1726），已既西逝矣。予父讳廷玉，其年己未（1679）生，于乾隆二十四年（1759）六月初二日未时告终。予母黄氏，其年乙丑（1685）生，将至八十，身体康宁，耳目如常，动止还似后生。他如予四叔讳廷珍，在家乡早死，固不足道也。至若余二叔讳廷琏、三叔讳廷球、五叔讳廷璋、六叔讳廷瑚、七叔讳廷珊，尽皆寿终。二叔母胡、五叔母陈氏，抑亦不存。惟三叔母林氏、六叔母黄氏、七叔母蔡氏，尚在耳。乾隆二十七年（1762）三月初一日，是余出岁贡之期。欣逢二十六年（1761）十一月二十五日，皇诏正贡作恩贡，次贡作岁贡，孝服甫脱，恩贡即届，际遇之隆，莫非天相吉人也。择取二十八年（1763）正月二十五日整酒，钉扁树桅，亲朋来贺者，五十余席。此时，贡事方毕，又蒙上天眷顾，二男名良图，其年系丙辰（1736）生，于三月二十日院试，蒙博宗师取入新都县第一名学。因是以见美事叠至，而家声丕振，亦可聊慰先人进川之意也。

余昔在江西，年方十岁，本族老辈尊讳，颇知其概，未知其详。兹因余父故友温敬和其子到川来予家中，叙及老辈尊讳，俱皆熟悉，列尊富贵，逐一言云。又言予祖应奎公之墓，蒙应壁公、应宿公二公嗣孙，代为重修矣。此亦未知真否？如果实焉，足见壁、宿二公子孙之厚德。予兄弟子侄等，远居四川，戴德靡涯。异日者，倘予先灵有鉴，保佑子孙得以观光上国，回梓里朝祖之日，壁、宿二公子孙厚德深恩，有不为之报也，必非人情矣。

---

① 即陈钧，原籍广东长乐县，后入籍金堂，乾隆甲戌（1754）进士，历任潼川府、雅州府教授。

更有一说，近时川省民人愈多，世道愈难，较之江西省，更有为甚焉者。设有贫寒，欲徙移四川以图生活，切勿生此觊觎之想焉。既言一，已再言，他人昔有住居松坑王治邦，与予父缔结朱陈，其媳妇，予胞妹。二十六年（1761）六月十六日，治邦之子名廷文，其杂名曰宪章，是予妹夫，率领妻子三人来到予家。身无片文，贫不可言。余妹双目不见，举步甚难。今在予家，日用食饮，俱是余供。王廷文左手跌断，亦是废人。幸带一子，颇有灵敏。今其父子在成都府生理，每年赚得八两余资。还有一子娶媳骆氏，未曾同来。据廷文夫妇所言，骆氏不孝之极，天地不容之人。老叔公如知其人，烦劳金言，代为道达，说骆氏若存，切勿来川；如不知其人，问王兴邦丈公之子廷柱表叔等可知矣。再者，余与有岳父伍子江，其子孙等叔公若遇其人，将前所言一一达知可矣。

凡右所言者，寄与叔公一览，更期与众族伯叔兄弟共览。既览之后，来年或有亲朋来川，还望叔公具书信一函，将江西省本族家道如何，人丁多寡，功名大小，伯叔弟兄尊讳，悉载于书，一一达知。庶乎音问不疏，虽天各一方，无失其为亲耳。余言不尽，谨此上达族望学元叔公老大人暨应宿公嗣孙廷瓒叔竹林，均照由四川成都府新都县，侄孙文亮顿首拜。

（陈伟平点校）

（宜宾温氏）乾隆二十一年温紫彩寄川家书

（清）温紫彩

本文选自宜宾《温氏族谱》，清末抄本。温氏族谱系广东嘉应州长乐县玉磨里温氏入川后裔，在老谱基础上不断续修补充而成。其入川始祖张氏随同三子于乾隆辛酉年（1741）入川。十五年后，在老家的叔父温紫彩于乾隆二十一年（1756）托邹标奇带入川的一封信，信中叙述了广东客家入川的前后情况，具有较高的史料价值。张姚上川后，当时还居住在江津等地。清乾隆末年，已迁犍为县紫云乡龙君坝七大房分家重新抄谱时，将此书信收入家谱，现随谱珍藏于益善公大房家中。

大嫂张老大人尊前：

嫂自辛酉年母子四人在家起身往川，倏忽壹拾伍载矣。嫂居西蜀，弟在梓里，暌违两地，天各一方。奈云山漂渺，关山难越，音问难通，又不得同堂面晤，无时不致念也。自初年间，幸接音信壹纸，始知所寓有方，虽未获亲临致询，殊可以稍慰心也。

再，侄成长，自甲子年（1744）起身进川，至今壹拾余载矣。迨后，未有音信。虽未知嫂合家老幼，指日增荣。谅在川中，福祉亨嘉，不卜可知。叔侄朝夕眷念，无日不挂于怀也。

再者，侄今在川，若果是仁里之邦，俗厚风淳；肥饶之地，衣食丰足。千祈侄修音回来，待叔侄兄弟商议裁□，一同搬家进川，得以聚首同堂，笑言相接，克成乐事也。如川中不过暂时安身，非久计之所，亦望侄顺寄一音回来，庶免在原乡者思川之念也。

若问叔在家中之事，人口托天眷顾，均叨安宁之庆，家业如常，无烦侄远虑也。再者家乡连年饥馑，谷价腾高，人人困苦，度活难周。老者转于沟壑，壮者散而之四方者，不胜数矣。现今日下谷价，每石价钱捌佰余。

今因标奇邹舅爷进川，特修一音顺寄，见字如面晤也。笔不尽宣。再，长兄并嫂坟墓历年祭祀，无烦挂虑。

肃此上大嫂张老大人尊前，暨列侄等均览

夫弟温紫彩字，侄温初顺、温初升仝禀

（陈伟平点校）

（邻水邹氏）家书集
（民国）邹邑士整理

选自邻水《邹氏族谱》，宣统元年（1909）木刻本。邹氏祖籍广东乐昌，系康熙年间入蜀创业。在创业过程中，邹氏家族曾留下了与原乡亲人交流的多份信件。到宣统年间重修族谱时，邹邑士将这些信件逐一编为《家书集》。

弁言

先祖于雍正初迁蜀，嗣是雁书往还，音问不绝，所有遗稿，三远祖九如悉秘藏之，已二百年于兹。今其元孙克昌捡以示余，虽半多残阙，不获尽窥全豹，而碎金片玉皆手泽也。中得十三篇，独征璞完。朗诵一周，更不觉神与俱驰，故亟登诸谱牒，使世世孙孙咸晓然于祖宗入川之原委与创业之艰难，或亦感发兴起之一助欤！更有进者，雍正丁未暨乾隆五年元福公来书，内叙外人争界事甚详，非健讼也，盖守护祖茔，事非得已。其不避难险之苦衷，正所以勉副诸兄之托，而上妥先人之灵，功未可没也。读者其善体之。

宣统元年（1909）季秋上浣邑士识

（一）元福来书[①]

元殿、元举二位胞兄大人青及：

自去岁（1726）十月十二，两兄携眷入川，十五日弟送至田横桥，手足分别，不胜伤悲。从此朝夕思念，泪滴难干。惟曰邑神天祈，佑一路平安。昨五月内奉到回书，内云十二月抵邻水华山，在光祥、明祥两侄家暂驻[②]。基址颇宽，山林竹木，地土俱广，水旱无忧。其田每年出谷三百余石，举家搬至该处。安身捧读之下，已知两兄财福并茂，从此兴家创业，后福无穷，可为兄贺。弟在家仰托兄福，并侄女观秀夫妇两家俱好，亦不劳窒虑。惟元殿二兄上年将已分东岸田二亩二分，卖于刘咸沐。去岁十月初四，三面踏明，田二丘交楚。今岁五月内，咸沐乘兄远出，欺弟柔懦，其九峰堡捕爷衙门呈禀，讯断罗震岳、罗西侯给退手银三两，饬弟补田三丘。刘姓强说三丘不足二亩二分之数，还请过丈，必补足二亩二分之田方休。弟不认补。八月内，刘姓将兄在白宅赎回连界之田霸占，抢割一丘。弟心不服，亦赴九峰具控。捕爷饬弟备银三两与咸沐，田归元福耕作，纳租六十六斗。俟元殿归回，自然明白。兹将此案状稿带来，祈兄改正付回，是为至要。又来书内另单示知，大块中间茶山一块，萳子地茶山，油租二十斤；坛背垅上茶山，油租十八斤，嘱弟代为收存。今三处茶子，俱被西侯、震岳二人尽行摘去，其油租亦云归他收，强说二兄卖契内写的荒山熟地卖尽。又云凡屋宇门楼窗扇，俱卖了三分之一。他与刘姓商议，要来我们祖堂安香火。弟说兄契未写恁安香火字样，今无故侵占，神人不

[①] 此信的四川回信已经遗失，通过后面的书信内容来看，似乎在雍正十二年（1734）以前，这桩案件已经了结。嗣后元举等在回信中开列了祖籍所有产业及收益，交付元福收管。

[②] 其长兄元耀早故，嫂谭氏先率二侄光祥、明祥入川定居于邻水。

安，未知此事如何不息！兄能归则幸，如不能归，但有人回籍，望兄将契内各界情由，详细分剖，速速修书付回，以为证据。则油租、茶子、祖堂香火尚可挽回。弟前月亦有家信，托汪如宾带来，未知得见否？惨！弟自兄去后，雁散势孤，凡事受人欺侮，实为凄凉，言不尽意，泪随笔下。敬请二位胞兄，并三位尊嫂及贤侄列列均安不一。

雍正五年丁未（1727）十一月朔日愚弟元福百拜奉书

（二）元福来书

元殿、元举二位尊兄大人电照：

丙午年（1724）十月十二，弟送驾入蜀，在田横桥一别，分离九载，如参商二星出没，不能相见，常击心怀。近接手函，已知在蜀成家立业，财发人兴，不胜欣慰之至。弟意亦欲来川，骨肉团聚。奈上宪出示禁阻，不能如愿。弟在家寂寞，托天过日。更蒙神祖默庇，我升祥得生二女，荣祥生二子二女。长子名耕俸，次子名连俸，眼前分甘，差可娱目。二兄之爱女三珠，亦生一女，许与廷九次男为婚。完珠连生三子，长石生，与廖姓结亲；次石莲，与凌云结眷；三寅寿，未配。伊家现在烧瓦起盖新屋。廷九夫妇亦得唻蔗之境。其子维远，得生三子三女，人财两兴，均获吉庆，二兄不必挂虑。惟三兄爱婿渐辟，不幸戊申年（1728）七月身故。至辛亥（1731）十二月，周如让为媒，劝侄女观秀改志，嫁与梅树坳塘弯王必荣长子，是他主持家政。去岁五月生一女。今岁正月，弟接他夫妇到家，询知衣食丰足，公婆贤惠，夫妻好合，三兄亦不必挂念。但神养之配谢氏，年已及笄，如来年关隘盘查已撤，三兄当率神养，回籍完娶，以了子平之愿可也①。至于光祥母子②，在蜀日新月盛，屡接音如同面会，我心安矣。余言不尽，敬请阖覃金安。

  雍正十二年甲寅（1734）正月初十日愚弟元福顿首

（三）元举回书

  元福贤弟台照：

  兄在四川，多蒙挂念。今岁学敏父子转蜀，交到贤弟与廷亮亲家翰墨。接读之下，不胜凄感！兄去岁十一月内，又在邻水东门外，离城十五里，牡珠滩小地名黄家弯，去银一百九十七两，得买文世泰田业一契。庚戌年，先已奉文过丈③，足六十二亩，可出谷三百余担。地土甚宽，各项粮食俱出，松柏杂木广有，既不在山，亦不近市，尽可栖身度日，养妻活子。目下请匠烧砖作瓦，择取明年起造屋宇，定于后年率五男神养回粤，以便为之完娶。此意可达廷亮亲家知之，庶免悬念。至陈汉章佃我之田，近闻退居另佃，未知果否？此业每年租谷七十五斗三升，又税田租谷十七斗五升，共计九十二斗八升，烦弟代为收存，以作愚兄回乡费用。目下在川叨祖荫，九科生一子二女，九章生三子，俱已婚配。九如生一女，转拜朝阙亲家，放心无虑。合家一十九口，老少平安，仲辉婿亦生四子四女，均已婚配。清洁无事，为此特修草字回复，一切言不尽意，顺候刻安不一。

  雍正十二年甲寅（1734）十二月十五日愚兄元举草字百拜

---

① 在雍正十三年乙卯正月十六日的四川回信中，针对当时官府收紧粤民入川政策、严管关隘的情况。元举要求将五子神养的未婚妻谢氏，趁关隘有放松迹象时候，赶紧寻觅有亲邻来蜀有家室者，将谢氏一路同行带入四川，如果遇到盘问，就说是年关不济，搪塞差人。
② 其为元福长兄元耀之子，最先入川。
③ 雍正七年（1729）全川清丈田地，正式开科。

（四）寄元福书

元福贤弟台照：

暌违十载，理应回籍。但兄于癸丑年（1733）在邻水牡珠滩买文世泰田业，目下雇请木匠、瓦匠修造房屋，因此羁身不暇回粤。今着长子九科旋里请安，祈弟将我弟兄已分产业租谷及杉树茶头，并放出外账，逐一料理。或当存留，或当出售，或当收讨，均劳费心，不胜感激。今特开寄清单，烦弟协同九科商量行事。

计开四房未分官业：

东岸祖堂一间，永远作官，供奉香火，不准变卖。

神坑、黄茶坪两处，田地五分四厘，系陈蓝保佃耕，每年租谷十六斗二升。

祖宅门首大堰塘一口，宽四分，每年租谷十二斗。

东岸大块菜园地，佃与廷万、廷亮耕种，每年地租银各伍钱陆分。

钟家塆瓦店一座，每年房租银一两二钱。

以上五处，均留存作官，以为清明挂扫，中元祭祀，及随时培补祖墓之需，永远不准耗散。

计开四房已分官业：

老秧田、坛背垅、老屋场，共田四亩四分，粮在郭西都五甲，薛际盛股内完纳。现在元福耕种，每年租谷二百斗。元殿、元举、元祥各该归谷五十斗，议价银十八两一股。愿得银者脱耕，愿出银者得田，各听其便。

殿、举、福三人，存留号记大树六株，提出禁蓄不卖。另选未号大杉树七十条，小杉树二百三十条，议价银三十两，人各该归银十两。其余小杉树千余根，禁蓄作官不卖。

殿、举、福三人，存留牛岭山场树木，议价银九两，各该归银三两正。

殿、举、福三人，夥买神坑早禾垅杉树一大块，约存元福手，系日升姊丈笔，去价银一两二钱，人各该归四钱。

以上已分官业，愿得业者，补出银数，不许霸占。

计开元举名下产业：

大眉山田二亩七分零，田碥山场在外，粮在郭西都五甲薛际盛股内完纳，要价银五十余两。

神坑、黄茶坪田二亩五分一厘，寮塘一分在外，粮在薛际盛股内完纳，要价银四十余两。

祖居门首菜园一个，要价银一两五钱。

大眉山存留寿板，小大四付，要价银四两。

以上已业所定，均系实价，甘愿出售，得银回川另买。

计开元举应收外账：

大眉山租谷，每年八十一斗六升。自戊申年起，今已八年，共该谷六百四十四斗八升正。除每年完粮外，余谷尽行发卖。

神坑租谷，每年七十五斗三升，又税田谷一十七都五升，每年共谷九十二斗八升。自戊申年起，今已八年，该收谷七百四十一斗二升正。除每年完粮外，余谷尽行发卖。

廷万退田银壹两，又应上升会银三两五钱，又租谷每年十二斗，照八年算，共该收谷九十六斗正。

鸣九买我铁耙，银五钱。

陈兰保借去银三两五钱，约存元福手，系应凤舅尊笔与元福。二人各该归银本一两七钱五分，利息在外，照算均归。

子地茶头，卖于廷亮亲家。契内批提未卖杉树二百株，尽行出售，要价银十余两。

以上均系应收之款，务照数取回。其应卖产业，着九科请我光亮姊夫为中，卖于贤弟元福，凑其方圆，实为方便。弟若不买，亦仰托作中，提手另卖别人。亦可至神养婚事，烦转达廷亮亲家，趁此关隘盘查稍松，就今发人（属）[嘱]九科，觅亲邻来蜀之有家室者，一路同行，有何不可？倘若推说年青不嫁，诚恐日久变生，悔之晚矣。言不尽意，专候贤弟元福升安不一，并请光亮姊夫万福，廷亮亲家金安，三位贤侄迪吉。

雍正十三年（1735）乙卯正月十六日

愚兄元举顿首百拜

（五）元福来书

二胞兄元殿、三胞兄元举大人暨贤侄光祥台下惠览：

自丙午年（1726）在田横桥送别之后，弟一人势孤，屡遭外侮。前丁巳年（1737）五月十六，钟国亮之长子死，抬在东岸大块茶山祖坟后龙约七丈远，骑龙截脉，与老业主钟碧生之孤坟品葬，离坟宽有丈余。弟力阻不能，只得截脉霸葬。具禀九峰司主朱老爷，吩咐事关重件，须赴县申理。十九日即到乐昌具控。批：农忙不准。二十三又告，仍批：农忙不得琐渎。六月初三再告，批：候农缝禀夺。八月初三告，批：如果契置税山，自有疆界。国亮所葬之坟，是否在契界内？何难凭众理剖。不得混以骑龙截脉为词，妄渎不准。十九日，在九峰拦兴又告，批：候饬书勘验，禀覆核夺。九月初三，房书勘禀。批：此山既离坟远，姑免起迁，不得阻葬，至（千）[干]重究。饬两造各遵结案。十三日又告，批：究系钟姓出卖之山，附房祖孤坟而葬，与平空占葬不同。本县念其骸骨已埋，故批饬免迁。仍遵前批，毋庸琐渎。惨！弟控县七次不理，万不得已，于十一月十八日赴韶州府高太尊台前上控。批：钟国亮如果强葬在尔税山界内，尔何以肯任其占葬一月，犯损两丁之后，始行控县。即此已见诬捏。不准。二十三又上控，批：业经批断，有案可据，如敢再葬，抄批禀究。弟连月哀控，此案未结，今又三年。十一月二十三，国亮次子又死。又来大块茶山内强锄开圹，丢下尸棺未曾掩埋。弟即禀九峰司主。二十四，以貌批复葬号天急究事，赴县具控。批：钟国亮抗批可恶，准拘讯究。而国亮又诉以栏棺陷葬为言。批：已据邹元福具禀批示矣。十二月初五，票差赖俊未曾拘审国亮。又诉为暴露尸棺拦葬惨冤事。批：候开春讯夺。十六日，弟又续以叩天审究免遭计害事。批：着村长将棺暂行看守，候开春讯夺。同日国亮诉同。仍批：毋庸琐渎。此案不知将来如何断结！弟未遵两兄教言，护守坟园。今遭钟姓两次估葬，费尽心力，未能取胜，实弟之无才也。特将此情申禀，祈两兄速修家音，筹画良策。如遇便鸿，即当寄回，以醒愦愦。是所切祷。况弟又遭家不造，我华祥之妻，二年六月内自缢身死。娘家控县，虽已合息，而银钱无多，亦弟之运否也。窃幸生有一子，乳名浅俸，今已三岁，是我抚养。弟何能如两兄，在蜀人财两盛，百事无忧耶？又二兄元殿水龙洋杉树，被新来和尚不知何时窃伐，尽行搬去。弟投人理说，他云无契无证。弟又不能与之争。又罗西侯将大块中间茶山卖与应科甲。弟不准卖，他云二兄是埠卖与他了的，与弟无涉。弟见事务多端，外人乘势累次欺侮，惟有隐忍而已。如今大块茶山祖坟被人估葬估卖，如此别处祖坟不得不思患预防，所有铜锣坪祖坟必须竖立碑记，窖断界址。祈两兄议条约寄回，弟好遵照办理。言不尽意，泪随笔下。草字上渎，敬请两位胞兄大人万福，两位尊嫂安人金安，诸位贤侄近祺不一。

乾隆五年（1740）十二月二十五

愚弟元福顿首泣拜

（六）九科回书

敬禀四叔元福老大人膝下钧鉴：

侄等不孝，随父入川，日月易逝，不觉十六载矣！蒙叔父在籍祀奉香火，挂扫祖墓，实甚感激。去岁寄来家信，专为大块茶山祖坟被恶棍钟国亮两次截脉估葬，殊堪痛憾！叔父由县控府，拖延三载，未曾结案。侄等远隔天涯，今又一载不得实信。不幸元殿二伯，去岁四月宾天。侄之双亲年老，未敢远游。侄等是以不能趋膝谢恩，罪诚大矣！（不）幸邻亲黄河汉叔公回粤，侄等特修存楮，祈叔赐一回音，与原人带来，示知一切事务，庶免侄父朝夕忧虑。再者侄等今岁齐集，议编排行四十字，云："黉宽大廷金，云天成日星。乾坤三阳泰，高照鼎上星。圣贤永祖德，君子必忠信。五百千发达，世代为公卿"。祈叔将此字辈，登诸宗谱，俾后世子孙永远遵守。庶几两省字派同归画一，他年相逢，不至作路人相待也。余言不尽，谨此敬请叔父大人、婶母安人福安，并三位贤弟均吉。

乾隆六年（1741）辛酉十月二十二日

犹子九科兄弟顿首上言

（陈伟平点校）

（荣昌陈氏）寄蜀家书

（清）陈庆安等

本文选自荣昌观胜《陈氏族谱》。该谱首修于清同治十年（1871），再誊写于民国二十四年（1935）。陈氏祖籍广东惠州府永安县瑶上，于清代乾隆年间迁入四川重庆府荣昌县。该族谱最有价值的便是本文收录的陈氏家族入川后和原乡祖籍地的来信。

曾祖讳良茂，妣罗氏，于乾隆五年（1740）庚申岁，携祖讳斯盛公由粤来川，于荣昌邑。盛公于乾隆四十七年（1782）落业于赵家函，册立户籍。数年间，祖乡祖叔陈良珠叔侄带下家书一封寄斯盛公，今录于簿内。我家兄弟子孙，务宜久勿忘。

广东家书附左：

尝诵古语云："水源木本，人祖为根"，而根深蒂固，则愈传愈远，乃炽乃昌也。兹闻贤侄兄弟来于斯处，均创鸿基，俱成大业。正所谓扬名显父，裕后光前。闻之岂但愚叔欢喜，即通族亦皆欢欣。此系侄豪，亦系原乡尔祖先风水之荫庇所由得也。目今原乡愚叔亦叨列祖列宗德庇，稍得向前一步，即于枕食之间，难忘祖德源流。是故克己勉强，捐资将瑶坑老屋祠堂修整粉饰，建立神台神龛，唯未十分华彩，亦可见人矣。但思侄儿曾祖振春公生尔祖兄弟三人，即长房子孙亚四、亚五、亚满早已移居罗坑居住，目家事萧条。三房亚仁亦往川中，侄岂不知。贤侄兄弟乃二房子孙，今日虽远居在川，能不念及水源木本，原乡之曾祖及祖之坟墓，血脉之根本源流，而竟置之度外而不顾乎？贤侄总之念及回乡修建，尚且容易，倘再过,即有子孙贤肖念及回乡整修,越发艰难。俗语云:"一皮隔一皮"。则贤侄今日享富贵于异地,而能忍祖宗竟为故乡之怨鬼。且侄贤乃贤人,可为川中开基之祖而能忘原乡之本祖乎?是岂忍也。兹固永起回乡旋川,实为顺便,叔亦知贤侄之贤孝成人,均叨前人之称善所种,而得稍进步之光。特修字寄,知字到之日,侄可念愚叔侄心为罔顾。可会同五伯之男,加意抽身回乡下来,修整料理尔祖之坟基,清楚安妥先人。即旋川中,可作万世之祖,开百代之鸿基,瓜瓞绵绵也。笔不书宣,记此切嘱,是望此贤侄甫观元兄弟同照,愚叔良珠叔侄至嘱。(未写年月,家书上面只写正月初四,永安县白溪寄)。

道光二十九年(1849)己酉夏,五叔生价号宗贤在荣昌城内将叔父文明、文光二人名号写家书一封,由邓先生带回广东省永安县乌石约瑶坑①祖乡,禀请誊写族谱带上荣邑。

家书录左:

跪禀祖乡尊长列列大人台前。禀请者:人有宗派,谱系攸关;木本水源,更宜郑重。吾家原籍广东省惠州府永安县乌石约瑶坑,祖讳良茂于乾隆庚申岁(1740),携吾父斯盛入川。维时只望贸易作客,随时可以还乡。不期,在重庆府荣昌县城北九十里之仁义里观胜乡地名三北桥落业,发枝添丁,衣食颇有。只知前代怀池公生国俊公,俊公生振春公,振春公生正云公,云公生良茂公,茂公生吾父斯盛,而始初根底,何朝何单传、何双传,究竟未能深晓,此固人生所宜首重也。兹遇乡亲郑先生来荣昌县贸易,问其乡居,知之甚悉。正侄清本澄源之机,特呈素衷,禀请祈念根脉,赏赐谱本,录写实系,仍交郑先生便携至荣俾侄辈,知谁居异地,知其根源,不啻由然故乡也。

---

① 即今广东河源市紫金县南岗。

次年庚戌（1790）季春郑先生由粤来荣，谱本未能誊抄上来，仅将良茂公、斯盛公约略书明寄上，另写回复家书一封，一同带至。

始祖发脉一派一封

道光己酉年（1849）十月中，有本乡邓先生自川回得，接手书知兄台万里不忘故乡，异地犹思宗系，木本水源之念，意甚厚也。来书云将谱本寄上，但谱本支派衍繁，卷页甚多，非一时所能妥办，兹将宗系约略明。我始祖怀池公于前明正德二年（1507），由本省嘉应州移居永安县。池公乃乌石约瑶坑开基祖也。祖妣钟孺人生二子，长曰国俊，次曰朝俊。此一脉仍居本乡，人丁甚众，发达者亦有。长房国俊公生一子赞育公。育公生三子，长曰振春公，次曰景春公，三曰荣春公。此一脉移居黄塘约小水白溪，人丁亦众，上年家资甚富，亦有发达者。振春公生三子，长曰谷云，次曰正云，三曰经云。正云公生四子，长曰良美，次曰良华，三曰良球，四曰良茂。此兄台一脉之渊源也。至若怀池公以上，及各房支派谱内所载虽详，生月日时葬于某处不能悉录。兄之一脉书明寄上一览，庶亦足以慰兄之孝思也。此复。

堂侄陈庆安等拜

文光、文明二位兄台均鉴

永安乌石约瑶坑侄弟学海鸿高拜复回复家书一封

字启：四川家门叔祖。得知祖乡族内已于己酉年（1849）十月，接有川信一纸。奉音所说请族谱一事，可以实为怀念根脉之。宗支谱本工程浩大，且尔又未寄有银两下来录写谱本工资之用。祈列祖叔，旋回故土原乡，耀祖荣宗，携带谱本回川，方知上下亲疏，根苗血脉。分别世代尊卑，祖婆姓氏，谱内载明生年月时，葬于某处某山，具住悉详于谱也。祖由福建汀州府由广东嘉应州程乡县，于前明正德二年（1507），由广东惠州府永安县乌石约瑶坑开基立业祠宇。吾始祖怀池公生二子，长曰国俊，次朝俊。池公自嘉应州由永安县人入籍古都一图三甲民业，故归籍于此。系怀池公明经进士，雅云诰儒林郎，良珠儒林郎，良琦监生，锡琳监生，兆兴直隶分州，兆立吏贡，兆高监生，兆远监生，兆发监生，兆盛贡生，永魁庠生，永龙庠生，永援吏贡，彰桥监生，远桥监生，宠桥秀贡，元桥监生，清桥监生，振桥职贡，连桥庠生，胜桥监生，湘桥监生，东桥增生，应桥监生，声桥监生，奋桥庠生，恭元廪生，汉元监生，书荣武庠，厚裕监生，槐裕职员，曰海廪生，曰忠庠生，曰训军功，曰明九品职，永祥修职郎，永元修职郎，永胜修职郎。

弟陈鸿高敬录拜复

（陈伟平点校）